미국남장로회
한국 선교

인문학술원 연구총서 16
종교역사문화총서 06

미국남장로회 한국 선교

초판 1쇄 발행 2025년 12월 10일

엮은이 | 국립순천대학교 인문학술원 종교역사문화센터
펴낸이 | 윤관백
펴낸곳 | 선인

등 록 | 제5 - 77호(1998.11.4)
주 소 | 서울시 양천구 남부순환로 48길 1(신월동 163-1) 1층
전 화 | 02)718 - 6252/6257
팩 스 | 02)718 - 6253
E-mail | suninbook@naver.com

정가 33,000원
ISBN 979 - 11 - 7606 - 003-5 93900

·잘못된 책은 바꿔 드립니다.
·표지디자인: 김진디자인(02-323-5372)

이 교재(연구)는 2025년 교육부 재원으로 국립대학육성사업 지원을 받아 수행되었음.

인문학술원 연구총서 16
종교역사문화총서 06

미국남장로회 한국 선교

국립순천대학교 인문학술원
종교역사문화센터 편

선인

책을 펴내며

국립순천대학교 인문학술원은 지역의 다양한 역사 문화유산을 연구하고 교육하고 있습니다. 순천과 호남지역의 기독교 역사 문화도 그 중 하나입니다. 국립순천대 인문학술원은 지난 2016년 이후 순천 및 전남동부지역 기독교 역사 문화를 연구해왔습니다. 인문학술원은 2019년 이후 전남동부지역 관련 기독교 역사문화와 관련된 종교역사문화총서를 발간해왔습니다.

첫 번째 책 『전남 동부 기독교 선교와 한국사회』(2019)는 미국 남장로회의 지역 선교와 지역 자생 교회의 발전을 다루었습니다. 두 번째 책 『전남 동부지역 기독교 인물과 선교활동』 (2021)은 전남 동부 지역에서 활동한 미국 남장로회 선교사들과 한국인 목회자들을 연구했습니다. 세 번째 책 『전남 동부지역 기독교기관과 지역사회』(2021)는 학교, 병원, 교회, 그리고 기독교 계열 사회단체들의 역할과 지역 사회에 미친 영향을 살펴보았습니다. 네 번째 책 『전남동부지역 기독교 문화유산과 지역사회』(2024)는 전남 동부지역 기독교 문화유산에 대한 연구를 담은 책입니다.

이러한 전남동부지역 기독교 역사문화 연구 성과 위에 국립순천대 인문학술원은 호남 및 한국 미국남장로회 전체로 연구 범위를 확산시키기로 하였습니다. 따라서 다섯 번째 연구총서부터 한국 미국 남장로회에 대한 연구를 다루게 되었습니다. 다섯 번째 책 『한국 미국 남장로회 연구 현황과 과제』(2025)는 한국 미국 남장로회의 연구 현황과 과제에 대한 연구를 담은 책입니다.

이번에 출판하는 종교연구총서 제6권은 한국 미국남장로회 선교 활동에 대한 연구를 담은 책입니다. 이 책에는 2024년 11월 15일에 인문학술원이 전북대에서 개최한 학술대회 "미국 남장로회 한국선교" 성과가 담겨있습니다. 이 책은 제1부에서는 "미국 남장로회 한국선교 전략과 전북선교"를, 제2부에서는 "미국 남장로회 전남 선교"를, 제3부에서는 "미국 남장로회 대전 선교 및 기타"를 다루고 있습니다. 귀중한 연구 성과를 이번 연구총서에 보내주신 선생님들께 인문학술원을 대표하여 깊은 감사를 드립니다.

국립순천대 인문학술원 종교역사문화센터는 종교역사문화총서를 앞으로도 계속해서 발간하려고 합니다. 2025년도 11월 19일에 국립군산대교에서 개최한 학술대회 "미국 남장로회 한국 활동과 인물" 성과도 보완하여 내년에 종교역사문화총서 7권에 담으려 합니다. 이번에 여섯 번째로 발간되는 종교문화연구총서를 통해 독자 여러분들이 한국 미국 남장로회 기독교 역사문화에 대해 더욱 많은 관심을 가지게 되시기를 기대합니다.

끝으로 이 책의 기획, 원고 수집, 편집, 교정 등 전 과정을 묵묵히 담당해주신 인문학술원 우승완 교수님께 깊이 감사드립니다. 이 자리를 빌려 이러한 연구가 가능하도록 지속적으로 도와주신 이병운 국립순천대학교 총장님께도 감사드립니다.

2025년 11월 30일

국립순천대학교 인문학술원장 강성호

차 례

제3부 미국 남장로회 대전 선교 및 기타

제1부

미국 남장로회 한국 선교 전략과 전북 선교

1장 | 미국 남장로교의 해외 선교 정책
_이남섭

2장 | 미국 남장로회 전주선교지부와 복음선교
_이재근

3장 | 군산선교부의 복음선교
_임희모

1장

미국 남장로교의 해외 선교 정책 : 라틴아메리카와 한국 사례

- 19세기 말~20세기 중후반 시기 국제정치와 종교의 역학변동을 중심으로

이남섭

I. 서론 : 연구의 주제와 범위 및 연구방법

1. 연구의 주제와 연구방법 및 연구범위

이글은 지난해 국립순천대가 학술대회를 위해 필자에게 요청해 발표한 연구 주제 '미국 남장로교(이하 남장로교)의 해외선교 전략'을 수정 보완한 글이다. 지난해(2024)는 미국 개신교회의 한국선교 140주년이 되는 해이다. 남장로교의 한국선교는 132년이 되는 해이다. 이번 대회는 남장로교의 한국선교 100주년을 맞아 지난 1992년에 서울과 지역에서 개최한 기념학술대회 이후 지역에서 최초로 개최하는 대규모 기념학술대회이다.[1]

1) 남장로교의 한국선교에 대한 대규모 학술대회는 국립순천대가 처음이다. 그동안 남

그런 점에서 매우 중요하고 의미 있는 학술대회이다. 다만 필자의 연구 주제를 전략에서 정책으로 조정하였으며 범위도 선교 초창기와 중후반기 라틴아메리카와 한국 사례 비교로 제한하였다. 이 연구는 라틴아메리카 사례를 통해 한국 남장로교의 선교정책을 이해하려는 시도이다.

이 글의 연구방법으로는 종교사회학적 분석과 문헌연구를 기본으로 한다. 종교사회학적 관점에서는 당시의 국제정치적 배경과 종교(가톨릭과 개신교 및 아시아 종교)의 역학관계 변동을 주목한다. 연구의 범위는 초기 시기인 19세기 말부터 20세기 중후반 시기로 제한한다. 문헌은 선교대회 자료집 등 미국계 1차 문헌을 일부 검토하고 2차 문헌을 주로 사용한다. 2차 문헌의 경우 한국어와 영어 문헌도 사용하지만 스페인어 문헌을 주로 병행하여 활용한다. 여기서 분명히 해야 할 점은 해외 문헌의 경우 매우 방대하다는 점이다. 미국 의회도서관(www.loc.gov)에 등록된 자료만 해도 1만 개 이상이다. 이들 중에는 중복되거나 직접 관계없는 문헌들도 포함되어 있으나 방대한 양의 문헌이 꾸준히 생산되고 있는 것은 사실이다. 이 연구에서 사용된 문헌은 극히 일부이다. 따라서 문제 제기 차원의 연구에 해당하는 이 연구의 결과는 최종적인 결론이 될 수 없다.

이 연구는 다음 5장으로 구성한다. 1장 서론은 연구의 방법론과 연구 범위을 다룬다. 2장에서는 비교를 위해 먼저 아시아와 아프리카의 주요 국가에서의 남장로교 주요 정책을 주요 사건과 쟁점이 된 정책 중심으로 간단히 살펴본다. 그다음 3장과 4장에서 라틴아메리카에서의 남장로교 선교정책을 주요 시기별(3장), 주요 국가별(4장)로 검토하려 한다. 5장에서는 이

장로교가 세운 호남신학대학교(구호남신학교)와 한일장신대학교(구한일여자신학교) 그리고 한남대학교가 설립자와 주요 선교사들의 생애와 선교 활동을 중심으로 개별적 연구는 진행해 왔다. 그러나 남장로교의 호남선교를 지역의 종교 역사 문화사의 관점에서 집중적이고 체계적으로 다룬 것은 국립순천대학교가 처음이라고 할 수 있다. 그동안(2019~2025) 국립순천대학교 인문학술원이 남장로교의 한국선교 활동을 연구 발간한 총서는 5권이 있다.

시대 남장로교 선교의 주요 인물과 그 역할을 살펴본다. 마지막 6장 결론에서는 가톨릭교회의 반응과 한국 사례와의 비교 그리고 의미 및 추후 연구과제를 제시한다.

2. 연구현황 검토와 연구의 출발점

먼저 이 주제와 관련하여 선행연구 조사를 위해 인터넷 검색결과 국내의 연구현황은 매우 빈약함을 보여준다. 미국 남장로교의 해외선교정책에 대한 직접적인 연구로는 두 개가 있다. 하나는 미국 남장로교 해외선교부 총무를 역임한 톰슨 브라운의 논문이다.[2] 그는 1861년에서 1983년까지의 주요 정책의 변동사를 사실 위주로 정리하였다. 다른 하나는 이재근의 연구로 국내의 연구로는 현재까지 유일하다.[3] 그러나 주제의 폭을 확대해 남장로교 선교 현황 전반으로 연구 주제를 검색하면 다소 나온다. 가령 남장로교가 설립한 한남대학교의 중앙도서관에 등록된 문헌에 의하면 남장로교 해외 선교와 관련된 문헌은 1694건(2024년 10월 1일 기준)이다.[4] 선교와 관련된 자료로는 적은 편이 아니다.

---

2) G.Thompson Brown, "Overseas Mission Program and Polices of the Presbyterian Church in the U.S., 1861-1983", *American Presbyterians* 65:2 (1987): 157~170쪽. 북장로교를 포함한 장로교 전체의 선교정책 역사(1706~1977)에 대해서는 다음을 참고할 수 있다. Andrew Roy T, "Overseas Mission Policies - an Historical Overview", *Journal of Presbyterian History*, Fall 1979, 186~228쪽. 이 글은 주요한 선교정책의 변화를 연대기 형식으로 정리하였다.

3) 이재근, 「고립에서 협력으로: 미국남장로교의 해외선교 정책변화, 1837~1940」, 『교회사학』, 13호, 2024, 189~220쪽.

4) 미국 내 남장로회의 한국선교 관련 1차 자료(보고서, 회의록, 편지, 소책자 등) 소장처와 목록에 대해서는 다음을 참고할 수 있다. 한미경, 「미국소재 남장로회 한국선교 관련 자료의 현황과 특징」, 『2025 국립순천대인문학술원·연세대 한국기독교문화연구소 공동학술대회 자료집』, 2025, 29~44쪽.

〈표 1〉 한남대학교 중앙도서관 소장 자료(2024. 9월 1일 기준)

주제	학술잡지	일반잡지	e-book	전자자료	조사자료
건수	633	446	243	127	57

(*출처: https://hanul.hannam.ac.kr)

미국교회의 한국선교정책 관련 연구 문헌을 국회도서관(www.nanet.go.kr)과 한국연구재단(www.kci.go.kr)에 검색한 결과 자료의 경우는 15개 정도가 확인된다.[5] 남미 선교와 관련해서는 5개가 등록되어 있다.[6] 아직 빈약한 수준이다. 지금까지 한국교회에서 라틴아메리카연구는 두 가지 경향이 있다. 첫째는 70년대와 80년대 주로 해방신학 중심으로 많이 소개되고 연구되었다. 둘째는 90년대 이후 오순절교회를 중심으로 한 교회 성

5) 강근환, 「한국개신교의 성장에 미친 초기 선교정책의 영향」, 『신학사상』, vol.6, 1974, 609~638쪽; 강근환, 「구미교회의 아시아 선교정책에 대한 선교사적 고찰」, 『신학과 선교』, vol.5, 1979; 심일섭, 「한국개신교의 선교정책 평가」, 『기독교사상』, Vol.22(1), 1978, 140~155쪽; 민경배, 「선교정책 결정과정에서의 선교본부 영향력의 문제-연희전문학교 설립을 중심으로」, 『동방학지』, vol.48, 1985; 박영신, 「초기개신교 선교사의 선교운동전략」, 『동방학지』, V.46~48 합본, 1985; 정진우, 「19세기 말 미국선교사들의 한국 선교정책에 관한 연구」, 한신대학교 학위논문, 1989; 김영재, 「세계선교동향과 한국에 대한 선교정책」, 『한국기독교와 역사』, (6), 1997, 5~29쪽; 강근환, 「한국교회와 미국의 선교정책」, 『한국교회사학회』, Vol. 4, 1990, 41~53쪽; 최대근, 「로마가톨릭교회와 개신교의 한국선교정책 비교 연구」, 한신대학교 학위논문, 1992; 이만열, 「한말 구미제국의 대한 선교정책에 관한 연구」, 『동방학지』, 69호, 1994, 1~59쪽; 류대영, 「한말 미국의 대한정책과 선교사업」, 『한국기독교와 역사』, 9호, 1998, 9, 189~219쪽; 옥성득, 「한국장로교의 초기 선교정책(1884~1903)」, 『한국기독교와 역사』, 9호, 1998.9, 117~188쪽; 김은수, 「한국교회 해외선교정책」, 『한국기독교와 역사』, 28호, 2008, 5~38쪽; 김은수, 「해외선교정책과 변천에 대한 연구」, 『선교신학』, 7호, Vol. 27, 2011, 71~96쪽; 조은식, 「한국교회의 선교정책비교: 파송 및 선교행정을 중심으로」, 『한국기독교신학논총』, 94호, 2014, 301~327쪽; 문백란, 「세브란스 병원 건립을 둘러싼 선교사들의 갈등과 선교정책 수정」, 『동방학지』, 제165집, 2014, 3, 129~166쪽.

6) 유정은, 「브라질 개신교회의 선교정책과 선교전략에 대한 연구」, 서울신학대학교 석사논문, 2018; 김원곤, 「1910 에딘버러 선교대회와 남미선교」, 『선교신학』, 24집, 상권, 2010; 전석재, 「라틴아메리카의 문제점들과 디아코니아 선교전략」, 『선교신학』, 제19집, 2008; 윤춘식, 『로마가톨릭교회의 세계관과 중남미 선교전략』, 쿰란출판사, 2008; 강문석, 『라틴아메리카 선교정책』, 칼빈서적, 1994.

장의 정책과 전략 연구이다. 필자의 연구는 이 두 연구 흐름이 다루지 않는 라틴아메리카 개신교, 특히 미국 남장로교의 선교정책을 다룬다. 국내에서 라틴아메리카 개신교의 선교역사 연구는 매우 미흡하다. 미국의 교회사학자인 레토렛이 1953년에 출판한 7권의 방대한 세계교회 확장사의 7권과 세계교회사의 3권에서 라틴아메리카 선교사의 일부 부분을 다루었다.[7] 이 책은 1980년에 초판이 번역 출판되었다. 한국인이 저술한 세계교회사와 선교사의 경우 라틴아메리카는 아예 언급도 하지 않는 상황이다.[8] 현재까지 국내에 소개된 관련 분야 단행본은 10권이 되지 않으며 대부분 간략히 언급하거나 아예 없는 경우가 많다. 가톨릭과 개신교를 포함한 남아메리카 교회사의 번역된 책으로는 굳페스쳐의 '남아메리카 교회사'가 유일하다.[9] 이 책도 개신교 선교사는 매우 단편적으로 서술되어 있다. 따라서 필자의 이 연구는 지금까지 국내연구에서 다루지 않았던 주제와 문제점을 제시하고 논의한다는 점에 의미를 둔다. 특히 미국 선교사들의 보고서에서 언급되지 않는 라틴아메리카 현지의 교회사학자들이 주목하는 주요 사건과 인

---

7) Kenneth Scott Latourette, *A History of the Expansion of Christianity Vol. VII: Advance Through Storm, A,D. 1914 and after, with concluding generations*, New York: Harper and Row, Publ. 1945, 171~185쪽; *A History of Christianity*, Vol.3, New York: Harper & Row, Publ., 1953(윤두혁 역, 『기독교사 (하)』, 서울: 생명의 말씀사, 1983, 438~441쪽).

8) 가령, 김영배의 『세계교회사』는 라틴아메리카 개신교 역사는 다루어지지 않는다. 정병준의 『기독교 역사와 사상』(2011)도 마찬가지로 라틴아메리카 개신교 역사와 신학자는 언급도 없다. 서구선교사의 영향을 받은 한계라고 보여진다. 번역된 책으로는 독일인 교회사가인 칼호이시의 세계교회사가 있다. 이 책도 라틴아메리카 개신교는 영국과 독일인 이민자를 중심으로 아주 간단히(단 한 페이지) 언급되었다. 칼호이시(손규태역), 『칼호이시의 세계교회사』, 한국신학연구소, 2004, 731쪽. 미국에서는 후스토 콘잘레스(엄성옥역), 『현대교회사』, 2012, 358~360쪽에서 이민교회사 차원에서 간단히 다루었다.

9) Mckennie Goodpasture(맥켄니 굳페스쳐, 김인수 옮김), 『*Cross and Sword*, 십자가와 검-남아메리카 교회사』, 서울: 장로회신학대학교출판부, 2000. 논문은 하나다. 이유진(2017), 「라틴아메리카 개신교의 그리스도교 연합운동, 20세기 중반의 뻬루를 중심으로」, 『현상과 인식』, 봄/여름호, 84~10쪽.

물들을 발굴해 소개한다.[10] 오래전(1936)에 미국 북장로교 선교본부 총무를 역임한 아서 브라운은 그의 책 『미국장로교 선교백년사』에서 "재한 선교사들이 신학적으로...오랫동안 가장 보수적인 장로교 선교부 가운데 하나였다"고 언급한 적이 있다.[11] 라틴아메리카 사례를 소개하는 이글은 그 이유를 이해하는 데 도움이 될 것이다.

II. 한국과 아시아 그리고 아프리카에서의 주요 선교정책의 쟁점 개요

1. 미국 남장로교의 해외 선교 정책 개요

미국 남장로교의 공식적인 해외선교는 1866년 중국을 시작으로 1974년 아시아의 방글라데시까지 5개 대륙, 총 30개국에서 활동하였다.[12] 이글에

---

10) 가령 1960년대에 남장로교 선교사들은 국가별 선교역사 보고서(멕시코, 브라질, 한국)를 연속적으로 발간하였다. 이들의 선교역사 보고서는 선교부와 선교사의 활동을 중심으로 서술하였고 남장로교의 선교정책에 대해 반응하는 남장로교 현지인(목회자, 신학자, 평신도 등)의 주요 사건과 인물에 대한 언급은 거의 없다. Alice J. McCllend, *Mission to Mexico*, Nashville: PCUS, 1960; James E Bear, *Mission to Brazil*, Nashville: Board of World Missions PCUS. 1961; G.Thompson Brown, *Mission to Korea*, Nashville: PCUS, 1962. 이와 달리 라틴아메리카 교회 역사학자들의 책은 미국개신교의 정책과 활동뿐만 아니라 이에 대응하는 현지의 주요 인물과 사건들도 다룬다. 대표적인 책으로는 다음을 참고할 수 있다. Jose Miguez Bonino(ed.), *Protestantismo y Liberalismo en América Latina*, San Jose: DEI, 1983; Jean Pierre Bastian, *Protestantismo y sociedad en México*, Méxcio: CUPSA, 1983; *Historia del Protestantismo en América Latina*, México:CUPSA, 1990; Samuel Silva Gotay (ed.), *Historia general de la Iglesia en América Latina IV. Caribe*, Salamanca: Ed. Sígueme, 1995.

11) 류대영, 『한국기독교역사의 재검토』, 한국기독교역사연구소, 2019, 62쪽에서 재인용. Arthur Judson Brown, *One Hundred Years: A History of the Foreign Missionary Work of the Presbyterian Church in the U.S.A.*, Fleming H. Revell, 1936, 540쪽.

12) 송현강은 1867년 중국을 시작으로 1902년까지 7개국 9개 선교부가 존재하였다고

서는 모두를 다룰 수 없고 라틴아메리카의 대표적인 사례 일부만 다룬다. 라틴아메리카에서의 사례를 보기 전에 먼저 한국을 포함한 아시아와 아프리카에서 발생한 다양한 선교정책의 쟁점 사례를 비교 차원에서 간단히 살펴본다. 아시아의 경우는 한국과 중국 사례이고 아프리카의 경우는 콩고의 사례이다.

〈표 2〉 미국 남장로교 주요 선교정책과 관련 사항의 변천사(1861~1983)

시기/주요사건	해외선교 총무/ 본부소재지	주요선교지역	주요 논쟁	주요 정책
Manifest Destiny 남북전쟁 1861-1885 1차 재정위기	윌슨 John Leighton Wilson/ 컬럼비아 -발티모어	중국 1866 브라질 1869 멕시코 1874 그리스 1874	본부개념 대신 총회실행위원회 설치 해외노회 설립 찬반	1861 북장로교와 화해 시작 1879-1882 북장로교와 화해와 협력 1876 세계장로교연맹가입
1885-1893 대외팽창전략 시기	휴스턴 Matthew Hale Houston/ 내슈빌	일본 1885 콩고 1890 한국 1892	현지교회에서 선교사 투표권 문제 1887	선교기금 증가 (7만-13만7천$)
1893-1912 1893-1899 2차 재정위기	체스터 S.H.Cheste/ 내슈빌	쿠바 1899	중국 아편무역반대	선교사플랫폼제도 도입 1907 진흥(Foreward)운동-선교 모금방법 여성평신도운동1907
1912-1932 1930-1937 세계경제위기	스미스 Egbert W. Smith/내슈빌	1925 선교사 최대증가	근대주의 논쟁 1921-1923 중국 난징신학교 /중국 NCC	발전프로그램-백만달러기금 1차세계대전- 학교병원설립 지원/성장기 해외선교성장기 선교비감소-선교축소위기

한다(송현강,『미국 남장로교의 한국선교』, 한국기독교역사연구소, 2018, 26~29쪽). 이와 달리 이재근에 의하면 남장로교 선교부의 중국선교는 남북전쟁 이전인 1856년에 이미 시작했었다. 그러나 남북전쟁으로 인한 교단분열로 중단되었다가 1868년에 중국선교가 재개되었다고 본다(이재근, 앞의 글, 206쪽). 국내 학자들과 달리 남장로교 해외선교 총무를 지낸 브라운에 의하면 1861-1983년까지 해외 선교지는 아시아 7개국(중국, 일본, 한국, 대만, 인도네시아, 태국, 방글라데시), 라틴아메리카 9개국(브라질, 콜롬비아, 멕시코, 쿠바, 에콰도르, 아이티, 온두라스, 과테말라, 니카라과), 아프리카 7개국(콩고, 나이지리아, 레소토, 르완다, 모리셔스, 가나, 수단) 중동 2개국(이라크, 레바논), 남태평양 1개국(피지), 유럽 4개국(이탈리아, 그리스, 포르투갈, 벨기에) 총 30개국이다(G. Thompson Brown, 앞의 글, 167~169쪽).

시기/주요사건	해외선교 총무/본부소재지	주요선교지역	주요 논쟁	주요 정책
1932-1957 일본전쟁/중국혁명 1945-1947 새로운 시작	풀톤 Darby Fulton/ 뉴욕본부	포르투갈 1945 이라크/에콰도르 1946 대만 1949	1937 일본 신사참배 논쟁 1938-1941	1947위원회-본부구조변경 일본전쟁/중국혁명 선교사 추방 발전프로그램-선교활성화
1960-1972 1959 쿠바혁명	스트리트 Watson Sreet/뉴욕본부	인도네시아 1966	인종차별반대성명서 1964 가톨릭교회와 협력 1972	1962 몬트리트 자문회의 I 1962-1973 상호협정/장로교통합준비위 예산평준화정책- 의료선교 피해
1972-1980 니카라과혁명 1979	브라운 G.T.Brown/ 뉴욕본부	아이티 1973 방글라데시 1974	멕시코교회 유예선언 1978 남장로교 분열 PCA독립	국내외 빈곤퇴치 우선행동 단기선교사제도/자원봉사 선교제도도입 1980선교의 상호성협정 1971 ECOE 1973 몬트리트 II-자본주의 체제비판
1981-1983	커크패트릭 Clifton Kirkpatrick/ 뉴욕본부		남북장로교 통합 1983-국제선교부 체제로 전환	

(*출처: G.Thompson Brown, 앞의 글에서 주요 내용을 도표로 재편집함)

위의 〈표 2〉에서 볼 수 있듯이 남북전쟁(1861~1865) 이후 남장로교의 선교정책 역사는 독자 고립노선에서 북장로교로의 점진적 통합과정이었음을 보여준다. 미국 남장로교의 경우 선교정책의 중심은 복음 전도이고 교육과 의료는 핵심적인 것이 아니고 복음 전도를 위한 전략적 수단이었다.[13] 이를 증명하는 대표적인 사례가 1897년 남장로교 해외선교부 총무였던 사무엘 체스터(Samuel Chester) 박사의 의료선교에 대한 의견이다. 그에 의하면 "비록 의료장비들은 충족되어야 하겠지만, 해외선교자금을 큰

---

13) 이재근의 연구에 의하면, 남장로교회는 1940년대까지도 근대주의 신학을 반대하고 복음 전도와 설교가 일 순위였고 의료와 교육 사역은 보조였다고 한다. 이재근, 앞의 글, 219쪽. 그러나 앞의 브라운의 글에 의하면 남장로교는 선교정책에서 지속적으로 근대주의 신학을 받아들이면서 1983년에 통합되는 것으로 귀결되었음을 보여준다. G. Thompson Brown, 앞의 글.

병원 건립에 투자하는 것은 위원회의 정책도 아니고, 선교회들의 정책도 아니다."[14] 선교지 현지 선교부와 토착 교회의 상황과 성격에 따라 미국 선교본부의 정책 방향에 대한 대응이 다양하기는 했으나 최종적으로는 대부분 본부의 입장으로 수렴되었다.

대표적인 정책변화 사례는 해외 선교부의 구조개혁과 신학적 변화이다. 남장로교의 실행위원회조직방식이 1947년에 북장로교의 본부조직방식으로 변화된 것이다.[15] 사무실도 남부지역에서 북부의 대도시 뉴욕으로 이전되었다. 이러한 변화에는 남부농촌의 대농장주의 생활방식이 북부의 도시형 생활방식으로의 변화와 목회자 중심의 총회의 교권 지배구조에서 평신도와 전문가중심의 유연한 결정구조의 요구를 반영하고 있다. 선교 초기에는 전통적인 동양 사회에 근대적인 서구 문명의 가시적 우위를 보여주는 데에는 언덕 위의 우아한 근대적인 건축물과 서양의학 기술이 효과적이었다. 이런 이유로 이러한 근대적 시스템이 결합된 스테이션 방식은 효율적인 선교전략이었다. 그러나 이러한 근대적 시스템이 다른 경쟁적 식민지 강대국 또는 새로 독립된 국가에 의해 더 강력하고 대규모로 실행되면서 남장로교의 근대시설은 상대적으로 초기에 누렸던 독보적인 장점이 상실되었다. 오히려 주기적인 국내외 경제위기로 인한 선교재정의 어려움은 막대한 재정이 소요되는 장기 체류형 스테이션보다는 유연한 선교사 단기 체류형 그리고 자원봉사형 선교제도를 도입하는 것으로 변화되었다.

신학적 관점의 변화는 점진적이나 보다 개혁적인 방향으로 진행되었다. 사회복음(Social Gospel)의 영향으로 1920년대에 근본주의적인 경향의 보수파와 자유주의적인 개혁파 사이에 근대주의(Modernism) 논쟁이 있었으나 개혁적 입장이 총회의 주류가 되었다. 2차 세계대전 이후 남장로교

14) 소피 몽고메리 크레인(정병준 옮김), 『기억해야 할 유산』, CTS기독교 TV, 2011, 39쪽.
15) G.Thompson Brown, 앞의 글, 165쪽.

주류는 1948년 세계교회협의회(WCC) 설립 참여로 자유주의적이고 개혁주의적인 관점을 분명히 하였다. 이러한 입장은 1962년에 1차 몬트리트 자문회의를 거쳐 1964년에 미국 내 흑인 민권운동을 옹호하는 '인종차별주의 반대성명서'를 발표하는 정도로 발전하였다.[16] 심지어 1972년에는 '가톨릭교회와의 협력'을 선언하였고 또 1973년에는 2차 몬트리트 자문회의를 통해 '국내외빈곤퇴치 우선 행동' 및 '자본주의 체제의 죄악성을 비판하면서 새로운 정의로운 경제 질서의 수립'을 요청하였다.[17] 이런 방식으로 미국의 남장로교 선교본부의 주류는 북장로교의 자유주의적 개혁파 입장과 완전히 통합되어 갔다.

선교정책의 변화에서 축소 또는 소극적 시기는 신학적 요인보다는 경제적 위기 시기의 영향을 받았음을 보여준다. 대표적인 시기가 체스터 총무와 풀톤 총무 시기이다. 1893~1899와 1930~1937의 시기는 경제적으로 어려운 시기였고 따라서 방대한 재정투입이 요청되는 교육(학교설립)과 의료선교(병원설립)에 소극적이었다.[18] 경제위기를 벗어난 시기(1912~1928와 1945~1950)에는 선교 활동이 다시 활발해 졌다. 1902년의 '진흥운동'의 결과 1910년대에는 백만 달러 선교기금이 확보되었고 2차 세계대전 이후에는 '진보프로그램'으로 2백만 달러 선교기금이 확보되었다. 그러나 재정적 위기가 있는 시기에는 예산평준화정책으로 의료선교는 더 많은 타격을 받았다.[19] 경제위기가 있을 때마다 이러한 현상은 반복되었다. 즉 선교기금 모금이 풍부한 경우에는 선교비의 지원으로 선교지의 확장과 학교와 병원설립이 적극적으로 진행되었다. 1980년대에는 선교기금의 축소로 다

16) 앞의 글, 166쪽.

17) 앞의 글, 169쪽.

18) 이러한 선교본부의 긴축재정으로 조선의 선교 현지에서는 체스터 총무에 대한 비난이 있었다. (송상훈, 「프레스톤 목사의 미국 남장로회 인적 네트워크」, 『2025 순천대 학술대회 자료집』, 25~26쪽.

19) 소피 몽고메리 크레인(정병준 역), 앞의 책, 45쪽.

시 선교 활동은 소극적으로 변화되었다. 이 결과 운영비용이 많이 들어가는 장기 체류형 선교사제도보다는 단기선교사 제도와 자원봉사 선교방식이 도입되었다. 두 가지 결정적인 변화가 영향을 주었다. 하나는 무엇보다 2차 세계대전 이후 제3세계 지역에서 발생하고 있던 탈식민 민족해방운동이 교회 내에서도 선교사로부터의 독립요구와 같은 민족주의 신학 흐름이었다. 다른 하나는 선교 이동수단으로써 상용 비행기의 보편화와 복음전달의 수단으로써 TV의 출현 같은 과학기술발전의 발전은 이러한 기존의 선교정책과 전략 변화를 가능하게 하였다.[20] 즉 급변하는 사회변화와 기술발전에 따라 미국 선교사가 직접 관리하는 대신에 토착 교회에 권한을 위임하여 간접적으로 관리하는 전략을 선택하였다.

2. 한국 사례

한국에서 남장로교의 초기 선교정책은 미국 본부의 정책 방향에 따라 복음 전도가 우선이고 교육과 의료선교는 부차적인 수단이었다.[21] 이러한 정책으로 인하여 남장로교가 직면한 문제와 사건은 다음 네 가지였다. 첫째는 정치현실에 대한 교회와 선교사의 입장 문제였다. 초기 시기(1892~1905)에는 조선의 독립(협회)운동과 개혁 운동에 대해 중립의 관점을 유지하였다. 조선이 일본에 합병당한 1905년 이후 1940까지는 기존의 중립 입장에서 정교분리 태도로 바뀌었다. 실제로는 이 당시 대부분의 남장로교 선교사들은 다른 교단의 절대다수의 선교사와 마찬가지로 일본

20) 1950~60년대 부흥목사 빌리 그래함(Billy Graham)의 영향으로 이 시기의 군소 선교단체들은 라디오와 TV의 전자매체를 통해 아마존의 밀림과 안데스산맥의 원주민 선교를 진행하였다. Hugo Assmann, *La Iglesia electrónica y su impacto en América Latina*, DEI: San José, 1988.

21) 남장로교 미국 선교본부는 이 원칙을 유연하게 적용했다면 한국의 현지선교회는 1945년 이전까지는 절대적으로 고수하였다.

의 조선 식민지배를 지지하였다. 그러나 일본의 패전 후인 1945~1960에는 정치개입을 허용하는 태도로 바꾸면서 미 군정과 자유당 정부를 지지하였다.

두 번째 사건은 1910년대 최중진 목사의 자유교회 사건이다. 그는 호남 출신 최초의 남장로교 목사가 된 사람으로서 선교사로부터 독립을 선언한 이유로 목사직이 중단되는 처벌을 받았다. 그는 장로교회를 탈퇴해 자유교회를 세웠다. 그는 남장로교의 선교사 중심의 선교정책과 교권에 정면으로 도전한 첫 번째 사례였다.[22] 그의 다섯 가지 요구사항에는 정당한 면이 있었으나 선교사의 선의를 배신했다는 도덕적 이유로 그를 정죄하였다. 그리고 후에는 그가 당시 친일적인 조합교회와 협력했다는 이유로 그를 친일로 모함하기도 했다. 조합교회 지도자 일부가 친일파였지 조합교회 교인 전체가 친일은 아니었다. 1910년 105인 사건 때 조합교회 교인들도 참여하여 구속된 사례가 있기 때문이다.[23]

세 번째 사건은 1915년 서울 선교회의 연희전문학교 설립 청원과 세브란스 병원 설립에 대한 반대 사건이다.[24] 당시 남장로교는 평양에서 북장로교와 협력하여 신학교와 대학(숭실대학)을 함께 운영하고 있었다. 서울 선교회는 서울에 새로운 기독교종합대학(연희전문학교)과 대형병원(세브란스)을 설립하기를 원하였으나 남장로교를 포함한 평양의 선교사들은 다수가 반대하였다. 대학과 병원을 설립할 돈으로 복음을 전파할 교회를 더 건축할 수 있다고 강조하였다. 심지어는 "그처럼 많은 돈을 병원 사역에

---

22) 이 사건에 대한 객관적이고 긍정적 평가는 다음을 참고할 수 있다. 서정민, 『한국교회 논쟁사』, 이레서원, 1994, 137~142쪽.

23) 윤경로, 『한국근대사의 기독교사적 이해』, 역민사, 1995, 182쪽. 조합교회는 원래 영어로 회중교회(Congregational Church)이나 일본어로 번역하는 과정에서 조합교회가 되었다. 이때 일본의 조합교회 지도자 일부가 악용하였다. 남미에서 회중교회는 민주적이고 평화주의적 입장을 취하고 있기에 회중(또는 조합)교회에 대한 평가는 신중히 구분할 필요가 있다.

24) 민경배, 앞의 글, 555~584쪽; 문백란, 앞의 글, 129~166쪽.

투입하는 것은 죄이고 신성모독이다"라고 단죄했다.[25] 미국의 장로교 선교본부가 최종적으로 찬성하여 결국 서울에 대학과 대형병원이 설립되기는 하였으나 갈등은 심각하였다. 그러나 1945년 일본의 패망과 미군정의 실시 이후 남장로교는 초기의 복음전파 중심 입장과는 다르게 대학설립을 적극적으로 추진하였다. 복음전파는 한국인 목회자에게 위임하고 대전에 한남대학을 설립하였다. 참으로 놀라운 정책의 변화가 일어난 것이다.[26] 이러한 정책변화에 대한 학계의 심층적인 연구는 아직 미비하다.

네 번째 사건은 1938~1940년대의 신사참배 반대의 건이었다.[27] 남장로교는 1930년대 말 일제가 신사참배를 강요하였을 때 학교의 폐쇄를 감수하면서 신사참배를 거부하고 철수하는 결정을 하였다. 이 사건은 복음전파가 교육 선교나 의료선교보다 우위에 있음을 확인하는 사건이었다. 그러나 조선 시기 가톨릭 선교사의 대응과 비교하면 그 의미를 다시 생각해 보게 한다. 가톨릭교회도 신사참배와 유사한 조상숭배를 거부한 가톨릭 신앙 금지령이 내려졌을 때 죽음의 박해를 알고서도 가톨릭 선교사들은 철수하지 않고 현지 한국 교인들과 함께 끝까지 복음을 전파하다가 선교사 다수가 순교하였다. 순교 대신 철수를 선택한 미국의 개신교 선교사들이 실용적이라면 철수 대신 한국인 신도들과 함께 순교를 선택한 유럽의 가톨릭 선교사들은 순수하였다. 진정한 순교의 신앙 자세를 생각하게 하는 사건이었다.

위의 네 가지 사건과 달리 남장로교 공식역사에서는 기록되지는 않았으나 한국 남장로교 선교의 역사에서 중요한 인물 네 사람이 있다. 첫 번째는 1904년에 호남지역에 남장로교의 평신도 의료선교사로 온 포사이드

25) 문백란, 앞의 글, 140쪽.

26) 송현강, 앞의 책, 241~272쪽. 여기서 남장로교 한국선교정책은 전후 세대로 구분해 볼 필요가 있다.

27) 류대영, 앞의 책, 285~296쪽.

(W.H. Forsythe: 1873~1918)이다.[28] 그의 한국에서의 선교 활동 기간(1차 1904~1906, 전주/2차 1909~1911, 목포)은 총 3년 반 정도로 짧았으나 세 가지 면에서 한국 사회에 큰 영향을 주었다. 하나는 자신을 살해하려고 한 한국인 강도를 용서했다는 점이고 다른 하나는 당시에 한국인은 물론이고 미국 선교사들도 가까이 가려 하지 않았던 한센병 환자를 지극 정성으로 치료하였다는 사실이다. 호남에서의 한센병 환자에 대한 과학적인 의료 선교는 그에 의해서 시작되었다. 이로 인해 당시 지역의 왈패였던 최흥종 청년이 감명을 받아 개신교로 개종하였고 목사가 되었으며 한센병 환자를 위한 사회복지 사업에 전 인생을 바쳤다.[29] 마지막으로 그는 미국 남장로교 선교사 가운데서 거의 유일하게 호남의 전주지역에 기독교 대학을 세우려는 노력을 적극적으로 하였다는 사실이다. 앞의 강도사고 수술 후유증으로 인한 조기 사망으로 그의 호남지역 대학설립의 꿈은 당시에는 이루어지지 않았다. 그러나 그의 꿈은 그의 선교회 후배인 간호사 서서평에 의해 이일 성경학교로 이어졌고 거의 90년 후에 한일장신대학교에서 실현되었다.

두 번째는 1912년에 간호선교사로 온 서서평 간호선교사의 사회봉사 활동(1912~1934)이다. 그는 미국에서 선교사 훈련을 받을 때 1908년 포사이

---

28) 포사이드는 남장로교 선교사 가운데서 전킨 선교사와 함께 의료선교를 위해 전주지역에 기독교 대학과 병원을 설립하기 위해 동분서주하였다. 그는 1907년 대학설립 기부금을 남부의 목화산업 사업가 그래함(C. Edgar Graham)으로부터 지원받았다. 또 그는 제국주의적 침략 도구인 군함과 군대 등을 범죄적인 재화의 낭비로 간주하고 국민의 세금은 질병 치료 등 생명을 살리는 의료선교를 위해 사용되어야 한다고 강조하였다. 양국주, 『살아있는 성자 포사이드』, 2018, 252~253쪽. 포사이드의 생명구호를 위한 반군사주의적이고 평화주의적인 사회봉사 선교(의료와 교육) 정신은 서서평에게도 나타난다. 서서평은 사회적 정신을 상실한 미국 사회를 비판하면서 여성의 담배구입 비용을 한센병 환자구원의 사회선교비(의료 등)로 사용하지 않는 것을 비판하는 서신을 최초이자 마지막 안식년의 미국 방문 후 조선으로 귀국하는 배 위에서 기록하였다(양창삼, 『조선을 섬긴 행복』, 2012, 389쪽).

29) 최흥종 목사에 대해서는 다음을 참고할 수 있다. 차종순, 『호남교회사에 있어서 복음적 사회운동에 한 연구-오방 최흥종 목사의 생애와 사상을 중심으로』, 계명대학교 박사논문, 1998.

드 선교사와의 만남을 통해 한국을 선교지로 소개받았다.[30] 남장로교 한국선교회는 복음 전도가 중심이고 사회봉사는 보조였기에 그가 지역의 가난한 이들을 대상으로 하는 사회봉사 활동을 탐탁하게 여기지 않았다. 남장로교 한국선교회는 그를 본국으로 소환할 계획도 가졌으나 현지 한국인들의 반대로 실행하지 못했다. 다른 선교사는 여러 번 가는 고국 방문안식년도 말년에 딱 한 번 허락받았다. 그는 한국에서 보낸 22년 평생을 가난한 한국의 여성들과 고아들을 대상으로 교육과 사회봉사활동을 하였다. 1934년 그가 질병으로 소천했을 때 지역사회는 그를 위한 장례를 사회장으로 치렀다. 한국의 지역사회가 사회장으로 추모한 이는 수백 명의 재 한 외국인 선교사 가운데서 그가 유일하였다.[31]

세 번째는 일본의 패전 이후 호남에 온 전후 선교사 세대인 교육선교사 서의필 목사의 교육 선교 활동(1948~1994)이다.[32] 그는 근본주의 경향의 신학적 입장을 지녔던 1세대 선교사들과 달리 가장 개혁적 신학교육을 받은 신세대 선교사였다. 그는 처음에 한남대학과 장로교신학대학의 선교사 교수로 활동했으나 장로회신학대학에는 오래 있지 못하고 한남대학의 교수로만 활동하다가 은퇴하였다. 그는 설교에서 베트남전쟁, 필리핀의 미군기지, 니카라과 내전 등 미국의 대외정책을 제국주의라고 비판하였을 뿐만 아니라 1980년 신군부의 광주학살 사실을 해외에 알리는 등 당시 한국에

30) 양국주, 앞의 책, 117~118쪽.

31) 서서평 선교사에 대해서는 다음을 참고. 임희모, 『서서평, 예수를 살다』, 케노시스, 2015. 서서평과 관련하여 잘못된 해석이 있다. 대표적인 것이 그의 유언으로 알려진 명언인 "성공이 아니라 섬김(Not Success, But Service)"의 번역과 해석이다. 서서평 선교사의 선교부와의 갈등과 남긴 서신을 분석해 볼 때 이 유언의 의미는 남장로교 선교사들이 추진하던 교회선교사업의 성공이 아니고 선교지의 약자에 대한 봉사이었다. 그러나 한국교회에서는 "사회적 성공이 아니고 교회와 목회자를 위한 섬김"으로 왜곡하여 해석하는 경향이 있다.

32) 서의필 선교사에 대해서는 다음을 참고할 수 있다. 김남순·이기석, 『서의필 목사의 한국선교』, 동연, 2023.

와 있던 남장로교 선교사 가운데에서 가장 진보적인 활동을 하였다.[33] 그는 남장로교는 보수라는 전통적인 이미지와는 전혀 다른 입장을 지닌 선교사였으나 당시 한국 교계와 신학교를 지배하고 있던 보수적인 분위기로 인해 한국 교계에는 잘 알려지지 않은 선교사였다.

마지막 네 번째는 한일신학교 초대이사장을 역임한 조준현 장로(1914~1994)이다.[34] 그는 한일여자신학교가 광주의 호남신학교와 통합되는 과정

---

33) 김남순·이기석, 앞의 책, 385~429쪽.

34) 남장로교 한국선교회는 1972년에 재정적 압박으로 한일여자신학교를 광주의 호남신학교와 합병하는 것으로 결정을 내렸다. 그러나 전북지역 이사이자 완산교회 조준현 장로의 지혜로운 대처로 전남으로의 합병은 중단되었다. 이 사건은 한국의 남장로교 역사에서 평신도가 선교사의 중요한 정책적 결정을 중단시킨 유일한 사례일 것이다. 선교사들이 평신도의 이러한 정책중단 제안을 받아들인 이유로는 조준현 장로와 부인 유국출 권사 가문의 깊은 신앙적 배경에 대한 믿음과 신뢰에 기인하였다고 추정된다. 조준현 장로는 유학자 남명의 후손답게 교회에서도 의로운 원칙주의자였다. 조준현 장로는 이후 새로운 한일여자신학교 초대이사장에 선출되었고 평신도선교사 고인애 학장 개인의 헌신적 노력으로 한일여자신학교는 어렵게 유지되어 왔다. 조준현 장로는 지역의 학교를 살린 공로를 내세워 다른 기독교 사학처럼 사유화하거나 자신의 교회 정치를 위해 이용하지 않고 조용히 은퇴하였고 오히려 대학에 거금을 기부하여 한일장학재단을 설립하는데 기여하였다. 조준현 장로는 한국교회를 위한 많은 기여에도 불구하고 자랑하거나 세습하지 않은 초기 선교사들의 귀한 본을 말없이 실천한 가난한 신학교의 이사장이 취해야 할 모범을 보여주었다고 볼 수 있다. 한일장신대 발전과정과 조준현 장로의 역할과 부인 유국출 여사 가문의 신앙 이력에 대해서는 다음을 참고할 수 있다. 이순례, 『한일신학대학 70년사』, 한일신학교출판부, 1995; 『장수교회 100년사』, 대한예수교장로회 장수교회, 2010; 전병윤, 「조준현 장로」, 『전북교회이야기』, 2016년 봄호, 통권 19호. 전북의 교회사에는 약자를 섬기는 신앙인의 모습을 보여줘 주목을 받는 또 다른 평신도가 있다. 그는 김제 금산교회의 조덕삼 장로이다. 그는 자신의 집 마부가 먼저 초대 장로가 되고 목회자가 되는 것을 도운 인품이 겸손한 사람이었을 뿐 아니라 최광진과 최중진 및 최덕진 형제가 한국 최초이자 유일한 민중을 섬기는 교회 형태로 건축하는 것도 도왔다. 당시의 미풍양식을 존중하여 남녀출입문을 다르게 ㄱ자 형태로 건축하였다. 김수진, 『조덕삼 장로이야기』, 도서출판 진흥, 2010. 특히 일반 평신도의 출입문은 정면으로 배치하고 선교사와 목사의 출입문은 높고 넓은 정문이 아니라 설교단 뒤에 좁고 낮은 뒷문으로 배치하여 건축하였다. 선교사와 목회자는 민중인 평신도를 겸손히 섬겨야 함을 간접적으로 표현하였다. 이러한 명성 때문인지 이 교회는 한국전쟁 때 불타거나 파괴되지 않고 보존된 이 지역의 유일한 교회였다. 최근에 이 교회는 국가(지방)문화유산과 기독교 문화유산으로 등록되어 전국에서 탐방 오는 순례지가 되었

에서 절대적인 권한을 지닌 선교사들의 결정을 중단시키고 한일여자신학교가 한일신학대학으로 발전하는 데 결정적인 기여를 한 인물이다. 아마도 그가 아니었다면 전주의 한일여자신학교는 광주의 호남신학교 기독교교육학과로 통합되었을 것이다. 그의 공로로 한일여자신학교가 지역의 기독교종합대학으로 발전하면서 호남의 여자 전도사들은 평생 전도사로만 일생을 마치지 않고 지역에서 당당하게 목사 안수를 받아 독립된 목회 활동을 할 수 있게 되었다. 위의 네 사람은 남장로교 미국 본부의 선교정책 방향과 같은 입장을 지니고 있었으나 국내에서는 소수였기에 교단의 주류교회사가들에 의해 오랫동안 주목받지 못한 사례이다.

3. 중국 사례

아시아에서 발생한 남장로교 선교정책의 또 다른 충돌문제는 중국 선교부에서 발생한 사건이다. 하나는 중국의 전국기독교협의회(중국NCC)와 난징신학교와의 협력문제이고 다른 하나는 우리에게 잘 알려지지 않은 미국 최초의 여성 노벨문학상 수상자인 펄벅 여사 사건이다.[35] 이외에 아편무역 반대 사건도 있었다.

중국NCC와 난징신학교와의 협력문제는 1921년에 남장로교의 중국선교회 두 지부(중부와 북부)에서 일어난 사건이었다. 이 두 지부는 중국기독교 조직인 전국기독교협의회(NCC)와 난징신학교와의 협력 사역을 할 것인지에 대한 결정문제였다. 왜냐하면 이 두 조직이 자유주의 신학인 근대주의에 오염되었다는 의혹을 받았기 때문이었다. 남장로교는 독립교회

다. 최근에 남장로교 선교사 연구에서 선교사 가문의 손자 편지까지 연구하는 경향이 있으나 교회와 사회 발전에 공헌한 지역의 알려지지 않은 목회자와 평신도 가문의 연구도 필요하다.

35) G.Thompson Brown은 그의 글에서 중국 문제를 다루지만 펄벅 여사 사건은 다루지 않았다; 이재근은 앞의 글, 209~210쪽에서 언급하였다.

경향이 있던 중국NCC에는 참여하지 않기로 결정하였으나 난징신학교 참여문제는 의견이 나누어졌다. 보수파는 단절하기로 결의했지만, 온건파는 협력을 지속하기로 결정했다. 남장로교내에도 중국 에큐메니컬 조직에 적극적으로 참여한 선교사들이 있었기 때문이다. 즉 1924년에 남장로교 총회와 상임위원회는 중국 중부 선교지부에는 난징신학교와의 협력은 허락하고 북부 선교지부에는 중국NCC와 단절을 허락하는 이중정책을 결정했다.[36)]

펄벅 여사는 남장로교 선교사 가족이자 남장로교 소속 교육선교사로 오랫동안 활동하였다. 그리고 1917년 북장로교 선교사와 결혼한 이후에는 북장로교 교육선교사로 활동하기도 하였다. 그는 중국에서 40년간 활동하였으며 1920~1930년대 미국장로교의 중국선교 활동에 대하여 매우 비판적인 글들을 출판하였다. 문제가 된 글은 당시 미국의 유명한 기독교신문인 『기독교세기』(Christian Century)에 게재된 「선교를 제고한다」를 지지하는 장문의 비평이었다. 「선교를 제고한다」는 해외선교의 효율성을 조사하고자 1932년 미국개신교의 초교파 평신도 위원회가 제출한 공식 선교보고서였다.[37)] 펄벅의 자유주의 견해는 장로교 내에서 큰 반발을 가져왔다. 교

---

36) G.Thompson Brown, 앞의 글, 163쪽; 이재근, 앞의 글, 218쪽.

37) 이 보고서는 두 가지 중요한 내용이 포함되어 있었다. 하나는 당시의 자유주의적 신학 정서를 반영한 에큐메니컬 요구가 있었고 다른 하나는 타 종교의 유효성과 일관성에 대한 존경을 요구하였으며 이를 위해 수준 높은 교육을 받은 현장선교사의 선정이 이루어져야 한다고 단언했다. 즉 이 보고서는 복음전파보다 사회봉사에 더 많은 관심을 기울이고 다른 종교에 대해 더 존중하는 태도를 보이라고 선교사들에게 조언했다(류대영, 『새로 쓴 미국종교사』, 푸른역사, 2024, 351쪽). 이 당시 북장로교 해외선교부 서기였던 로버트 스피어는 서구 문명이 비기독교인들에게 입힌 피해를 반성하는 균형감 있는 평가를 했고 보수적인 신학자인 존 메이천은 경멸할 가치도 없는 것으로 평가 절하했다. 그러나 이러한 30년대의 격렬한 논쟁에도 불구하고 다음 40년간 미국장로교역사는 이 보고서의 제안을 점진적으로 수용해 나갔다(존 피츠미어, 앞의 책, 130~134쪽). 미국의 해외 선교부는 거짓 선교사들의 출현을 방지하기 위해 선교사의 질을 높이는 기준을 세웠다. 남장로교를 포함한 역사적 개신교는 기본적으로 대학교를 졸업한 중산층 자녀들을 대상으로 선교사를 선발하였다. 그럼에도 선교사의 질 문제는 해결되지 않았고 계속하여 문제가 발생하였다. 이로 인해 중국에서는 반기독교 운동이 극성일 때 선교사에 대한 인신 비난이 심각하였다

단 내 보수주의자들은 펄벅의 선교사 사임을 요구했고, 그는 1933년에 사임하였다. 그러나 펄벅은 1931년에 출판한 장편소설 『대지』로 사임한 다음 해 1934년에 노벨문학상을 수상했다. 미국 여성이 받은 최초의 노벨문학상이었다.[38] 펄벅은 중국문화를 20세기의 서구인들에게 가장 성공적으로 전달한 사람 중의 한 사람이었다. 미국 남장로교가 배출한 평신도 선교사 출신이면서 가장 진보적인 선교사 중의 한 사람이었다.

마지막으로 주목해야 할 사건은 중국에서 활동하던 남장로교 선교사들이 선교지에서 인권운동 차원에서 아편 무역 반대 운동의 주도자로 참여한 사건이다. 1872년부터 중국에서 활동한 선교사 햄든 듀보스(Hampden DuBose)가 중국인과 선교사를 대상으로 아편 무역에 반대하는 활동을 펼치며 이 운동을 대중적으로 널리 알렸다. 이어서 그는 1896년에 '전국아편반대연맹'을 조직한 후 사망할 때까지 15년간 의장직을 수행했다. 듀보스의 이러한 노력으로 1906년에 영국의회가 인도차이나 아편 무역을 폐쇄하는 법령을 통과시켰다. 미국의 남장로교 선교회는 이 인권운동을 반대하지 않고 적극적으로 지지했다.[39]

4. 아프리카의 콩고 사례

아프리카의 경우는 1890~1908년 콩고(구 자이레)에서의 선교 활동에서의 흑인 인권운동을 들 수 있다. 남장로교는 1890년에 콩고선교회를 시작하였다. 콩고에서도 남장로교의 기존 정책과는 다른 매우 진보적인 입장을

(이시악 외, 『근대중국의 반기독교운동』, 고려원, 1992, 21쪽). 이러한 배경에서 위의 「선교를 제고한다」라는 미국 선교회의 공식적인 조사 보고서가 발표되었고 이를 둘러싼 논쟁이 발생하게 되었다.

38) 이 소설은 성공을 거두었고 1932년에 펄벅은 퓰리처상도 수상했었다. 존 피츠미어, 앞의 책, 226쪽.

39) G.Thompson Brown, 앞의 글, 162쪽; 이재근, 앞의 글, 210쪽.

취하였다. 즉 당시 콩고 식민정부였던 유럽의 벨기에 정부의 흑인인권유린을 남장로교 선교사(백인인 William Morrison윌리엄 모리슨과 흑인인 William Sheppard윌리엄 쉐퍼드)들이 신랄히 비판하였을 때 이를 반대하지 않고 이 두 선교사를 지지하였다.[40] 과거 노예문제에 침묵을 지키거나 지지했던 남장로교가 1900년 총회에서는 아프리카 콩고에서 벨기에 정부의 대학살 반대와 흑인 인권 옹호 및 남장로교 선교사의 콩고의 사회 개혁운동을 지지하는 결의문을 채택했다. 그리고 쉐퍼드와 모리슨이 벨기에 정부에 저항한 반역행위로 기소되어 재판을 받게 된 1908년에는 총회와 당시 총무였던 사무엘 체스터가 미국국무부에 지원 요청을 했고 이 두 선교사는 결국 무죄로 방면되어 개혁운동을 지속할 수 있었다.[41] 이것은 1910년 한국에서 일어난 신민회 사건과 1919년 삼일운동 사건 때 정치적 중립을 지킨 입장과 비교해 보면 놀라운 차이점을 보여준다. 그러나 벨기에 정부가 그후 미국 선교사에 대한 유화정책을 펴면서 남장로교는 더 이상 벨기에서의 사회개혁운동에 나서지 않았다. 심지어 선교 활동이 정착된 이후인 1941년~1958년에는 흑인 출신 선교사는 임명하지 않았고 오직 백인 선교사만을 보내기로 결의했다.[42] 콩고에서의 남장로교 선교정책도 잘 이해하기 위해서는 당시 서구의 식민지 재분할 국제상황과 콩고의 천연자원에 관심을 가지고 있던 미국 정부의 입장을 함께 보아야 할 것이다. 특히 서구 선교사의 지배에서 벗어나려는 탈식민 독립교회 운동이 콩고에서 가장 강력하였고 또 광범위한 지지를 받았다는 사실은 콩고에서의 남장로교 선교정책을 새롭게 이해할 필요가 있다.[43]

---

40) 임희모, 『아프리카 독립교회와 토착화 선교』, 한국학술정보, 2007, 22쪽.

41) G.Thompson Brown, 앞의 글, 160쪽; 이재근, 앞의 글, 211쪽.

42) G.Thompson Brown, 앞의 글, 162쪽; 이재근, 앞의 글, 209~210쪽.

43) 콩고에서의 독립교회 운동에 대해서는 다음을 참고할 수 있다. 임희모, 앞의 책, 11~76쪽.

III. 라틴아메리카에서 남장로교 선교정책의 시기별 특징

라틴아메리카에서 남장로교 선교정책의 변화 시기는 크게 다음 네 시기로 나누어 볼 수 있다. 첫 번째 시기는 남북전쟁 이전 남미 선교 초기로 이민자들이 독자적으로 선교하는 시기이다. 두 번째 시기는 남북전쟁 패배 이후 '명백한 운명'의 미국 자본주의가 팽창하는 시기의 선교 시기이다. 고립과 협력이 공존하는 시기였다. 세 번째 시기는 1916년 파나마 선교대회 이후 개신교 연합 선교 시기이다. 독자적인 노선과 협력이 공존하는 시기였다. 네 번째 시기는 1959년의 쿠바 혁명 이후 1983년까지의 시기이다. 이 시기는 새로운 선교정책에 따라 남장로교가 라틴아메리카에서는 현지인에게 선교의 주도권을 대부분 이양하고 미국 국내 인권문제와 정의로운 경제체제의 수립과 같은 세계적인 문제에 관심을 가지면서 동시에 국내의 남북장로교의 완전한 통합을 이루는 시기이다.

1. 남북전쟁 이전 시기(1823~1862) – 이민자 선교 시기

1) 정치 경제적 배경과 종교의 역학관계 변동

1810년대 라틴아메리카의 독립은 두 가지 변동을 가져왔다. 하나는 새로운 정치 권력으로 자유주의 세력의 출현이었고 다른 하나는 구 식민체제의 일부였던 가톨릭 종교의 독점적 위치에 도전하는 개신교의 등장이었다. 즉 정치 경제적 구조변동과 지배종교 구조의 변동이 동시에 일어나고 있었다. 기존의 정치경제 체제의 변동을 위한 자유주의 세력의 개혁적 움직임은 구체제의 일부였던 가톨릭교회와 이와 결탁한 보수정치세력의 저항을 받아 어려운 상황에 직면하고 있었다. 자유주의 세력은 가톨릭교회의 사회적 영향력을 견제하고 저항을 분산하기 위해 개신교의 선교 자유를 허용하였다. 남장로교를 포함한 라틴아메리카 개신교 선교는 이러한 정치적 지배구조변동과 정치 종교적 갈등 배경 속에서 일어났다. 그러나 초기에는 종교 간 충돌이 심각하지 않았다. 무엇보다 먼저 라틴아메리카인 다수는 가톨릭 신앙을 유지하고 있었기 때문이다. 또 유럽의 개신교회도 라틴아메리카를 선교의 대상으로 간주하지 않았고 선교사를 대규모로 보내지 않았기 때문이다. 다만 유럽 출신의 개신교 이민자들의 신앙생활을 위해 해당 나라의 개신교회(영국의 성공회, 독일의 루터교, 스코틀랜드와 네덜란드 장로교 등)에서 아주 소규모로 자국민 이민자 대상 선교사를 파송하였다. 따라서 가톨릭교회와는 크게 충돌할 계기가 별로 없었다. 그러나 미국의 개신교가 본격적으로 자체의 지배영역 확대를 위하여 가톨릭 교인을 대상으로 대규모의 선교를 전개하면서 개신교와의 갈등이 발생하기 시작하였다. 그리고 지역과 나라의 자유주의 세력과 보수당의 역학관계에 따라 국가별 갈등의 정도는 달랐다. 1810년대 초기의 독립 후에도 가톨릭을 국교로 지지하는 보수당이 오래 집권하면서 개신교의 선교가 어려운 나라도 있었고 자유당의 집권으로 개신교의 선교가 쉬운 나라도 있었다. 이점은 라틴아메리카에서의 개신교 선교정책을 이해하는 중요한 출발점이다.

2) 남장로교의 이민자 선교 시기

남북전쟁 이전 시기의 남장로교의 라틴아메리카 선교는 브라질 이민으로 시작하였다.[44] 선구적 활동으로는 1838~1846년 사이에 로버트 켈리(Robert Kalleys)라고 불리는 스코틀랜드 회중교회 출신 의료선교사가 마

44) 개신교의 라틴아메리카 역사는 공식적으로는 독립 시기(1810~)에 시작한다. 그러나 300년 전 종교개혁과 종교재판 시기로 보는 역사학자들도 있다. 대표적인 이로는 다음을 참고할 수 있다. Baez Camargo, *Protestantes enjuiciados por la Inquisicion en Iberoamericana*, Buenos Aires, 1961, 42쪽; Hans Jürgen Prien, *La Historia del Cristianismo en América Latina*, Salamanca: Ed. Sígueme, 1985; Jean Meyer, *Historia de los cristianos en América Latina*, México: Vuelta, 1989; Jean Pierre Bastian, *Historia de Protestantismo en América Latina*, México: CUPSA, 1990, 43~95쪽.

데이라 섬에서 활동하고 있었다.[45] 그리고 1859년에 북장로교 선교사가 브라질로 진출하였다. 그리고 1860년과 1870년 사이에 브라질 남부지역에서 남장로교 선교사들의 선교활동이 시작되었다. 특히 남북전쟁 전후 시기(1860~1865년)에 남부의 장로교인 수천 명의 가족이 브라질, 특히 브라질 남부 상파울루 지역으로 이민하였다.[46] 그 당시 브라질은 아직 노예제도가 합법적이었고 브라질은 백인이민자를 우선적으로 받아들이고 있었다. 무엇보다 대농장을 위한 땅 값이 저렴하였고 지역의 경제적 번영이 기대되고 있었다. 그리고 기후도 그들의 고향인 미국 남부처럼 온화하였다. 남부의 장로교인들은 그들이 남부에서 살아온 대농장주 노예주인의 삶의 스타일을 브라질에서 재생산할 수 있기를 희망하면서 브라질로 이주하였다.[47] 또 남북전쟁으로 남북 양쪽으로 많은 남성들이 전투에서 목숨을 잃었고 이로 인해 과부가 되거나 재혼으로 홀로 남은 아이들은 친척에게 의지해야 하는 경우도 많았다. 이런 이유로 이 시기에 남과 북의 젊은 여성들이 해외로 선교사로 자원해서 많이 나갔다. 특히 남부의 여성들은 남북전쟁 패배로 인하여 북군이 남부를 점령하면서 흑인 북군 군인에 대한 두려움도 있었다. 그러나 무엇보다 해외 선교사의 경제적 대우가 중산층 수준을 유지할 수 있을 정도로 매우 좋았다. 이 결과 1881년에 여성평신도선교사협회가 조직될 정도로 여성의 해외 선교사 지원율이 높았다.[48]

45) Peitoza, Pedro, 「Historical Trajectories of protestantism in Brazil, 1810-1960」, *Brazilian Evangelicalism in the Twenty-First Century*, Palgrave Macmillan, 2019, 35~36쪽; 유정은은 1869년으로 조사하였다, 유정은, 앞의 석사논문, 18쪽.

46) Peitoza, 앞의 책, 34쪽.

47) Gonzalez y Gonzalez, 앞의 책, 199~200쪽.

48) G.Thompson Brown, 앞의 글, 159쪽.

2. 남북전쟁 이후 '명백한 운명' 시기(1865~1915)–미국 산업 자본주의의 팽창 시기

이 시기 남장로교를 포함한 미국개신교의 해외 선교정책을 이해하기 위해서는 미국의 산업자본주의 발전에 따른 해외팽창정책과 함께 보아야 한다. 미국이 전미주 대륙을 지배할 운명에 있다는 1845년의 '명백한 운명(Manifest Destiny: 스페인어로는 el Destino Manifiesto)'의 교리를 전세계로 확대해석하면서 미국의 해외 팽창정책은 진행되었다.[49] 1865년 남북전쟁 종결 이후 본격화된 미국개신교의 해외 선교도 이러한 미국 정부의 대외팽창정책과 동시에 전개되었다. 1898년 스페인과의 전쟁에서 미국이 승리하고 쿠바와 푸에르토리코 그리고 필리핀을 획득 점령하면서 미국의 해외팽창정책은 노골화되었다. 미국 정부는 새로운 점령지의 미국화를 위해 종교와 교육을 통한 전략을 사용하였다.[50] 가령 푸에르토리코에 주둔한 미군 사령관이자 교육위원회 위원인 그로프(G. Groff) 장군은 다음과 같이 말했다.

> "푸에르토리코는 미국의 종교사회가 행하는 활동을 통해 미합중국의 주로 편입되도록 오래전에 예정되어 있었다."[51]

미국 개신교회는 이러한 합병을 계기를 교회의 영향력을 확대하는 기

---

49) 신학계의 비판적 분석은 다음을 참고. Carmelo Alvarez, 「Del Protestantismo al Protestantismo liberador」, *Protestantismo y liberalismo en América Latina*, San Jose: DEI, 1983, 44~46쪽; Luis Rivera Pagan, *Senderos Teológicos*, Puerto Rico: Ed. La Reforma, 1989, 94~99쪽.

50) 스페인이 정복한 식민지시기에는 무력을 통해 강제적으로 지배했다면, 미국은 종교와 교육을 통해 자발적으로 복종하는 영적 지배를 강조하였다.

51) Samuel Silva Gotay, "La Iglesia Protestante como Agente de Americanización en Puerto Rico:1898-1876", *Taller de Teología*, Núm. 14, 1984, 44쪽.

회로 활용하였다. 이 당시 대부분의 개신교 언론들은 미국의 해외 팽창주의 정책을 지지하는 여론을 주도하였다.[52] 그러나 '명백한 운명'을 앞세워 중미에 진출한 미국기업의 민간인 용병 출신이 중남미국가를 침략하고 1년간 스스로 대통령이 된 미국인 윌리엄 워크(William Walker)의 비참한 최후는 개신교 선교사들이 매우 조심스럽게 중남미 선교를 하게 된 배경이 되었다. 그는 30대 초반의 청년으로 남부 개신교의 중심지인 내슈빌(Nashville) 출신으로 대학에서 의학교육을 받고 법률가와 신문기자 등 다양한 직업을 지니고 있었다. 그는 1850년대에 중미에 진출한 미국의 은행가 기업과 니카라과 자유당을 위해 고용된 민간인 용병이었다.[53] 그는 니카라과에 오기 3년 전인 1853년에 이미 미국의 총잡이들을 데리고 멕시코 북부지역을 침략하고 스스로 새 공화국의 대통령이라고 선언했으나 멕시코군대에 의해 쫓겨난 전력이 있었다.[54] 이번에는 멕시코보다 군과 경찰들의 무장상태가 더 조잡하고 열악한 중남미를 그의 제국 건설의 꿈을 이룰 적합한 지역으로 간주하였다. 더구나 그는 당시 보수당과 경쟁을 하고 있던 지역의 자유당 정치세력의 환영을 받았다. 그는 미국에서 당시의 첨단무기로 무장한 수백 명의 총잡이 용병들을 데리고 와 1856년에 중남미

52) 평화주의 교단인 '친구들 사회'와 '유니테리언 그룹'과 같은 소수의 교단을 제외하고 장로교, 감리교, 침례교 등 대부분의 거대 개신교단의 언론은 푸에르토리코와 하와이 그리고 필리핀을 점령 지배하는 미국 정부의 제국주의적 팽창정책을 열광적으로 지지하는 여론을 조성하였다. Rafael Cepeda, "La Iglesia protestantes norteamericanas en la Política expansionista de 1898, su reflejo en Cuba", *Cristianismo y sociedad*, 1985, No. 86, 37~50쪽.

53) 그에 대한 평가는 미국과 남미에서 극단적으로 다르다. 남미의 유명한 작가 갈레아노는 그를 19세기 중반 '미국의 해적'이라고 규정하였다. 에두아르도 갈레아노(박광순 역), 『수탈된 대지, 라틴아메리카 5백년사』, 범우사, 1988, 186쪽. 미국 남부에서는 그를 미개한 중미를 해방한 영웅적 모험가로 간주한다(Benjamin Keen & Keith Haynes, *A History of Latin America*, Cengage, 2014, 537쪽; Michael Gobat, *Empire by Inivitation: William Walker and Manifest Destiny in Central America*, Havard University Press, 2018, 57~62쪽).

54) Gobat, 앞의 책, 60~61쪽.

의 니카라과공화국을 점령하고 자칭 대통령 노릇을 하였다. 이에 대응하여 1857년 중남미국가의 보수주의 정치세력들이 연합하여 이들을 진압한 후 그를 총살형으로 처단하였다. 미국 정부는 이를 막기 위하여 니카라과 정부에 미국인 민간인 범죄인의 미국법원으로 인계 요청하였으나 니카라과의 보수당 정부는 이를 거부하였다.[55] 이후 중남미의 보수당 정부는 오랫동안 반미의 민족주의 입장을 취하였다.

남북전쟁이 끝난 후 미국은 대외팽창정책을 수립하였다. 그리고 1898년 미국 정부는 스페인과의 전쟁에서 승리한 이후 막강한 해군력을 앞세워 중남미에 개입하기 시작하였다. 이 시기에 미국 정부가 중남미를 무력개입한 경우는 〈표 3〉에서 볼 수 있듯이 중남미 8개국에서 약 30회 정도가 된다. [56] 이 당시 새롭게 떠오르는 강대국인 미국제국을 뒷배로 아시아와 아프리카 그리고 라틴아메리카 등 제3세계에서 일확천금을 노리는 떠돌이 탐험가 또는 사업가 심지어는 선교사로 분장한 미국인 청년 모험가들도 많았다. 워크는 그들 중 하나였다.

〈표 3〉 미국의 카리브와 중미지역에 대한 군사적 개입(1898~1934)

국가	개입
코스타리카	1921
쿠바	1898~1902,1906~1909,1912,1917~1922
도미니카공화국	1903,1904,1914,1916-1924
과테말라	1920
아이티	1915~1934
온두라스	1903,1907,1911,1912,1919,1924,1925
멕시코	1913,1914,1916~1917,1918~1919
니카라과	1898,1899,1909~1910,1912~1925,1926~1933
파나마	1903~1914, 1921, 1925

(*William Appleman Williams, *Empire as a Way of Life*, New York: Oxford University Press, 1980,

55) 1856년 5월 윌리엄 워크가 총잡이들과 함께 세운 정권을 니카라과의 합법적 정부라고 미국 정부가 외교적으로 인정하는 놀라운 반응을 보였다(Michael Gobat, 앞의 책, 149쪽).

56) Peter Smith, 앞의 책, 149쪽.

136~142; 165~167쪽; Peter Smith, *Talons of the Eagle: Latin America, the United States, and the World*, Oxford University Press, 1996, 82쪽)

미국 남장로교의 라틴아메리카 선교는 1869년 브라질, 1874년 멕시코, 1899년 쿠바 등의 순서로 진행되었다. 남장로교의 브라질의 선교는 1869년 남부도시에서 먼저 시작하였고, 1873년에 북부도시로 확장하였다. 프리엔에 의하면, 브라질의 페레이라(Pereira)목사가 1903년에 독립장로교회(*Igreja Presbiteriana Independente*: IPI)를 창립하였을 때 장로교총회의 다수는 이것을 승인하는 것을 반대하였다.[57] 그러나 독립장로교회는 1907년에 56개의 공동체와 4,224명의 회원을 지니고 있었으며 브라질 최초의 교단이 되었다. 이들은 1905년에 상파울루에 복음주의 기관과 1914년에 신학교를 개교하였다.[58]

브라질의 의료선교는 멕시코의 경우처럼 의료학위를 국내학위만 인정하여 외국인 의료선교사 활동이 어려웠다. 이러한 이유로 멕시코처럼 서양의료인이 전혀 없는 원주민 지역에서 활동하였다.[59] 그리고 교육정책도 소극적이거나 미비하였다. 따라서 브라질의 경우 남장로교 선교부는 북장로교와 연합으로 남부도시 캄피나스에 연합장로교 신학교를 설립하였다.[60] 남장로교 총무인 체스터는 이를 1916년 파나마 선교대회에서 자랑스럽게 보고하였다. 한국에서 북장로교가 평양에 장로교 신학교를 설립할 때 합류하여 연합으로 운영한 경우와 비슷하다. 차이점은 한국의 평양신학교가 근본주의 경향의 보수적인 목회자를 양성하고 있었다면 브라질의 캄피나스 신학교는 1920~1930년대 브라질의 민족주의 운동에 부응하는 교육을 고

57) Prien, 앞의 책, 794쪽.

58) Prien, 앞의 책, 794~795쪽.

59) Sophie Montgomery Crane, A Legacy Remembered, Providence House Publishers, 1998, 377~392쪽.

60) Bastian, 앞의 책, 136~137쪽.

무하는 등 매우 진보적인 입장을 취하고 있었다는 점이다. 이 학교에서 후에 남미 개신교 해방신학의 창설자인 루벰 알비스(Rubem Alves)가 나왔다.[61)]

남장로교 멕시코 선교는 1874년 미국 국경 근처 도시를 중심으로 4개의 선교스테이션(리나레스, 마타모로스, 몬테레이, 시우닷 빅토리아)을 설치하고 6명의 선교사를 파송하는 것으로 진행되었다. 이후 매년 다른 미국 교단들인 감리교 총회, 북장로교와 루터교 노회, 침례교 대회, 회중교회 총회 등이 각 나라 별로 조직되고 있었다. 그리고 이들 사이에 교회독립 운동도 나타나기 시작하였다. 대표적인 것이 1896년의 멕시코 독립복음교회의 설립과 1903년 브라질의 독립장로교 설립이다.[62)] 이들은 기본적으로 선교사들의 통제 거부 또는 종속으로부터 독립하려는 종교적 차원의 민족주의 운동이었다. 그러나 이러한 독립운동은 오래 지속되지 못하고 후에 화합하였다. 미국 남장로교는 이들을 1910년대 한국의 최중진 목사의 자유주의 교회운동 경우처럼 목사직을 박탈하는 정죄를 하지는 않았다. 오히려 한국과 다르게 선교사의 권한을 현지인에게 과감하게 이양하는 과정을 일찍부터 진행하였다. 이 결과 라틴아메리카 개신교가 급속히 성장하는 계기가 되었다.[63)]

멕시코의 선교는 처음에는 1910년에 발생한 멕시코 혁명으로 일시 철수하는 등 어려운 시기가 있었다. 그러나 1920년대 말 혁명이 완결되어 정국이 안정된 후에는 가톨릭에 적대적인 혁명정부의 지원을 받아 농촌과 광산 지역의 원주민중심으로 교육 선교 활동을 진행하였다. 의료선교의 경우 멕시코도 국내 의료학위만 인증하였기 때문에 외국인 의료활동은 어려

---

61) 미카엘 뢰비, 『신들의 전쟁, 라틴아메리카의 종교와 정치』, 그린비, 2012, 139쪽.

62) Prien, 앞의 책, 794~795쪽; Bastian, 앞의 책, 152쪽.

63) 현재 라틴아메리카 개신교의 다수가 된 오순절교회는 해외로부터 독립된 교단이 되면서 발전하였다.

웠다.[64] 브라질과 쿠바의 사례와는 달리 멕시코 남장로교는 멕시코 혁명의 여파로 개신교 연합신학교 운영에는 참여하지 않았다.[65]

1870~1916년 사이에 남장로교를 포함한 라틴아메리카 개신교는 사회적 활동공간이 매우 제한되어 있었다. 그러나 개신교는 그들의 미션학교와 사회사업(병원)을 통해 라틴아메리카 사회에 근대적 정신(자유주의와 민주주의 정신)과 근대 의료의 혜택을 제공하였다.[66] 특히 이러한 근대정신의 확산을 위해 개신교 잡지를 발간하였다. 멕시코 장로교는 *El Mundo Cristiano*(기독교 세계)를 발간하였고[67] 라틴아메리카 대륙 전체 차원에서는 *La Nueva Democracia*(새로운 민주주의)라는 잡지를 발행하였다.[68] 특히 이 잡지는 라틴아메리카의 민주적이고 개혁주의적인 정치인들과 연결하고 미국의 범미주의 프로젝트를 위한 대변인 역할을 하였다. 이런 잡지를 통해 라틴아메리카 개신교는 근대 자유주의와 민주주의의 가치뿐만 아니라 미국 자본주의 문화를 라틴아메리카 사회에 확산하고 뿌리 내리는 역할을 하였다. 다만 남장로교를 포함한 미국개신교는 아시아의 경우와는 다르게 라틴아메리카의 교육 선교에서 고등교육기관(대학)은 설립하지 않았다. 그 이유로는 멕시코를 비롯한 나라들의 설립조건이 까다로운 점도 있었지만 무엇보다 지리적으로 미국과 가까웠기 때문에 미국의 유명한 개신교 대학으로 유학을 보내는 것이 더 경제적이고 효과적이라는 판단에서였다.[69]

---

64) Sophie Montgomery Crane, 앞의 책, 350~354쪽.

65) 멕시코의 개신교 연합신학교는 침례교와 성공회가 중심이 되어 1973년에 멕시코시에 설립하였다.

66) Bastian, 앞의 책, 152~153쪽.

67) Jean Pierre Bastian, *Protestantism y Sociedad en México*, México: CUPSA, 1983, 160쪽.

68) Bastian, 앞의 책, 162쪽.

69) 실제로 라틴아메리카개신교협력위원회(CCLA) 총무인 사무엘 인만은 1917년의 협

3. 라틴아메리카 개신교연합 선교시기(1916~1959)－라틴아메리카 개신교 정체성의 형성기

1910년의 에딘버러 세계선교대회에서 유럽의 개신교인들은 라틴아메리카 대륙을 가톨릭에 의해 이미 기독교화된 대륙으로 간주하고 선교 대상으로 고려하지 않았다.[70] 그러나 이 대회에 참석한 미국 대표들은 (평신도 지도자 존 모트를 중심으로) 미국개신교를 위한 선교대상 지역으로 정당화하기를 시도하였다. 그러나 그들은 유럽인들에게 라틴아메리카를 복음화할 필요성을 설득하는 데 실패하였다. 따라서 에딘버러 선교대회에 참석한 미국인 대표단은 수백만의 라틴아메리카인들이 하나님의 말씀을 사실상 모르고 무엇이 복음인지 모르고 있다는 이유로 미국개신교가 자체적으로 라틴아메리카 대륙을 체계적이면서 조직적인 연합행동으로 복음화를 시작하기로 하였다. 이를 위해 미국대표단은 에딘버러 대회와 비슷한 규모의 라틴아메리카 대회를 개최하기로 의견의 일치를 보았다. 그리고 1913년 3월 뉴욕에서 준비모임인 '미국선교사 회의'를 개최하였다. 그리고 이 모임에서 라틴아메리카에서의 선교 활동의 모든 문제, 특히 협력의 문제를 다룰 위원회를 조직하였다. 이 위원회 총무로 멕시코의 '제자들 교회' 전직

력위원회 뉴욕회의에서 2500명의 라틴아메리카 학생들이 미국대학에서 공부하고 있음을 자랑스럽게 보고하였다. Samuel Guy Inman, *Christian Cooperation in Latin America*, New York, 1917, 7쪽; Jean Pierre Bastian, *Historia del Protestantismo en América Latina*, 앞의 책, 161쪽에서 재인용.

70) 지난 2010년 국내에서 에딘버러 선교대회 문서가 번역되어 발간되었고 100주년을 기념하는 학술대회도 개최되어 많은 연구논문이 발표되었다. 다음을 참고할 수 있다. 장로회신학대학교 세계선교연구원, 역사와 에큐메닉스 연구원 편, 『1910년 에딘버러선교사대회 100주년: 선교와 에큐메니즘 회고와 전망』, 장로회신학대학교출판부, 2009; Brian Stanley, 『1910 에딘버러세계선교사대회 어떻게 볼 것인가』, 한국연합선교회, 2010; 한국선교신학회의 에딘버러선교사 대회 100주년 기념 특집호, 『선교신학』, 24집 상권(Vol.II, 2010)과 하권(Vol.III, 2010)에 연구논문 23편이 게재되었다. 많은 연구논문이 발표되었으나 비판적인 연구는 소수였다.

선교사인 사무엘 인만(Samuel G. Inman)을 임명하였다. 그리고 여러 교단의 선교 활동지역을 분할하는 파나마 대회를 소집하였다.[71)]

1) 파나마 대회, 1916년 2월 10~20일

1916년 2월 10일 파나마에서 개최된 선교사 대회에는 라틴아메리카에서 일하고 있던 44개의 미국 선교사회의 235명의 대표, 1명의 캐나다 대표, 1명의 영국 대표가 참석하였다. 대회의 다수는 미국인이었고 공식 언어는 영어였으며 라틴아메리카인은 단지 27명만 대표로 참석하였다. 우루과이의 에두아르도 몬테베르데(Eduardo Monteverde)교수의 사회와 미국 북장로교 선교사 로버트 스피어(Robert Speer)박사 주도 아래 사무엘 인만이 총무로 참여하면서 대회는 다음 8개의 주제를 다루었다: 선교지 분할, 메시지, 교육, 문서활동, 여성문제, 교회의 영역, 내부선교, 협력문제와 연합활동의 장려 문제를 다루었다.[72)]

이 대회는 대륙의 여러 상황을 분석하면서 복음의 전파를 방해하는 사회정치적 문제인 유물론과 그노시즘(Gnosticism, 영지주의)을 다루었고 수많은 개신교 교인들의 신앙 활동이 라틴아메리카의 모든 나라에서 일어나고 있음을 확인하였다. 또 대회는 정부 형태의 다양성에도 불구하고 복음적 기독교를 위해 하나의 몸으로 일치하는 것이 중요하다고 강조하였다. 여기에서 복음적 기독교의 연합활동 필요성이 나타났다. 즉 신학교육과 출

71) Bastian, 앞의 책, 157~158쪽.

72) *Congress on Christian Work in Latin America(Panama)*, New York, 1916. 파나마를 개최지로 결정한 데에는 국제정치적 요인도 있었다. 파나마는 1903년에 미국의 지원을 받아 콜롬비아에서 독립한 신생 국가였으며 무엇보다 미국이 주도적으로 설립한 파나마운하가 완성되어 개통한 지 몇 년이 되지 않았다. 미국은 이를 전 세계에 알리기를 원했고 이를 위한 다양한 국제행사를 파나마에서 개최하는 것을 장려하였고 파나마 선교대회는 이러한 배경에서 개최되었다. 파나마의 독립과정에 대해서는 필자의 글을 참조할 수 있다(이남섭, “현 파나마 정치위기: 배경과 원인”, 『한국과 국제정치』, 5권 1호, 1989, 271~302쪽).

판의 연합, 특별히 신문의 연합, 교인확보를 위한 무분별한 경쟁을 종결짓는 다양한 교파와 선교단체 간 활동지역의 분할이 다루어졌다.[73)]

2) 1925년의 몬테비데오 대회

파나마 대회 개최 10년 후 두 번째 남미 대회가 1925년 3월 29일에서 4월 8일까지 우루과이 수도 몬테비데오에서 개최되었다.[74)] 몬테비데오 대회는 미국 북장로교의 로버트 스피어와 사무엘 인만이 조직하였으며 브라질의 에라스모 브라가(Erasmo Braga) 교수가 주도하였다. 남장로교의 체스터 박사도 조직위원회 위원으로 참가하였다. 이 대회는 여전히 미국 선교사 주도로 진행되었다. 즉 총 165명의 대표 참석자 가운데 45명(27%)만이 라틴아메리카 대표였으며 각 위원회의 위원장은 모두 미국인이었다. 비록 스페인어가 대회의 공식 언어였지만 실제로는 영어로 진행하였다.[75)] 사전준비위원회의 긴 준비과정을 통해 12개의 주제와 보고서들이 조심스럽게 준비되었다: 아직 전도되지 않은 지역, 원주민문제, 교육, 복음주의, 사회운동, 의료선교, 교회와 공동체, 종교교육, 기독교문서, 외국노동자와 국내 노동자의 관계(대우)문제, 특별한 종교문제, 교파 간 협력과 연합문제가 다루어졌다. 이 대회는 파나마 대회 이후 가톨릭교회의 적개심과 지역 엘리트의 종교적 무관심에도 불구하고 개신교를 위한 사회정치적 조건이 그 어느 때보다도 우호적이었다고 보고하였다. 개신교는 이제 도시에서 나와 농촌으로, 항구지역에서 나와 대륙의 내부로 들어가야 한다고, 특별히 원주민 지역으로 들어가야 한다고 강조하였다. 이러한 이유로 한편으로는 원

73) Bastian, 앞의 책, 159쪽.

74) *Congress on Christian Work in Latin America(Montevideo)*, New York, 1926.

75) 이 대회의 '협력과 연합분과'위원장으로 참여한 미국 남장로교의 체스터 박사는 아시아 선교 상황을 보고하면서 중국과 일본의 사례는 간단히 소개하였으나 놀랍게도 한국(조선) 사례는 언급도 하지 않았다. 이것은 한국을 독립된 국가로 인정하지 않는 미국 정부와 일본 정부의 입장을 반영하여 취해진 행위로 보여진다. 앞의 책 참고.

주민이 처한 어려운 상황을 강조하였으며 다른 한편으로는 각 나라의 정부 정책을 따르고 동시에 각 나라의 사회적 통합의 목적을 지닌 교육과 복음화의 필요성을 강조하였다. 즉 원주민 교육의 중요성을 강조하였다.[76)]

이 대회의 가장 큰 새로움은 사회복음의 영향으로 남미 복음주의 운동에 나타난 사회적 중요성이 초점이었다. 자본주의로 인해 발생한 사회경제적 문제 앞에 메시지는 언제나 하나님의 부성, 그리스도 중심, 회개의 필요성이었으나, 복음의 사회적 적용을 강조하는 실제적 복음과 비교리적 복음도 선포하였다. 이러한 사회복음은 교회 공간을 산업문제, 인종문제, 상업문제, 국내와 국제정치 문제에 개방하고 관심을 가져야 하는 것으로 이어졌다. 여기서 대회는 전통적인 주제 이외에 사회운동에 대한 관심을 촉구하였다. 가령 페미니즘운동과 같은 여성 문제 주제와 조직노동자 운동과 같은 주제를 다루었다. 마지막으로 선교사 노동자들과 교회 안의 현지 노동자들 사이의 노사관계와 같은 문제도 다루었다. 증가하는 민족주의 운동과 미션 학교에서 형성된 새로운 복음주의 세대의 출현은 선교사의 영향력과 권위가 투명한 방향으로 개선되도록 촉구하였다.[77)]

대회의 이러한 사회적 차원의 강조는 근본주의 성향의 독립적 선교단체의 일부로부터 부정적 반발이 있었고 미국 장로교회 내에서도 반발이 있었다. 그러나 남장로교의 라틴아메리카 선교 활동에서는 1960년대에 실질적인 분열이 발생하기 전까지에는 큰 영향을 받지 않았다.[78)]

76) Bastian, 앞의 책, 163~165쪽.

77) Bastian, 앞의 책, 164쪽.

78) 1963년 페루에서 ‘복음화를 위한 라틴아메리카자문회의’를 시작으로 라틴아메리카 보수개신교의 이탈이 나타났으며 1964년에는 ‘심층복음화 운동’으로 발전하였다. Bastian, 앞의 책, 223~226쪽. 1950년대 이후 라틴아메리카의 보수적 개신교의 출현 과정에 대해서는 필자의 다음 글을 참고. 이남섭, 「라틴아메리카의 불평등과 보수적 개신교의 역할」, 『종교와 불평등』, 알렙, 2024, 345~349쪽.

3) 1929년 아바나대회

세 번째 대회인 아바나대회는 라틴아메리카 개신교의 분명한 정체성 형성에 중요한 단계를 기록하였다. 1929년 6월 20일에서 6월 30일까지 쿠바의 수도 아바나에서 개최된 대회에는 169명의 대표가 참여하였으며 4개의 중심주제와 11개의 학술회의가 조직되었다. 전체 대표단의 51%는 토착인(지역/민족, 83명은 지역대표)이었으며, 44명은 선교사, 39명은 선교사 기관과 전문가 기관대표였다. 이들 중 대부분은 쿠바, 멕시코, 푸에르토리코 대표였다.

젊은 교수이자 또 기자인 전 멕시코 혁명가 출신의 곤살로 바에스 카마르고(Gonzalo Baez-Camargo)가 대회를 주도하면서 대회는 다음 5가지 주제를 강조하였다; 교회 책임감의 심화, 토착인과 선교사 사이의 대등한 관계, 라틴아메리카의 필요에 대한 하나의 통합된 목표, 국제적 의식을 요구하였다. 대회의 중심주제는 민족주의화, 사회적 주제(원주민과 농촌과 산업문제)에 대한 강조, 종교적 갱신이 필요한 대륙에서의 개신교의 선교사명에 대한 고유한 입장이었다.[79)]

아바나대회는 모든 차원에서 라틴아메리카인들이 조직하고 주도한 최초의 대회였다. 비록 라틴아메리카 북부와 카리브지역으로 제한되긴 했지만 전 대륙에 깊은 영향을 주었다. 여러 가지 요소가 이러한 결과에 기여하였다. 첫째, 여러 국가에서 교회적이고 사회적 차원에서 수준 높은 복음적 지도력의 존재; 둘째, 미국적 가치가 첨가된 민주적이고 부르조아적이면서 민족주의적인 멕시코 혁명의 발전과 멕시코 개신교인의 대규모 참여; 셋째, 라틴아메리카인들이 처음으로 1928년의 예루살렘대회와 같은 규모의 국제 선교대회에 참여하면서 새로운 신학적 흐름의 영향을 받았다. 무엇보다 이 대회는 한 세대의 선교로 전 세계의 복음화와 서구 문명화가 가능하

---

79) *Congress on Christian Work in Latin America(Habana)*, New York, 1928.

다는 미국교회의 낙관주의에 대한 근본적 의문을 제기하였으며 그 가능성은 사라지고 있었다.[80)]

이 아바나대회에서 처음으로 토착 민족지도자에 의해 라틴아메리카 개신교의 정체성에 대한 근본적 질문이 일어났다. 바에스 카마르고는 그의 대회보고서에서 다음과 같이 문제를 제기하였다. "우리들의 개신교는 토착 민중들에 의해 받아들여지고 있는 것인가? 그들의 종교적 갈망을 만족시키고 있는 것인가? 그들의 영적 필요성을 채우고 있는 것인가? 한 마디로 우리들의 개신교는 뿌리내리지 못하고, 이해하지 못하고 동일화하지 못하는 것이 아닌가? 우리는 너무나 오랫동안 토착 민중과 연결하지 못했으며 우리들의 원주민인종에 대해 너무나 오랫동안 무관심해 왔다"는 이러한 성찰에는 많은 긍정적인 요소가 있었다.[81)] 대회는 현재의 미국형 개신교를 라틴화할 필요성을 강조하였다. 아바나대회는 이러한 필요성에 대한 응답의 결과를 가져왔다. 쿠바의 감리교 목사인 루이스 알론소(Ruis Alonso) 박사는 한 걸음 더 나아가 교회의 선교 활동 속에 있는 미국의 결정적 영향으로 정치적 문제로 비화할 수 있는 개신교와 제국주의 사이의 가능한 연결의 위험을 인지하였다. 라틴아메리카에서 미국 자본주의의 팽창으로 인한 불안정한 나쁜 상태를 인정하면서 개신교는 이러한 의심을 분명하게 지울 필요가 있다고 그는 강조하였다. "개신교는 분명하게 토착적으로 민중들에게 적극적으로 표현해야 한다. 복음주의 교회는 어떠한 방식으로도 미국 정부와 관련된 금융기업과 비도덕적 연관이 없거나 연결되어 있지 않다는 것을 민중들에게 분명하게 표현해야 한다"고 강조하였다.[82)] 그러나 이러한 분석은 참석자 모두에 의해 공유된 것은 아니었다. 가

80) Rafael Cepeda, 「Un Congreso en la Habana: 1929」, *Taller de Teologia*, Núm.9, 1981, 73쪽.

81) Bastian, 앞의 책, 166~167쪽.

82) 앞의 책, 167쪽.

령 알베르토 렘바오(Alberto Rembao)와 같은 사람은 '양키 제국주의'에 대해서 말해서는 안된다고 강조하였다. 이외에도 발표자들은 상호의존과 범미주의를 비난하고 계급투쟁과 계급분열을 야기하는 노동운동과 구소련의 볼세비키 혁명에 대해 개신교 차원에서 최초로 공격하였다.[83)]

남장로교는 이러한 선교대회에 여러 번 참여하면서 교회의 사회적 증언의 중요성을 인식하는 정책적 변화를 가져왔다. 즉 1931년에 개최한 제1차 세계대회 총회에서 교회는 영적 메시지만 전하는 것은 충분하지 않고 사회적 가르침도 전하고 실천해야 함을 강조하였다.[84)]

4. 라틴아메리카 교회의 선교 주도 시기(1960~1983) : 교회 성장 선교와 해방신학의 통합

1959년 쿠바혁명 이후 남장로교의 라틴아메리카 선교정책은 다른 교단과 마찬가지로 라틴아메리카 토착 교회가 주도하는 방향으로 변화되어 갔다. 여기에는 2차 세계대전 이후 제3세계에서 일어나고 있던 탈식민주의 독립운동도 큰 영향을 주었다. 그러나 가장 큰 충격은 1959년의 쿠바 혁명과 1968년 콜롬비아 메데인에서 개최된 제2차 라틴아메리카 주교단회의(CELAM II)에서 선언된 가톨릭교회의 해방신학 방향의 선교정책이었다. 개신교에서도 해방신학 운동이 있었으나 가톨릭교회처럼 사회적 영향력이 강하지 않았다. 개신교의 경우 참여 교회와 신도 수가 미비했다면 가톨릭의 경우는 주교에서부터 일반사제 그리고 평신도까지 참여의 폭이 광범위하고 전 라틴아메리카 대륙의 대부분 나라에서 참여하였다. 가톨릭교회의 이러한 급진적 변화에 미국 정부는 위기의식을 느껴 '록펠러 보고서'를

83) 앞의 책, 167~168쪽.

84) 이재근, 앞의 글, 219쪽.

통해 해방신학에 대한 적극적인 대응책을 논의할 정도였다. 이 결과 바티칸의 개입으로 1979년 멕시코 푸에블라에서 개최된 제3차 라틴아메리카 주교단회의(CELAM III)에서는 종전의 급진적인 해방신학 선교 방향이 조금 완화되어 발표되었다.[85)]

급격하게 변동하는 사회적 분위기에서 라틴아메리카 개신교의 선교정책도 다양하게 대응하였다. 보수적인 개신교는 개인 구원 위주의 교회 성장 정책을 구사하였다면 진보적인 개신교는 해방신학의 사회구원을 지향하는 선교정책을 추구하였다. 남장로교의 선교정책은 이 둘을 포괄하는 통합적인 선교정책을 제시하였다.[86)] 또 이 시기는 새로운 선교정책에 따라 남장로교가 라틴아메리카에서는 현지인에게 선교의 주도권을 대부분 이양하고 미국 국내 인권문제와 정의로운 경제체제의 수립과 같은 세계적인 문제에 관심을 가지면서 동시에 국내의 남북장로교의 완전한 통합을 이루는 시기였다.

---

85) 메데인과 푸에블라의 라틴아메리카 주교단회의와 미국 정부 및 로마교황청과의 긴밀한 관계에 대해서는 다음을 참고할 수 있다. 페니 레녹스, 『로마교황청과 국제정치』, 한국신학연구소, 1996: 에드워드 클리어리, 『중남미교회의 위기와 변화』, 가톨릭출판사, 1985; 구티에레즈(성염역), 『해방신학』, 분도출판사, 1977, 174쪽.

86) G.Thompson Brown, *Presbyterians in World Mission*, CTS Press, 1988, 84쪽. 톰슨 브라운은 1983년 남북장로교가 통합된 이후 발간한 장로교 세계 선교부 핸드북에서 이러한 입장을 제시하였다.

IV. 라틴아메리카 국가별 사례와 특징 – 자유주의 경향의 혁명적 민족주의 세력 형성

1. 브라질 사례 – 브라질군부의 민족주의 운동 참여

브라질에서도 개신교의 정치참여가 있었다. 특히 감리교와 장로교가 중심이었다. 1920~30년대 브라질의 영관급 장교들이 민족주의 혁명을 일으켰을 때 장로교를 포함한 많은 개신교 평신도들이 참여하였다. 상파울루시의 멕켄지(Mackenzie) 장로교학교 소속의 수백명 학생들이 목숨을 걸고 1932년의 자유주의에 근거한 입헌주의 혁명에 참여하였다.[87] 이 혁명의 결과 과두제 공화국은 종결되었고 새로운 입헌주의 국가의 정부가 시작되었다. 장로교 장교들은 입헌주의 정치 블록의 자유주의 동맹 연합세력의 하나로 인정을 받았다. 이 새로운 입헌주의 정부는 급진적이지는 않았으나 최소한의 민주주의와 민족적 갱신을 요구하였다. 이들의 참여에 대하여 남장로교 선교부에서 염려는 하였으나 저지나 반대는 없었다. 왜냐하면 이 새로운 군부의 민족주의 혁명운동은 가톨릭교회의 보수적 태도와는 상반되는 것이었고 이들은 개신교의 선교에 우호적이었기 때문이었다.[88] 이 입헌주의 혁명의 결과 탄생한 신국가의 새 헌법에는 공립학교에서 종교교육은 선택교과가 되었고, 가톨릭교회뿐만 아니라 개신교를 포함한 다른 모든 종교에도 문호를 개방하는 조항이 신설되었다.[89] 이전에는 가톨릭이 공립학교 종교교육에서 독점적 위치를 차지하고 있었다.

---

87) Jean Pierre Bastian, 앞의 책, 176~177쪽.

88) 앞의 책, 175쪽.

89) 보리스 파우스트(최해성 역), 『브라질의 역사』, 그린비, 2012, 305쪽.

2. 멕시코 사례—멕시코혁명과 장로교의 참여[90)]

1910년에 시작해 거의 20년간 계속된 멕시코 혁명에 많은 역사적 개신교(장로교와 감리교) 목회자들과 평신도들도 혁명군대의 일원으로 적극적으로 참여했다.[91)] 이것은 135년 전 1775년에 미국의 독립전쟁 때 청교도들이 무장 독립혁명에 참여한 것과 같았다. 이때는 해방신학이 아니고 자유주의 신학에 영향을 받은 남북 장로교와 감리교의 가난한 농민과 원주민들이 땅과 자유(그리고 개신교 선교의 자유)를 위해 무장투쟁에 가담했다. 당시 가톨릭과 개신교와의 관계는 종교적 불평등 관계에 있었다. 가톨릭교회는 독립 후에도 보수당의 지지를 받아 종교적 영향력을 독점하고 있었다. 개신교는 이 관계를 파괴하는 것이 필요하였다. 당시 자유주의 정치세력도 가톨릭교회를 견제할 수 있는 대안 종교세력으로 개신교를 고려하였다. 이러한 이유로 남장로교를 포함한 모든 역사적 개신교는 가톨릭교회의 종교적 무관용에 영향을 줄 수 있는 유일한 대안으로 자유주의 정치세력이 주도하는 사회혁명에 참여하였다. 특히 혁명군대에 장로교와 감리교의 목회자와 평신도들이 많이 참여하였고 또 전투에서 많이 희생되었다.[92)] 그리고 미국의 남북 장로교는 이에 대해 공식적으로 어떠한 반대도 저지도 하지 않았다.

---

90) Bastian, *Los disidentes. Sociedades protestantes y revolución en México*, 1872~1911, México: FCE, 1989, 148~149쪽.

91) 앞의 책, 173~302쪽. 장로교와 감리교가 멕시코 혁명에 참여하는 다양한 과정을 자세히 분석하였다.

92) 앞의 책, 135~138쪽.

3. 카리브 지역 사례—쿠바의 남장로교 선교와 민족주의 운동 지도자의 형성

19세기 쿠바와 푸에르토리코 개신교의 발전은 라틴아메리카의 다른 나라의 경우와 마찬가지로 미국의 침략과 자유주의 이데올로기의 산물이었다. 1898년 미국은 스페인과의 전쟁을 통해 쿠바, 푸에르토리코 그리고 필리핀을 점령하였으며 태평양의 하와이도 합병하였다.[93] 푸에르토리코의 점령과 미국화 과정은 추후 전개되는 미국의 개신교 해외선교가 지향해야 할 모델이 되었다.[94] 푸에르토리코 선교지 분할에는 북장로교는 참여했으나 남장로교가 참여하지 않았기에 여기서는 쿠바 사례만 검토한다.[95]

미국의 남장로교 쿠바 선교는 1898년 스페인과의 전쟁에서 승리하고 쿠바를 점령한 직후인 1899년에 카르데나스(Cardenas) 해안 마을에서 시작하였다. 이 마을에는 다행히도 미국에서 장로교인이 되어 돌아온 원주민 가족이 있었기 때문이었다. 또 미국군대의 군의관인 포사이드가 있었으며 그의 도움을 받았다.[96] 그는 이 지역에서 자발적인 의료봉사를 통해 남장로교의 선교활동을 도왔다. 포사이드는 쿠바에서의 군의관 복무를 마친 후 한국(조선)의 호남지역에 의료선교사로 왔으며 지역사회에 놀라운 선한 영향을 미쳤다. 또 젊은 신학자이자 교사인 로베르토 화톤(Roberto L.

---

93) Theo Tschuy, El protestantismo en Cuba, *Historia general de la Iglesia en América Latina, IV, Caribe*, Salamanca: Ed. Sígueme, 307쪽.

94) Samuel Silva Gotay, 「Historia social de las iglesias en Puerto Rico」, *Historia general de la Iglesia en América Latina, IV, Caribe*, Salamanca: Ed. Sígueme, 251쪽.

95) Samuel Silva Gotay, 「La lglesia Protestante como Agente de Americanizacion en Puerto Rico: 1898-1876」, *Taller de Teología*, Núm, 14, 1984, 57~78쪽.

96) 포사이드의 쿠바-필리핀-조선으로 이어지는 그의 선교를 위한 경로는 참으로 경이롭다. 왜 그는 쿠바에 의료선교사로 남지 않고 조선을 선택했는지 추후 이 변화 과정의 연구도 필요하다.

Wharton)이 첫 번째 선교사로 부임하였다. 이러한 도움을 기반으로 남장로교는 두 가지 선교전략을 구사하였다. 먼저, 초등학교와 중등학교 수준의 학교를 세우고, 그다음 카르데나스 선교지역에 대한 복음화 전략을 세우는 것이었다. 이러한 전략에 따라 1900년에 '진보'라는 명칭의 학교를 설립하였으며 이 학교는 쿠바 전역에 큰 영향을 주었다.[97)]

1902년에 쿠바의 '복음주의 연합(Conferencia evangélica)'이 조직되었다. 이를 통해 쿠바에 진출한 개신교단 간의 선교지역 분할이 이루어졌고 교단 간 협력 사항이 다루어졌다.[98)] 처음에는 미국의 사회복음 운동에 대한 반대로 쿠바의 선교사 대부분은 이 '복음주의 연합'을 자유주의 신학의 영향을 받은 '근대주의'의 표현이라고 거부하였다. 이것은 쿠바의 첫 개신교 세대가 미국 선교사에 종속되어 국제적 신학 흐름을 교육받지 못한 결과였다. 그러나 1916년 파나마 선교대회의 영향을 받아 1918년에는 남북 장로교가 가입하는 장로교연합이 조직되었고 신학교육의 갱신이 논의되었다.[99)] 1940년대는 선교사가 주도하는 시대가 가고 새로운 현지 목회자가 주도하는 시대였다. 이를 기반으로 1940년에 '쿠바복음주의 연맹(Consejo cubano de Iglesias evangélicas: CCEC)'이 조직되었다.[100)] 이 CCEC는 문맹퇴치운동을 주도적으로 추진하여 쿠바 개신교인들의 사회적 의식을 개선하는 데 기여하였다.[101)]

또 1946년에는 쿠바의 수도 아바나에 가까운 마탄사스(Matanzas) 지역에 미국신학대학 모델을 따라 대학원 수준의 복음주의 신학교(Seminario Evangélica de Teología: SET)가 설립되었다. 학장은 프린스톤 신학교 출

97) Theo Tschuy, 앞의 글, 314쪽.

98) 앞의 글, 318쪽.

99) 앞의 글, 320쪽.

100) 앞의 글, 324쪽.

101) 앞의 글, 327쪽

신의 장로교인 알폰소 로드리게즈 이달고(Alfonso Rodriguez Hidalgo)가 맡았다. 이 연합신학교에는 남장로교와 북장로교 그리고 감리교가 참여하였다. 이 신학교에는 카리브지역과 중미지역의 학생들이 많이 지원하였고 이들 지역의 목회자와 신학자를 형성하는데 기여하였다.[102] 여기를 졸업한 신학생과 평신도들은 그후 쿠바독립을 위한 민족주의 운동의 지도자가 되었다. 특히 남장로교의 최초의 선교회가 있던 카르데나스 지역에서는 일군의 민족주의 지식인과 전문가 그룹이 형성되었다. 그리고 1950년대 쿠바 혁명이 일어났을 때 남장로교를 포함한 쿠바의 개신교인들은 혁명 과정에 많이 참여하였다. 그들은 바티스타 독재정권에 대항하는 시민저항운동의 주축이 되었다.[103] 그러나 1961년 미국의 피그만(스페인어로 코치노만-Cochinos) 침략과 봉쇄정책에 대응하여 초기의 민족주의 쿠바 혁명이 생존을 위해 맑스 레닌주의 공산혁명 단계로 급진적으로 변화되어 갔을 때 남장로교를 포함한 개신교 지도자 대부분은 미국으로 망명하였다.[104] 1967년 쿠바의 개혁장로교회는 미국남장로교 소속 노회에서 완전히 독립한 토착 교회임을 선언하였다.[105]

이후 중국 공산주의 혁명과 쿠바혁명에 대한 반성으로 미국장로교는 사회개혁운동에 깊이 참여하는 결정을 하였다. 대표적인 사례가 브라질 캄피나스 연합신학교의 리차드 숄과 브라질의 교회협의회 소속의 지도자인 왈도 세사르가 진행한 브라질 개신교의 사회개혁 운동이다. 이들은 가톨릭교회의 진보적인 사제그룹과도 연대활동을 하면서 브라질에서의 개신교의 개혁적 사회운동을 주도하였다. 이들의 개혁 운동은 1964년 군부 쿠테타

102) 앞의 글, 326~327쪽.

103) Bastian, *Historia del Protestantismo en América Latina*, 앞의 책, 210~211쪽.

104) 앞의 책, 212쪽.

105) Benjamin Gutierrez, "Valoracion del movimiento misionero en las iglesias cubanas desde la perspepctiva de la iglesia Presbyteriana de EE.UU", *La herencia misionera en Cuba*, DEI: San Jose, 1988, 25쪽.

에 의해 중단될 때까지 계속하였다.[106)]

V. 주요 인물과 특징

1. 멕시코 장로교 평신도 모이세스 사엔즈의 농민대중과 원주민 교육 운동

이 시대 라틴아메리카의 대표적인 남장로교인은 멕시코의 남장로교 평신도인 모이세스 사엔즈(Moises Saenz)이다. 그는 1910년대의 멕시코 사회혁명에 참여한 자유주의 개혁파 지식인이었다. 그는 1916년 혁명정부의 교육을 담당하였고 1926년에는 혁명정부의 교육부 차관에 임명되어 혁명정부의 교육정책을 주도했다.[107)] 그의 동생인 아론 사엔스도 혁명정부에 참여하였으며 멕시코 시장에 임명되었고 후에는 누에보레온의 주지사가 되었다.

그는 멕시코 북부 지역 누에보 레온 마을의 중소규모 농업 가정에서 태어 났으며 당시 개신교 개종자들에게 초중등 과정을 무료로 가르치던 미국 남장로교 선교사들이 세운 개신교학교를 졸업했다. 이후 미국 장로교의 장학금을 받아 미국 워싱톤의 제퍼슨 대학을 졸업하고 뉴욕의 컬럼비아대학에서 존 듀이의 지도를 받아 교육학 박사학위를 취득했다.[108)] 이 대학은 이 시기에 서서평도 한국으로 오기 전에 남장로교 선교사로 교육 훈련받은 곳이기도 하다.

---

106) 이남섭, 「라틴아메리카의 불평등과 역사적 개신교의 역할」, 『종교와 불평등』, 2024, 326~327쪽.

107) Bastian, *Protestantismo y Sociedad en México*, 앞의 책, 158~160쪽.

108) 앞의 책, 159쪽.

그는 1916년에서 1926년까지 혁명정부의 교육정책 시스템을 책임지는 직책을 맡았다. 그의 정치철학의 기본은 존 듀이의 교육학이었으며 그의 교육정책은 실용주의 교육방법론을 확산하는 것에 중점을 두었다. 개신교는 진보의 종교임을 강조하였다. 종교는 단순히 추상적인 것이 아니라 실제적이고 효율적임을 선언했다. 따라서 그는 개신교가 멕시코를 청교도 정신으로 혁신하는 사회의 정신적 기반이 될 수 있다고 믿었다. 사엔스는 멕시코의 혁신을 선도하는 복음주의 청년의 새로운 세대를 상징했다.[109] 그는 멕시코 혁명국가가 제공하는 다양한 공식 통로를 통해 개신교의 이상적 덕과 정신을 선전하는 과제를 개신교 청년들에게 제공했다. 그들 중 하나가 공립학교였다. 공립학교는 “가난한 이웃들에게 복음주의자들이 봉사할 수 있는 교회의 특권적인 공간이다. 혁명시대의 근대교육을 확산하기 위해 교회는 게토에서 나와 공립학교를 통해 새로운 사회의 건설에 참여해야 한다. 그러나 이 학교는 가톨릭 교회가 독점하고 있는 사립의 종교적 학교가 아니라 공립의 세속적 학교여야 함”을 강조했다. 그는 교육의 세속화를 강조했다.[110] 특별히 그는 근대교육에서 제외된 수백만 명의 원주민들과 농민들의 교육혜택을 강조했다. 그는 교육을 하나의 문화적 선교행위로 간주했다. 그의 이러한 교육정책은 10년 후 카르데나스 혁명정부 때 남부 치아파스에서 미국인 선교사 윌리암 타운센드(William Townsend)가 세운 ‘여름 언어학교(Instituto Linguistico de Verano: ILV)’를 통해 마야 원주민들에게 적용되었다. 이후 이 정책은 멕시코 전체와 안데스 및 아마존 원주민 선교의 기본 방법이 되었다.[111]

---

109) 앞의 책, 161쪽.

110) 앞의 책, 162쪽.

111) Jean Pierre Bastian, *Protestantismo y modernidad latinoamericana*, México: FCE, 1994, 197~198쪽. 사엔스는 페루의 대사로 가서도 안데스의 원주민 대상으로 교육 활동을 하였다.

그는 교육부 차관으로 있는 내내 존 듀이의 교육철학을 통해 해석된 개신교 윤리를 농촌교육의 모델로 적용하였다. 개인존중, 학교 노동의 활성화, 교육을 통한 민주주의는 멕시코 혁명정부의 새로운 교육학의 기본이 되었다. 이 교육철학은 라틴아메리카와 세계로 팽창하고 있던 미국 자본주의의 이익에 완벽하게 일치하고 있었다. 이러한 교육철학은 영미 자유주의 개신교 윤리의 핵심이었으며 멕시코 사회의 자본주의 근대화에 필요한 이념이었다. 이런 의미에서 사엔스는 멕시코의 자본주의 발전을 추진하던 혁명정부에 필요한 인물이었다. 그의 개신교 윤리는 개인의 윤리를 기업의 정신으로 전환하는 자본주의의 정신과 일치했다. 멕시코 혁명기 동안 전국의 농촌으로 가서 농민들에게 혁명사상을 교육하다가 가톨릭교도들에 의해 무신론자, 공산주의자, 사탄의 자식이라는 비난을 받으며 죽임을 당하기도 했다. 이러한 이유로 혁명군대의 개신교인과 반혁명 가톨릭교도 사이의 내전은 3년(1926~1929)간 지속되었다. 멕시코 역사에서 이 내전은 '기독교도 전쟁(la guerra de los cristeros)으로 기록되었다.[112] 이 전쟁은 오래전 유럽에서 있었던 가톨릭과 개신교 종교전쟁의 라틴아메리카판이었다고 볼 수 있다. 유럽의 경우에는 종교개혁 이후 왕실 간의 권력다툼이 원인이었다면 멕시코의 경우는 가톨릭 대지주와 신흥 자본가 개신교인 사이의 새로운 권력 충돌이 한 요인이었다.

112) Jean Meyer, 앞의 책, 233~242쪽. 영국의 소설가인 그레이엄 그린(Graham Greene)은 이 당시 유럽 가톨릭 신문 멕시코 특파원으로 와서 멕시코 혁명의 반가톨릭 행태를 취재하였고 이를 기반으로 그는 유명한 소설 『*The Power and the Glory*(권력과 영광)』을 썼다.

2. 브라질의 장로교 신학자 왈도 세사르와 루벰 알베스 그리고 선교사 리차드 숄

브라질 남북 장로교 역사에서도 세계교회사에 영향을 준 인물이 있다. 그들은 브라질 장로교 목회자 왈도 세사르(Waldo Aranha Lenz Cesar)와 미국장로교 선교사 리처드 숄(Richard Shaull) 그리고 그의 제자 루벰 알베스(Rubem Alves)이다. 오랫동안 세계적으로 주목을 받았던 해방신학은 주로 가톨릭교회의 진보적 신학의 하나로 알려져 있다. 캄피나스는 남장로교가 브라질에서 가장 먼저 선교지로 선택하고 연합신학교를 설립하였던 곳이다. 한국의 경우 남북장로교가 평양에 최초의 신학교를 세운 것과 같다.

멕시코의 장로교가 19세기 말 자유주의 혁명과 20세기 초의 사회혁명(1910~1930)에 적극적으로 참여했다면 브라질의 개신교도 1930~1950년대에 개혁적 정치인들이 추진하고 있던 사회혁명 과정에 적극적으로 참여했다. 이 운동에 참여한 대표적인 장로교 목회자는 왈도 세사르이다. 그는 1942년 기독학생운동과 기독청년운동을 거쳐 세계교회협의회(WCC)와 브라질 교회협의회(NCC) 창립에 많은 영향을 준 개신교 지도자였다. 그는 『평화와 토지』라는 에큐메니컬 잡지의 편집자로도 활동했다. 그는 목사, 신학자, 사회학자, 작가, 언론인 등 다방면에서 활동한 브라질 에큐메니컬 운동의 지도자였다. 그는 유엔식량농업기구(FAO)의 기아반대세계캠페인의 행동 코디네이터로도 활동했다. 그는 브라질의 유명한 농촌빈민운동인 '토지없는 농촌빈민운동(Movimento dos trabalhadores rurais Sem Terra:MST)'의 형성에도 큰 영향을 주었다. 이로 인해 그는 군사정부에 의해 구속되어 고문을 받았다. 그는 선교사 리차드 숄이 급진적인 신학적 입장과 활동으로 브라질 장로교 총회에서 문제가 되었을 때 그의 입장을 지지한 가장 강력한 친구이자 멘토였다(Feitoza, 2019, 56).

라차드 숄은 브라질의 캄피나스 신학교에서 12년간(1952~1964) 교수로 활동했다. 숄은 1940년대 말 중국의 공산화를 보면서 기독교의 전통적인 선교방식에 대한 비판적 성찰을 한 미국의 신세대 신학자 중의 한 사람이었다. 그는 중국의 공산화는 기독교의 제국주의적이고 개인 구원 위주의 선교로 인해 중국 대중의 버림을 받은 결과라고 성찰했다. 그는 자본주의나 공산주의에 대한 대안으로서 더 정의롭고 평등한 사회를 위한 투쟁에 참여하도록 학생들을 고무했다. 그는 브라질의 개신교 대학생들과 신학생들 사이에 새로운 혁명이념의 씨앗을 뿌렸고 이들은 나중에 브라질과 라틴아메리카 기독교 운동에서 중요한 역할을 했다(미카엘 뢰비, 2012, 187쪽). 이로 인해 그는 브라질 장로교회 총회와 갈등을 빚었고 1964년에 극우 군사 쿠테타가 일어나면서 브라질을 떠나야 했다. 미국으로 돌아와서는 프린스턴신학대학의 교수로 취임하였고 1960년대 미국 내의 흑인민권운동과 전 세계에서 동시에 일어나고 있던 베트남전쟁 반대와 세계평화를 위한 기독학생운동의 이론적 기반을 제공하였다. 이 시기에 그의 브라질 신학교 제자 루벰 알베스와 한국의 김용복 박사를 비롯한 많은 제3세계의 기독 청년 학생들이 프린스톤 신학대학에서 그의 강의를 들으며 영향을 받았다.

루벰 알비스는 브라질 장로교 출신으로서 캄피나스 신학교에서 신학을 공부했다. 그는 기독학생운동에 참여했으며 지역 공장에서 노동 활동도 했다. 그후 그는 그의 스승 숄이 있는 프린스톤 대학교에서 1968년에 '해방신학을 향해'라는 제목의 논문으로 박사학위를 받았다. 이 논문은 페루의 가톨릭 해방신학자 구티에레스가 '해방신학'이라는 책을 발간(1971)하기 3년 전에 발표하였다. 그는 가톨릭의 해방신학자들과 달리 계급투쟁이나 자본주의 같은 사회과학적 개념을 사용하지 않았다. 그러나 그의 책은 라틴아메리카 해방신학을 위한 출발점이 되었다. 특히 개신교 청년 학생들에게 결정적인 영향을 끼쳤다(미카엘 뢰비, 2012, 188쪽).

3. 미국 북장로교의 로버트 스피어박사와 남장로교 체스터 박사와의 교류와 영향

미국 남장로교의 해외 선교정책을 논하는 데 미국 북장로교와의 관계는 매우 중요하다. 특히 라틴아메리카의 경우 남북장로교는 협력하여 연합된 선교 활동을 하였기 때문이다. 남북전쟁 전에는 남과 북장로교가 독립적으로 활동했으나 남북전쟁에서 남부가 패배한 후에는 북장로교가 미국의 해외선교를 주도했다고 볼 수 있다. 남장로교의 한국선교도 북장로교의 언더우드 목사의 주선과 재정적 후원으로 시작하였다. 특히 북장로교와의 정책적 협력 관계에서 로버트 스피어(Robert Speer) 박사의 존재는 매우 중요하다. 국내에서는 아시아와 한국을 책임진 아서 브라운(Arthur Judson Brown) 박사가 많이 알려져 있다.[113] 로버트 스피어는 한국과 아시아뿐만 아니라 라틴아메리카와 아프리카의 개신교 선교 활동도 책임졌기 때문이다. 그는 남장로교 해외선교부 총무였던 체스터 박사와 오랫동안 동행했다. 1892년 체스터 박사가 처음 한국을 방문할 때 그와 함께 왔다. 체스터 박사가 3번 방문할 때 그도 3번 정도 한국을 방문했다.[114] 그리고 라틴아메리카에서의 개신교 선교대회를 조직할 때도 그를 초청하여 참여하게 하였다. 1916년 파나마에서의 1차 선교대회 때는 조직위원회 위원으로 참가하게 했으며 1924년 우루과이 몬테비데오 대회 때는 '협력과 일치' 분과위원회 위원장을 맡게 했다.[115]

---

113) 아서 브라운 박사의 일생과 선교 사상에 대해서는 다음을 참고할 수 있다. 류대영, 「아서 브라운과 극동의 지배」, 『한국기독교 역사의 재검토』, 한국기독교역사연구소, 2019, 34~65쪽.

114) 그는 1897년, 1915년, 1929년 세 번 방문했다. 해리 로즈(최재건 역), 『미국 북장로교 한국 선교회사, Vol. I(1884~1934)』, 서울: 연세대학교출판부, 2009, 457~461쪽. 체스터 박사는 1897년, 1902년 1906년 세 번 방문했다.

115) *Congress on Chrisitian Work in Latin America(Panama)*, 1916; Congress on *Chrisitian Work in Latin America(Montevideo)*, 1926.

그러나 그는 행정적 책임뿐만 아니라 미국장로교 해외 선교의 정책적 방향을 제시하는 이론가였다는 점에서 매우 중요하다. 그의 한국 방문 때도 한국선교의 방향을 제시하기도 했다. 그는 한국 1차 방문 후 제출한 보고서에서 한국에서 개신교 선교사역이 성장하는 이유와 문제점을 논하였다. 그는 "한국교회는 좋은 바탕 위에 세워진 좋은 교회로 비춰지고 있다"고 결론지었다. 2차 방문 때에는 '한국선교 사역의 몇 가지 문제'라는 보고서를 제출하였다. 이 문제들은 한국교회, 서울의 연희전문학교, 종교법, 사립학교법, 서울에서 가진 정부(일본) 관리들과의 회의라는 소제목으로 정리되어 있었다. 1926년의 세 번째 방문 때에는 선교회의 교육문제에 대한 보고서를 제출하였다.[116] 그는 무엇보다 한국의 종교 상황에 대해 매우 깊이 있는 이해를 하고 있었다. 동학이 기독교의 전도를 위한 길을 열어주었다고 긍정적인 이해를 하고 있었다.[117]

그에 대한 비판도 있다. 이성전의 연구에 의하면 그는 종교 제국주의의 선교이론가이자 실천가이다.[118] 스피어는 서양의 제국주의적 팽창이 필연이라고 주장했다. 그리고 "서양문명은 어떤 결점이 있더라도 기독교 문명이다. 동양에 진출할 때 그 종교적 성격을 숨기면 안된다. ... 모든 서양세계의 움직임은 그 자체를 위하여 기독교 선교를 필요로 한다고 말하고 기독교 선교를 서양의 제국주의적 팽창의 중핵으로 삼고 있다. 그는 서양이 동양에 진출하는 근거로서 기독교적 도덕을 들었다. 또 세속적인 권력이 그 신민의 양심과 기독교와의 모든 접촉을 폭력으로 금한다면 가장 높은 인류의 도덕적 권력에 대해 공격하는 것으로 삼겠다고 말했다. 이러한 이유로 3.1 독립운동 이후의 일본의 '문화정치'를 미국의 선교본부와 조선 선교부가 적극적으로 긍정한 배경에는 총독부의 회유정책과는 또 다른 차원으

116) 해리 로즈, 앞의 책, 457~461쪽.

117) 김용복, 『한국기독교사상사의 전개』, 한일장신대학교출판부, 2024, 91쪽.

118) 이성전, 『미국선교사와 한국근대교육』, 서울: 한국기독교역사연구소, 2007, 53쪽.

로 스피어처럼 미국 선교부의 문명관과 논리가 존재했음을 염두에 둘 수 있다고 비판하였다.[119]

이러한 문제점에도 불구하고 라틴아메리카의 남장로교는 북장로교와 많은 분야(특히 신학교육과 출판 등)에서 연합하여 선교 활동을 진행하였다.

VI. 결론 : 평가와 의미 그리고 과제

1. 가톨릭교회의 반응과 평가

이제 미국 남장로교가 참여한 이러한 개신교 선교대회의 정책과 전략에 대한 가톨릭교회의 반응을 살펴볼 필요가 있다. 가톨릭교회는 1916년 파나마 대회 때부터 비판적 입장을 취하였다.[120] 개신교에서 가톨릭교회를 선교대회의 옵저버로 초청했으나 가톨릭교회는 참석하지 않았다. 오히려 파나마 가톨릭교회의 주교는 이 대회 참여는 죄악이며 따라서 참여할 경우 파문당할 것이라고 협박하면서 참여를 금지하였다. 그리고 1925년 몬테비데오 대회 때는 1916년 파나마 대회 때 보다 더 신랄한 비판을 하였다. 우루과이의 가톨릭교회는 다음 세 가지 차원에서 비판하였다. 첫째, 교리적 차원에서 가톨릭 교인이 되어야 함을 강조하였다. 둘째, 목회적 차원에서의 비판이었다. 개신교인들은 실제로는 자유주의자도 아니고 합리주의자도 아니며 단지 가톨릭교인들 사이에 의심만 심고 있다고 비난하였다.[121] 셋째, 정치적 차원에서 가톨릭교회는 개신교에 대항한 민족주의 정

119) 앞의 책, 53~54쪽

120) Prien, 앞의 책, 878쪽.

121) 앞의 책, 882쪽.

서를 자극하였다. 미국의 개신교가 우루과이와 라틴아메리카의 가톨릭 민족 정체성을 위협하고 있다는 비난을 하였다. "개신교는 양키이며, 이들 양키는 범미주의의 일부이며 범미주의는 미국 제국주의와 동일한 것이다"라고 비난하였다.[122] 특히 멕시코와 유럽 가톨릭교회는 멕시코 혁명을 공산주의 혁명이라고 비난하고 이에 긍정적으로 참여하고 있던 개신교를 미국 제국주의의 앞잡이라고 비난하고 있었다. 따라서 멕시코혁명을 지지하고 참여하고 있던 개신교 입장에서는 멕시코혁명의 공산주의 분칠을 정정할 필요가 있었다. 이러한 상황에서 중미 코스타리카 내 보수적인 선교사들의 멕시코혁명지지 선언이 나왔다.[123]

라틴아메리카 개신교의 선교정책과 전략에 대한 가톨릭교회의 비판적 입장이 초기의 감정적 반응에서 냉정하고 객관적 차원에서의 대응으로 전환한 것은 제2차 바티칸공의회 전야이다. 1962년 로마의 그레고리오 폰티피시아 대학의 푸르덴시오 단보리네아(Prudencio Damborirena) 신부가 유럽의 가톨릭연구기관인 FERES(사회적 조사와 사회종교연구의 가톨릭 기구의 국제연합)의 지원을 받아 라틴아메리카 개신교에 대한 방대한 조사 결과를 2권으로 발표하였다.[124] 이 조사연구는 1958년~1961년 4년간 진행되었으며 라틴아메리카에서의 사회적 변동과 종교적 변동을 연구하였다. 1권은 라틴아메리카 개신교의 발전 단계와 선교방법을 분석하였다. 개신교 그룹의 전개와 지도자들의 형성과정을 연구하였다. 2권은 라틴아메리카에서 활동하고 있는 개신교 교단과 기관을 주소록과 함께 정리한 총람이었다. 이 조사는 이 연구소장이자 유명한 종교사회학자인 프랑수아

122) 앞의 책, 883쪽.

123) Juan Stam, 「La Misión latinoamericana y el imperialismo norteamericano :1926-1929」, *Taller de Teología*, Núm.9, 1981, 52~55쪽.

124) Prudencio Damboriena,S.J., *El Protestantismo en América Latina, Tomo I, Etapas y métodos del Protestantismo Latino-Americano*, Friburgo y Bogotá: Oficina Internacional de Investigaciones Sociales de FERES.

후타르트(F. Houtart)가 지도하였고 실무에는 당시 유럽대학에서 박사과정을 밟고 있던 엔리케 듀셀(Enrique Dussel)이 참여하였다. 듀셀은 이 연구조사를 통해 라틴아메리카 교회의 역사자료를 자세히 파악하게 되었으며 후에 그가 라틴아메리카 교회사를 서술하는 기초자료가 되었다. 이 조사는 라틴아메리카 개신교에 대한 최초의 사회학적 연구였다.

이 책의 서론에서 프랑수아 후타르트는 말하기를 가톨릭 교인은 개신교가 종교적 소수이기는 하나 다양한 형태로 다양한 나라에서 존재하며 현대사회의 다원주의 요소의 하나로 존재하는 현실이라는 것도 인정하고 받아들여야 한다고 주장하였다.[125] 개방적인 역사적 개신교와 대화를 하고 협력도 하는 에큐메니컬한 태도가 필요함을 제안하였다. 역사적 개신교와 다른 분파주의적 그룹인 '여호와의 증인'과 같은 광신적인 분파에 대응하기 위해서도 역사적인 개신교와 세계교회협의회와의 에큐메니컬 협력이 필요함을 제안하였다.

1972년에 미국의 남장로교는 가톨릭 교회와의 화해와 협력을 공식적으로 선언하였다. 이 선언은 10년 전 바티칸 제2 공의회 시기에 보여준 가톨릭교회의 화해선언에 대한 응답이었다고 볼 수 있다. 그러나 이 선언의 결과 남장로교 내부에서 분열이 일어났다. 즉 1973년에 극소수의 보수적 선교사들(전체 400명 중 4명)과 목회자들이(전체의 5%) 남장로교를 탈퇴하여 근본주의를 신학적 정체성으로 하는 새로운 장로교 보수 교단인 미국장로교(Presbyterian Church of America: PCA)을 만들었다.[126]

---

125) 앞의 책, 12쪽.

126) G.Thompson Brown, 앞의 글, 168쪽.

2. 비교와 의미 그리고 과제

지금까지 미국 남장로교의 해외 선교정책과 그 영향을 라틴아메리카 사례를 중심으로 살펴보았다. 종합적으로 보면 남장로교의 해외 선교정책 방향은 공식적은 입장은 아니지만 미국 정부의 신식민주의 정책을 종교적으로 보조하는 역할을 하였다. 즉 개신교는 현지인의 영적 정복을 통한 미국화 전략을 수행하였다. 이 전략의 대표적인 성공사례가 푸에르토리코이다. 거의 140년(1898~2024)에 걸친 신식민주의 통치를 통해 푸에르토리코인의 다수는 독립보다는 미국의 신식민지 지배통치를 수용하고 있는 상황이다.[127] 한국의 경우에도 남장로교가 육성한 개신교 목회자들 가운데는 자립과 독립보다는 선교사의 지원에 의존하는 경향이 있었다. 동시에 선교사의 권위와 지배로부터 독립하려는 움직임도 강하였다.[128] 대표적인 사례가 앞에서 언급한 1910년대 최중진 목사의 자유교회 사건이었다. 해방 후 1950년대에 예장과 기장이 분열될 때 선교사로부터 독립하려는 기장 교

127) 푸에르토리코 출신 선교학자인 오를란드 코스타스는 오래전에 자신의 조국 푸에르토리코는 "부정적 제국주의에 의한 피해"를 입었으며 독립보다는 미국의 한 주 또는 식민지로 있는 것이 더 좋다면서" 교회가 민족의 혼을 팔고 있다고 아주 신랄하게 비판하였다(오르란드 코스타스, 『통합적 선교신학』, 대한예수교장로회총회교육부, 1982,134-135쪽). 사실상 푸에르토리코는 지난 140년간의 선거에서 독립보다는 준식민지 상태 또는 미국 주로의 합병을 선택하는 이가 다수였다. 그러나 지난 2024년의 선거에서 독립을 선택하는 이가 기존의 3% 지지에서 32%로 2위를 차지하는 이변이 발생하였다. 거의 140년에 걸친 미국 주로의 편입을 바라는 간절한 기도에도 불구하고 미국 본토의 대통령 대선 선거전 때 돌아온 대답은 "쓰레기 섬"이라는 모욕적 대우였다(https://en wikipedia.org>wiki>2024.Puerto_Rican_g;한국일보, 2024. 11. 5). 이에 대한 민심의 반응이 지난 선거결과였고 이것은 푸에르토리코인의 새로운 민족의식 변화가 일어나기 시작하고 있는 현상으로 평가되고 있다.

128) 멕시코, 브라질 그리고 쿠바는 남장로교 선교사의 영향에서(특히 경제적 차원) 일찍 독립하였으며 그 결과 사회적 정치적으로도 민족의 독립 정신과 자립 구조(교육과 의료)를 형성하는데 기여하였다. 한국의 경우 개신교 선교 100년을 평가하는 좌담회에서 미국 선교부로부터의 독립과 호남에서의 대학 미설립 등의 문제를 처음으로 비판적으로 다루었다. 김용복·나이선·서광선·서의필, "〈좌담〉 주한 미국선교사 활동 100년을 평가한다", 『기독교사상』, 통권 284호, 1982.

단을 선택한 교회가 호남지역에서 가장 많았다는 것은 남장로교 선교부에 대한 지역 개신교인들의 정서를 반영하는 결과라고 보여진다. 이후에도 호남지역의 예장 계열 장로교는 지역 출신의 인재를 통한 자립보다는 서울 또는 정치 경제적으로 강력하거나 다른 지역 대형교회의 인적 물적 지원에 의존하려는 경향이 남아 있었다. 이것은 선교 초기 남북장로교 선교사들이 '자진 전도, 자력 운영, 그리고 자주 치리' 등 교회의 자발성(Self)을 목표로 한 네비우스 선교정책을 강조하였으나 완전한 자립 또는 독립은 충분히 허용하지 않은 결과이기도 하다.[129] 이것은 남장로교가 남긴 부정적 유산으로 보인다. 이러한 잘못된 유산을 극복하려는 시도가 있었는데 그것은 전북 출신 김용복박사의 한일신학교 학장 취임 이후 7년간의 재임 기간이다. 그는 남장로교 선교사들이 100년 동안 하지 못한 호남지역의 기독교 인재육성을 위한 기독교종합대학의 설립을 부임 3년 만에 이루었다. 이 시기 한일신학대의 개혁 사례는 지역 출신 인재에 의한 자립에 성공한 사례로 평가될 수 있다.[130]

이제 한국의 대표적인 사례를 라틴아메리카 사례와 비교해 보면서 공통점과 차이점을 논의해 본다. 라틴아메리카와 한국의 사례를 좀 더 세분하여 살펴보면 다음과 같은 공통점과 차이점이 나타난다. 이 두 사례의 공통

129) 네비우스 선교정책에 대한 평가는 다양하다. 한국교회의 성장에 공헌했다는 긍정적 평가가 많으나 비판적 시각도 존재한다. 하나는 한국 교역자의 수준과 자질 향상을 제도적으로 제한하는 결과를 가져왔다는 지적이다(유영열·윤정란, 『19세기 말 서양 선교사와 한국사회, *The Korean Repository*를 중심으로』, 경인문화사, 2004, 312~322). 다른 하나는 네비우스 선교정책은 교회조직의 운영에 치중하고 사회적 관심에는 소극적인 태도를 초래한 문제가 있다는 지적이다. 한국기독교역사학회 편, 『한국기독교의 역사 I』, 기독교문사, 2011, 173~176쪽. 호남지역의 경우 이 두 문제가 동시에 나타났다.

130) 이남섭, 「민중신학자, 시골에서 세계적 수준의 기독교 민족대학을 꿈꾸다 - 민중신학의 제도권 대학개혁 실천과 그 의미」, 『민중과 생명』, 동연, 2018, 447~465쪽; 이남섭, 「서서평과 김용복-한일장신대학교의 설립 정신과 한국 교회사에서의 사회신학사적인 의미」, 『서서평선교사의 사회선교와 영성』, 2019, 95~145쪽.

점은 다음 두 가지이다. 첫째는, 선교 초기에는 복음전도가 우선이고 교육과 의료선교는 수단이라는 점이다. 의료와 교육은 복음전달의 수단이지 목표가 아니었다. 그러나 의료와 교육에 대한 남장로교의 선교전략은 상황에 따라 다양하게 나타났다. 남장로교의 정책적 목표는 아니었지만 남장로교의 의료와 교육선교는 피선교지 현지인들에게 근대 의료와 교육의 기회를 제공했다는 점에서 의미가 있다. 둘째는 북장로교와 감리교 등 신학적 입장이 다른 역사적 교단과 협력을 하였다는 점이다. 대표적인 사례가 한국(평양)과 쿠바 및 브라질에서 신학교를 공동으로 운영하였다는 점이다. 또 교단별 선교 활동지역을 구분하는 선교지분할정책에 참여하였다는 점이다.

이 두 사례의 차이점은 다음 세 가지이다. 첫째는 선교 초기의 정치적 정체성이다. 라틴아메리카의 경우 남장로교를 포함한 개신교의 공식적 선교는 자유주의 정치세력의 도움으로 시작되었다면, 한국의 경우는 보수집권세력의 도움으로 시작되었다. 한국개신교의 태생적 보수성은 이때 형성되었다. 둘째는 사회적 문제에 대한 입장의 차이이다. 라틴아메리카의 경우 전자의 결과 남장로교는 소극적 태도에서 정치참여를 허용하는 적극적 태도로 변화하였다. 한국의 경우는 정치적 중립을 넘어서 절대 금지 또는 반대하는 태도를 택하였다. 이러한 차이는 1931년에 와서 남장로교는 최초의 세계선교대회에서 사회적 관심을 허용하는 방향으로 정책이 전환된다.[131] 1964년에는 남장로교가 당시의 흑인민권운동을 지지하는 성명서를 발표하였다. 또 1973년에는 자본주의 체제의 문제점을 지적하면서 정의로운 경제 질서의 수립을 요구할 정도로 발전하였다.

셋째는 선교 현지 선교사의 입장과 선교본부 입장이 다를 때 최종결정권은 누구에게 있으며 어떻게 매듭지었는가 하는 문제이다. 라틴아메리카

131) 이재근, 앞의 글, 31쪽.

는 선교 현지의 입장을 수용하였고 한국은 선교본부가 결정하였다. 대표적인 사례가 미군의 무력개입반대와 신사참배 반대 사건이다. 1920년대 멕시코 혁명 시기의 '기독교도 전쟁' 때 남미 현지의 선교사들은 미군의 군사적 개입을 대부분 결사적으로 반대하였다.[132] 이 결과 미국의 루즈벨트 정부는 기존의 해병대와 함포 정책에서 선린정책으로 전환하였다. 한국의 경우는 대학과 병원설립문제 그리고 신사참배 문제를 현지선교회가 아니라 미국의 선교본부가 결정하였다. 여기서 한국의 선교사들이 지나치게 보수적이었으며 사회문제에 소극적이었다는 평가가 가능하다. 이러한 이유로 이 당시 미국의 해외 선교본부에서 한국의 장로교 선교부가 미국의 해외 선교부 가운데 가장 보수적이었다는 논평이 나오게 되었다.

미국 남장로교가 해외 선교 활동에서 초기에 소극적으로 된 이유로는 기본적으로 남북전쟁에서 패배한 후 남부가 정치적 경제적 차원에서 어려움이 있었기 때문으로 추정된다. 특히 경제적 어려움은 선교정책 수립과 추진과정에서 소극적이고 이웃인 북장로교와 협력적이 될 수 밖에 없었다고 볼 수 있다. 그리고 시간이 지나면서 남북 선교사 간 결혼을 포함하여 많은 부분에서 북장로교와 일치되어 갔으며 결국 1983년에는 통합하는 길을 선택하였다.[133] 이 점에서 남장로교의 선교정책은 100년 이상의 역사를 통해 고립에서 협력으로 점진적으로 전환하였을 뿐만 아니라 최종적으로

---

132) Bastian, *Protestantismos y modernidad latinoamericana*, 앞의 책, 168쪽.

133) 교육 선교정책 부분에서 이러한 통합과정이 낳은 성공적인 결실은 한일장신대학교 사례에서 확인된다. 원래 한일장신대학교는 미국 남장로교가 세운 전주의 한일여자신학교 후신이었다. 그리고 북장로교가 세운 연세대학교와 미국 프린스톤 신학대 출신이자 지역 출신인 김용복 목사가 보수적인 전임학장인 강택현 목사에 의해 1992년 새로운 학장으로 초빙되면서 각종학교인 한일신학교는 기독교종합대학으로 신속하게 발전하게 되었다. 이 당시 대학의 승격과정에 북장로교의 재정적 후원이 있었다. 이것은 1983년 남장로교와 북장로교가 통합 후 맺은 최초의 성공적인 협력 산물이었다. 김용복 총장은 대학으로 승격시킨 후 다른 기독교 사학처럼 사유화하지 않고 한일장신대를 총회에 귀속하였다.

는 북장로교와 완전히 통합되었다고 볼 수 있다.

남장로교의 해외 선교정책은 다른 교단의 경우와 마찬가지로 미국 정부의 대외정책과 관련해서 보아야 한다. 한국에서는 '서구 문명'의 전달자로서의 역할을 강조하였다면, 라틴아메리카에서는 '미국 문명'의 전달자로의 역할을 명확히 하였다. 아시아에서는 동양의 불교와 유교 문화 그리고 힌두교와 이슬람 유산에 대응한 의미에서 서구 문명이었고, 라틴아메리카에서는 스페인 가톨릭 문화유산에 대응한 의미에서 미국의 개신교 문명을 강조하였다.[134] 그러나 시간이 지나면서 라틴아메리카의 진보적 개신교인들은 미국의 근대화 문명선교는 북미에 남미를 종속시키는 앵글로색슨의 신식민지 팽창의 새로운 단계였다고 비판하였다.[135]

이제 이 연구의 결론이 주는 의미와 과제를 생각해 볼 시간이다. 이 연구를 통해 확인된 사실은 남장로교의 주류는 남북전쟁 전후에 북장로교와 화해하면서 진보적 입장을 취했다는 점이다. 남장로교가 보수라는 이미지는 한국에 왔던 초기 선교사들의 입장으로서 이들은 미국 본토의 선교부에서는 소수의 의견이었으나 한국에서는 평양의 근본주의 성향의 북장로교 선교사와 함께 다수파를 형성하였다. 다시 말해 남장로교의 선교정책은 시대와 장소 그리고 개별 국가의 상황에 따라 다양하였으나 미국 본부의 주류는 진보적 입장으로 변화하였다는 점이다. 이러한 변화의 중요요인은 남북전쟁이 북군의 승리로 끝나면서 북장로교가 해외 선교정책을 주도하였으며 남장로교는 협력하는 태도로 변화하여갔다. 결정적 변화는 제2차 세계대전이 끝나면서 미국이 세계의 강대국이 되면서 남장로교는 북장로교와 완전히 통합되어 하나가 되었다. 즉 국제정치의 변화와 경제적 요인이 남장로교 정책변화의 주요 요인이 되었다고 평가할 수 있다.

---

134) 조현범, 『문명과 야만-타자의 시선으로 본 19세기 조선』, 서울: 책세상, 2002.

135) Jose Miguez Bonino, *Doing theology in a Revolutionary Situation*, Philadelphia: Fortress Press, 1975, 14~15쪽.

남장로교의 선교정책에 대한 내부의 반응이 통일되지 않았던 것처럼 외부의 반응도 시기별로 다양하였다. 가령 19세기 말 개신교 선교 초기시기 라틴아메리카 가톨릭교회는 남장로교를 포함한 미국개신교를 무신론자, 공산주의자, 미국 제국주의 앞잡이라고 비판하였다. 개신교는 이에 대해 가톨릭은 전통주의자, 보수주의자, 진보의 반대자라고 대응하였다. 이러한 태도는 100년 후 1960년~1970년대 가톨릭교회에서 해방신학이 나타나면서 역할이 바뀐다. 이번에는 보수적 개신교가 가톨릭교회를 공산주의자 또는 국제 공산주의의 앞잡이라고 비판하였다. 여기서 놀라운 사실은 라틴아메리카에서는 아시아에서처럼 사회주의자와 공산주의에 의한 대규모의 '반기독교 운동'이 없었다는 점이다. 오히려 페루의 유명한 좌파지식인인 마리아테기는 YMCA와 YWCA 같은 개신교 단체의 사회활동에 대해 일부 긍정적 평가를 하였다.[136] 라틴아메리카에서는 '반기독교 운동' 대신에 가톨릭교회를 목표로 하는 '반 성직자 운동'이 자유주의자들에 의해 오랫동안 진행되었다. 남장로교 내부의 극단적 입장도 시간이 지나면서 화해가 되어 통합되었다면, 외부의 반응도 시대에 따라 서로의 극단적 입장이 정반대로 바뀌는 것도 보여주었다. 여기서 이러한 다양한 변화를 가져오는 중요한 배경으로서 신학적 요소도 있지만 국제정치의 변동과 경제적 위기 그리고 이에 따른 종교적 역학관계의 변화가 영향을 끼친다는 점이다. 참으로 다양한 의미를 생각하게 하는 변화들이다.

이 연구를 통해 우리가 주목해야 할 의미 있는 사실 하나가 있다. 미국은 우리와 마찬가지로 4년에 걸친 남북전쟁(1861~1865)이라는 내전에서 100만 명 이상이 희생되었으며 이러한 분열로 인해 국민간, 인종간, 종교간 상처가 깊이 남아 있는 분단국가였다. 그러나 남장로교와 북장로교는 서로에 대한 저주를 중단하고 120년에 걸친 화해와 통합을 위한 노력 끝에 결국

---

136) José Carlos Mariátegui, *Siete ensayos de interpretación de la realidad peruana*, Barcelona: Critica, 1976, 157~158쪽; Jean Pierre Bastian, 앞의 책, 155쪽.

통합을 이루었다. 특히 해외 선교정책과 실천 현장에서 이러한 화해와 통합의 결실이 먼저 이루어졌다는 점에서 한국교회가 배워야 할 의미가 크다고 본다. 특히 남장로교 선교사 가운데서 서의필 선교사처럼 자신의 동생이 한국전쟁에 참전하였다가 희생되었으나 북한을 악마화하지 않고 평생을 남북의 화해와 통일을 위한 활동을 한 이들이 있었다는 사실이다. 한국교회는 자신과 교회의 이익을 위해 지난 한국전쟁의 상처를 민족 분단을 영구화하는 근거로 악용하지 말고 미국교회처럼 전쟁의 상처를 치유하고 화해하는 노력을 지속적으로 해야 할 필요가 있다.

이 연구는 문제 제기 차원의 서론적 연구이다. 미국 남장로교가 보수적이라는 기존의 해석은 국내의 경우는 대체로 사실이나 라틴아메리카와 미국 본토의 선교정책의 경우에는 달랐다는 점을 이 연구는 구체적인 사례를 통해 논의하였다. 또 한국의 경우에도 소수이지만 포사이드-서서평-서의필로 이어지는 진보적인 남장로교 선교사들과 동행하는 국내의 목회자와 평신도들이 있었음을 대표적인 사례를 통해 간략히 제시하였다. 이 연구에서 깊이 분석하지 못한 주제가 있다. 그것은 라틴아메리카의 남장로교 선교정책을 집행한 남장로교 해외선교 본부(또는 실행위원회) 총무와 총회의 관계 그리고 현지 선교사와의 관계 등을 충분히 검토하지 못한 점이다. 이것은 추후 연구과제이다.

2장

미국 남장로회 전주선교지부와 복음선교

- 1893~1923년을 중심으로

이재근

Ⅰ. 들어가는 말

미국 남장로회가 19세기 말 한국에서 처음 선교를 시작하게 된 계기와 과정에 대해 많은 연구가 이루어졌다. 정확하지 않은 첫 기록과 근거 없는 추정, 각색된 미담 등이 반복 재생산되어 인터넷 등을 통해 널리 유통되면서, 오류가 사실인 양 오래 회자되기도 했다. 그러나 최근에는 선교사 문헌, 치리회 회의록 등 사료를 더 정교하게 추적하면서 사실 관계의 정확성을 담보한 글이 여러 편 발표되어, 한국교회사 연구의 지평, 깊이와 질이 모두 크게 향상되었다.[1)]

1) 필자의 판단에, 사실 관계의 정확성과 관련하여 최근에 가장 뛰어난 성취를 이룬 연구 성과는 옥성득, "미국 남장로회 한국선교의 시작 재구성, 1891-1894년," 「한국기독교와 역사」 61 (2024.9): 81~124쪽이다.

미국 남장로회 한국선교회가 선교지 예양협정을 통해 호남(충청도 남부와 전라도)을 선교구역으로 할당 받은 후에 호남 선교의 시발점으로 삼아 첫 선교지부(mission station)를 세운 전주에 대해서도 최근 연구성과에 큰 발전이 있었다. 특히 전주선교지부의 형성 과정을 인문지리학적으로 짚어낸 김경미의 연구와 전주선교지부 관련 연구 목록을 집대성한 이재근의 연구가 눈에 띈다.[2)]

본 연구는 필자가 이전에 진행했던 남장로회 전주선교지부 연구현황과 과제에 대한 연구의 후속으로서, 선교지부의 세 선교 축(복음선교[혹은 전도선교], 교육선교, 의료선교) 중 하나인 복음선교의 역사를 정리하려는 시도다. 초기 기독교 선교가 이루어지는 과정에서 대개 신자공동체가 가장 먼저 형성되고, 선교지부 설립에 이어 학교와 병원 등이 세워진다. 이 점에서 전도와 교회 설립을 중심으로 전개되는 복음선교는 대개 의료선교와 교육선교에 앞선다. 그러나 전주선교지부의 의료선교와 교육선교에 대해서는 전문적인 연구성과가 존재하는 반면,[3)] 우선이자 시작인 복음선교에 대해서는 오히려 체계적인 연구가 부족하다. 아마도, 전도와 교회개척은 선교의 시작과 함께 너무도 자연스럽게 이루어지는 일이라 상세한 학문적 논의가 필요치 않다고 생각하거나, 개척 선교사와 초기 교회를 다루는 여러 연구 문헌에 관련 내용이 산재해 있어서 따로 정리할 필요가 없다고 판단하기 때문일 수도 있다.

따라서, 본 논문에서 필자는 선교사들과 한국인 기독교인에 의한 복음전

---

2) 김경미, "「완산도형」에 구현된 초기 개신교 전주스테이션 공간 연구," 「전북학연구」 13 (2024.12): 27-69; 이재근, "미국 남장로회 한국선교회 전주선교지부 연구 현황과 과제," 「인문학술」 13 (2024.12): 47~91쪽.

3) 송현강, "미국 남장로교의 전북지역 의료선교(1896-1940)," 「한국기독교와 역사」 35 (2011.9): 47~77쪽; 이재근, "남장로교의 전주 신흥학교·기전여학교 설립과 발전(1901-1937)," 「한국기독교와 역사」 42 (2015.3): 45~83쪽; 최영근, "일제강점기 미국 남장로회 교육선교에 관한 연구: 군산과 전주스테이션의 인돈(William A. Linton)을 중심으로, 1912-1940," 「대학과 선교」 50 (2021): 93~129쪽.

도와 교회 설립, 조직교회 성립 등의 양상을 선교사 기록(남장로회 한국선교회 연례보고서 등)과 치리회 기록물(선교사공의회, 연합공의회, 전북대리회, 전라노회, 전북노회록)[4]를 토대로 체계적으로 정리하려 한다. 이런 기록물들은 주로 연표나 통계 위주로 작성되어 있어서 이것만으로는 사건 이면의 서사를 알기 어렵다. 배경, 사건, 과정 등, 특별한 서사에 대한 서술이 필요한 경우 필자가 따로 부가하려 한다.

논문의 분량 및 문헌의 제한 때문에, 본 논문이 다루는 시기는 남장로회 선교사들이 처음 전주를 방문한 1893년부터 1923년까지 30년으로 한정한다. 1923년으로 한정하는 이유는, 각 치리회(선교사공의회, 합동공의회, 지역 대리회, 지역 노회)가 보고한 자료를 토대로 조선예수교장로회의 역사와 통계를 비교적 정확하게 제공하는 『조선예수교장로회사기』(이하, 『사기』)[5]가 다루는 기간이 로버트 토마스 선교사가 평양에서 사망한 1865년부터 1923년까지이기 때문이다.

4) 치리회 기록물이란 주로 각 치리회의 논의를 기록한 회의록을 뜻하지만, 본 논문에서는 각 치리회가 자신들의 치리회의록을 요약해서 조선예수교장로회 총회 사기편집위원회에 제출한 사료를 바탕으로 편집된 『조선예수교장로회 사기』에 의존했다. 김광수의 지적대로, "조선예수교장로회사기는 공식적인 문서인 당회록과 노회록, 총회록만을 자료로 편집하는 것을 원칙으로 하였기 때문에 철저하게 술이부작(述而不作)이 적용되어 있어 역사적 사실을 파악하는 데 있어서 전혀 오류가 있을 수 없는 장점을 지니고 있"기 때문이다. 차재명 저, 박용규 편, 이교남 역, 『조선예수교장로회사기 상』 (서울: 한국기독교사연구소, 2014), 23쪽.

5) 필자는 본 논문에서 현대 한국어 번역과 색인을 제공하는 차재명 저, 박용규 편, 이교남 역, 『조선예수교장로회사기 상』 (서울: 한국기독교사연구소, 2014), 양전백, 함태영, 김영훈 저, 박용규 편, 이교남 역, 『조선예수교장로회사기 하 개정판』 (서울: 한국기독교사연구소, 2017)을 활용했다. 원서 서지는 다음과 같다. 차재명 편, 『조선예수교장로회사기 상』 (서울: 조선기독교 창문사, 1928), 한국교회사학회 편, 『조선예수교장로회사기 하』 (서울: 연세대학교출판부, 1968). 이하, '박용규 편, 『사기』'라 표기하며, 본문에서 특별한 부가 설명이 없는 한 이 편집본을 지칭한다.

Ⅱ. 선교사공의회 시대(1893~1900)

1885년 4월에 미국 북장로회 첫 복음선교사 호러스 그랜트 언더우드(Horace Grant Underwood)가 입국하고, 1889년 10월에 호주 빅토리아 장로회의 조셉 헨리 데이비스(Joseph Henry Davies)가 서울에 도착했다. 두 장로회 선교회는 장로회선교연합공의회(The United Council of Presbyterian Missions, 이하 '선교사공의회[6]')를 결성했으나, 데이비스가 이듬해 4월 병사함으로써 사실상 해체되었다. 그러나 데이비스의 뜻을 이어 1891년 10월에 파견된 후속 호주 장로회 선교사들에 의해 호주인들의 한국 선교가 재개되었다. 이어서 1892년 10월과 11월에 남장로회 선교사 7인(레널즈 부부, 전킨 부부, 테이트 남매, 데이비스)이 도착하면서, 1893년 1월 28일에 선교사공의회가 재결성되었다. 선교사공의회의 첫 회장은 의외로 신참 남장로회 선교사 윌리엄 데이비스 레널즈(William Davis Reynolds, Jr. 이눌서)였다. 이후 1898년에 내한한 캐나다장로회 선교사들도 여기에 가입함으로써, 네 장로회 선교회의 연합체인 이 선교사공의회, 이후 한국인 지도자들이 참여한 1901년의 조선예수교장로회공의회(이하 '합동공의회[7]')가 1907년에 한국에 첫 정식 치리회로 독노회(獨老會)가 설립될 때까지 한국 장로교회의 실질적인 치리기구의 역할을 맡았다.[8]

이 회의에서 남장로회는 남부 지방, 즉 충청도와 전라도를 선교구역으로 확정했다. 그러나 남장로회선교회의 인력이 충청도까지 감당하기에는 부족했으므로, 1907년에 있었던 미감리회(북감리회)와의 조정 결과, 남장

---

6) '선교연합공의회'로 표기하는 학자들도 있으나, 논문의 통일성을 위해 『사기』가 사용하는 용어인 '선교사공의회'로 표기한다.

7) '장로회공의회'로 표기하는 학자도 있으나, 논문의 통일성을 위해 『사기』가 사용하는 용어인 '합동공의회'로 표기한다.

8) 한국기독교역사연구소, 『한국기독교의 역사 I』 (서울: 기독교문사, 1989), 185~209쪽.

로회는 호남 전역(전북, 전남, 제주)과 충남의 공주 이남에서만 활동하기로 합의했다.[9)]

1. 전주 복음전도 및 전주선교지부의 시작

한국 입국 직후 서울에 머물면서 한국어 공부와 서울 전도를 시도한 남장로회 선교사들은 1892년 말부터 남부 지역 답사를 시작했다. 레널즈는 북장로회 선교사 새뮤얼 A. 마펫(Samuel A. Moffett, 마포삼열)과 함께 12월에 충청도의 두 중심도시 청주와 공주를 여행했는데, 이것이 남장로회 선교사의 첫 남부 답사였다. 이듬해 1월에 호남이 선교구역으로 공식 결정되자, 봄에 호남 답사를 계획했으나, 남부 지방에서 반란 소요가 있을 모른다는 정부와 공사관의 경고로 무산되었다.

남장로회 관련자로서 호남을 가장 먼저 밟은 이는 선교사들이 아니라 레널즈의 어학선생 정해원이었다. 그는 1893년 6월에 전주에 도착해서, 전주부성 남문과 서문에서 멀지 않은 성 바깥 완산칠봉 언덕 초가집 한 채를 구입해서 정착했다. 언덕에 마련된 이 초가집은 이후 '은송리 예배당'으로 알려진다. 그 해 9월에 윌리엄 전킨(전위렴)과 루이스 테이트(최의덕)가 전주를 찾아서 정해원이 가족과 함께 있는 초가를 확인했으나, 현지인의 소요를 염려하여 주막에 머물렀다. 11월에는 테이트가 자신의 한국어 교사를 대동하고 정해원이 마련한 전주 집에서 한 주간 보냈다. 테이트는 6월에 정해원이 전주에 정착한 후 전도하여 여러 사람을 이미 신자로 확보한 사실을 확인했다. 즉, 남장로회 전도자로서 가장 먼저 호남에 내려온 인물도, 가장 먼저 전도하고 신자를 확보한 인물도 선교사가 아니라 정해원이었다.

두 차례 방문 후 전주 선교의 전망이 매우 밝고, 선교사가 거주하는 것도

---

9) 한국기독교역사연구소, 『한국기독교의 역사 I』, 213~218쪽.

비교적 안전하다고 확신한 테이트는 1894년 3월에는 여동생 매티 테이트(Mattie S. Tate, 최마태)를 데리고 전주로 가서 이번에는 3개월이나 머물렀다. 매티는 호남을 찾은 첫 서양인 여성이어서, 호기심차 그들을 찾아 온 주민들에게 자신을 보여주는 '구경'을 전도의 기회로 삼았다. 한반도 전역에서 초기 여성선교사들은 자신들을 '구경'하러 온 주민들에게 복음을 전하며 전도의 문을 열었다.

전주 거주와 선교활동 전망이 밝았으므로, 이들은 가을에 전주에서의 완전 정착을 꿈꾸었다. 정해원 가족과 테이트 남매가 전주에 머무는 동안, 레널즈와 신임 의료선교사 A. 다머 드루(A. Damer Drew, 유대모)가 전라도 전역을 답사하는 여행을 진행하다가 3월 말부터 4월 초에 5일 가량 전주에 머물러 선교지역을 둘러보았다. 여기서 모인 회의에서 추가 토지를 사들이고 건물을 지어 전주선교지부를 구축할 계획을 논의했다. 테이트 남매는 정해원과 함께 전주 주민들에게 복음을 전했는데, 그 중 다수가 세례를 요청했다. 그러나 아내가 전주 생활에 적응을 못하고 힘들어 하자, 정해원은 결국 전주를 떠나 서울로 돌아갔다. 테이트는 초가집 주변 언덕의 땅을 추가로 구입했다. 그러나 4-5월 중에 동학이 발발했다는 소식을 들은 테이트 남매는 서울로 급히 귀환해야 했다. 테이트 남매의 서울 귀환 한 주 후 동학군이 전주성을 함락했다.

동학운동이 사그라진 후 1895년 봄에 다시 전주로 간 테이트는 건물도 망가지고 사람도 흩어지면서, 정해원과 자신이 구축했던 선교 성과 대부분이 상실된 것을 목격했다. 그는 건물과 토지를 보수하면서 여름까지 시간을 보냈다. 가을에 다시 전주로 내려간 테이트는 자신과 동생이 머물 집 두 채를 추가 구입할 후 수선과 개조를 마무리한 후 서울로 복귀했다. 그해 겨울 크리스마스가 지난 후, 서울을 떠난 테이트 남매와 매티의 여성 조력자 이씨는 새해 1896년 1월 첫 주에 전주에 도착했다. 이로써 전주선교지부는

남장로회 첫 영구 정착지로 자리를 잡았다.[10)]

2. 호남 첫 교회 '은송리' 교회와 전주서문교회 성립

정해원이 처음 구입한 후 거주했고, 정해원이 떠난 이후에는 테이트 남매가 거주하기도 하고 예배당으로 활용하기도 한 초가집은 호남 개신교의 모교회였다. 이 교회가 전주서문교회로 발전했고, 이어서 여기서 여러 교회들이 전주와 전북 여러 지역에 분립 및 개척되었다. 정해원과 선교사들이 초가 예배당과 여러 건물을 마련한 마을, 즉 전주부성의 남문과 서문 바깥 전주천 너머 가까운 완산칠봉 자락의 마을은 당시 한국인에게 '부남면 은송리'로 불린 마을이었다. 이 은송리 첫 교회당의 정확한 위치가 어딘지에 대해서는 여전히 논쟁 중이다.[11)]

그러나 정해원이 처음 정착한 이 초가 예배당과 그 주변은 이후 교회와 진료소, 학교를 갖춘 전주선교지부의 첫 정착지로서 1903년 1월까지 선교지부 기능을 감당했다. 특히 1897년 3월부터 전주에 파견되어 선교활동을 시작한 윌리엄 해리슨(William Butler Harrison, 하위렴)은 첫 예배당 공

10) 김경미, "「완산도형」에 구현된 초기 개신교 전주스테이션 공간 연구," 41f에 나오는 도표 "전주스테이션 개척을 위한 정착 연혁." 김경미는 레널즈, 테이트, 전킨이 남긴 기록을 모두 수집하여 본 도표를 만들었는데, 정착과정에 대해 최근까지 분석된 모든 글 중 가장 정확하다고 판단된다.

11) 최근 필자는 은송리 예배당 관련 논쟁의 양상에 대한 글을 학회에서 발표한 바 있다. 그 정확한 위치에 대해서는 아직 완전한 결론이 나지 않았다. 이재근, "호남 첫 교회 전주서문교회의 '은송리' 예배당 관련 논쟁," 한국기독교역사학회 제434회 학술발표회(2025.5.3.). 김경미가 2024년 12월에 출간한 논문에서 선교사 기록과 고지도 「완산도형」을 토대로 주장한 현재의 '명륜맨션'(전북 전주시 완산구 동완산동 완산4길 30-27/전북 전주시 완산구 동완산동 304-28) 및 주변 지역이 첫 '완산' 전주선교지부 공간인 것은 분명해 보인다. 다만, 「완산도형」에 묘사된 '와가삼처 초가오처'(기와집3채, 초가집5채) 중 어디가 정해원의 첫 초가집, 즉 '은송리'예배당인지는 아직 불분명하다.

간에서 거주하다가, 이 공간을 예배로 모이기에 더 좋은 공간으로 개조했다. 1897년 7월 18일 일요일에 한국인 5명(김내윤, 김창국, 여자 강씨[김창국의 어머니], 여자 임씨, 여자 김씨[김성희])이 세례를 받게 되는데, 해리슨은 이 날을 “전주 현지인교회의 시작”을 알리는 기념비적인 날이라 평했다. 이로써 ‘은송리’교회는 세례교인을 가진 ‘정식’ 교회가 되었다.[12] 한편, 『조선예수교장로회사기』(이하, 『사기』)에는 전주서문교회를 1897년이 아니라 1896년에 세워진 교회 목록에 배치하며 ‘성립’되었다고 기록한다. 이것이 단순 실수인지, 1896년을 ‘성립’으로 볼 만한 특별한 사건이 그 해에 있었는지는 파악하기 어렵다.[13]

1893년 정해원의 전주 도착부터 완산칠봉 자락인 전주부 부남면 은송리에 위치해 있던 ‘완산’ 전주선교지부는 위기를 맞는다. 고종이 1874년부터 시도했던 조선왕조의 발상지 완산 성역화 작업이 1899년에 재개되기 때문이다. 당시 전라북도관찰사 이완용과 관리들은 왕실의 성역 중 하나인 완산에 외국인 거주지가 있다는 사실을 용납할 수 없었으므로, 오늘날 예수병원과 신흥학교가 위치한 더 서쪽의 ‘화산’ 부지를 선교사들에게 제공했다. 그 결과 1900년 초부터 ‘완산’ 선교지부의 건축 및 이전 작업이 시작되어, 1903년 1월에 완료되었다. 그러나 특이하게도, 선교사들의 주택과 병원, 학교 등이 모두 이전했음에도, 예배는 1905년까지 ‘완산’ ‘은송리’ 예배당에서 진행되었다. 교인 수가 늘어 여러 차례 개조에도 더는 은송리 예배당에서 예배를 진행하기가 어려워지자, 교회는 전주부성의 서문 바로 바깥의 현 다가동에 기와예배당을 신축하고 이전했다. 이후 이 교회는 전주서문밖예배당, 전주서문밖교회, 전주서문외(外)교회, 전주부중교회 등의 이름을 쓰다가, 1955년부터 오늘날의 이름인 전주서문교회로 지칭되고 있다.[14]

---

12) W. B. Harrison, *Journal* (July 18, 1897).

13) 박용규 편, 『사기 상』, 83쪽.

14) 전주서문교회 100년사 편찬위원회, 『전주서문교회 100년사(1893-1993)』 (전주: 전

3. 저자 시대에 전주선교지부 구역에 세워진 교회들

선교사공의회가 탄생한 1893년부터 합동공의회가 결성된 1901년 이전까지, 호남에 세워진 교회는 모두 일곱이었다.

〈표 1〉 선교사공의회 시대(1893~1901)에 호남에 세워진 교회들

연도	교회명	개척자
1897	전주 서문(외)교회 김제 송지동교회	정해원, 테이트(최의덕) 전킨(전위렴)
1898	목포 양동교회	벨(배유지), 변창연
1899	나주 삼도리교회	정원삼, 이문오, 윤상삼
1900	옥구(군산) 지경리교회 군산 구암리교회 함평 문장리교회	전킨, 최흥서 전킨, 드루(유대모), 장인택 박찬익, 임봉춘, 정기선

<표 1>에 따르면, 전주서문(외)교회를 제외하면, 전주선교지부 관할 구역(전주, 완주, 남원, 임실, 정읍, 무주, 진안, 장수, 김제 동북부, 부안 동부, 익산 일부, 고창 일부)[15] 교회는 없다. 즉, 전주 완산의 '은송리'교회가 이 시기 전주선교지부의 유일한 교회였다. 복음선교가 처음 시작된 시기인 만큼, 첫 교회 대부분은 남장로회 '7인의 개척자'에 속하는 테이트와 전킨, 그리고 연이어 입국한 유진 벨, A. 다머 드루에 의해 개척되었다. '7인 개척자' 뿐 아니라 남장로회 선교사 전체의 대표격으로 인식된 레널즈의 전도자 역할이 분명하지 않는 것도 특징이다. 레널즈는 사실상 초기부터 그의 지적 재능 때문에 주로 서울과 평양에서 성경번역자와 신학교 교수로 대부분 시간을 보낸다.

주서문교회, 1999), 157쪽.

15) 전주선교지부와 군산선교지부의 경계가 뚜렷하지 않다. 특히 두 선교지부가 분할한 김제, 익산, 부안에 있는 교회의 경우, 둘 중 어디에 속하는지 판단하기가 어렵다. 광주선교지부가 관리한 전북 고창에서도 어떤 교회들(신촌, 용정리, 후포리교회)은 전주의 테이트가 맡기도 했다.

선교사의 도움 없이 전주와 군산, 목포의 선교지부에서 멀리 떨어진 나주와 함평에서 한국인 스스로 전도하여 설립된 두 교회가 있었다. 한편, 나주 삼도리교회와 함평 문장리교회에 대한 『사기』의 설명에는, 두 교회의 개척자들이 각각 광주 우산교회[16]와 영광 하라리(하나리)교회에 다니다가 자기 마을에 교회를 세웠다고 보고한다. 즉, 노회가 보고를 누락하여 『사기』에 기록되지 못한 초기 교회들이 있었다는 뜻이다.[17]

Ⅲ. 합동공의회 시대(1901~1906)

1893년부터 선교사공의회로 모인 장로회 배경의 25인 선교사들은 1901년에는 장로 3인과 조사 6인으로 구성된 조선인 총대를 받아들여 조선예수교장로회공의회를 결성했다. 줄여서 '합동공의회'로도 지칭되는 이 공의회의 첫 회장은 북장로회 선교사 윌리엄 스왈른(William L. Swallen, 소안론)이었다.[18] 합동공의회는 1907년에 첫 조선인 장로회 목사 7인이 탄생하여 조직된 독노회 이전까지 한국 장로회의 치리기관 역할을 했다. 이 공의회 하부에 4개(경성, 평양, 전라, 경상) 대리위원부가 있었다.

1회 합동공의회에는 남장로회 선교사 외에는 호남 출신 한국인이 아무도 참석하지 않았다. 그러다 레널즈가 회장이 된 2회 합동공의회에서부터 1906년 6회까지 꾸준히 전라대리위원부 소속의 한국인이 참석했다. 그 명단은 <표 2>와 같은데,[19] 이들 대부분이 얼마 후 목사와 장로들로 활동하

16) 이 교회에 대해서는 다음 연구를 보라. 김호욱, "광주지역 최초 개신교 교회 설립에 관한 연구," 「광신논단」 25 (2015.12): 181~200쪽.

17) 박용규 편, 『사기 상』, 64~124쪽.

18) 박용규 편, 『사기 상』, 133쪽.

19) 전북노회 역사편찬위원회, 『복음이 일한 시간: 전북노회 110년사, 1911-2021』, (완

는 호남의 첫 한국인 개신교 지도자들이다. 이들 중 전주선교지부와 관련된 인물은 최중진, 김필수, 최대진으로, 앞의 두 사람은 목포의 윤식명과 함께 1909년에 평양신학교를 제2회로 졸업하고 호남의 첫 한국인 목사가 된다. 최중진의 동생인 최대진은 1904년부터 1912년까지 루터 올리버 매커첸(Luther Oliver McCutchen, 마로덕)의 조사로 전주선교지부의 동북부 산지인 무주, 진안, 장수, 금산 등지에서 활동하다가, 1912년에 목사 안수를 받고 김제 팟정이(금산)교회와 구봉리(용정리)교회에서 목회를 시작한 호남의 대표 목사 중 하나였다.[20)]

〈표 2〉 합동공의회 시대 한국인 총대 명단

연도	회기	명단	전주선교지부
1902	2회	최중진, 최흥서, 김윤수	최중진
1903	3회	김필수, 양응칠, 김윤수	김필수
1904	4회	윤식명, 이윤국	
1905	5회	최대진, 김치만, 김윤수, 임성옥, 유내춘	최대진
1906	6회	최중진, 최흥서, 변창연, 박화승, 김필수	최중진, 김필수

최중진, 김필수, 최대진은 전주선교지부에서 순회 전도 책임을 맡은 선교사들의 조사로 활동했다. 이 시기 전주선교지부 복음전도 선교사 명단은 남장로회 한국선교회 연례회의록(Annual Reports)에서 확인할 수 있다.

〈표 3〉 합동공의회 시대 전주선교지부 선교사 명단[21)]

연도	전체 선교사	복음전도 선교사
1903.9	잉골드, 해리슨, 테이트, 매티 테이트, 매커첸	해리슨, 테이트, 매티, 매커첸
1904.9	전킨 부부, 테이트, 매티 테이트, 매커첸, 포사이드	전킨, 테이트, 매티, 매커첸

주: 도서출판 흔적, 2021), 125쪽.

20) 한인수, "최대진 목사," 『호남교회 형성인물』 (서울: 경건, 2000), 76~96쪽.

21) Reports of the Annual Meetings of Korea Mission of the Presbyterian Church in the Unites States (Southern) from 1903 to 1906.

연도	전체 선교사	복음전도 선교사
1905.9	전킨 부부, 테이트, 잉골드, 매티 테이트, 포사이드, 매커첸	전킨, 테이트, 매티, 매커첸
1906.6	테이트, 잉골드, 매티 테이트, 전킨 부부, 매커첸, 포사이드	전킨, 테이트, 매티, 매커첸

합동공의회 시기 전주 선교사 활동 중 특별한 점은 세 가지다. 하나는 원래 군산선교지부 책임자였던 전킨이 1904년부터 전주로 이동한 것인데, 이는 그가 해안 갯벌에 인접해 날씨가 습한 군산선교지부에서 건강이 심하게 악화되었기 때문이다. 따라서 그는 전주로 옮긴 후 선교지부 20리 반경 바깥으로 나가지 말라는 조치를 받았다. 그러나 그는 결국 전주에서 4년 뒤 사망한다.

두 번째는 여의사 잉골드가 1905년 9월에 테이트와 결혼하여 테이트 부인이 된 것이다. 잉골드는 가끔씩 시누이 매티와 함께 순회전도를 다니기도 했지만, 주업은 예수병원 진료였다. 그러나 의료선교사들이 보강되는 1910년대부터는 다시 남편 및 시누와 함께 순회 전도를 재개한다.

위 <표 3>에서 전주선교지부 전체 선교사 명단과 그 중 복음전도를 전담한 선교사 명단을 볼 수 있다. 그런데 복음전도 선교사들이 도시 전도와 목회, 시골 순회를 전담하지만, 의사와 교사로 활동한 다른 선교사들도 여유가 있을 때마다 전담 복음선교사와 함께 도시나 시골 전도에 참여하여 이들을 보조하는 경우가 적지 않았다. 이는 전도와 영혼구원에 우선순위를 두는 남장로회 선교사로서의 특징을 반영하기도 하고, 한편 빠르게 한국어를 익히고 현지 적응하는데 순회전도만큼 효율적인 경험이 없었기 때문이기도 했다. 합동공의회 시기뿐 아니라 다른 모든 시기에도 이런 방식은 크게 다르지 않았다. 이것이 세 번째 특징이다.

합동공의회 시대에 순회전도 책임을 맡은 선교사들과 한국인 사역자들이 세운 호남의 교회 중, 전주선교지부 관할 구역에 세워진 교회 명단은, 『사기』에 따르면, 다음과 같다.

〈표 4〉 합동공의회 시대(1901~1906)에 전주선교지부 관할 구역에 설립된 교회 명단[22]

연도	교회명	개척자(혹은 지도자)
1901	무주 석항리(증산)교회	매커첸, 이경문
1903	고창 신촌리교회	송복렴
1904	김제 대송리교회 정읍 천원교회	주원삼 서영선, 박창욱, 박성숙, 이공숙, 김동홍, 김윤구, 김일언, 조명선, 송세문, 허기서, 김병원, 양경헌
1905	임실 삼길교회 전주 소용리교회 익산 선리교회 익산 동연(동련)교회 김제 두정리(금산)교회 전주(완주) 삼례(제일)교회 전주(완주) 제내리교회	신성언, 백운기 매커첸, 오경수, 정영선 최재순, 매커첸 송군선, 장회서, 정문주, 백낙규, 장치노 이자익, 조덕삼 매커첸, 최대진 김성식, 정만혁
1906	전주(완주) 어전리교회 전주 신리교회 금산 지방동교회 전주 율곡리교회	익산 춘포 판문교회에서 분립 매커첸, 이춘경 유기택, 박태호, 매커첸 장덕선, 매커첸

<표 4>에서 확인할 수 있는 사실은 첫째, 이 시기 대부분 지역 교회가, 선교사가 주도했다기보다는 현지인 신자들의 관계망을 통해 전도, 확장, 설립이 이루어진 것, 둘째, 선교사(밑줄 표시)의 경우, 매커첸의 활약이 두드러졌다는 것이다.

도표나 통계상으로는 신입 교인의 신분을 확인하기 어렵지만, 합동공의회 시대에 전주 지역에서 복음선교와 관련해서 특이한 사항 중 하나는 기독교를 받아들인 한국인 계층의 변화였다. 해방 후 남장로회 재한 선교사이자 역사가인 조지 톰슨 브라운(George Thompson Brown)에 따르면, 이 변화는 당시에는 큰 비극으로 여겨졌던 한 사건에서 비롯되었다. 의사 윌리 포사이드(Wiley Forsythe, 포의사)는 1904년 의료 선교사로 전주에 부임한 이후 1년 반 가량 개인전도와 의료 활동에 종사했다. 1905년 3월에 그는 산적에게 맞아서 부상을 크게 입은 한국인 양반을 치료하기 위해 시골로 왕진을 갔다가 너무 늦어지는 바람에 환자 집에서 하룻밤을 유숙했

22) 박용규 편, 『사기 상』, 133~228쪽.

다. 그런데 그 밤에 그 강도들이 다시 들이닥쳐, 어둠 속에서 포사이드를 경찰로 오인하여 칼로 그의 머리와 목에 큰 상처를 입혔다. 먼저 한국인 안주인에게 응급 처치를 받은 후 전주로 이송되어 치료를 받았고, 이어서 서울 세브란스병원으로 옮겨져 수술을 받았다. 그러나 귀와 머리에 입은 심각한 상처가 아물지 않아 결국 미국으로 돌아가 치료를 받아야 했다. 전주의 선교사들과 한국인 기독교인들에게 큰 비극이었던 이 사건은 오히려 반전이 되었다.

> 올해 도시 사역은 이전 모든 해와는 완전히 다른 양상을 띠게 되었다. 1905년 2월까지 남성 신도들은 모두 중산층 상인과 농민, 혹은 하층 노동자들로만 구성되어 있었다. 교육받은 남성들은 기독교에 대해 변함없이 적대적이거나 무관심한 태도를 보였다. 그러나 한 달 후 포사이드 의사가 부유한 예씨 가문의 한 구성원을 치료하다가 부상을 입었고, 그 집안의 가장이 큰길가에서 외국인 예배당까지 의자에 앉아 나오는 모습이 도시의 화제가 되었다. 이 일이 계기가 되어 이제는 교회에 오는 것이 더 이상 큰 체면 손실이 아니게 되었다. 영혼의 적(사탄)은 종종 스스로를 함정에 빠뜨린다. 그는 위대한 의사의 손에 범죄자의 흔적을 남겼지만, 그 흔적이 오히려 영광과 온유함을 더해준다. 그는 좋은 의사에게도 상처를 남겼지만, 그 결과는 그에게 매우 불만족스러웠을 것이다.[23)]

브라운은 매커첸의 글을 인용하며, 이 사건 이후 전주와 인근 지역에서 전례 없는 활기가 일어났다고 평가한다. 새 교회당 건축을 위한 모금이 이루어졌고, 전주교회는 은송리에서 서문 바로 바깥으로 이전해 기와집으로 세워졌다. 1909년에는 전주의 두 번째 교회 남문교회가 서문교회에서 분

23) Report of Chunju Station, 1905, 31. George Thompson Brown, "A History of the Korea Mission, Presbyterian Church, U. S. From 1892 to 1962," Ph.D. Thesis, Union Theological Seminary, Richmond, Virginia, 1963, 215쪽에서 재인용.

립되어 매커첸이 관리했다.[24)]

Ⅳ. 독노회 및 전라대리회 시대(1907~1911)

1907년 9월 17일에 조선예수교장로회의 첫 '공식' 치리회 조직인 독노회(獨老會)가 설립되었다. 첫 노회 회원은 선교사 38명, 한국인 장로 40명으로, 총 78명이었다. 첫 노회장은 한국 장로회 교회 및 신학교 조직의 1등 공신인 새뮤얼 마펫 선교사였고, 부회장에는 방기창, 서기 한석진, 부서기 송린서 등 한국인이 선출되었다. 회계에는 북장로회 선교사 그레이엄 리(Graham Lee)가 선출되었다. 이 회의에서 평양신학교 1회 졸업생 서경조, 방기창, 한석진, 양전백, 송린서, 길선주, 이기풍 7인이 목사 안수를 받음으로써, 첫 한국인 목사 7인이 배출되었다. 첫 노회에서 초대 목사 이기풍이 제주 선교사로 임명되어, 선교받은 교회가 선교하는 교회로 성장하는 전통이 만들어졌다. 노회가 결성되었으므로, 그 산하에 경기, 충청, 평북, 평남, 경상, 함경, 전라지역을 관할하는 7개 대리회가 조직되었다.[25)]

1. 전라대리회 시대 복음선교

독노회 결성과 함께 호남 지역을 관할하는 치리회가 된 전라대리회는 1911년 10월 11일 전라노회 설립 전까지 호남 지역을 관할했다. 전라대리회 시기에 선교사 및 한국인 전도자들의 노력으로 호남에 설립된 교회 중 전주선교지부 책임 구역의 교회 명단은 다음과 같다.

---

24) L. O. McCutchen, "Historical Sketch of Chunju Station," (1930년에 작성된 것으로 추중되는 원고). Brown, "A History of the Korea Mission, Presbyterian Church, U. S. From 1892 to 1962"에서 재인용.

25) 박용규 편, 『사기 상』, 240f쪽.

〈표 5〉 전라대리회 시대(1907~1911) 전주선교지부 관할 신설 교회 명단[26]

연도	교회명	개척자(혹은 지도자)
1907	전주 구재리교회	매커첸[27], 최의, 심은택
	전주 유상리교회	이일문
	익산 황화정교회	매커첸[28], 김원중
	전주 두현리교회	송영도, 한사숙
	정읍 예동교회	김보경, 이화중
	진안 세동교회	매커첸[29], 황준권, 이원지
	전주 밀파리(운산)교회	김운식, 김도숙
	금산 읍내교회	이경필, 매커첸[30], 최대진
	김제 난산교회	박윤성
	진안 대불리교회	매커첸[31], 문도순, 김병섭
	부안 용서리교회	오재천, 김경유
	김제 학천리교회	이래수, 전킨, 이흥원, 임권준
	부안 당상리교회	김윤식, 신자영, 김두남, 정경호, 안국서
	금산 하가리교회	이기환, 매커첸[32]
	정읍 신덕리교회	김덕수, 이보국, 신준삼

26) 박용규 편, 『사기 상』, 318~345쪽.

27) 박용규 편, 『사기 상』(p.319)에는 마로득(馬路得, Ronald Roy Meyers), 1928년판 원전 『사기 상』에는 영어 이름 표기 없이 마로득(馬路得)으로 표기되어 있다. 원전에 마로득으로 표기되어 있어서 이후 박용규 편, 『사기 상』이 한국명으로 마로득을 쓰는 선교사 Ronald Roy Meyers를 추가로 부가해 넣었다. 그러나 한글(한자)명은 마로덕(馬路德), 영어 이름은 Luther O. McCutchen으로 교정해야 한다. 로널드 로이 마이어스(Ronald Roy Meyers, 마로득)는 1973년부터 활동한 오순절 운동 계열 국제포스퀘어복음교회(International Church of the Foursquare Gospel) 선교사로, 1979년부터 1985년까지 대한예수교복음교회 이사장직을 맡은 후, 1986년에 미국으로 귀국했다. 내한선교사사전편찬위원회, 『내한선교사사전』 (서울: 한국기독교역사연구소, 2022), 284f쪽.

28) 박용규 편, 『사기 상』(p.319)에는 마로득(馬路得, Ronald Roy Meyers)으로 표기되어 있으나, 마로덕(馬路德, Luther O. McCutchen)으로 교정해야 한다.

29) 박용규 편, 『사기 상』(p.319)에는 마로득(馬路得, Ronald Roy Meyers)으로 표기되어 있으나, 마로덕(馬路德, Luther O. McCutchen)으로 교정해야 한다.

30) 박용규 편, 『사기 상』(p.320)에는 마로득(馬路得, Ronald Roy Meyers)으로 표기되어 있으나, 마로덕(馬路德, Luther O. McCutchen)으로 교정해야 한다.

31) 박용규 편, 『사기 상』(p.320)에는 마로득(馬路得, Ronald Roy Meyers)으로 표기되어 있으나, 마로덕(馬路德, Luther O. McCutchen)으로 교정해야 한다.

32) 박용규 편, 『사기 상』(p.321)에는 마로득(馬路得, Ronald Roy Meyers)으로 표기되어 있으나, 마로덕(馬路德, Luther O. McCutchen)으로 교정해야 한다.

연도	교회명	개척자(혹은 지도자)
1908	진안 진상동교회	홍순익, 유광호, 이덕주
	전주 금평리교회	김응규, 이운오
	남원군읍교회	조원집
	무주 삼가리교회	김관중, 한윤성, 김성원
	진안군읍교회	매커첸[33], 박승섭
	김제 묘라리교회	오도국, 서경입, 임경수, 오태숙
	무주 이목리교회	김영두, 매커첸[34]
	김제 후독교회	서공선, 이화춘
	전주 구정리교회	매커첸[35], 이찬경, 박정숙, 정창신
	익산 두화리교회	백공집, 강도경, 김진옥, 김주빈, 오원삼, 서명오
1909	전주 남문(외)교회	최국현, 매커첸
	김제 구봉리교회	정창화, 김기환, 김영국
	전주 종리교회	매커첸[36], 오경수
	임실 응암리교회	최극삼, 박순언, 이경화
	남원 신풍리교회	이파봉
	익산 장등교회	성영찬, 장화일, 최남문
	임실 도하리교회	이원일
1910	임실 선거리교회	이공숙
1911	전주 고산읍교회	정찬도

1907~1911년 전라대리회 시기에는 주로 1907~1909년에 교회가 집중 설립되었다. 아마도 1907년에 평양에서 시작된 대부흥의 영향이 전북 지역에까지 미친 것일 수도 있다. 합동공의회 시기와 마찬가지로, 이 시기에도 신설 교회 설립은 주로 한국인이 주도했다. 선교사의 경우, 매커첸의 흔적이 놀라울 정도로 뚜렷하다.

도표에는 빠져 있지만, 이 시기에 전주선교지부 구역에서 기존에 설립된 교회에 장로가 세워진 후 당회가 결성되어 조직교회로 발전한 사례가 적

33) 박용규 편, 『사기 상』(p.327)에는 마로득(馬路得, Ronald Roy Meyers)으로 표기되어 있으나, 마로덕(馬路德, Luther O. McCutchen)으로 교정해야 한다.

34) 박용규 편, 『사기 상』(p.327)에는 마로득(馬路得, Ronald Roy Meyers)으로 표기되어 있으나, 마로덕(馬路德, Luther O. McCutchen)으로 교정해야 한다.

35) 박용규 편, 『사기 상』(p.328)에는 마로득(馬路得, Ronald Roy Meyers)으로 표기되어 있으나, 마로덕(馬路德, Luther O. McCutchen)으로 교정해야 한다.

36) 박용규 편, 『사기 상』(p.334)에는 마로득(馬路得, Ronald Roy Meyers)으로 표기되어 있으나, 마로덕(馬路德, Luther O. McCutchen)으로 교정해야 한다.

지 않았다. 전주 서문교회(1907), 김제 대장리교회(1908), 정읍 천원교회(1909), 김제 두정리[금산]교회(1909), 군산군읍내교회(1909), 익산 남전리교회(1910), 전주 제내리교회(1910), 전주 밀파리교회(1910), 전주 남문(외)교회(1910), 전주(완주) 삼례교회(1911)가 대표적이다.[37]

아래 <표 6>은 전라대리회 시기에 대리회와 협력한 전주선교지부 선교사 명단이다.

〈표 6〉 전라대리회 시대 전주선교지부 선교사 명단[38]

연도	전체 선교사	복음전도 선교사
1907.9	전킨 부부, 테이트, 잉골드, 매티 테이트, 매커첸 부부, 넬리 랭킨(Nellie B. Rankin), 존 니스벳(John S. Nisbet) 부부, 에밀리 코델(Emily Cordell), 윌리엄 클락(Wiliam M. Clark) 부부	테이트, 매티 테이트, 전킨, 매커첸 부부
1908.9	레널즈 부부, 테이트, 잉골드, 니스벳, 랭킨, 코델, 새디 버클랜드(Sadie M. Buckland), 퍼디낸드 버드먼(Ferdinand H. Birdman)	레널즈, 테이트, 니스벨 부부
1909.7	레널즈 부부, 매티 테이트, 니스벳 부부, 매커첸 부부, 코델, 클락	레널즈, 매티 테이트, 니스벳 부부, 매커첸 부부
1910.8-9	테이트, 잉골드, 매티 테이트, 클락 부부, 대니얼(Thomas H. Daniel) 부부, 매커첸 부부, 니스벳 부부, 버클랜드, 랭킨, 로라 피츠(Laura M. Pitts)	테이트 부부, 매티 테이트, 클락 부부, 매커첸 부부
1911.10	레널즈 부부, 테이트 부부, 매티 테이트, 클락 부부, 대니얼 부부, 매커첸 부부, 버클랜드, 윈(Samuel Dwight Winn) 부부	레널즈, 테이트 부부, 매티 테이트, 클락, 매커첸 부부

2. 다른 두 길: 김필수와 최중진

이 시기 전주선교지부를 대표하는 한국인 사역자 두 사람은 최중진과 김필수였다. 이들은 20세기 시작 무렵부터 전주에서 초기 선교사들을 보

37) 박용규 편, 『사기 상』, 318~344쪽.

38) Minutes of the Annual Meetings of Southern Presbyterian Mission in Korea from 1907 to 1911.

조하는 한국인 전도자로 활동하면서, 선교사들과 한국인 지도자 연합 조직인 합동공의회(조선예수교장로회공의회)에 호남 지방 한국인 대표로 지속적으로 참석할 만큼 명망을 누렸다. 이 합동공의회 시대(1901~1906)에 최중진은 제2회(1902)와 제6회(1906), 김필수는 제3회(1903)와 제6회(1906)에 한국인 대표로 참석했다.

단순히 이름만 언급된 정도가 아니라, 두 사람의 기질과 능력을 평가하는 내용이 동시에 선교사 문헌에 등장한 일화도 있다. 목포 선교사 존 페어맨 프레스턴(John Fairman Preston)은 1904년 2월 말과 3월 초에 목포에서 열린 사경회에서 선교사들의 설교 외에 한국인 사역자들이 인도한 간증 기도회도 있었다는 내용을 전한다. 이 내용에 따르면, 해리슨의 조사 김필수의 간증의 특징은 내용의 분명함과 매혹적인 전달력이었고, 테이트의 매서인 최중진의 기도의 특징은 열정과 에너지였다.[39] 이 집회 이후 두 사람과 목포의 윤식명은 선교사들의 추천을 받아 평양신학교에서 공부하고, 제2회로 1909년에 졸업하고 호남 첫 한국인 목사들이 되었다.

전후 행보는 알려진 대로다. 김필수는 1908년 전주서문교회 초대 장로, 1911년 군산교회(개복교회와 구암교회) 위임목사, 전라대리회 서기, 전라노회 초대 노회장(1911), 총회 서기(1913~1914), 첫 한국인 총회장(1915) 등, 글 쓰는 일과 행정하는 일에서는 타의추종을 불허하는 저명인사가 되었다. 총회장직에서 물러난 후에는 상경해서 기독신보 주필(1915.12~1921.5), YMCA 강연 및 집필가(1922~1925.3), 기독교서회 편집자(1924.12~1937)로 활동하며, 호남을 넘어 한국인 기독교인 중 가장 뛰어난 문필가 중 하나로 명성을 누렸다.[40]

---

39) Rev. J. Fairman Preston, "The Sah Kyeng Hoi," *The Missionary* (November 1904), 546f쪽.

40) 김필수에 대한 상세한 연구로는 이재근, "추강(秋岡) 김필수(金弼秀)의 생애와 유산: 목회자, 기독 사회운동가, 문필가,"「한국기독교와 역사」 51 (2019.9): 75~112쪽이 있다.

이와는 달리, 최중진은 김필수와 같은 시기에 활동하면서, 전북 지역에서 가장 뛰어난 한국인 전도자로 선교사들과 한국인 기독교인에게 깊이 각인되었다. 테이트와 해리슨을 돕는 전도자로 일하면서도, 개별적으로 1904년 어간에 고향 정읍의 매계교회와 다른 예배공동체를 개척하며 전주선교지부의 시골 순회 구역에서 기반을 든든히 쌓았다. 그러나 목사 안수를 받은 직후 안수 받은 '동등한' 목사로서의 자신에 대한 처우 개선을 선교사들에게 요구한, 소위 '자유교회' 사건을 일으키고 장로회를 탈퇴하면서 상황이 반전되었다. 이후 그는 독립 목회의 여건이 경제적 난관에 처하자 일본 조합교회에 합류했다가, 3·1운동 이후 1920년대에는 교계를 떠나, 노동공제회, 형평사, 신간회에서 활동하는 사회운동가이자 언론인(조선일보 정읍지국장) 으로 활동한다. 여러 다채로운 삶의 변화를 경험한 그는 사회운동계에서 은퇴한 1929년 이후 1931년에 장로교회에 복귀하려고 시도했지만, 이전에 주고 받은 갈등과 상처 때문인지 전북노회는 그의 복귀를 부드럽게 거부했다.[41]

V. 총회 및 전라노회 시대(1911~1917)

독노회가 설립된 지 4년 만인 1911년 10월 11일에 전라노회가 설립되었다. 전라노회와 함께, 경기, 충청, 경상, 황해, 평남, 평북, 함경에 8개 노회가 설립되었고, 이들 노회가 모여 이듬해 1912년 9월 1일에 평양에서 조선예수교장로회 총회를 조직했다. 이로써 한국 장로회 선교 28년 만에, 독노회가 세워진지 5년 만에 한국의 장로회 최고 치리회인 총회가 결성되었

41) 최중진에 대한 상세한 연구로는 이재근, "호남 첫 목사 최중진(崔重珍, 1871-1932)의 다면적 생애와 활동,"「한국기독교와 역사」60 (2024.3): 83~141쪽이 있다.

다.[42]

짧은 6년 간의 전라노회 시대에 전주선교지부 관할 지역에는 2개 교회가 새로 설립되었다. 1913년에 금산의 역평리교회는 이덕봉이 신앙을 가진 후 매커첸의 지도를 받아 교회당을 신축했다. 1914년에는 김제 선인동교회가 테이트의 전도를 받은 안백선을 통해 세워졌다.[43]

신설 교회는 많지 않았지만, 성장하여 장로를 세우고 당회를 조직하여 조직교회가 된 교회는 더 많았다. 1914년에 김제 구봉리교회(원평교회)는 최대진을 목사로 청빙하고 강평국을 장로로 세워 당회를 조직했다. 1915년에는 전주 고산교회가 정찬도를 장로로 세우고 당회를 조직했다. 1916년에는 전주 유상리교회가 이일문을 장로로 세우고 당회를 조직했다가, 나중에 이일문이 목사로 시무했다. 1917년에는 전주 소용리교회가 정영선을 장로로 임명하고 당회를 조직했고, 전주 두현리교회도 김인화를 장로로 삼아 당회를 구성했다.[44]

전라노회 시대 전주선교지부의 전체 선교사와 복음전도 선교사 명단은 <표 7>과 같다. 1912년부터 전주의 선교사가 상당수 보강되어 선교사들의 활동 영역이 더 강화되고 확장되었다. 도착한 신임선교사들은 주로 2년 이상 언어공부에 집중해야 해서 선교활동에서 열외되는 경우가 많았지만, 한국인과의 접촉이 실제 한국어 구사 능력에 큰 도움이 되는 만큼, 전임 전도자를 따라가서 돕는 경우가 적지 않았다. 특히 1915년부터는 여성 독신 선교사들의 시골 전도가 활발해지는데, 1912년에 입국한 이들의 한국어 구사가 향상되었고 선교활동 경험도 많아졌기 때문일 것이다.

42) 박용규 편, 『사기 하』, 46f, 292f쪽.

43) 박용규 편, 『사기 하』, 306~319쪽.

44) 박용규 편, 『사기 하』, 306~319쪽.

〈표 7〉 전라노회 시대 전주선교지부 선교사 명단[45]

연도	전체 선교사	복음전도 선교사
1912.8	클락 부부, 대니얼 부부, 매커첸 부부, 레널즈 부부, 테이트 부부, 매티 테이트, 윈 남매, 버클랜드, 크리스틴 오스틴(Christine Lilian Austin), 수잔 콜턴(Susanne Avery Colton), 에셀 케슬러(Ethel E. Kessler), 핀리 에버솔(Finley M. Eversole) 부부	클락 부부, 매커첸 부부, 레널즈, 테이트 부부, 윈 남매, 매티 테이트
1913.8	클락 부부, 대니얼 부부, 매커첸 부부, 레널즈 부부, 테이트 부부, 매티 테이트, 윈 남매, 버클랜드, 오스틴, 콜턴, 케슬러, 에버솔 부부	클락 부부, 매커첸 부부, 레널즈 부부, 테이트 부부, 윈 남매, 매티 테이트
1914.9	클락 부부, 대니얼 부부, 매커첸 부부, 레널즈 부부, 테이트 부부, 매티 테이트, 윈 남매, 버클랜드, 오스틴, 콜턴, 케슬러, 에버솔 부부	클락 부부, 매커첸 부부, 레널즈 부부, 테이트 부부, 윈 남매, 매티 테이트, 에버솔 부인
1915. 10-11	클락 부부, 대니얼 부부, 매커첸 부부, 레널즈 부부, 테이트 부부, 매티 테이트, 윈 남매, 버클랜드, 오스틴, 콜턴, 케슬러, 에버솔 부부, 오웬 M. 로벗슨(Owen Moorman Robertson) 부부	클락 부부, 매커첸 부부, 레널즈 부부, 테이트 부부, 윈 남매, 매티 테이트, 대니얼 부인, 에버솔 부인, 오스틴, 버클랜드
1916.6	대니얼 부부, 레널즈 부부, 테이트 부부, 매티 테이트, 윈 남매, 버클랜드, 오스틴, 콜턴, 케슬러, 에버솔 부부, 로벗슨 부부	레널즈 부부, 테이트 부부, 매티 테이트, 윈 남매, 오스틴, 버클랜드, 에버솔 부인
1917.6	클락 부부, 레널즈 부부, 윈 남매, 버클랜드, 콜턴, 에버솔 부부, 로벗슨 부부	클락 부부, 레널즈 부부, 윈 남매, 버클랜드, 에버솔 부인

Ⅵ. 총회 및 전북노회 시대(1917~1923)

1917년 총회가 서울 승동교회에서 열리고 있던 9월 2일에 같은 공간에서 전라노회 임시노회가 열렸다. 안건은 전라노회의 남북 분립에 관한 것으로, 넓은 전라도 전역을 한 노회가 관할하기 어려운 형편상 분립이 합당하다는 결론에 이르렀다. 4일 임시노회는 총회에서 전라노회를 전북노회와 전남노회가 분할하는 안건이 통과되었음을 공포했다. 특이한 것은 당시 남장로회 군산선교지부가 맡고 있던 충남의 교회들은 전북노회에, 제주도

45) Minutes of the Annual Meetings of Southern Presbyterian Mission in Korea from 1912 to 1917.

교회들은 전남노회에 속하기로 합의한 것이다. 총회의 승인 후, 10월 10일에 전주 서문(외)교회에서 첫 전북노회가 개최되어, 노회장 이원필, 부노회장 윌리엄 M. 클락(강운림), 서기 홍종필, 부서기 강평국, 회계 김인전, 부회계 김필수가 선출되었다. 당시 회원은 목사 15명, 장로 20명이었다.[46)]

1. 전북노회 시대(1917~1923) 전주선교지부 관할 구내에 설립되거나 당회가 조직된 교회

1917년에 전라노회가 전북과 전남노회로 각각 분리됨으로써 전북노회는 남장로회의 전주와 군산의 두 선교지부와만 직접 관계를 맺게 되었다. 이 시기에 전주선교지부 관할 지역에서 설립되거나 당회가 조직된 교회의 명단은 다음과 같다.

〈표 8〉 전북노회 시기(1917~1923) 전주선교지부 관할 지역 설립 및 당회 조직 교회 목록[47)]

연도	설립교회	설립기여자	당회 조직 교회	장로
1918	김제 송삼교회 임실 옥정리교회 김제 옥산리교회 무주읍교회	정병수 송인일, 임화신, 임복수, 박수여 김여삼 이춘경	무주 석향리교회 진안 진상동(황금)교회	이경문 홍순기[48)]
1919			고창 신촌교회 진안 세동교회	송복렴 김화실
1920	정읍 신태교회	조봉구, 김경술	전주 신리교회 김제 난산교회 무주 삼가리교회 김제 송삼교회	이춘 박윤성 한윤성 정연수
1921			남원읍교회	최극재
1922			임실 삼길교회 전주 구재리교회 김제 선인동(동부)교회	신성언 심은택 박순경

46) 박용규 편, 『사기 하』, 305f, 475f쪽.

47) 박용규 편, 『사기』, 475~506쪽.

48) 박용규 편, 『사기』(p.499)에는 홍순북이(洪淳北異)로 기재되어 있는데, 홍순기의 오기인 것 같다.

이 시기에 전주선교지부 구역에 신설된 교회는 다섯 뿐이었지만, 장로가 임명되어 당회가 조직된 교회는 12곳에 달했다. 이는 호남 지역 교회가 자전의 단계를 넘어, 자치와 자립의 단계로 성장하는 과정으로 해석할 수 있다.

〈표 9〉 전북노회 시대(1918~1923) 전주선교지부 선교사 명단[49]

연도	전체 선교사	복음전도 선교사
1918.6	버클랜드, 클락 부부, 에버솔 부부, 매커첸 부부, 로벗슨 부부, 매티 테이트	클락 부부, 에버솔 부인, 매커첸 부부, 매티 테이트
1919.6	오스틴, 버클랜드, 클락 부부, 콜턴, 매커첸 부부, 레널즈 부부, 케슬러, 테이트 부부, 매티 테이트, 윈 남매, 존 볼링 레널즈(John Bolling Reynolds)	오스틴, 버클랜드, 클락 부부, 매커첸 부부, 레널즈 부부, 테이트 부부, 매티 테이트, 윈 남매
1920.6	오스틴, 버클랜드, 클락 부부, 콜턴, 매커첸 부부, 레널즈 부부, 케슬러, 테이트 부부, 매티 테이트, 윈 남매, 로벗슨 부부, 자넷 크레인(Janet Crane)	오스틴, 버클랜드, 클락 부부, 매커첸 부부, 레널즈 부부, 테이트 부부, 매티 테이트, 윈 남매
1921.6	오스틴, 버클랜드, 클락 부부, 콜턴, 매커첸 부부, 레널즈 부부, 에버솔 부부, 케슬러, 테이트 부부, 매티 테이트, 윈 남매, 자넷 크레인, 엘머 T. 보이어(Elmer Timothy Boyer), 메리 N. 포프(Mary Nettie Pope), 도널드 A. 스위코드(Donald Augustus Swicord)	오스틴, 버클랜드, 클락 부부, 매커첸 부부, 레널즈 부부, 테이트 부부, 매티 테이트, 에버솔 부인, 윈 남매
1922.6	콜턴, 매커첸 부부, 에버솔 부부, 케슬러, 테이트 부부, 매티 테이트, 윈 남매, 자넷 크레인, 보이어, 스위코드, 헨리 L. 티몬스(Henry Loyola Timmons) 부부, 폴 패터슨 윈(Paul Patterson Winn)	매커첸 부부, 레널즈 부부, 테이트 부부, 매티 테이트, 에버솔 부인, 윈 남매, 보이어, 스위코드, 티몬스 부인
1923.6	보이어, 콜턴, 매커첸 부부, 에버솔 부부, 케슬러, 테이트 부부, 윈 남매, 자넷 크레인, 보이어, 스위코드, 티몬스부부, 폴 패터슨 윈, 에스더 매튜스(Esther B. Matthews)	보이어, 에버솔 부인, 케슬러, 매커첸 부부, 스위코드, 테이트 부부, 윈 남매

전북노회 초기(1917~1923) 전주선교지부 선교사 명단을 보여주는 위 <표 9>에서 눈에 띄는 점이 둘 있다.

첫째, 1918년에 익숙한 듯 하면서도 낯선 이름 하나가 등장한다. 1919년

49) Minutes of the Annual Meetings of Southern Presbyterian Mission in Korea from 1918 to 1923.

연례회의록에 남자학교를 보조하는 일을 맡은 것으로 나와 있는 존 볼링 레널즈(John Bolling Reynolds, 이보린)는 연례 회의록 선교사 명부에 이름이 등장하는 첫 2세대 선교사였다. 첫 선교사 윌리엄 레널즈와 아내 펫시 볼링의 아들로 한국에서 1894년에 태어난 그는 귀국하여 아버지의 모교인 햄든시드니대학에서 공부했다. 졸업 후 1918년에 한국으로 돌아와서 군산 영명학교 수학교사로 부임했다가 이듬해 전주로 이동했다. 1920년에는 전문 교육선교사로 공식 임명받았고, 1922년에 콜럼비아대학에서 교육학 석사 학위를 받은 후에는 광주숭일학교와 전주신흥학교에서 근무한다.

존 레널즈의 등장은 남장로회 호남선교가 벌써 30년 가까이 진행되면서 선교 유산이 세대를 계승하여 전수되고 있다는 점, 교회개척과 전도에 집중한 1세대와는 달리, 늘 그런 것은 아니지만, 한국교회가 어느 정도 자전과 자치, 자립을 이룬 시대에 선교 활동을 시작하는 2세대 선교사들은 전문 역량이 더 필요한 교육선교 같은 영역에서 활동한다는 점을 보여준다.[50)]

또 하나 특이한 점은 폴 패터슨 윈(Paul Patterson Winn, 1845~1931)이 1922년에 내한하여 선교지부 목사(station pastor)라는 이전에 없던 직책을 맡은 것이다. 폴 윈은 1877년에 목사 안수를 받은 후 모교 데이빗슨대학의 교수로 재직하고 있었다. 아내가 1907년에 사망한 후 홀로 지내던 그는 교수직 은퇴 후 77세에 아들 새뮤얼 윈(Samuel D. Winn, 1881~1954, 위인사)과 딸 에밀리 윈(Emily A. Winn, 1883~1977, 위엄일)이 독신 선교사로 활동하던 전주선교지부에 합류했다. 초대 선교사들인 테이트(1862년생), 레널즈(1867년생), 전킨(1868년생)보다도 나이가 약 스무살이나 많아 순회전도나 한국어 습득이 어려웠던 그는 전주선교지부 선교사들을 돌보

---

50) 존 볼링 레널즈 및 레널즈 가문 2세대 선교사들의 한국 선교에 대해서는, 이재근, "호남 기독교의 '7인의 개척자들'(1): 미국 남장로회 윌리엄 레널즈 가문의 한국 선교," 「광신논단」 30 (2020.12): 133~137쪽을 보라.

는 선교지부 목사로 1924년까지 활동했다.[51)]

2. 삼일운동과 전주선교지부

복음선교활동과 직접적인 관련성은 없지만, 이 시기 전북 지역의 교회들과 선교계 학교들도 한국의 다른 지역들과 마찬가지로, 기독교인 교사들과 학생들이 지역 3·1운동을 주도하거나 적극 참여했다. 『사기』는 전북노회 시기를 다루는 내용에 '환란'이라는 제목을 넣어 그 안에 3·1운동 참여로 고초를 당한 전북노회 소속 교회와 교인들에 대해 묘사한다. 군산선교지부가 관할하는 군산의 구암(리)교회와 개복(동)교회, 익산의 남전교회, 서천의 종지동교회 목사, 장로, 신자 다수가 투옥되거나 고문을 받았다.[52)] 이들 교회들은 군산의 영명학교와 멜본딘여학교, 군산 예수병원의 교사나 직원들이 많이 출석하던 교회였으므로, 군산과 익산의 3·1운동은 교회, 학교, 병원, 즉 군산선교지부와 밀접한 관계가 있다.[53)]

전주의 경우, 1914년부터 전주서문(외)교회에서 담임목사로 시무했던 김인전이 자기 교회에 출석하는 전주 신흥학교 및 기전여학교 학생들에게 민족의식을 심어주었다. 그는 전주에 목사로 부임하기 전에 고향 충남 서천의 한산에서 한영학교를 설립하여 학생들에게 민족 교육을 실시한 선각자였다. 신흥학교와 기전여학교의 교사와 학생들이 3월 13일에 열린 전주 남문시장 시위에 대거 참여했으므로, 일경에게 배후 주모자로 의심 받은 김인전은 몸을 피해 상해로 가서 임시정부에 합류했다. 그는 이후 임시정부 의정원 의장을 역임하고 인성학교와 상해한인교회에서도 봉사했으나

---

51) 내한선교사사전편찬위원회, 『내한선교사사전』, 928쪽.

52) 박용규 편, 『사기 하』, 504.

53) 송현강, 『미국 남장로교의 한국 선교』 (서울: 한국기독교역사연구소, 2018), 192~194쪽.

1923년 5월 12일에 병사했다.[54)]

1919년 6월에 열린 선교사 연례회의 회의록에는 3·1운동 및 수난 당한 한국인 교인들에 대한 내용은 등장하지 않는다. 오히려 당시 서울 출장을 다녀오다가 병점에서 광주 선교사 유진 벨이 몰던 자동차 사고로 사망한 벨의 두 번째 부인 마거릿 벨(Margaret W. Bull Bell)과 폴 크레인(Paul Sackett Crane)의 죽음에 대한 애도, 벨과 크레인 가족에 대한 위로 등이 주요 애도 내용이었다.

3. 한국교회와 선교회의 관계 변화

한편, 1907년 독노회와 1912년 총회가 결성되며 한국교회가 급속히 성장하자, 한국에서 활동하던 4개 장로회 선교회들과 조선예수교회장로회의 관계에도 필연적인 변화가 찾아왔다. 1917년부터 1920년까지 한국인 8명과 선교사 6명이 특별위원회로 모여서 조선예수교장로회 헌법을 작성했다. 1921년 총회는 이들이 작성한 헌법을 임시 채택했는데, 1907년 독노회가 채택했던 12신조, 웨스트민스터소요리문답, 교회정치, 권징조례, 예배모범이 헌법의 다섯 가지 내용이었다. 이 헌법은 각 노회에서 1년 간 사용한 후, 교정을 거쳐 1922년에서 완전히 채택되었다.[55)] 그런데 이 특별위원회의 한국인 위원들이 따로 모여서 선교사의 지위에 대한 내용을 작성하여 추천안을 내자, 총회와 노회들은 이를 만장일치로 통과시켰다. 전문은 다음과 같다.[56)]

---

54) 한인수, 『호남교회 형성인물』, 17~20쪽.

55) 박용규 편, 『사기 하』, 69, 72쪽.

56) Brown, “A History of the Korea Mission, Presbyterian Church, U. S. From 1892 to 1962,” 444f쪽.

1. 외국인 선교사, 즉 장로교 목사로서 한국 장로교회와 관련하여 사역하러 올 경우, 각 개인은 자신이 소속된 선교회 당국으로부터 소개장을 받아와야 하며, 노회가 이를 수락할 경우 그 사람을 노회원으로 등록한다.
2. 노회가 이들 선교사 중 누구에게든 특정 교회에 관한 교회적 권한을 부여할 경우, 그 선교사는 즉시 해당 교회의 당회 및 노회에서 투표권을 갖는다.
3. 노회가 선교사에게 어느 교회에 대해서도 교회적 권한을 부여하지 않은 경우, 그는 노회에서 투표권이 없으나, 참관 회원으로 참석할 수 있으며, 만약 그가 위원회에 선출된다면 그 위원회에서는 투표권을 갖는다.
4. 각 노회는 총회에 파견되는 (한국인) 목사 총대 수의 절반에 해당하는 인원을 노회 소속 외국인 선교사 중에서 선출하며, 선출된 이들은 한국인 목사 총대와 동일한 권한을 가진 총회 총대가 된다.
5. 선교회로부터 소개장을 받아 노회원이 된 선교사는 한국 장로교회의 규정을 준수해야 하며, 도덕적 과실이나 교리, 교회 정치, 혹은 성경에 반하는 행위를 할 경우, 소속 노회는 그를 소환할 수 있고, 유죄로 판명될 경우 한국 교회의 강단 및 치리회에서 배제될 수 있다.

요약하자면, 이 헌법 이후, 최소한 법적으로는, 외국인 선교사들도 한국 목사와 마찬가지로 한국 장로회 치리회(노회와 총회)의 관할 하에 있게 되었다. 물론 선교사는 본국 교회에서 한국으로 파견한 선교회와 한국의 지역 노회에 이중으로 속해 있었으므로, 두 기관의 추천이나 지시가 일치하지 않을 때 거부권을 행사할 수도 있었다.[57)]

그러나 이 헌법 채택 이후 한국교회가 최소한 복음선교 영역에서는 완전한 자치를 획득한 것으로 평가할 수 있다. 북장로회의 한국 선교 역사를 정리한 해리 로즈(Harry A. Rhodes)에 의하면, 이 시기 총회 총대 200명 중 선교사 수는 늘 30~40명 수준이었고, 노회에서는 비율이 훨씬 낮았다.

57) Brown, 446f쪽.

1915년 이후 조선예수교장로회 총회장은 3·1운동이 일어난 1919년의 새뮤얼 마펫 한 사람 뿐이었다.[58] 수많은 한국인 목사와 기독교인이 만세 시위에 참석했다가 투옥된 상태에서, 한국인이 총회장이 되는 것이 위험했기 때문이다.[59]

결론적으로, 전문성과 재정이 많이 요구되는 교육선교와 의료사역의 주도권을 한국인에게 이양하는 것은 여전히 요원했다. 그러나 복음전도 분야에서는, 1922년 이후 한국교회가 선교회의 통제를 벗어나 자전, 자치, 자립하는 교회가 되고 있었다. 이는 남장로회 선교회와 호남 교회 관계에서도 마찬가지였다.

Ⅶ. 나가는 말

미국 남장로회 선교사들은 1892년 말에 한국에 입국하고, 1893년 연초에 호남을 선교지로 할당받은 후부터 전주를 호남 선교의 시발점으로 삼았다. 이렇게 전주는 호남의 첫 교회, 학교, 병원을 포괄하는 첫 첫 선교지부가 세워진 도시, 즉 호남 기독교의 모태가 되었다. 전주선교지부의 선교사들이 한국교회 치리회들(합동공의회, 전라대리회, 전라노회, 전북노회)과의 협력 하에 1893년부터 1923년까지 30년 간 시도한 복음선교에는 다음과 같은 특징이 있다.

첫째, 전주선교지부, 그리고 연이어 세워진 군산선교지부의 복음선교를 주도한 이들은 '7인의 개척자'로 불리는 미국 남장로회 선교사들이었다. 그러나 전주에 처음 내려가서 선교지부와 교회당으로 사용된 땅을 구입하

58) 해리 로즈, 『미국 북장로교 한국 선교회사 I(1884-1934)』 (서울: 연세대학교 출판부, 2009), 372~374쪽.

59) Brown, 442쪽.

고 처음 전도하여 전주의 첫 기독교인을 배출시킨 선구자는 선교사들이 아니라 한국인 정해원이었다. 그는 1년 정도만 있다가 전주를 떠나 더는 남장로회와 관계 없는 인물이 되었다. 그가 은송리 초가에 머물며 복음을 전했던 이들이 전주의 첫 세례받은 기독교인도 아니었다. 그러나 그가 구입한 터가 첫 전주선교지부와 교회당이 되었다는 점, 선교사들이 도착하기 전에 이미 그로 인해 개신교에 대해 알게 된 이들이 여럿 있었다는 점에서, 그는 전주선교지부 복음선교의 첫 개척자, 혹은 선구자로 인정되어야 한다.

둘째, 전주 기독교 초기 역사 30년을 통틀어, 지역 교회 설립의 주역은 선교사보다는 지역의 한국인 기독교인이었다. 이 시기 『사기』에 등장하는 전주선교지부 관할 신생 설립교회나 당회 조직 교회에 대한 기록을 보면, 선교사가 첫 전도자인 경우가 적지는 않다. 그러나 더 많은 경우, 각 지역교회 설립 이전에 그 지역에 복음을 전한 이들은 전주 등 다른 지역에서 이미 신앙을 가졌던 한국인 전도자, 매서인, 전도부인, 지역 유지, 마을 주민 등이었다. 선교사들이 개척한 교회의 경우에도, 동행한 한국인 동역자와 통역이 언제나 있어서, 이들은 협력하여 전도하고 예배를 인도하고 교회를 개척했다. 이렇게 지역별로 교회가 세워진 이후 목사였던 선교사들이 당회장의 역할을 맡으면서, 몇 달에 한 차례 방문하는 순회 전도 중에 성례(세례와 성찬)를 집례했다. 1909년에 한국인 첫 목사 최중진과 김필수가 배출된 이후에는 이들이 선교사 목사들과 이런 순회 담임목사 역할을 분담했다.

셋째, 복음전도 전담 선교사의 경우, 전주선교지부 개척 초기에는 테이트(최의덕), 해리슨(하위렴), 전킨(전위렴)의 역할이 두드러지나, 합동공의회와 전라대리회, 전라노회 초기의 『사기』를 지배하는 선교사 이름은 압도적으로 매커첸(마로덕)이다. 특히 그는 전라북도 동북부의 험준한 산지 지역 대부분을 책임졌다. 7인 선교사와 해리슨의 명성에 가려 있지만, 그의 역할을 재조명할 필요가 있다.

넷째, 조선예수교장로회 1922년 총회가 마련한 헌법이 선교회와 한국교회 관계를 설정한 이래, 복음선교의 법적 주도권이 선교회에서 한국교회로 분명하게 이양되었다. 실제 목회와 사역에서는 이미 1920년 이전부터 서서히 그런 방향으로 진행되고 있었고, 1922년 이후에는 법적으로도 그 관계가 확정되었다. 삼자원칙(자전, 자치, 자립)을 기반으로 한국교회의 독자 생존을 강조한 네비우스 정책이 복음선교 분야에서는 확실히 성공을 거둔 것 같다. 전문성과 재정 부담이 큰 교육선교와 의료선교에서는 이런 이양이 1920년대까지는 요원했다.

다섯째, 전주선교지부뿐만 아니라, 남장로회가 선교한 호남 전역에서 1920년대에 의미심장한 변화가 일어난다. '7인 개척 선교사'로 대변되는 1세대가 물러났다. 전킨은 1908년에 조기 사망했고, 전북 복음선교(테이트)와 의료선교(잉골드)를 개척한 테이트 부부도 1925년에 은퇴했다. 7인 중 하나로 한국에 가장 먼저 입국했으나 가장 먼저 1903년에 사망한 한 리니 데이비스의 남편으로서, 개척자 7인에 버금가는 역할을 맡았던 윌리엄 해리슨도 1928년에 은퇴했다. 7인의 대표자이자 저명한 성경번역자, 평양신학교 교수로서 1923년까지 서울과 평양, 전주를 오갔던 전국구 인사 레널즈는 1924년에 평양에 정착하면서 전주를 완전히 떠났다. 레널즈의 아들 존 볼링 레널즈와 딸 엘라 레널즈가 각각 1918년과 1920년에 2세대 선교사로 한국 사역을 시작하면서, 1세대 선교사 시대의 막이 내려지고 있었다. 1920년대 이후 2세대 선교사들은 복음선교 영역에서 더는 한국인과 한국교회를 앞에서 이끄는 지도자가 아니었다. 1922년 총회 헌법은 이를 확정하고 도장 찍은, 일종의 상호 합의서였다.

여섯째, 『사기』가 마지막 기록을 저장한 1923년 이후의 역사에 대한 추가 연구가 필요하다. 1924년부터 1940년 선교사 추방까지의 시기, 해방 후 선교사가 재입국한 1946년부터 남장로회 한국선교를 종결한 1980년대 중반까지, 시기를 구분해서 변화를 추적하고 특징을 확인하는 것은 차후 연구 과제로 남겨둔다.

3장

군산선교부의 복음선교

- 복음전도, 성경교육, 주일학교와 부인조력회 연구(1892~1940)

임희모

I. 서론

미국 남장로교 총회의 해외선교실행위원회(이하 실행위)가 한국에 파송한 선교사들은 성경의 예수 그리스도를 알지 못하는 이교도들의 영혼을 구원하기 위하여 예수 그리스도를 전하고 장로교회를 세우려는 선교적 목적을 가졌다. 이러한 목적을 실행하기 위하여 실행위는 그동안 크게 4종류의 선교사들을 한국에 파송하였다. 목사장립을 받은 남성선교사로서 지역에서 복음을 전도하는 선교사(Evangelical missionary), 전문적 의학 훈련을 받은 대개 평신도인 의료 선교사(Medical Missionary: 의사, 간호사), 남·여 초·중·고등학교 학생들을 가르치는 목사 혹은 평신도로서 교육선교사(Educational missionary), 또한 여성과 어린이들을 담당할 여성선교사(Women Missionary for Women and Children) 등이다. 그러나 의

사나 간호사, 평신도 교육자와 여성 등 선교사들은 각자 자기들의 전문적 사역 이외에 지역사회에서 복음을 전하는 활동을 해야 한다고 규정되었다. 이렇듯이 모든 선교사는 성경의 복음을 전해야 했다.

한국에 최초로 파송된 7인의 개척선교사들[1]은 주로 복음전도를 중심 과제로 삼은 선교사들로서 이들은 1892년 10월 18일과 11월 4일에 서울에 도착하였다. 이들은 곧 11월 11일에 한국에 주재하는 선교회(이하 한국선교회)를 조직하였다. 이 당시 미국 사회나 교회는 여성들에게 참정권이나 투표권을 주지 않았기 때문에 남자 3인이 모여 제1차 선교사 연례회의를 열어 한국선교회를 조직하고 임원을 뽑았다. 레이놀즈가 회장, 전킨이 총무(서기), 테이트는 회계를 맡았다. 11월 23일자로 서기인 전킨이 *The Missionary* 라는 실행위의 선교기관지에 한국선교회의 임원단 확정에 대한 소식을 전하였다.[2] 혹자는 이 날 11월 23일을 한국선교회가 조직된 날로 이해하고 있으나 사실 이 날은 소식을 알리는 편지를 쓴 날이다.

본 글은 1892년부터 1940년[3]까지 군산선교부의 복음전도 선교활동을 중심으로 분석한다. 복음전도는 주로 목사선교사를 중심으로 한국인 목사, 전도사, 조사들과 함께 지역을 분할하여 성경을 가르치고 교회를 세우고 신자들을 양육하는 것과 관련된다. 독신여성선교사들은 여성과 청소년 및 어린이 성경교육과 주일학교 교육을 실시했다. 본 글은 국내 복음전도를 담당한 남성목사선교사들, 여성전도에 참여한 여성선교사들, 성경학원(학교) 운동, 부인조력회(여전도회) 운동과 주일학교(어린이 복음전도) 운동

---

1) 데이비스 양(Miss Linnie F. Davis), 레이놀즈(이눌서, Rev. William D. Reynolds, Jr.), 레이놀즈 부인(Mrs. Patsy Bolling Reynolds, Jr.), 전킨(전위렴, Rev. William M. Junkin), 전킨 부인(Mrs. Mary Leyburn Junkin), 테이트(최의덕, Rev. Lewis B. Tate), 테이트 양(Miss Mattie S. Tate).

2) Rev. W. M. Junkin, "Korea," *The Missionary* (March 1893), p.117.

3) 한국선교회는 1937년에 신사참배 반대를 결의하였고 1938년 9월 한국장로교회 총회는 신사참배를 가결하였다. 여기에 일제가 개입하면서 한국선교회와 전북노회 간에 선교적 갈등이 일어났다.

등을 분석하고자 한다. 또한 이들을 돕고 동역한 한국인들(조사, 전도부인, 전도사, 장로, 목사)의 활동도 반영한다. 그러나 예외적으로 매우 헌신적으로 복음전도를 실시한 의료선교사 드루(유대모, A. D. Drew)와 간호선교사 쉐핑(서서평, E. J. Shepping) 등은 다룰 것이다.

본 글은 군산선교부의 의료선교나 기독교교육 선교에는 1차적 관심을 두지 않는다.[4] 의료선교와 교육선교를 전담한 선교사들도 여러 모양으로 시간을 내어 병원이나 학교에서 복음을 전하고 지역에서 복음전도에 참여하였지만 이들의 참여는 본 연구에서 제외한다.

연구 편의상 본 글은 다음과 같이 시기 구분을 한다. 제1기는 서울에 거주하면서 선교준비를 하고 군산선교부를 건설하는 시기(1892~1904)로 군산선교부의 태동과 선교 초기를 서술한다.[5] 이 시기는 7인의 선교사들이 서울에 도착하여 한국선교회를 조직하고, 이미 서울에서 활동하는 북장로교 형제선교사들과 교제하며 선교준비를 하고 1896년에 군산선교부를 세웠다.

제2기 성장기(1904~1920)에 선교사들은 군산 구암(궁말)을 중심으로 동서남북의 지역을 3구분하여 복음전도와 교회세우기 선교를 하였다. 주로 복음전도를 행한 선교사로 불(부위렴, William F. Bull), 해리슨(하위렴, William B. Harrison), 얼(어아력, Alexander M. Earle), 멕어첸(매요한, John MacEachern) 등이 성경교육을 통해 한국인 목사와 장로 등 지도자들을 훈련하였다. 여성 선교사로는 독신여성선교사 다이사트 양(J.

---

4) 지난 6월 21일에 순천대학교 인문학술원 주최의 '유네스코 세계문화유산 등재추진 학술대회'의 일환으로 열린 '호남기독교 문화유산' 학술대회에서 본 필자는 "군산선교부 연구현황과 과제"에 대하여 A4용지 22매를 발표하였고, 이 중에서 의료선교와 기독교교육선교에 대하여 11매를 할애했다.

5) 이 시기 선교 준비에 대한 깊이 있는 학문적 연구가 되어 있지 않다. 이러한 이유로 사소한 이설과 오류를 포함한 글들이 학계에도 떠돌고 있다. 이 시기의 선교 준비 활동에 대하여 여러 자료들을 활용하여 내용을 보다 확실하고 알차고 깊게 연구할 필요가 있다.

Dysart) 등이 활동하였다.

제3기 왕성기(1920~1937)에는 교회수와 교인들이 증가하였고 주일학교 운동이 활성화되었다. 특히 이 시기에 부인조력회 운동이 호남지역에서 일어나 여성들이 복음전도에 참여하였고 여성들에 대한 사회 계몽을 실시하였다. 또한 전도부인 양성학교가 전주와 광주에 각각 설립되었고, 군산에서는 독신여성선교사 그린(구리인, W. B. Greene)이 주로 교회의 여성일꾼들을 교육하고 전도하였다. 이 시기에 일제가 강요한 신사참배 문제가 점차 심화되어 가고 있었다.

제4기 쇠퇴기(1937~1940)에 한국선교회는 신사참배를 거부하고 기독교교육을 중단하였다. 급기야 교회에서도 복음전도 문제가 터지고 일제가 개입하면서 한국선교회(군산선교부)와 한국장로교회(전북노회)가 갈등하고 단절되었다. 이 시기 선교사들은 안식년을 떠나거나 성경공부에 집중하였다. 1940년 11월에는 군산선교부의 모든 선교사들이 한국에서 철수하였다.

본 연구는 기존 학술 연구물 이외에 한국선교사들이 쓴 실행위 보고서, 연례회의록과 군산선교부의 보고서 및 각 선교사들의 개인보고서 등을 분석하고, 전북노회와 군산노회 등의 회의록(1907~1940)도 참고할 것이다.

II. 군산선교부의 복음전도 시작 (1892~1903)

1. 1892~1895년: 서울성 안, 서울성 밖과 호남지역에서 선교 준비

이 시기 남장 선교사들 7인은 서울에 거주하면서 어학공부를 하였고, 한국선교회를 조직하고 임원단을 구성하였다. 그리고 한국어 공부와 선교지 이해와 복음전도를 병행하는 답사여행을 했다. 이러한 과정에서 1월에 북장로교(북장) 한국선교회, 호주장로교(호장) 한국선교회와 남장로교(남장) 한국선교회가 자문기관 성격의 한국장로교선교회공의회를 조직하고, 남장은 충남과 전라도와 제주도를 포함하는 지역을 선교지로 할당받는 선교지 분할협정(Comity)을 맺는 등 선교협력에 동의하였다.

1892년 성탄절이 지나자 레이놀즈와 북장 모펫(Samuel A. Moffett)은 충청도의 공주와 청주를 여행하였다. 이후 1893년 봄에 레이놀즈는 존슨(Cameron Johnson)과 함께 강화도에서 복음전도를 하였다. 존슨은 실행위의 선교사로 파송 받지 못하였으나 동하노버 노회 파송의 개인적 독립 선교사로 일본에 자리를 잡았다. 그는 리니 데이비스보다 앞서 부산에 도착하여 길을 안내하고 선교현장답사에 동행하였다. 이 시기 테이트는 멕코믹신학교 동문인 모펫과 함께 자비를 들여 평양을 여행했다. 레이놀즈는 강화도를 재차 방문하여 복음서를 팔면서 복음전도를 하였다.

1893년 봄에 이들은 호남 땅 전주에 정탐꾼을 보내 가옥을 구입하고 기독교 전도의 가능성을 타진하려 하였다. 이에 선교회 회장인 레이놀즈의 어학선생으로 믿을만한 신용을 가진 사람으로 알려진 정해원을 7월 초에 전주로 보냈다. 정해원은 보수적 지역인 전주에서도 선교가능성은 아주 희망적이라고 보고하였다. 이에 따라 9월에는 전킨과 테이트가 육로로 전주 여행을,[6] 11월에는 테이트가 홀로 전주를 다시 방문하였다. 남성선교사들은 이러한 지역 탐방에 집중한 반면 여성독신선교사인 데이비스와 마티 테이트는 서울에 거주하면서 병원이나 한국인들의 집을 방문하여 여성들과 어린이들에게 복음찬송과 주기도 등을 가르쳤다.[7]

1894년 2월 한국선교회의 제2차 연례회의가 서울의 레이놀즈 집에서 열렸다. 이미 이들은 1894년 1월 18일에 드루 의료선교사 부부가 샌프란시

6) W. M. Junkin, "A Visit to Our New Station," *The Missionary* (July 1894), pp.284~287.

7) J. L. Stuart, "Korea." *The Missionary* (Aug. 1893), p.315.

스코를 출항했다는 소식을 들었다. 여기에서 크게 2가지를 논의했는데, 하나는 의료선교사인 드루와 함께 레이놀즈가 6주간 전라도 해안가를 탐사하여 선교부 입지 가능 성읍을 확인하고, 또한 가능하다면 올가을에 전주에 선교부를 세운다는 것이었다.

레이놀즈와 드루는 몇 몇 한국인들과 전라도 탐사여행을 3월 27일에 서울을 떠나 제물포를 거쳐 3월 30일에 군산에 도착하였다. 이들은 곧 군산 현감을 만나 내륙 여행 허가를 받고 전주로 향하였다. 전주에는 테이트 오누이가 이미 도착하여 거주하고 있었다. 레이놀즈와 드루, 테이트 오누이 등 4인의 선교사들은 정해원의 복음전도 보고를 경청하였다. 4월 2일에 한국선교회 회의를 열어 테이트에게 전주에 땅을 사고 가옥을 구입하도록 결정하였다. 이후 레이놀즈와 드루 일행은 4월 5일 일정대로 전주를 떠나 전라도 해안가 탐사를 계속하였고 레이놀즈는 5월 12일에 서울로 귀향하였다.

한편, 전킨은 1894년 4월에 2주간 조사들을 데리고 충청도 공주를 방문하여 복음을 전하였다. 이미 언급한 대로 테이트는 그의 여동생과 전주에 3월 말에 도착하였다. 테이트는 정해원이 다져놓은 기반위에서 전도를 하였다, 성경공부를 한 군중들 가운데 6명이 세례 신청을 하였으나 3명은 세례를 주어도 괜찮을 것으로 생각되었다. 5월이 되자 동학농민군이 전주를 점령하자 테이트 오누이는 급히 서울로 소환되어 올라갔고, 정해원도 사라져 버렸다. 이로 인하여 세례지원자들도 세속인으로 돌아갔고, 가을에 열 전주선교부 개설 가능성은 사라졌다.

1895년 4월 1일자로 발간된 실행위 보고서에 의하면 한국선교회는 선교사 11명, 선교부 3개, 교회 1개(협동), 세례자 1명 추가, 세례문의자 9명, 주일학교 1개, 주일학교학생 25명, 의료치료를 1,500명이 받았다.[8] 이 보고는 1894년에 일어난 활동의 결과였다. 상기 보고를 분석하면 3개의 선교

---

8) *Annual Report of the Executive Committee 1895*, p.24.

부란 서울, 군산, 전주를 포함한다. 드루(유대모, A. Damer Drew, M.D.)와 레이놀즈의 전라도 탐사여행을 통하여 군산에 선교부를 세울 계획이 잠정적으로 확정된 것이다.

1894년 선교사들의 서울 사역은 서울 성문 안과 밖의 사역으로 나눌 수 있다. 성문 안의 사역은 주로 협력사역으로 북장과 연합 사역으로 복음전도와 교회의 공동설교와 운영 등이었다. 여성선교사 미스 데이비스와 레이놀즈 부인은 주일학교 및 여성과 어린이 사역을 했고, 미스 테이트는 여기에 동참도 했으나 전주 여행에 많은 시간을 보냈다.

서대문 밖에서는 전킨이 가두 설교와 전도를 하였다. 전킨의 사랑방과 연계하여 의료선교사 두루가 시민들에게 접근하여 질병 등을 진찰하고 치료하였다. 전킨은 불교 승려의 개종에 도움을 주었다. 그는 개종 후 일반인들이 입는 평상복을 입고 전킨 앞에 나타나 전킨에게 그의 승복들을 선물로 주면서 불교생활을 완전히 청산했음을 공표하였다.[9)]

미스 데이비스는 미혼여성으로 결혼부부가 사는 집에서 함께 거주할 수 없다는 한국 풍속에 따라 1894년 봄에 딕시(레이놀즈의 집)를 떠나 서대문 밖의 시골마을에서 북장의 교육선교사인 미스 도티(Susan A. Doty)의 집에서 거주하면서 여학교에서 가르쳤다. 그녀는 한국 여성들과 어린이들을 이해하고 이들에게 맞게 복음을 전하였다.[10)] 1894년 9월 18일 제 3차 선교회 연례회의가 열렸다. 그동안 선교사들은 고군분투하며 지냈다. 청·일 전쟁을 겪고 서울의 여름 날씨로 선교사들에게 발생한 크고 작은 질병을 앓

---

9) Ibid., 25. 참고로, 1893~1894년에 찍었을 것으로 추정되는 7인의 선교사 사진에 갓을 쓰고 손에 묵주를 든 한국인은 누구일까? 장인택으로 알려졌으나 그는 분명히 아니다. 혹시 이 한국인이 전킨에게 승복을 준 그 사람일까? 커다란 원형의 묵주를 선교사들 앞에서 보란 듯이 들고 서 있는 모습은 그가 과거에는 승려였는데 지금은 개종했다는 것을 선명하게 보여주는 상징적 행위가 아닐까?

10) 임희모, “미국 남장로교의 첫 한국 입국 선교사 리니 데이비스 해리슨 부인 (Mrs. Linnie F. Davis Harrison)의 선교 활동 연구,” 「선교와 신학」 55(2021년 가을): 255~287쪽 특히 264~267쪽.

으며 언어능력 문제와 싸워야 했다.

1895년 서울 성안의 협력사역에 계속적으로 레이놀즈가 참여하였다. 선교회간 협력사역을 진행하는 가운데, 1895년 4월 9일 벨 부부(배유지 목사 부부, Rev. & Mrs. Eugene Bell)가 서울에 도착하였으나 남장 선교사들의 거주지역(딕시)에는 공간이 없어서 체류하지 못하게 되자 성안의 언더우드의 집에서 당분간 지내야 했다. 1895년 레이놀즈는 남대문 채플 혹은 인성부재 채플에서 거의 매일 설교를 하고, 서울 거리에서 설교를 하고, 불교 사원에서 사람들을 돕는 등 바쁜 일정을 보내면서 몸이 아픈 그의 부인을 간호하였다. 7주간 전주를 방문하여 전도하였고, 가을에는 성경의 한국어 번역을 하였다.

전킨은 서울 남대문 밖에서 이웃 주민들을 만나 매일 대화를 하였고, 진료소에서 일하는 드루를 지원하였고, 주일학교에서 가르치고, 교회에서 설교하고, 12명의 교리반을 운영하여 5명에게 세례를 베풀었다. 또한 그는 드루와 함께 봄에 군산에서 6주를 보내며 교리를 가르치고 여름에는 콜레라와 싸우면서 군산에서 1달 반을 보내고, 가을에 전주를 방문하였다. 드루 선교사는 전킨의 사역 자리에서 겨울과 봄에 진료소를 내고 진료활동을 하였다. 전킨과 함께 봄에 군산을 방문하여 각각 집을 구입하였다. 전킨은 선창가의 초가집을 구입하였고, 드루는 윤치호의 도움을 받아 관아의 일부를 구입하였고, 군산에서 진료실(제약실)을 만들었다.

전킨과 드루는 봄에 군산을 방문했을 때 몇 사람의 무리를 만나 교리를 가르쳤다. 이들은 매주 주일 오후에 회집하여 회개, 신앙, 기도, 주일성수, 세례, 성만찬 등을 가르쳤다. 그리고 교회의 계율과 규정을 가르치고 모든 과정을 끝냈다. 특히 김영래, 송영도, 차일선 3인은 세례를 받을 수 있는 자질을 갖추었다. 드루는 서울에서 지낸 11일을 빼면 9월 29일 이후 군산에서 계속하여 활동하였다.

제4차 연례회의가 1895년 9월 19~20일에 열렸다. 회장인 테이트의 주재 하에 남자 선교사들은 탐사여행을 보고했다. 서대문 밖에서 거주한 미스 데이비스는 특유의 친화력을 드러내면서 여성들, 소년과 소녀들에게 복음을 전하였다. 한국여성들 1,093명이 그녀를 방문하였고, 그녀가 방문하고 기록한 가정은 80가정에 달하였고, 1,000권의 책과 전도지를 분배하였다. 데이비스 양은 아픈 자들과 가난한 자들을 수없이 도왔다. 6주간은 쉬어야 할 만큼 그녀는 끈기 있게 이러한 사역들을 행하였다. 미스 테이트는 전킨의 사역지역에서 여성들을 돕고 복음을 전하였고 2마일(약 3킬로미터) 떨어진 마을을 방문하였다. 미스 테이트는 전주에 처음 방문한 백인 여성으로서 몇 주간동안 전주 시민들의 눈길을 끌었다.

2. 군산선교부 개설과 복음 선교(1896~1899)

드루와 레이놀즈는 1894년 3~5월 선교부 입지 탐사를 위한 전라도 여행을 마쳤다. 특히 레이놀즈는 군산에 선교부가 개설되어야 하는 근거를 3가지로 기술하였다. 첫째, 접근성: 제물포에서 기선으로 14~24시간 내에 도달할 수 있다는 것, 둘째, 전북 내륙(전주)를 위한 선교자원(필수품)의 공급처로서 중요성, 셋째, 주변 인근에 많은 인구가 집중되어 복음전도의 열매를 맺을 수 있다는 것 등이다.[11]

첫째로 꼽은 접근성 이유는 타당성을 갖는다. 그러나 당시 수로교통의 불안정과 불편은 매우 심하였다. 이로 인하여 군산의 전킨과 드루는 엄청난 고통을 겪어야 했다. 당시 제물포와 군산 간을 왕래하는 정기선의 부재로 인하여 이들 가정이 필요로 하는 먹거리와 생필품 등의 공급이 되지 않아 '영웅적 고난'(the heroic sufferings)을 감내해야 했다.[12] 당시 한국의

---

11) W. D. Reynolds, "Prospecting for Stations in Chulla-Do," *The Missionary* (Oct. 1894), p.437.

12) "The Annual Meeting of the Presbyterian Church, South." *Korea Repository*

일반 가옥은 출입문 1개와 작은 봉창 1개가 달린 흙벽으로 이루어진 초가집으로 대개 사방 8자x8자(= 2.4m x 2.4m)이고, 큰 집은 8자x12자(=2.4m x 3.6m)였는데 키가 큰 서양인들에게는 아주 작았다. 더구나 이들은 실내에서 음식을 만들어 먹는 습관으로 인해, 이 작은 집안에서 음식을 만들 때 늘 화재 발생 염려를 하면서 살았다.

1896년 2월에 전킨은 군산으로 이사하였고 드루는 4월에 이거하였다. 11월에 도착한 데이비스는 수덕산 자락의 관아가 쓰던 허름한 건물을 하나 구입하였는데 드루가 그녀를 도와서 깨끗하고 예쁘고 위생적인 집으로 만들어 만족한 생활을 하였다. 동년 4월에 전킨은 그의 집 사랑방에서 교리학교를 만들어 송영도, 김봉래, 차일선 등 3인을 원입교인 문답시험에 합격시켰고, 7월에는 송영도와 김봉래가 세례문답을 통과하여 이들에게 세례를 베풀고 성찬식을 거행하였다. 이로 인하여 군산 전킨의 집(사랑방) 교회가 호남 최초의 교회 즉 군산교회로 출범했고 10월에는 송영도의 딸에게 유아세례를 베풀었다.

1896년 11월 3~6일 제5차 연례회의가 서울에서 열렸다. 이 회의는 여러 악조건을 지닌 군산선교부 대신에 나주선교부 개설을 논의하였다. 그 이전에 전남지역 선교를 책임 맡은 유진 벨 선교사가 그의 조사 변창연에게 나주에 집을 구입하고 거주하게 하였었다. 그러나 나주를 방문한 선교사들의 출현을 바라본 가옥 매매자는 변창연의 집에서 선교사가 거주하게 될 것을 예견하고 가옥 매매계약의 무효화를 주장하였다. 집 주인에 동조한 이웃 주민들도 거세게 반발하였다. 결국 한국선교회는 나주선교부 개설을 포기하였고, 군산의 드루와 전킨은 가열 차게 복음전도에 헌신하였다.

1897년에 전킨은 새신자를 찾기보다 기존 입교자들의 신앙의 질을 높이는데 중점을 두었다. 주일은 이른 아침부터 10시까지 교리반을 가르쳤고

(Nov. 1896), p.457.

또한 기본신앙과 어떻게 살 것인가를 가르쳤다.[13] 모든 교인들이 모여 기도를 인도하고 또한 기도하도록 가르치고 훈련하였다. 오전 10시에는 주일학교가 일제히 시작되고 모든 교인들과 초신자들도 참석해야 했다. 전킨은 손수 제작한 지도를 가지고 사도행전을 공부시켰다. 11시에 정규 설교를 시작하였다.

우기가 되자 전킨은 순회전도를 할 수 없었지만 3차례의 특별 전도를 하였다. 첫 번째는 바로 금강 입구에 있는 계주라는 섬을 방문했고, 둘째 전도여행은 배를 타고 강경에 도착하여 전도하는 여행이었다. 셋째 순회전도는 기독교인 2명이 전킨 일행을 도와 군산과 전주천 사이의 지역을 방문했는데, 아주 만족스런 결과를 맺었다. 이번 전도여행을 통해 전킨은 몸 져누어야 했다. 과로로 인한 피로누적 이외에 그를 대접하는 정성스런 음식들을 먹었으나 이 음식들을 소화시키지 못하였다. 이로 인하여 설사공격을 당한 전킨은 4개월 동안 방에서 지내야 했고, 그의 부인은 남편의 질병수발을 해야 했기 때문에 다른 일에 관심을 가질 수 없었다.

1896년 11월에 군산에 합류한 미스 데이비스는 1897년 11월 연례회의에서 그녀의 활동즉 주일 밤 여성모임, 주일 소년반, 주일 소녀반, 주중 낮 소녀반, 주중 1회 모임반, 젊은 여성 성경독서반 등을 보고했다. 이외에 그녀는 매주 군산에서 3마일(약 5킬로미터) 떨어진 거리에 있는 두 마을을 교대로 방문하여 모임을 가졌다.[14] 그녀는 1898년 6월에 전주선교부의 해리슨과 결혼하였고 12월까지 군산에 머무르다가 1999년부터 전주로 이적하여 선교하였다.

드루의 경우, 1897년 서울 여행, 가족의 질병, 전킨의 장기간 질병, 이번 가을에 그 자신의 아픔 등이 겹쳐 진료소가 문을 연 날은 200일로 줄어들

---

13) [W. M.] Junkin "A Sabbath at KunSan," *The Missionary* (July 1897), pp.313~314.

14) [Linnie F.] Davis, *The Missionary* (Dec. 1897), p.541.

었다. 이 기간에 2,700회의 진료 및 치료를 했고, 작은 외과 수술은 600건에 달했다. 드루는 전단지와 쪽복음을 1,500~2,000장을 배포했고, 기독교 소식지도 나누어주었다. 봄에는 5명의 젊은이들에게 야간 공부반을 열어 매주 1회는 세계지리학, 2회는 구약성서 이야기를 가르쳤다. 주일 저녁은 드루 부인이 오르간을 지도하는 노래반의 소년들과 젊은이들로 교실이 꽉 찼다.

1897년의 군산선교부의 통계는 다음과 같다.[15] 출석부 총인원(신규) 105명; 주일학교평균출석 30명; 주일예배 평균출석 40명; 여성평균 출석 7명; 교리문답 수료자 13명; 세례자들 7명; 보류자 1명; 기독교식 결혼 2명; 입교자 총 출석 9명; 헌금 (은화, 6월부터 11월 1일까지) 26.89달러였다.

1897년 10월 27~11월 1일에 제 6차 연례회의가 군산에서 열렸다. 특별히 이번 회의에 중국과 일본 및 한국의 선교현장을 순회하던 실행위 총무 체스터 박사가 참석하였다. 그러나 한국선교회의 회장 전킨은 병이 깊어 가까이에 있는 데이비스의 집 거실의 회의에도 참석하지 못하였다. 이 현장에서 체스터 총무는 드루의 의료선교적 기여를 높이 평가하였다. 드루는 서울에서 명성이 높았고 군산에서도 그가 치료하는 수많은 한국인들이 복음을 수용하는 것을 목격하고 그의 의료선교가 복음전도에 얼마나 크게 효과를 미치는가를 확인했다.[16] 한편, 남성선교사들은 실행위 총무가 참석한 가운데 매일 아침 회집하여 한국선교회의 헌법과 규정을 논의하여 확정하였고 이듬해에 중국 상해에서 출판하였다.[17]

1898년 군산선교부 내의 상황은 앞을 향하여 전진하던 상승 기세가 꺾

---

15) *Annual Report of the Executive Committee 1898*, p.63.

16) Samuel H. Chester, *Lights and Shadows of Mission Work in the Far East*, pp.117~119.

17) Southern Presbyterian Mission in Korea, *The Constitution, Rules and By-Laws of the Southern Presbyterian Mission in Korea* (Adopted Oct. 1897) (Shanghai: American Presbyterian Mission Press, 1898).

이고 위축되는 모습으로 변하였다. 전킨은 자주 질병을 앓았고 그의 부인은 그를 간호하는데 시간을 들여야 했다. 드루 역시 몸이 약해지는 줄도 모르고 전도에 빠져들어 건강을 잃었다. 드루 부인 역시 환자들을 돌보느라 복음전도에 들이는 시간은 줄어들었다. 선교사 5명 중 4명이 질병에 노출되거나 영향을 받고 있었다.

1898년 9월 19~24일에 제 7차 연례회의가 전주에서 열렸다. 이 연례회의는 1892년 만든 2개 위원회(언어, 복음전도)를 현실적 필요에 따라 7년이 지나서 위원회를 확대하였다. 사업(Business) 위원회, 복음선교(Mission Work) 위원회, 회기 중에 안건들을 조정할(Ad Interim) 위원회와 성경번역위원회 등으로 세분하였다.[18] 또한 군산선교부의 장소를 군산의 동쪽으로 3마일(약 5Km) 떨어진 작은 마을인 궁말의 언덕에 선교마을을 조성하기로 하였다.

군산이 개항장이 된다는 소문으로 사역이 잠시 중단되었다. 선교사들의 주거조건이 아주 열악하여 하루빨리 5월 30일에 공사를 시작하려다가 급히 중단하고 개항장 확정을 기다려야 했다.[19] 또한 미스 데이비스는 1898년 6월 9일 전주의 해리슨 선교사와 결혼하여 전주선교부로 소속이 바뀌었다. 그런데 신혼집 준비가 늦어져 해리슨 부인(Mrs. Linnie Davis Harrison)은 12월 말까지 군산에서 머물렀다. 이 시기에 해리슨 부인이 전도한 주간여성모임 회원 중 6명이 세례 신청을 했고, 1주일에 한 번씩 집을 방문하여 전도를 했던 여성들 중 2명은 그리스도를 주님으로 영접하고 신앙생활을 하였다.

이렇듯이 복음전도에 대한 집중력이 다소 떨어진 1898년에 군산선교부의 주일아침예배에 평균 28명이 참석하고, 출석총인원은 440명, 교리교육

18) "Annual Meeting of the Southern Presbyterian Mission," *The Korean Repository* (Oct. 1898), pp.393~394.

19) W. M. Junkin, "Letter from Mr. Junkin," *The Missionary* (1898), p.467.

이수자 수는 여성 6명 남자 2명 총 8명이었다. 수세자는 5명이고, 교리반 등록자는 10명, 헌금은 20달러($)였다. 이러한 실적을 올린 첫째 요인은 선교사와 동역한 한국기독교인들이 지닌 높은 전도 열정이었다. 이들은 또한 선교사와 함께 배를 타고 전도여행을 할 때도 늘 자기들이 여행 경비를 지불하였다.[20)]

3. 복음전도의 활성화(1899~1904)

1899년 5월 1일 군산이 개항장으로 발표되자 개항장 구역 안의 거주자들은 구역 밖으로 쫓겨났다. 이에 따라 전킨의 사랑방에 모여서 예배를 드린 교인들의 모임체로서 교회 즉 군산교회에 다니던 기독교인들은 흩어져야 했다. 더러는 1899년 구암리 교회를 다녔고 일부는 송지동 등으로 흩어져 교회를 성장시켰다. 1899년 초에 해리슨 부인이 전주로 떠난 이후 드루 부인과 전킨 부인이 여성과 소년과 소녀 및 어린이들에게 복음을 전하였다.

드루와 전킨은 군산에서 궁말로 이사하는 일이 시급해졌다. 궁말의 선교부 위치를 확정해야 하는 책임을 맡은 테이트와 해리슨은 도보로 걸어서 궁말 지역을 주의 깊게 살폈다. 드루의 선교용 돛단배가 드나들 수 있는 항구와 배를 묶어둘 수 있는 정박지가 필요하고 가까운 자리로 그 위의 언덕에 주택을 건축할 수 있어야 했다.[21)] 먼저 4월부터 주택을 짓기로 결정하였다. 선교부 공사의 감독을 맡은 전킨이 말썽을 부리는 인부들을 설득하느라고 많은 고생을 하였다. 12월에 주택이 완공되어 전킨이 먼저 입주하였고, 뒤이어 드루도 입주하였다. 12월 21일 군산선교부가 궁말로 이사하였

20) *Annual Report of the Executive Committee 1899*, p.56.

21) W. B. Harrison, "The Opening of Kunsan Station, Korea," *The Missionary Survey* (Jan. 1918), p.19.

고 전킨의 집에서 예배를 드렸다. 이 교회가 1900년 옥구군 구암리교회로 알려졌다.

> 옥구군 구암리교회가 설립하다. 선시에[1899년에] 선교사 전위렴[William M. Junkin]과 의사 유대모[A. Damer Drew] 전도인 장인택이 당지에 래주하여 열심전도 함으로 신자가 점가하야 예배당을 신축하고 그후에 오인묵을 장로로 장립하야 당회를 조직하얐고 목사 김필수, 선교사 부위렴[W. F. Bull], 장로 양응칠 김성삼 박연세 고석주 유대남 이창규, 조사 이수현 등이 상계 시무하니라.[22]

1899년 9월 4일 제물포에서 제 8차 연례회의가 열렸다. 일본 고베에서 활동하면서 초기 7인의 개척선교사들과 함께 한국 선교 초기에 동역한 존슨(C. Johnson) 선교사가 "예수 그리스도를 기억하라"는 제목의 강의를 통해 선교사들에게 감동을 주었다.

1900년 9월 10일에 제물포에서 한국선교회의 제9차 연례회의가 열렸다. 그런데 이 회의가 열리기 이전에 성격이 완전히 다른 그러나 선교와 관련되어 유익한 모임들과 회의들이 계획되어 있었다.[23] 일례로, 전국적 차원에서 성경위원회는 성경을 번역하고 반포하는 사업을 하는데 이와 관련 사항이 논의되었다. 9일 주일에는 한국에서 활동하는 개신교의 모든 선교회 대표들이 모여 신약성경의 한글판 출판을 감사하고 축하하였다. 번역에 한국선교회의 레이놀즈 선교사의 공이 컸으나 그는 당시 안식년으로 미국에 체류하여 참석하지 못하였다.

이러한 모임과 회의들이 끝나자, 전킨 회장이 지난 5월에 안식년으로 미

---

22) 차재명(편저자), 『조선예수교장로회 사기 상』 (서울: 한국기독교사연구소, 2018: 2쇄), 123쪽.

23) W. F. Bull, "Interesting Meeting in Korea," *The Missionary* (Feb. 1900), pp.78~79.

국으로 가서 한국에 있지 않음으로써 유진 벨 선교사가 회의를 소집하였다. 회장으로 오웬 의료선교사가 선출되었다. 그리고 서기와 회계는 유진 벨 선교사가 맡았다.

한편 군산에서 16마일(25Km)이나 떨어진 송지동에 사는 기독교인들이 집을 구입하여 예배를 드렸다. 그들은 군산교회에 다니던 최흥서에게 가르침을 받고 예배를 드리고 교회생활을 하였다. 매주 30~60명이 모여 예배를 드렸는데 군산선교부에 속하게 되었다.[24]

> 1900년에 옥구군 지경리교회가 설립하다. 선시에[1897년에] 선교사 전위렴과 당지인 최흥서가 협력전도하야 신자가 초진함으로 예배당을 신축하얏고 기후에 최흥서를 장로로 장립하야 당회를 조직하얏고 김옥여 고성모 장로로 계속 시무하니라.[25]

1901년 군산선교부 선교사들의 실행위 보고는 다음과 같다.[26] 드루의 보고인데 (1) 미국에서 지원된 자금으로 1901년 초에 군산의 한국인 7인이 서울로 가서 신학반에서 훈련을 받았고, [성령의] 불을 받은 이들은 서울에서부터 군산까지 복음전도를 하면서 돌아왔다. (2) 드루 의료선교사는 기독교인으로 구성된 선교단을 조직하고 이들과 함께 군산에서 8킬로미터 이내의 모든 마을들을 방문하여 기독교서적을 팔고 복음을 전하였다.[27] (3) 내역을 살피면, 권서로서 사역: 830권의 성경책을 팔았고 2,000장의 전도지를 돌렸다. (4) 수많은 마을과 시장에서 설교를 했고, 1,200명의 개인들에게 복음을 전했다. (5) 드루는 군산 앞바다의 수많은 섬들을 방문하

---

24) *Annual Report of the Executive Committee 1899*, p.57.

25) 차재명(편저자), 『조선예수교장로회 사기 상』, 123쪽.

26) *Annual Report of the Executive Committee 1902*, pp.61~62.

27) [Clement C.] Owen, "Ninth[Tenth] Annual Meeting of the Korean Mission," *The Missionary* (April 1902), p.193.

였고, 강을 따라 7~8번 전도여행을 했고, 7,000권의 성경책을 팔았는데 가격은 1,200엔(금120달러)에 달했고, 17,000전단지를 돌렸다. (6) 주일과 수요일 저녁에 출석자들은 평균 궁말 20~35명, 만자산 25~40명, 송지동 50~70명 등이다. (7) 이러한 숫자들은 11명의 한국기독교인들이 행한 것인데, 이들은 금전적 보상을 전혀 원하지 않았다. (8) 이에 매진하다 보니 드루는 건강을 되찾지 못할 정도로 힘들어졌다. 결국 그를 실행위가 본국으로 거의 강제로 소환하여 안식년 휴식을 취하게 하였다.

1901년 5월 14일에 불과 앨비(Elisabeth A. Alby)가 결혼하였다. 불은 1899년 12월에 한국에 도착하였고 앨비는 1900년 11월에 입국하였다. 이들 커플은 언어공부에 집중하였다. 불 선교사는 그 자신의 집을 지었고 드루의 사역을 돕고 또한 강을 따라 몇 번이나 전도 여행을 하면서 시골지역을 방문하였다. 그리고 불은 군산선교부의 남자성경반을 지도하였다. 전킨 선교사는 10월 안식년 휴가로부터 복귀한 후 곧 3지역의 외곽전도처를 방문하고 정규적으로 드리는 주일과 수요일 저녁예배를 인도하고 군산선교부의 주일학교를 담당하였다.

1901년 군산선교부 내의 교회의 현황은 다음과 같다. 교인들 100명, 학습교육 이수자 50명, 헌금: 군산(구암) 21.50엔, 남차문 7엔, 만자산 35엔, 통사동 2엔, 송지동 14엔, 합계 79.50엔. 금년(1901)은 기근이 심하여 거의 곡식을 거둘 수가 없었다. 이러한 어려움에도 불구하고, 교회는 교인수와 영향력과 영성에 면에서 실질적으로 성장하였다.

1902년 군산선교부의 선교활동에 대한 분석은 다음과 같다. 1901년부터 군산 지역은 기근이 시작되어 차츰 심각하게 되었다. 이는 1899년 군산이 개항지로 공표되면서 인구이동이 일어났기 때문이다.[28] 전통적인 농업사회의 농민들과 어민들이 직장을 찾아 개항지로 몰려들고 농업생산량

28) 김태웅, "제3장. 군산부 주민의 이동사정과 계층분화," 『새만금도시 군산의 역사와 삶』,(서울: 선인, 2012), 89. 이 통계의 출전은 群山府史, 1935, pp.18~19.

감소와 산업구조의 붕괴가 일어나고 여러 사회문제와 자연재해가 일어났다. 더구나 군산의 개항은 일제의 쌀 수탈과 이를 수출하는 항구로서 역할이 계획되었다. 이러한 변화 과정에서 가난한 농민들이 기근과 질병에 제일 먼저 노출되고 누구보다 고통을 심하게 겪었다. 이 농촌지역의 교회들은 구암리교회, 남차문교회, 통사동교회 및 송지동교회 등이다.

이 교회들의 성도들이 가난과 기아로 인한 고통을 심하게 겪고 있는데, 대개 이러한 기아의 고통을 연단의 과정으로 받아들였는데, 군산교회도 이렇게 이해한 듯하다. 이러한 기아를 이기려는 신앙적 투쟁을 하는 가운데 목포의 오웬 선교사와 한국기독교인들이 후원격려금 33엔($16,50)을 보내왔다.[29] 이러한 격려를 받으며 1902년에 군산교회는 47명의 영혼을 추수하였다. 작년보다 교회 하나를 더 조직하였다. 이로 인하여 군산교회는 하나님께 찬양을 드렸다. 그리고 주간소년학교가 유지되어 더 많은 소년들을 가르칠 수 있었다. 금년 통계는[30] 헌금 46엔(기근), 금년에 늘어난 교인들 47명, 교리교육 수료자들 42명, 총인원 131명 (9명은 유보자들) 이었다.

1903년 군산선교부의 보고서에 의하면 전킨과 불 선교사의 업적은 다음과 같다.[31] 우선 전킨은 이 기간에 복음전도차 고군산열도를 가려고 시도하였으나 뱃사공의 실력 문제와 기상조건의 악화로 되돌아와야 했다. 그는 그동안 군산선교부에 최소 6개의 교회들을 개척하고 성장시켰다. 우선 만자산교회를 보면, 최흥서의 덕으로 잘 성장하였다. 그는 집사와 장로를 결합한 일을 충실하게 해 내면서 교리문답반을 잘 가르치고 모든 예배를 주관하고 있었다. 교회 부채가 100냥 정도 있었는데 다 갚았고 총 228냥

---

29) Mary Leyburn Junkin, *Letter: My Precious Mother* (Jan. 4, 1902, Kunsan, Korea), p.2.

30) *Annual Report of the Executive Committee 1903*, p.78.

31) "Kunsan Station," *Reports of the Southern Presbyterian Mission in Korea, 1903* (Seoul: Press of the Methodist Publishing House, 1903), pp.6~50.

을 교회에 바쳤다. 12명이 교회에 입교하려 했으나 4명만 허락되었다. 8명은 이번 가을에 시험 보려는 사람들과 공부를 하고 있다. 이전에 입교한 자가 배교를 했는데 죽기 2~3주전에 그리스도를 주님으로 마침내 고백하고 서야 교회가 그를 다시 받아들였다. 최흥서는 이 교회의 지도자로서 군산 선교부의 첫 장로가 되었다. 둘째, 남차문교회는 200냥을 들여 건물을 세웠는데 총 330냥을 교회에 헌금하였다. 이 교회도 교인들이 급성장을 하였는데, 16명이 교회에 입교했고, 11명이 교리반 수료자로서 교회에 들어왔고, 모든 어린이들이 세례를 받았다. 셋째, 송지동 교인들은 133냥을 교회에 헌금하였다. 6명이 입교하였고 6명은 교리반에서 공부를 하였다. 이 교회는 교인들 간에 싸움이 잦아서 영적 쇠퇴기에 들어서고 있다. 넷째, 성말교회는 처음으로 시험을 치른 자 중 입교자 3명과 교리반에서 공부하는 9명이 83냥을 헌금하였다. 다섯째, 선돌교회는 김제군에 있는 새로운 지역의 교회인데, 30명이 매주 모였고 지도자 1명이 가르쳤다. 이들은 15냥을 헌금했는데, 사이비 교인이 교회 돈을 훔쳐 달아나버렸다. 여섯째, 충청도의 한산 지역에 전킨이 처음으로 방문하여 교리반 수료자 21명으로 한산교회를 조직하였다. 이들은 95냥을 헌금하여 깔끔한 모임처를 조성하였다. 이외에, 전킨은 문서전도로 1,200장의 전도지를 돌렸고, 1,700권의 성경, 전단지, 찬송가를 팔았고, 500개의 달력을 팔았다. 전킨은 1903년에 교회 두 개를 세우고 교인 29명과 교리반 수료자 55명을 신입으로 받았고, 총 1,080냥을 헌금하였다. 전킨을 돕는 전도사로서 양응칠은 예배, 심방, 훈계, 권면, 화해 등으로 교인들을 매우 능력 있게 가르쳤고 매우 정직하였다. 교회가 그에게 사례금을 드리면 이를 전킨에게 맡겨 회계장부에 기록하고 지급하도록 했다.

1903년에 불 선교사는 먼저 어학공부를 오긍선과 함께 하다가 진전을 보았으나 그가 1903년 2월 미국 유학을 떠남으로써 한국어 공부 진전이 약간 느려졌다. 그동안에 불 선교사는 매주일에 남자성경반과 주일저녁에는 여성성경반을 가르쳤다. 주간에는 남학교에서 음악과 체육을 가르치기도 했다. 년 초에는 전킨 선교사를 따라 만자산 교회, 남차문 교회, 송지동 교회, 성말 교회 등을 방문하여 세례지원자들이 치르는 시험현장에서 이들을 관찰하였다. 그리고 한국인 전도사의 도움으로 불 선교사는 전주선교부 메쿠첸 선교사와 함께 강을 건너 충청도 서천을 방문하여 뜻밖에 40명이 모이는 예배회중을 만났다. 만자산 교회의 교인이 서천으로 이사를 와서 조직한 모임체였다. 이 교인이 처음으로 서천에 왔을 때 기독교인은 없었다. 그런데 이 교인은 궁말교회로 다니면서 처음으로 불 선교사를 만났고, 그 후 서천에서 한국인들을 모아 가르치고 서천교인들이 이번에 입교 시험을 치렀던 것이다.

충청도 한산(후에 종동교회 혹은 종리교회)은 서천에서 20리 떨어진 곳인데 여기에 15~30명이 모이는 예배처가 있었다. 이 교회는 두 개의 회중 즉 여성회중과 남성회중으로 구별하여 모두 궁말교회로 와서 예배를 드렸다. 그러나 서천교회 형제들이 교회건물을 구입하고 돈까지 지불하였다. 그런데 서천지역에 있는 불교마을이 다른 종교(기독교)를 허락하지 않고, 기독교인들이 외국인들을 위하여 교회건물을 사면 불법이라고 했다. 그러나 이 당시 외국인을 대리하여 한국인들이 건물이나 토지를 구입할 때 법적으로 별 문제가 되지는 않았다. 한편, 서천에 배를 타고 갈 때 160호가 거주하는 신아포를 지나야 하는데 이 마을의 한 가족이 세례를 받은 궁말교회의 교인이었다. 부모와 어린이 등 3명의 가족으로 가장은 선생으로서 한산의 주일학교(Sunday School)에서 가르쳤다.[32)]

1903년에 군산선교부가 각각 선교사들의 실적을 기록하고 결론으로 작성한 선교부보고서에 의하면, 1903년 현재 군산선교부는 전북에는 궁말, 만자산, 남차문, 송지동, 성말, 선돌에 교회를 세웠다. 충청도에는 서천과

---

32) "Kunsan Station," *Reports of the Southern Presbyterian Mission in Korea*, 1903, pp.7~12.

한산에 교회가 섰고, 신아포에는 세례 받은 1가족이 살고 있고 또한 4명의 교인들이 궁말 교회에 출석하고 있었다. 관아가 있는 임피 부근의 마을 즉 궁말에서 30리 떨어진 마을에 6~7명의 세례 관심자들이 살고 있다는 것이다. 또한 군산선교부는 1903년에 31명에게 성인세례와 15명에게 유아세례를 베풀어 총 46명의 세례자들을 배출했다. 이들을 더하면 총 162명의 수세자들이 군산에 살고 있고, 세례 받기를 원하는 65명이 대기하고 있다. 최흥서 장로와 양응칠 목사지망생을 금년 연합공의회에 대표로 파송하였다. 1903년에 군산선교부 내의 교회 건축을 위하여 헌금 1,223냥이 모아졌다.[33)]

III. 군산선교부의 복음전도의 활성화 (1904~1920)

1904년부터 한국선교회의 연례회의록이 공식적으로 작성되고 인쇄되어 배포되었다. 이전의 한국선교회의 선교 초기의 연례회의의 소집, 진행, 논의 및 결과 등이 체계적으로 정리되어 보관·관리되지 못하였고 한국에서 발행된 영자지 *Korea Repository*나 *Korea Review* 및 미국에서 발간되는 남장의 선교기관지인 *The Missionary*나 주간지인 *Christian Observer* 등에 이러한 회의들에 관한 보고들이 알차게 실리지도 않았다. 이러한 상황에서 본 글은 1904년 이후 연례회의에서 중심 역할을 하는 복음전도위원회가 결정한 선교사 배치, 순회전도, 교회개척 및 성장, 남·여 성경반 운영 및 주일학교 운동 등을 분석한다.

특히 여기에서는 복음전도 선교사들의 활동과 이들을 돕는 한국남성으로 조사나 신학도 및 목회자로 양성한 내용을 살펴본다. 이를 위하여 선교

---

33) Ibid., pp.54~55.

사들이 가르친 성경교육과 한국인 목사 양성정책을 분석한다. 뒤이어 한국선교회의 여성 지도자 즉 전도부인이나 여성조사를 위한 성경교육을 간략히 분석한다.

1. 교세 확장을 위한 남자 선교사들의 복음전도 (1904~1920)

우선 이 시기 복음전도 선교사들의 업무 내역을 주로 확인한다.[34] 또한 이들 이외에 업적이 뚜렷한 여성선교사 등의 활동도 언급하려 한다. 한편 1904년에 선교부들의 지리적 경계를 조정했는데, 전주선교부에 대하여 군산선교부에는 송지동, 남차문, 만경, 옥구, 임피, 함열, 농안 등이 포함되었다.[35]

1) 불 (부위렴, Rev. William Ford Bull, 1899~1920)

불 선교사는 1904년에 전주선교부로 이명한 전킨의 군산선교부 사역을 이어받았다. 그는 1904~1906년에 선교부 밖의 외곽기도처를 운영하였고 조사 김치만과 박화성을 지도하였다 1907년에 불 부부는 안식년 휴가를 받아 미국에서 재충전을 하였다. 한국복귀 후 1908년 불은 충청도의 한산, 임천, 홍산에서 그리고 전북의 전주-군산 간 신설도로를 따라 북부와 동부 지역을 맡아 복음을 전도하였다. 이 때 그는 조사 김치만과 김오계(Kim Oh Kye)를 지도했고, 군산선교부의 도서실과 회계업무를 담당하고, 성경훈련반의 광주학생들 교육을 도왔다. 1909년에 한산, 임천, 홍산 지역(충청도), 임피, 함열, 용안지역을 맡았고, 상기 2인의 조사들을 지도하였고, 구암의 여학교를 건축하고 평양신학교(이하 평신)에서 강의를 하였다.

---

34) *Minutes of the Annual Meetings of the Southern Presbyterian Mission in Korea*, (이하 SPMK), 1904-1920.

35) *Minutes of the Annual Meetings of SPMK*, 1904, p.18

1910년에는 임피지역 교회 담당과 구암 건축작업을 감독하고 6주간 평신에서 강의하였다 또한 목포 남자성경훈련반을 도왔고, 1911~1913년까지 복음전도 특히 시골지역 교회를 담당하였다. 1912년에는 남자성경훈련반과 병원 이외의 모든 건축공사 책임을 맡았고, 1913에는 남자성경반을 책임 맡았다. 1914년 부안, 김제, 옥구와 익산의 남부지역에서 복음전도를 하였고, 전북 북부지역 즉 해리슨의 복음전도 지역을 보조하였고, 평신 2학기에 강의하였다. 1915년에는 남부지역 복음전도, 1916년 6월 1일부터 안식년 휴가를 갔고, 군산에 복귀한 후 1917~1920년 기간은 남부지역과 궁말교회와 군산교회들을 담당하였다. 1919년 6월 이후 멕어첸 선교사의 휴가로 인하여 북부순회지역으로 한산, 서천, 비인을 담당했고 또한 평신에서 1학기 강의를 맡았다.

2) 해리슨 (하위렴, Rev. William Butler Harrison, 1904~1908; 1913~1920)

1904~1906년에 초등과정의 군산남학교 교장으로 활동하면서 기독교 남자중학교(고등과 포함)로 발전시켰고, 궁말교회를 담임하면서 사방 20리 안 지역에서 복음전도를 하였다. 군산선교부의 회계로 사역하면서 교과서를 번역하고 순회전도를 하였다. 또한 목회와 신학 훈련 후보자인 양응칠을 지도하였다. 1907년 5월 말까지 전북의 북부지역 순회전도와 구암교회 목회, 남학교 교장, 학교교사인 김창국과 조사인 양응칠과 김옥여(Kim Ok Yer)를 지도하였다. 군산선교부의 여러 건축을 감독하다가 1907년 6월 1일부터 안식년 휴가를 떠났다. 이 때에 1903년 북감리교의 간호선교사로 입국하여 한국 최초의 간호학교를 세운 에드먼즈(1871~1945)와 1908년에 결혼하였다. 1909년 9월 한국으로 복귀하여 목포선교부로 배치되어 군산을 떠났다.

1913년에 군산으로 다시 부임하여 전북 동부지역인 전북 함열, 용안, 충청남도의 임천과 홍산의 남부지역에서 복음전도를 하였다. 1915~1918년까지는 동부지역 교회를 담당하고 1916년 6월 이후 불 선교사의 안식년 휴가로 인하여 남부지역의 반을 담당하였다. 1919~1920년에 남학교 교장, 동부지역 순회 담당, 임천, 홍산, 남포 지역(북부 순회지역)을 맡았고 1920년에는 전라북도 남성성경학원(Men's Bible Institute) 전북 대표로 활동했다.

3) 얼 (어아력, Rev. Alexander Miller Earle, 1904~1911)

얼 선교사는 1904년 군산에 도착하여 어학훈련을 하였고 1907년에 옥구지역과 충청지역의 복음전도를 책임 맡았다. 이외에 회계업무와 군산선교부 내의 건축 상황을 점검하고 감독 보조를 하였다. 또한 얼은 조사인 김치만과 윤 부인(Mrs. Yun)을 지도하였다. 그는 1908~1909년에 남학교 교장으로 활동하고, 충청도의 비인, 서천, 남포 지역, 전북의 전주-군산간 도로의 남부와 서부지역의 복음전도를 담당하고, 조사 양응칠과 최흥서를 지도하면서, 군산항 지역도 맡았다. 1909년에는 도서실 담당, 일반 성경학교에서 가르쳤다. 1910년에는 옥구지역의 복음전도 사역을 했고, 도서실 업무를 담당했다. 1911년 안식년 휴가 후 복귀하지 않았다.

4) 멕에천 (매요한, Rev. John MacEachern, 1912~1920)

1912~1915년까지 어학공부를 하면서 1913년에 시골교회 방문하고 1914~1920년까지 북부지역으로 충청남도 서쪽 비인, 남포, 서천, 한산과 홍산에서 복음전도를 하였다. 불 선교사의 안식년으로 인하여 멕에천은 1916년 6월 1일부터 남부지역의 반을 담당하였다. 1917년에는 궁말교회를 담임하고, 1919년 6월 1일부터 안식년을 휴가를 다녀왔고, 1920년 복귀 후 북부지역을 맡았다.

2. 한국인 남성지도자 양성과 복음 전도

한국선교회의 설립목적은 한국인들의 영혼구원과 구원받은 이들을 모아 한국에 장로교회를 세우는 것이었다. 이들은 성경교육을 통해 교회에 입교한 남성들에게 교회생활을 가르치고 목회와 신학을 교육하여 지도자 즉 목사나 장로를 세우는 일이 중요하였다. 여기에서 주요한 역사적 전개 과정을 간략히 논하고자 한다.

1) 네비우스의 3자의 선교정책 채택

남장 선교사들은 1892년 11월에 한국선교회를 조직하고 1893년 1월에 북장과 호장과 함께 장로교공의회를 조직하고 선교지 분할예양협정(Comity)을 맺고 네비우스 선교정책 즉 3자원리를 채택하였다. 네비우스는 중국 산동에서 선교를 하면서 기존 선교정책에 대하여 새로운 관점을 가졌는데, 한국의 북장 선교사들이 이들 부부를 1890년 6월에 초대하여 2주간 모여 논의하고 선교정책을 확정하였다. 남장의 한국선교회도 이를 받아들여 호남지역의 선교에 적용하였다.

이 정책의 핵심은 다음과 같다.[36] 첫째, 선교사의 개인적 순회복음전도, 둘째, 자립전도 즉 신자 각인은 타인의 선생이 되어 전도한다. 셋째, 자립정치로 무급 지도자들과 유급 조사(Helper)들이 지역과 전국 지도자가 되도록 훈련받는다. 넷째, 자립보급 즉 예배당은 신자 스스로 건축하고 조사봉급을 주고 목사 봉급을 책임진다. 다섯째, 조직적인 성경공부로 성경반을 운영한다. 여섯째, 성경에 의한 훈련과 치리를 받는다. 일곱째, 다른 단체(교회)들과 협력·연합하고, 지역을 분할하여 전도한다. 초기 한국교회는 이러한 네비우스의 선교정책 즉 자치(Self-Government), 자립(Self-

36) Charles Allen Clark, *The Korean Church and the Nevius Methods* (New York, Fleming H. Revell, 1930), pp.33~34.

Support), 자전(Self-Propagation)을 토대로 성장하였다.[37)]

2) 1896년 레이놀즈의 현지교회 지도자 양성 정책[38)]

레이놀즈는 당시 미래의 한국교회를 바라보며 교역자 양성정책을 피력하였다. 그는 당시 순수한 신앙과 구원보다는 경제적 이득이나 정치적 이해관계를 따지며 교회를 다니는 사람들을 눈여겨 본 듯하다. 이러한 상황에서 그는 한국인 교역자 양성에 대하여 자기희생적이고 자기신뢰적이며 자기자존감을 가진 교역자 양성을 추구하였다. 이를 구체화하기 위하여 3가지를 하면 안 되는 것과 해야 할 것 4가지를 나열했다.

우선, 하면 안 되는 것(Don't)은 (1) 어떤 이를 교역자로 훈련할 생각을 가지고 있을 때 오랫동안 그에게 알리지 말 것, (2) 외국 돈으로 설교자나 전도사를 채용하지 말 것, (3) 선교 사역초기에는 그가 교육받을 수 있도록 미국에 보내지 말 것이다.

또한 할 것(Do)으로는 (1) 그에게 높은 경지의 영적 경험을 고양하게 하고 무엇보다 성령의 사람이 되도록 노력하게 하라. (2) 하나님의 말씀 안에, 기독교의 기본적인 사실들과 진리 안에 철저하게 그를 세우게 하라. (3) 예수 그리스도의 선한 병사로서 힘든 일을 견뎌내는 젊은 목사가 되도록 훈련하라. (4) 한국 기독교인으서 문화와 현대문명을 향상시키고 한국인 목회를 위한 기본 교육을 제고하라.

레이놀즈의 한국인 교역자 양성 정책은 네비우스의 3자 정책을 기본 배경으로 구체화된 것이다. 특히 자립정책을 실시하는 가운데 한국인교역자

---

37) Peter Beyerhaus, *Die Selbständigkeit der Jungen Kirchen als missionarisches Problem* (Wuppertal-Barmen: Verlag der Rheinischen Missions-Gesellschaft, 1956), pp.219~227.

38) W. D. Reynolds, "The Native Ministry," *The Korean Repository* (May 1896), pp.199~202.

들의 고통은 적지 않았다. 그는 교회가 반 정도를 지급하고 선교회가 시장 물가와 연동하여 얼마를 지급하는 안을 제안하고 또한 경제력이 약한 2-3개 교회를 1인 목회자가 담당하는 안도 제안했다.[39] 이러한 자립대책에 대하여 노회가 목회자구제비를 설정하여 최소한의 금액을 지급하기도 했지만 목회자나 전도부인들이 이 경제적 고통(가난)을 견디는 것은 쉽지 않았다.[40]

3) 한국선교회의 목회자 훈련학교와 평양신학교

① 1899년 2월 남장 최초 훈련학교(신학교)

1899년 2월에 전주에서 전킨과 레이놀즈가 한국선교회 최초의 훈련반, 다시 말하면, 영아기적 예언자학교(신학교)를 열었다.[41] 과목으로는 레이놀즈가 구약성서 역사, 성서신학, 전킨은 성서 지리학, 그리스도의 생애, 복음서들의 조화 등을 가르쳤다. 여러 선교부에서 14명이 참가하였고, 2주간 공부를 했다. 그들의 여비는 그들 스스로가 마련하였다.

학생들이 알아들을 수 있는 능력에 따라 단기로 몇 개의 반으로 나뉘었다. 지리학을 예로 들면, 신학교 1학년 과목으로서 2개월 과정이다. 공부에 익숙하지 않은 학생에게는 시련의 과정이지만 곧 열심히 공부하게 되고 칭찬할만하게 진보를 이루었다. 주일 오후에는 이들은 거리에 나가서 거리예배를 드리고 군중들 앞에서 각자 5분 설교를 하였다. 신학교 1학년 학생들 중에서 일부는 짧은 시간에 모든 신학과목들을 소개받으려 한다. 교수들의 제안에 따라 5분 이야기를 하면서 오후를 보내기도 한다. 전주선교부

---

39) Ibid., pp.201~202.

40) Li, Tin Nok, “The Chasm between Aspiration and Reality - Problems of the Nevius Methods Examined through Korean Bible Women’s Lives (1890s-1930s),” 「선교신학」 72집(2023), pp.53~96.

41) W. M. Junkin, “A Korean Thelogical Seminary,” *The Missionary* (Oct. 1899), pp.453~454.

의 선교사들이 2번이나 식사에 초대하였다. 마지막 날에는 필기와 구두시험을 보았다. 지리학 필기시험을 예로 들면, 성서지도 그리기와 25문제를 냈는데, 전원이 합격하였다. 1명이 98점이고 대부분의 학생들이 70점 이상을 받아 합격하였다.

② 1905년 군산선교부는 3종류의 성경교육을 실시하였다.

첫째는 한국선교회 성경교육(Mission Class)으로 음력 1월 1일부터 18일까지 진행되었는데, 76명이 등록하였고 경비의 반을 선교회가 부담하였다. 교사로는 북장 평양에서 거주하는 선교사 리(Graham Lee), 목포의 오웬, 그리고 불과 해리슨이 가르쳤다. 저녁 대회에는 실질적 주제가 논의되었고 개인적 관점들의 상호 교류가 이루어져 대단히 성공적인 교육이었다는 평가가 있었다.

한국선교회의 1907년 교과과정위원회는 1904년에 추천된 교과과정[42]을 다음과 같이 수정하였다. 1907년의 교과과정은 〈표 1〉과 같다.

〈표 1〉 교과과목[43]

Class1 (1학년)	Class2 (2학년)
공관복음서 중 하나	출애굽기
성경 지리학	그리스도의 생애
창세기	소요리문답 1-26까지
Class3(3학년)	Class4(4학년)
구약개론: 여호수아부터 사울까지, 삼상집중	소요리문답: 끝까지
소요리문답: 27-62까지	서신서: 우선하여 로마서 혹은 히브리서
비유에 대한 설교학적 연구	교회사 특강, 정치, 성령, 설교학 보충
Class5(사역자 과정)	
로마서 연구 혹은 죄와 구원	
설교 준비와 전달	
개인 사역	

42) *Minutes of the Annual Meetings of SPMK,* 1904, pp.19~20.

43) *Minutes of the Annual Meetings of SPMK,* 1907, p.29.

둘째는 군산선교부 성경교육(Station Class)으로 2월 9일부터 2주간 실시되었는데 62명이 자비로 모든 경비를 부담하였다. 젊은이들과 보통보다는 좀 잘사는 사람들로 구성된 이 클래스는 대부분이 농부 기독교인들로서 공부에 익숙하지 않고 좁은 세계관 속에서 살다보니 2주의 단 기간에 큰 진보를 이루지는 못했다. 그러나 이들이 증언은 대단히 감동적이었다.

셋째 성경반은 13곳의 외곽기도처(Outstations)에서 1주간 진행되었다. 이중 9곳에서는 선교사가 가르쳤고 1명 혹은 2명 이상의 조사들이 보조하였고, 4곳의 성경반은 조사들이 진행하였다. 7곳에서는 남자반과 여성반으로 구성되어 엄격하게 시간을 지키는 강의라기보다는 참석자들이 얼마나 오래 견디느냐에 따라 강의시간이 조절되었다.

③ 각 선교부가 실시하는 1907년 2주간 교회지도자 양성 성경반

여기에서 군산선교부가 실시한 성경반으로 1월 16일 개강하여 2주간 진행하였다. 교사들은 군산선교부 내에서 선정한다. 그러나 보조교사로 2인을 둔다. 서울이나 전주에서 1인을 선정하고, 또한 우선 벨 선교사로 하되 교체 시 프레스톤 선교사로 한다. 한국선교회는 능력 면에서 양응칠은 신학생 교육보다는 조사 교육을 받을 것을 추천하였다.[44)]

1908년 훈련반은 광주선교부가 음력 새해 시작에 맞춰 바로 시작하고 그 뒤를 이어 즉시 군산선교부가 훈련과정을 개설한다. 교사로는 오웬 선교사가 군산의 훈련교실을 돕고 한국인 변창연이 또한 군산선교부를 돕는다. 불 선교사는 광주선교부의 훈련교실을 돕는다. 한편 보통과정(Normal Class)은 전주선교부의 후원으로 개설되는데, 12월 28일부터 시작하여 1달 반 동안 진행된다.

또한 지도자 교실(Leader's Classes)이 있다. 이는 각 선교부가 가끔씩

---

44) *Minutes of the Annual Meetings of the SPMK*, 1907, p.22.

여름에 1주간의 과정으로 여는데, 경비는 자부담이다. 윤식명과 임성옥은 광주선교부 교실을 돕고, 변창연과 김창국은 전주를, 최대진과 이원필은 군산을, 그리고 최중진과 김필수는 목포를 도왔다.[45] 이 과정을 이수한 자들은 장차 평양신학교에서 공부할 가능성이 높았다.

4) 평양신학교 개교와 1904년 한국선교회의 4인의 목사후보생 추천

1901년 9월에 장로교선교회공의회는 신학교 설립안을 의결하였다. 6인의 신학교육위원회를 구성하고 신학반(Theological Class)을 지도하고 학교명을 대한야소교장로회신학교로 정하고 줄여서 평양신학교(이하 평신)로 불렀다. 1903년에 각 지방공의회에 신학후보생 추천을 의뢰하였고 목사후보생 6명을 년 3개월 5년 과정으로 공부를 시켰다.[46]

1904년에 17명이 추천되어 이전에 공부를 시작한 6인은 2학년에, 금년에 추천받은 15인은 제2기로 1학년에, 서경조와 한석진은 조사예비과정을 마치고 다년간의 교회 시무를 감안하여 3학년에 편입하였다. 한국선교회(전라공의회)는 1904년에 김필수, 윤식명, 최중진, 김창국 등 4인을 추천하였으나 앞의 3인은 제2기로 1학년에 입학하였고, 김창국은 나이가 너무 젊어서 당시에 입학하지 못하고 6년 후 8기로 입학하였다. 당시 평신 교육은 3개월은 출석하여 공부하고 9개월은 현장에서 실습하고 숙제를 받아 자습하는 형식으로 이루어졌다.

5년간의 공부를 마치고 1909년 제 2기로 졸업한 전라공의회(한국선교회)의 학생들로 김필수는 전주선교부로, 윤식명은 목포선교부로, 그리고 최중진은 전주선교부로 배치되었다. 이들의 교과과정은 주로 성경을 중심한 교과였다. 1920년부터 1년을 두 학기로 3개월 반씩 춘추로 나누어 교육

---

45) *Minutes of the Annual Meetings of the SPMK*, 1908, pp.40~41.

46) 장로회신학대학교 100년사 편찬위원회(집필자 김인수), 『장로회신학대학교 100년사』 (서울: 장로회신학대학교, 2002), pp.76~82.

하였다.[47] 각 공의회(후에 전라노회, 전북노회 등)에서 신학생으로 추천되어 공부하고 졸업한 후 호남지역에서 목회한 전라공의회 소속의 목사들과 후에 전북노회 소속의 대표적 목회자들을 다음과 같다.

1기(1907): 이기풍(제주 선교사), 2기(1909): 김필수, 윤식명, 최중진, 5기(1912): 김병농(전주 서문교회), 최대진, 6기(1913): 김성식, 임성옥, 7기(1914): 김인전, 유내춘, 이원필, 이재언, 8기(1915): 김창국, 이자익, 이경필, 10기(1917): 김성원, 김웅규, 11기(1918): 이창규, 13기(1920): 배은희, 16기(1923): 홍종필, 17기(1924): 이춘원, 25기(1932): 고성모 등이다.[48]

3. 여성 선교사들과 전도부인들의 복음전도 활동(1904~1920)

1) 복음전도 여성선교사들

① 불 부인 (Mrs. Elisabeth Alby Bull)

1904년 전킨 부인이 군산에서 진행한 주일학교 사역과 지역여성들을 위한 복음전도 사역을 인계받았다. 1907년에 불 부부는 안식년 휴가를 받아 미국에서 휴식하였다. 1908~1912년 여학교 교장으로 활동하면서 지역 여성과 어린이 전도사역을 하였다. 1914~1915년에 여성과 어린이에 대한 복음전도 사역, 1916년 6월 1일부터 안식년, 1917년 군산 복귀 후 지역 복음전도를 1920년까지 행하였고, 1918년에 여학교 교장으로 활동했다.

② 해리슨 부인 (Mrs. Margaret Edmunds Harrison)

목포에서 군산으로 이전한 1913년부터 복음전도 사역 특히 선교부가 요구하는 사역을 행하였다. 1914년부터 1920년까지 지역의 여성과 어린이들

47) 김광수·안광국, 『장로회 신학대학 70년사』 (서울: 장로회신학대학, 1971), p.33.

48) 여기 이름들은 전북노회록과 장로회신학대학 동문회명부에서 확인 가능하다. 이외 상당수의 지도자들이 있을 것인데 보다 면밀하게 검토하여 추가할 필요가 있다.

에 복음전도 사역을 행하였고, 특히 1915년 멜볼딘 여학교 산업교육을 서서평 선교사와 함께 행하였고, 1915~1916년에는 병원의 부간호사로 활동하였다.

③ 얼 부인 (Mrs. Eunice Fisher Earle)

1907~1910년까지 언어공부와 지역의 여성과 어린이들에게 복음을 전하는 사역을 보조하였다. 그리고 1911년에 안식년을 떠났고, 군산으로 복귀하지 못하였다.

④ 독신여성선교사 다이사트(Miss Julia Dysart)

1907년에 군산에 도착하여 어학공부를 1909년까지 진행하였고, 1908년에 여학교 사역을 했다. 1909~1910년에는 군산항에서 여성 복음전도를 행하면서 지역에 대한 순회전도도 행하였다. 1911~1913년까지 시골지역 복음전도를 담당하고, 전주에서 행한 여성성경훈련반을 1달간 보조하고(1911), 이 훈련반을 담당했다(1912~1913). 1913년 6월 1일부터 안식년 휴가를 떠났다.

1914년 복귀 후 1920년까지 복음전도(시골, 군산 등) 사역을 했다. 1915년에는 여학교의 임시교장으로 활동했고, 1920년에는 전북의 여성성경학원의 연합지도(Joint Control)를 했고, 1921년 6월 1일부터 안식년 휴가를 떠났다.

⑤ 독신여성선교사 그린 (Miss Willie Burnice Greene)

그린 독신여성선교사는 1919년 12월에 내한하였다. 1920년에 한국어를 공부하면서 여성과 어린이를 대상으로 복음전도사역을 지원하였다. 그린 선교사가 향후 이끌 여성성경교육은 군산선교부에 큰 힘을 보탤 것이 기대된다.

한편, 1920년 전후로 군산선교부의 여성복음전도 능력이 줄어들었다. 1921년에 안식년 휴가를 떠난 다이사트는 1919년 3월 병점 부근 교통사고로 상처한 유진 벨과 이 휴가 기간에 결혼하여 벨 부인(Mrs. Julia Dysart Bell)으로 변신하여, 1922년부터 광주선교부로 소속이 바뀌었다. 또한 1919년 가을에 군산으로 복귀해야 할 쉐핑(서서평)은 광주로 복귀함으로써 복음전도와 순회전도, 성경교육과 여성인력 양성, 사회구제와 부인조력회 운동 등에서 드러낼 그녀의 탁월한 능력을 군산선교부에서는 발휘할 수 없게 되었다.

2) 초기 전도부인 양성과 한국선교회 여성성경학교

① 1902년 한국선교회의 최초 여성성경 대회[49]

1901년 연례회의에서 교리공부반에 속한 여성들과 성경공부에 관심을 가진 여성들을 위한 성경공부 대회 개최를 인준 받았다. 이 여성지도자 성경대회를 열기 위하여 공문을 지역에 보냈는데, 교리반에서 공부하는 여성들을 초대하고, 가능한 많이 쌀을 가져와서 성경대회를 하자는 것이었다. 이 대회는 음력 정월 10일에 시작하여 10일간 진행되었다. 1897년 한국선교회의 최초 여성의료선교사로 입국한 미스 잉골드(Miss Mattie Ingold, M.D.)가 당시 전문 사역을 위하여 전주를 떠나있는 동안에 그녀의 진료소와 병동에서 열렸다. 이 기간에 42명이 하루 두 끼(아침과 저녁) 식사를 만들어 먹고 성경공부를 하면서 친교를 하였다. 일과는 다음과 같다.

---

49) Mattie B. Tate, "A Bible Conference," *The Missionary* (Oct. 1902), pp.482~484.

〈표 2〉 첫 여성 성경대회 일과표

시간	과목과 설명	강사
8:30-9시	성경읽기, 찬양, 기도 (경건회)	테이트?
09-10시	그리스도의 기적 연구: 원인, 진행, 결과	?
10-11시	구약성경 이야기	한국인 조사
11-12시	한국인의 성격 이해하기	몇 명의 여성들
12-13시	교리문답 공부	?
13-14시	교회예전: 세례와 성찬 준비와 진행, 참고 성경구절 연구	?
14-15시	누가복음 연구	해리슨 부인
15시 이후	석식 준비와 만찬, 독서, 복습 및 토론	다같이
마지막저녁	해리슨부인 집 방문: 다과회, 오락, 찬양, 폐회기도	다같이

② 4~5일 사경회, 10일과 1달의 여자성경학원 교육

1897년 군산 구암에서 여성모임을 이끈 리니 데이비스는 여성들에게 글을 읽고 쓰도록 깨우칠 전도부인이나 여성조사의 필요성을 강조하였다.[50] 이후 한국선교회의 개척선교단의 여성 맴버인 미스 테이트(Mattie S. Tate) 여성선교사는 1904년 전주 지역의 여성들에게 복음전도와 순회전도를 책임 맡아 전도부인 이씨부인과 복음전도조사 오씨부인을 대동하였다.[51] 이들은 아마도 1902년 상기 여성성경대회에 참석하여 한글성경을 읽고 쓰고 여성들에게 설명할 수 있는 능력을 가진 여성이었을 것이다. 당시 전도부인은 이러한 성경대회나 주 중 3~4일의 여성사경회에 참석하여 복음을 듣고 그리스도를 믿음으로써 무학 여성들에게 복음을 가르치고 이들이 글을 깨우쳐 성경을 읽게 하는 실력을 갖춘 여성이면 자격이 충분하였다.

초기의 여성 사경회는 여성선교사가 한국인 조사를 대동하여 개교회에서 4~5일 동안 성경을 가르치고 한글도 가르쳤다. 한국선교회는 1905년에 미스 테이트와 스트레퍼 및 오웬 부인 등의 조사들을 위하여 일정 금액을

50) Linnie F. Davis, *The Missionary* (Dec. 1897), p.541.

51) *Minutes of the Annual Meetings of the SPMK*, 1904, pp.15~16.

책정하였다.[52] 이들 여성 선교사들은 자기들의 필요에 따라 훈련을 시키고 전도부인이나 복음전도조사로 활용하였다. 1905년에 미스 테이트는 군산 선교부에서 사경회를 이끌었다. 50명이 참가하였다. 그러나 여성사경회에 대한 구체적 내용을 다룬 자료는 마요셉빈의 글을 참고할 수 있다.[53]

1909년 한국선교회 최초로 여자성경학원이 전주선교부에 개설되었다. 1908년에 메쿠첸(마로덕, Luther Oliver McCutchen)과 결혼한 남감리교 독신여성선교사 미스 하운셀(Miss Josephine C. Hounshell)은 1902년에 한국에 도착하여 서울과 원산에서 선교를 하였다. 결혼 후 메쿠첸 부인(마요세빈, 마요셉빈, Mrs. McCutchen)은 남장로교 소속 선교사로서 1909년 전주에 도착 선교사의 선교지역인 전주 북부지역에서 여성들에게 복음전도를 하였다. 1910년에 메쿠첸 부인은 전주여자성경학원의 원장으로서 활동하였다. 한국선교회가 최초로 세운 전주여성성경학원은 10일간 성경을 교육하는 10일 지도자반인데, 이 과정은 원칙적으로 4년을 다녀야 1달의 교육을 채우게 된다.

그 상급과정으로 1909년에 년 1달 5년제 과정을 전주여자성경학원이 개설되었다. 이 과정은 년 10일 성경반과 연계하여 교육을 시행하였는데, 교회의 세례자 25명 당 1인을 대표하는 여성을 보냈는데, 총 52명의 여성들이 입학하였다.[54] 분포를 보면, 도시[전주]에서 8명, 군산선교부에서 6명, 시골에서 37명, 기타 1인으로 52명이다. 학기말에는 모두가 필기시험을 봐야 했는데 이것이 무척 힘들었다. 이 학원에 군산선교부의 여성선교사들로 다이사트와 쉐핑 등이 교사로 참여하고 학생들을 보내기도 하였다.

---

52) *Minutes of the Annual Meetings of the SPMK*, 1905, pp.20~21.

53) 자세한 내용을 담은 보고서는 다음을 참조하라: Josephine Hounshell McCutchen, *Letter: My Dear Friends, Chunju, Chosen, Asia*, (October 10, 1921), pp.1~3.

54) Mrs. Josephine Hounshell McCutchen, "Woman's Bible Institute," *The Missionary* (July 1910): pp.354~355.

년 1달 교육을 5년 간 받은 학생들 중 8명이 1914년에 첫 졸업생으로 배출되었다. 이 해에 입학한 제5기 수업에는 65~70명이 학생들이 등록하였다.

③ 1918년 3년제 한국선교회여자성경학교 개설

1918년 4월에 한국선교회는 선교회여자성경학교(Mission Bible School for Women)를 전주에 개설하였다. 이 과정은 1달 성경학원 과정을 끝낸 여성들을 위하여 2년 교육과정으로 문을 열었으나 곧 3년으로 교육을 확장하였다. 1920년에 첫 졸업생으로 정 마리아와 정 룻을 배출하였다.[55] 이들은 1906년에 메쿠첸 선교사에게 복음을 들었고, 미스 테이트에게 성경을 배웠고, 1909년부터 메쿠첸 부인의 성경학원을 다녔다. 1918년에 선교회성경학교에 입학하여 3년 과정을 마치고 졸업장(Diploma)를 받았다. 15년의 성경공부를 한 후 졸업할 때 이들의 나이는 각각 56살과 45살이었다. 정마리아는 전도부인으로 정룻은 교사로 활동하였다.[56]

그동안 한국선교회의 성경반 과정, 제도 내지 체제가 끊임없이 변하였다. 성경을 읽고 이해하고 실천하는 것이 중요한 일인데, 이것은 공부를 통하여, 그리고 사람마다 혹은 환경에 따라 그 깊이나 넓이가 다르게 나타난다. 이러한 면에서 누구나 성경공부를 해야 하지만, 똑같은 시간의 잣대로 또한 하나의 규정을 정하여 사람들을 측정하거나 판단할 수가 없게 되었다. 이에 따라 성경교육기관의 책임자는 시험 혹은 인터뷰 등을 통하여 학생들의 능력이나 자질을 평가하고, 급이나 학년차를 정하고 자리를 배치하여 계속 공부를 하게 하였다. 이렇다보니 확정된 성경교육제도가 유연성

---

55) Mrs. L. O. McCutchen, “Mary and Ruth Chung, The First Graduates of Our Mission’s Bible School for Women, Located at Chunju, Chosen,” *The Missionary Survey* (Jan. 1921): pp.29~30.

56) 임희모, “전북여성성경교육의 기획과 실천자: 마요셉빈 선교사(Mrs. J. H. McCutchen, 1902~1940),『미국 남장로교 한국선교회의 여성·의료 선교사 연구』(서울 동연, 2022): pp.51~79, 특히 pp.68~76.

있게 운영되었지만 한편으로 합리적으로 규정을 새롭게 만들 필요가 생긴 것이다. 이러한 변동이 1920년대가 되어서야 어느 정도 틀을 갖추게 되어 1922년에는 개정 시골성경반, 10일 성경반, 1달 성경학원 교육 규정이 만들어졌고, 선교회여자성경학교의 교육과정은 1924년 개정 확정되었다.[57] 이것들은 역시 잠정적인 것으로 후에 변화가 일어난다.

4. 주일학교와 확장주일학교운동 (1912~1920)

1) 스와인하트 (서로득, Martin L. Swinehart) 선교사: 한국주일학교연합회 실행위위원장

1911년에 광주에 도착한 스와인하트 장로 선교사는 1912년에 한국주일학교연합회 실행위위원장으로 활동하였다. 그는 어린이와 청소년을 대상으로 하는 주일학교 운동의 3가지 중요성을 강조한다.[58] 첫째는 어린이를 [복음으로] 인도하는 것은 쉽다는 것. 둘째는 어린이 시절에 [예수 그리스도를] 배운 것은 결코 잊을 수 없다는 것. 셋째는 [하나님의 말씀에 터하여] 어린 시절부터 양육된 사람은 위대한 인물이 되지 않을 수 없다는 것이다.

이러한 확신을 가진 스와인하트 선교사는 한국선교회 내에 주일학교 운동을 벌였다. 이 주일학교에는 비기독교인들의 자녀들이 포함됨으로서 그 자체가 복음전도의 성격을 지녔다. 한편, 이 학교의 대부분의 비기독교 학생들을 이 교육에 호감을 가지고 있고 이들은 가족들을 교회로 이끌기도 하였다.

---

57) 임희모, “마요셉빈(Mrs. J. H. McCutchen) 선교사의 사역,” 「장신논단」 50-3(2019.9): 235~262쪽.

58) M. L. Swinehart, “Sunday School Work on the Southern Presbyterian Mission,” *The Korea Mission Field* (서울: 1913), pp.15~16.

2) 군산선교부의 주일학교와 확장주일학교 운동

연례회의록에 주일학교에서 복음 선교와 교육을 할당받은 선교사는 2명이다. 하나는 독신여성선교사로 서서평이고 또 다른 선교사는 독신남성선교사로서 린튼이었다.

① 쉐핑(서서평, Elise J. Shepping, R.N. 1912~1934) 선교사

1914~1916년까지 어학훈련, 병원사역과 복음전도 사역, 지역복음전도 사역, 순회전도, 주일학교 운동을 하였다. 그녀는 1912년 광주에 도착하여 언어훈련과 병원사역을 하다가 1914년 군산으로 소속이 변경되었다. 그녀는 1914~1916년까지 어학훈련과 병원사역과 간호사 훈련과 지역복음전도 사역과 순회전도와 주일학교 사역을 하였다. 1915년에는 스프루(만성장흡수부전증)에 걸려 무척 고통스런 삶을 살았다. 1916년 패터슨 의료선교사의 안식년 기간에 쉐핑은 병원 감독과 복음전도를 하였다. 세브란스 병원 근무와 간호학교 교육을 위하여 1917년에 일본어 공부를 시작하였고, 제주도에서 사경회를 인도하였고, 9월 1일 이후 서울에서 근무하였다. 1919년 10월 서울 근무가 끝나면 군산복귀를 환영한다는 군산선교부 선교사 전원의 무기명비밀투표가 있었다. 그러나 광주선교부가 선교회연례회의에 광주복귀를 요구하는 안을 제출하고 그녀를 광주로 모셨다.

② 린턴 (인돈, William Alderman Linton, 1912~1920) 선교사

1914~1917년까지 확장주일학교 사역과 운동을 책임적으로 맡았다. 그는 1912년에 한국에 도착하여 1916년까지 어학공부를 하였다. 1913~1916년까지 군산 남학교 산업교육을 담당하였다. 1914~1917년까지 확장주일학교 사역과 운동을 책임적으로 맡았고 1916년 6월 1일 이후 베너블 선교사의 복귀까지 남학교 교장을 하였다. 1916년 4월 1일 이후 도서실 업무를 맡았고 1916년에 안식년을 떠난 패터슨 의사선교사의 복귀까지(1917) 군산병

원의 회계로 활동했다. 1917~1918년 남학교 교장으로 활동하였고, 1918년에 일본어 공부를 시작하였고, 1919년 6월 1일 안식년을 떠났고 복귀하면서 전주선교부로 이동하였다.

3) 통계

〈표 3〉 주일학교 수와 주일학교학생 수의 비교(1914~1920)[59]

년도	한국선교회 5개선교부				군산선교부				전체선교부 對 군산 비율	
	학교수	증가율	학생수	증가율	학교수	증가율	학생수	증가율	학교수	학생수
1914	209	-	8907	-	47	-	1897	-	22%	21%
1915	235	12	8502	-4.5	31	-7%	1602	-8	13%	19%
1916	244	4	9745	14	40	29	1973	23	16%	20%
1917	252	3	10812	11	33	-8	1697	-9	13%	16%
1918	302	20	11874	10	42	27	2232	32	14%	19%
1919	241	-8	8612	-7	42	0%	1468	-7	14%	17%
1920	292	21	12359	16	45	7	1960	34	15%	16%

이를 보다 심층적으로 이해하기 위해서는 각 지역의 인구와 이 지역에서 활동하는 선교사의 수도 감안할 필요가 있다. 1915년 통계에 의하면[60] 한국선교회가 복음화해야 할 지역(전북, 충남일부, 전남, 제주도)의 총 인구는 대략 263만 5천명인데, 군산선교부는 33만 6천명을 대상으로 하는 것으로 비율은 13%에 해당한다. 선교사 수는 총 76명 중에서 군산선교부에는 13명이 배치되어 약 17%가 사역을 한다. 단순하게 이들의 비율을 더하고 나누면 평균 15%가 산출된다. 그런데 군산선교부의 주일학교 수는 대략 15%가 되고 학생수 비율은 약 18%가 된다. 이 둘을 더하고 나누면 평균 16,5%가 된다. 이러한 수치로 주일학교 운동을 평가할 때 군산선교부의 경우는 잘 했다거나 못 했다고 보기보다는 낙제점은 겨우 면한 정도

59) "Table of Statistics," *Minutes of the Annual Meetings of the SPMK*, 1912-1920.

60) *Minutes of the Annual Meetings of the SPMK*, 1915. p.106.

로 이해된다. 좀 더 분발이 필요한 성적으로 여겨진다.

5. 통계표: 1912~1920년의 변화

1) 군산선교부와 전북노회

장로교선교회공의회의 선교사들이 한국인 목사들과 장로들과 연합하여 1907년에 한국장로교회독노회(The Presbytery of the Presbyterian Church in Korea)를 조직함으로서 공적으로 한국장로교회가 설립되었다. 여기 독노회 산하에 전라대리회가 조직되었고 1911년에는 전라노회로 변경되어 1912년에 한국장로교회 총회를 조직하였다. 1917년에 전라노회는 전남노회와 전북노회로 분립되었다. 한편 한국선교회의 군산선교부 소속 복음전도 선교사들이 전북노회 소속 교회들과 연대하고 협력하여 복음전도를 하고 한편으로 한국인지도자 양성에 기여하였다. 여기에서 군산선교부 지역의 주요 사항들 예컨대 조직교회, 교인들, 헌금 등 교회의 주요 활동과 지표 등을 살펴보고자 한다. 편의상 한국선교회가 처음으로 작성한 1912년 통계와 이후 매년 작성한 통계표 중 1920년의 통계표를 주요자료로 활용하여 항목들을 비교하여 변화를 드러내고자 한다.

2) 통계

〈표 4〉 한국선교회와 군산선교부의 실적 비교(1912~1920)[61]

구분	1912년		1920년		1920~1912 = + / -	
선교부	군산선교부	한국선교회	군산선교부	한국선교회	군산선교부 증감	한국선교회 증감
선교사	11	60	11	65	0	+5
안수설교자	1	2	2	5	+1	+3

61) "Table of Statistics," *Minutes of the Annual Meetings of the SPMK*, 1912-1920.

구분	1912년		1920년		1920~1912 = + / -	
전도사·교사·조사·전도부인	34	147	17	117	-17	-30
조직교회	7	22	10	74	+3	+52
미조직교회	58	332	51	269	-7	-63
자립교회	58	332	61	343	+3	+11
세례자	1383	7173	1208	7312	-175	+139
유아세례	-	-	278	1407	+278	+1407
세례자외 신자들	3072	15268	2634	15876	-438	+608
안수 목사·장로·집사	-	-	32	175	+32	+175
평균 출석	2700	15439	1963	13841	-737	-1598
주일학교 수	45	197	45	292	0	+95
주일학생 수	2400	6654	1960	12359	-440	+5705
헌금총계 달러	1307	4637	8290	34098	+6983	+29461

3) 분석

(1) 우선 위의 도표는 8년의 기간이 지난 후의 실적을 수량으로 나타내고 있다.

(2) 군산선교부의 경우 전반적으로 향상된 사항들이 많지 않고, 변화가 크지도 않다.

(3) 한국선교회의 선교부는 1912년은 4개(순천은 1913년에 세워짐)이고 1920년은 5개이다. 이러한 의미에서 한국선교회의 실적은 단순하게 보면 군산에 비하여 4배 정도 더 높아야 정상이다. 좀 더 자세하게 분석하면 각 선교부가 관장할 선교대상으로 인구수와 여기에 투입된 예산 등을 검토해야 할 것이다. 대개 전주와 광주는 큰 선교부였고, 군산, 목포, 순천은 작은 선교부에 속하였다. 여기 각각에 할당된 몫과 결과는 각각 다르다. 군산을 제외한 4개 선교부의 실적도 자세하게 분석할 필요가 있지만 여기에서는 생략한다.

IV. 군산선교부의 복음전도의 절정기(1921~1937)

1. 교세 확장을 이룬 주요 선교사들의 복음전도

1) 불 선교사 (1921~1937)

1921년 불 선교사는 그가 지금껏 가꾸어 온 남부지방 순회선교를 담당하면서, 안식년을 떠난 멕에첸이 복귀할 때까지 그의 북부지역의 반을 맡았고, 군산과 궁말 지역 교회들도 맡았다. 1922~1923년에는 군산선교부의 동부지역을 담당하면서 안식년 중인 해리슨이 복귀할 때까지 임천군의 모든 지역을 맡았다. 1922년에는 궁말의 교회들에 대한 목회를 하고 평양신학교의 봄 학기에 강의를 했고, 1923년에는 군산과 궁말의 교회들을 담당하면서 평양신학교의 가을학기에도 강의를 했다. 1924년 4월 15일부터 안식년을 떠났다.

1925~1927년에는 군산선교부의 남부지역 순회 활동과 한국선교회의 부흥 사역(Revival work)을 맡았다. 1928~1930년에는 남부지역 이외에 멕에첸과 해리슨이 동시에 병가를 내어 서북지역과 동북지역까지 맡았고, 군산영명학교 교장으로도 활동하였다.

1930년에는 조사들의 월급에 대하여 특히 충청도 시골학교들을 위한 선교회의 지원금 지불 문제에 대한 회의가 열렸다. 불 선교사는 이후 1938년까지 지속적으로 충청도 지역 선교회 자금 지급에 대한 재정 감독을 행하였다. 1931년에 동남지방 사역을 하고, 영명학교 교장과 충청도 한산지역 교회들을 담당하였다. 1932년 6월 1일 안식년을 떠났고 복귀 후 1933~1934년 동남지역 순회구역을 맡아 전도하고, 남학교 교장과 충청도 한산지역 교회들을 담당하였다. 1935~1937년까지 동남지역 순회구역을 맡았다. 1938년에는 안식년을 떠난 베일 선교사가 없는 동안 영명학교 교장으로 활동하였다. 일제가 강요하는 신사참배 문제가 강하게 제기되어

1937년에 한국선교회는 단호하게 신사참배 반대를 표명했으나 1938년 9월 한국장로교회는 신사참배 가결을 결정하였다. 이로 인하여 선교회와 전북노회는 갈등하기 시작하였다. 불 부부는 1940년 4월 1일자로 안식년을 떠났다. 11월 그 이전에 미국 정부의 요청과 일제의 강압에 의하여 한국선교회의 대부분의 선교사들은 한국을 떠나야 했다.

2) 해리슨 선교사 (1921~1928)

안식년을 보내고 린턴이 복귀할 때인 1921년에 해리슨은 남학교 교장으로 활동했고, 동부지역의 순회 책임을 다했고, 안식년을 떠난 맥에첸의 담당구역인 북부지역의 반을 책임 맡았다. 그리고 전북 남자성경학원의 책임을 맡은 대표로 활동했다. 1922년에는 해리슨 부부는 안식년을 떠났으나 몸이 불편하여 한 해를 더 쉬고 1925년에 복귀하여 동북부 순회구역의 책임을 다했다. 1926~1927년에 동북부 순회구역을 맡았고 도서실 업무를 수행했다. 1927에는 이외에도 남학교 교장으로 활동하다가 1928년 병가를 얻어 미국을 들어갔으나 회복하지 못하였다.

3) 맥애천 선교사 (1921~1928)

1921년 안식년으로부터 복귀한 후 그는 북부지역 순회업무를 책임 맡았다. 1922년에 북부지역을 담당하면서 안식년을 떠난 해리슨의 업무를 떠안았다. 해리슨의 업무는 동북부 순회지역 담당과 전북 남자성경학원을 책임지는 위원회의 대표로 활동했다. 1923년에도 해리슨의 복귀가 늦어져 같은 일들을 진행했다. 1924년에 맥에첸은 북부지역과 동북부 지역을 떠맡았고 1926년에는 북부지역 순회구역을 책임졌다. 1927년 미국 휴가를 떠났으나 귀국 하지 않았다.

4) 베일 선교사 (배요한, Rev. John B. Vail, 1930~1938)

1930년에 한국에 도착하여 어학공부를 32년까지 하였다. 한편 처음부터 가능한 한 지역복음전도를 시도했고 군산 영명학교를 보조했고, 1932년 4월 1일자로 이 남학교 교장으로 활동하기 시작하여 1932년에 군산선교부의 동남지역 복음전도를 담당하면서 남학교 교장으로 활동하였다. 불 선교사가 진행한 충청도 지역 선교회 자금 지급에 대한 재정 감독을 그가 1933년까지 진행했다. 1933년부터 동북지역 순회전도, 남학교 교장, 불부인의 복귀까지 멜볼딘 여학교 교장을 맡았다. 1934~1936년까지 동북지역 순회선교사역, 영명학교 교장으로 활동했고 1937년 안식년을 떠났으나 복귀하지 않았다.

2. 군산선교부와 전북노회의 한국인 목사와 지도자들

1) 전라노회 한국인 목사들의 교회담임과 교회성장

1911년에 조직된 전라노회를 포함하여 전국의 7개 노회들이 1912년에 총회를 조직하였다. 이에 앞서 1907년에 대한예수교장로회독노회가 조직되면서 선교하는 교회를 표방하고 실천을 강조하면서 이기풍 목사를 당시 남장로교 선교지역인 제주도에 선교사로 파송하였다. 이 전통이 1912년 총회를 조직하면서도 이어져 1913년에는 중국 산동으로 선교사 3가정을 파송하였다. 이것은 세계 선교역사에서도 찾을 수 없는 중요한 사건이었다. 기존 기독교 국가라고 하는 서구나 미국의 교회가 파송한 선교사가 비기독교 국가에서 복음을 전하고 이를 수용한 신생교회가 자체 선교사를 비기독교 국가에 파송한 것은 당시 1910년대에는 상상할 수도 없는 엄청난 사건이었다. 이러한 사건이 일어나던 시기인 1912년에 한국장로교 총회가 열렸다.

그동안 남장지역인 전라노회에서 1904년에 신학추천을 받은 4명 중 3

명만 평신에 입학하여 제2기로 1909년 3명이 졸업하여 2명(김필수, 최중진)은 전주에 1명(윤식명)은 목포에서 활동하였다. 그리고 1907년에 추천되어 평신에 입학한 최대진은 평신 5기로 1912년에 졸업하여 전주에서 사역하고, 1908년에 추천된 김성식과 임성옥은 평신 제6기로 1913년에 졸업하여 목포에서 활동한다. 1909년 3월에 군산선교부에 속한 번드리(대창)교회 출신의 최학삼이 신학공부를 하도록 추천되었다. 그러나 그는 무슨 이유인지 평신을 졸업하지 못하였다.

1910년에 마로덕(메쿠첸) 목사가 리경필[리원필], 김성식, 최대진, 김인전, 최학삼, 리재언, 김영식, 신경운, 리자익 등 9인의 신학도를 공포하였다.[62] 여기 김인전, 리경필[리원필], 리재언, 유내춘 등 4인은 1914년 평신 제7기로 졸업하였고 이재언 목사는 군산지역의 번드리(대창)교회, 냉정리교회 및 후독교회 등 3교회를 맡아 부위렴 목사의 동사목사로 활동하고, 김인전 목사는 전주서문교회의 목사로 이눌서 목사와 동사목사로 활동하고, 리원필은 목포 양동교회에서 류서백의 동사목사로 활동하였다.

이렇듯이 각 선교부의 선교사들과 한국인 목사와 장로들이 어울려 신학생추천부터 계속추천 및 졸업시험을 치르게 하였다. 여기 졸업시험은 곧 노회가 주관하여 치르는 목사고시였다. 예들 들면, 제 7기 졸업생들의 목사고사는 다음과 같이 치러졌다.[63]

1914년 8월 19일 오전 9시에 전라노회가 광주 숭일학교에서 계속 회집하여, 김성식 기도로, 군산선교부 출신 신학생 리재언은 유다서 23절로 강도하고, 김인전은 마태 10장 37절로 강도하고, 회장(이눌서)이 기도를 하였다.

신학준시위원(위원장 이눌서)이 아래와 같이 보고를 하자 이를 채택, 동

62) 『전북로회록』, 121쪽.

63) 『대한예수교장로회전북노회회의록』 제1권, 235~240쪽.

의 및 가결하였다.

> 1. 동일 오후 4시 50분에 김인전, 리재언, 리원필, 류내춘 4인을 회장이 강도사로 세운다.
> 2. 동일 하오 8시에 회장이 신학생 리재언 장립예식을 행한다. 3. 장립시에 강도할 사람은 부위렴이다. 4. 졸업생 권면은 최대진이고, 5. 문답은 회장이 주관하고, 6. 신학졸업생에게 문답할 사람과 제목: 신도요론-배유지, 정치-이기풍, 교회사기-김병롱, 신행-부위렴, 성경내력-윤식명 등이다. 7. 강도는 노회 앞에서 행하는데, 리재언과 김인전은 오전 9시 30분까지 15분씩 강도하고, 류내춘과 리원필은 11시 40분에 15분씩 강도한다. 8. 성경본문해석은 마태 16: 15-18절은 리재언, 마가 13: 14절은 김인전, 마가 3: 9-15절은 류내춘, 누가 18: 8절은 리원필이다. 해석을 기록하여 준시위원에게 드릴 것. (이하 광고 사항, 9-11항)

위원장이 신학생준시문답을 할 때 임시서기로 이승두로 대리하게 하였다. 배유지씨가 신학졸업생 리원필, 류내춘, 리재언, 김인전 등 4인에게 신도요론을 묻고, 이기풍씨가 정치를 묻고, 김병롱씨가 교회사기를 묻고, 부위렴씨가 신행을 묻고, 윤식명씨가 성경내력을 물었다. 그 후에 회장이 신학졸업생 문답을 어떻게 할 것인지 회중에게 묻자, 회중이 각자 채용하기로 가결하다. "회중이 김인전씨 문답을 잘 한 줄로 채용하다." 이와 같이 리원필씨, 리재언씨, 류내춘씨도 기록되었다. 다른 보고가 속개되고, 류내춘씨가 엡 3: 3-15절로 강도를 하였다. 다른 보고가 이어지다가, 리원필씨가 벧 2: 7절을 강도(예수는 좋은 생활에 보배라) 하였다.

리재언 목사 장립예식은 오후 8시에 광주 북문안 예배당에서 회장이 기도함으로 개식이 되었다. 부위렴이 고후5:14-21절, 히5:4절로 목사의 직분에 대하여 강론하고, 리기풍의 기도, 회장이 리재언에게 문답하고, 이미 공포한 장로와 목사들이 안수예식을 하고, 찬송가 132장을 부르고, 최대진씨가 '부끄럼이 없는 일꾼이 되라'는 권면을 하고, 폐회기도로 동의 가결하다. 오후 10시에 회장(이눌서 목사)이 축복기도로 폐회하다.

선교사들과 한국인 장로와 목사들이 한국인 회중들을 교회에 모으고 이들과 함께 지도자를 세우고 교회가 지역사회에서 복음 선교를 하였다. 선교사들과 한국인 지도자들과 교인들이 연합하여 한국교회를 세우고 이끌고 한국을 복음화 하였다. 여기 이재언 목사는 군산선교부에 속한 김제 번드리(대창)교회 출신으로 제1대 목사로 시무하였다.

전라노회는 1917년에 전남노회와 전북노회로 분립되었다. 이로 인하여 상호 발전을 위한 토대가 마련된 것으로 향후 교통하면서 제주도를 산북과 산남으로 나누고 두 노회가 협동선교를 하였다. 전라노회가 목사를 제주도 근무로 보낼 때 그는 선교사라는 이름으로 파송되었다.

2) 평양신학교 졸업: 목사장립의 필수조건인가?

일반적으로 당시 한국장로교회의 목사는 평신 입학 이전의 성경학원 시절부터 그 자신이나 가족의 신앙과 삶에 있어서 조그마한 잘못이 발견되면 결격사유가 되어 평양신학교(평신) 입학 추천이나 시험에 응시도 할 수 없었다. 그러므로 장로교목사는 후보자 시절부터 엄한 교리적 훈련을 쌓고 신행이 올바른 자라는 공적 신뢰를 받은 자여야 했다. 앞에서 이재언 장로의 평양신학교 입학, 추천, 시험과 목사장립에 대하여 장황하게 서술을 한 것은 여기 같은 교회에서 신앙생활을 한 선배인 최학삼 장로의 목사장립에 대하여 논하려 하기 때문이었다.

최학삼은 이재언보다 앞서 1909년에 원입목사 문답에 통과하여 평신에서 공부를 했고, 1910년에도 신학도 문답을 통과하여 신학계속추천을 받았기 때문에 평신에서 별 하자 없이 훈련을 받았을 것으로 추측된다. 그런데 그의 이름은 평신 졸업자 명단에 올라있지 않다. 그동안 그에게 무슨 일이 일어난 것일까? 그는 장로로서 목사가 되기를 바랐고 평신 교육정책에 따라 열심히 공부를 했을 것이다.

이를 규명하기 위해서는 먼저 남장의 선교정책 특히 사회적 정치적 입장을 살필 필요가 있고, 또한 당시 최 장로의 생활권에서 일어난 사회적 정치적 문제를 논할 필요가 있다. 우선 남장 선교정책은 교회와 사회는 엄격하게 분리되어 교회는 사회에 대하여 입장이나 소신을 밝혀서도 안 되었다. 당시 1910년 최중진 목사 제명사건이 있었다. 그는 선교사들이 주장하듯이 5가지 죄목이 서로 얽혀 선교회에서 재판을 받고 목사제명을 받았지만, 그 중의 하나는 교회에 상구위원 2명을 두고 가난한 자를 돕자는 안을 냈다. 그런데 이러한 가난하고 병든 자들에 대하여 교회가 사회적 책임을 가져야 한다는 건의도 하나의 죄가 되었다.

이러한 상황에서 최학삼은 1910~1912년 사이에 매국노 이완용과 관련되어 재판을 받는 사건에 휘말렸다. 이완용이 최 장로가 살고 있는 지역에 대규모 토지를 소유하고 농번기에 물꼬를 틀어쥐고 주변의 논에 물을 댈 수 없도록 했다. 이에 최 장로와 농민들이 논에 물을 대고 농사를 짓기 위하여 이완용의 수문을 부수었다는 것이다. 이에 이완용은 최 장로를 비롯한 몇 사람을 재판에 회부했는데, 재판부는 그에게 무죄를 내렸다고 한다.[64]

이 사건은 개인적 일탈행위로 보기보다는 오히려 사회정의구현과 일종의 정치적 저항행위로 보인다. 그러나 엄격한 순종을 강조한 한국선교회의 선교정책은 이를 용납하기가 쉽지 않았을 것이다. 이로 인하여 최 장로는 무고하게 학업을 중도에 하차했을 것이다. 그러나 한국선교회의 선교정책은 1919년 3.1만세운동 이후에 변하기 시작하였다. 1919년 3월에 조용히 한국에 입국한 당시 남장의 실행위 총무인 스미스(Rev. Egbert W. Smith) 박사는 이 정치적 만세운동을 목격하고 미국에 돌아가 영웅들과 순교자들을 길러낸 불굴의 용기를 지닌 민족으로 특히 노인들은 진정한 능력을 지

64) "최학삼 장로와 매국노 이완용의 막전막후," 대창교회 역사관 자료(2024년 6월 탐방 조사)

녔고 남·여 학생들은 희망의 행동을 보였다는 것으로 한국의 미래를 긍정적으로 보았다.[65] 남장 선교에서도 정치적 사건이 이해되고 용인된 것이다.

이렇듯이 변화된 상황에서 1924년 김제 죽동교회는 최학삼 장로를 목사로 장립하여 시무하게 해 달라는 청원을 했다. 이에 신학준시부(이하 준시부)가 이를 심사했는데 그를 평양신학교에 보내 한 학기 동안 공부하게 한 후에 장립이 가하다는 보고를 하였다. 이에 최학삼은 신병으로 인하여 자신은 한 학기 동안 공부를 할 수 없다고 대답했다. 이에 대하여 준시부는 이 조건은 언급하지 않은 것으로 하고,[66] 다른 대안을 냈다. 즉 오는 추계노회 때까지 교회정치권에서 필요한 조례 등을 열람하여 검토한 후, 다음 노회에서 강도사로 세움이 가한 줄 안다고 답하였다(947쪽). 또한 이에 대한 시찰위원 보고가 있었는데, 죽동교회에서 최 장로를 부위렴 목사와 동사목사로 청빙한 일은 가한 줄 아노라고 하였다(956쪽). 이에 따라 전북노회 제15회 회록(1924년 6월)에 의하면, 준시부 주최로 신학생 최학삼을 다음과 같이 문답하고 합격시켰다. 즉 신도요론-최의덕, 신앙-윤식명, 성경내력-리창규, 정치-리자익 등 4과목을 시험 문답하여 합격 처리하였다. 이에 따라 전북노회는 공식적으로 최학삼 씨에게 강도사 인허를 선언하였다.[67]

이에 대하여 헌의위는 죽동교회에서 최학삼 씨를 목사로 청빙하는 청원은 임사위로 보낼 일이라고 했고(985쪽), 임사위는 최학삼 청빙 건은 추계노회 결정대로 강도사로 세우고 장립하는 일은 총회에 상의하여 하시기를 바란다고 했다(988쪽).

전북노회 제16회(1925) 회록에 의하면, 서기가 보고하기를, 문장이 서

---

65) Egbert W. Smith, *Essential Facts about Our Mission Work in Korea* (Nashville (TN): Executive Committee of Foreign Missions, PCUS., 1923?). p.6.

66) 『대한예수교장로회전북노회회의록』 제1권, 934쪽.

67) 위의 책, 970~971쪽.

틀게 정리되었지만, "서기가 강도사 최학성 씨 장립할 사건으로 총회에 상의하였던 것을 보고함에 통과하다"(6쪽). 아마도 서기는 최 목사장립 문제를 총회가 통과시켰다고 이해하였던 것 같다. 헌의위원 보고에 따르면, 김제군 죽산면 대창리교회에서 최학삼씨를 목사로 청원함은 임사부로 보낼 일이고(16쪽), 또한 임사위원 보고에 의하면, "김제죽동교회에서 최학삼씨를 해지방선교사와 동사 위임목사로 청원함은 특별한 일인 즉 리창규 리자익 하위렴 윤식명 홍종필 배은희 고성모 등 7인을 전권위원으로 택하여 목사장립과 위임식을 3월 첫 주일에 그 교회에서 거행케 하시기를 바라오며."[68] 또한 시찰위원 보고에 의하면, "김제군 죽산면 대창리 교회 장로 최학삼씨를 위임목사로 청빙하는 일에는 허락하시기를 바라오며"(41-42).

최학삼 장로는 석연치 않은 이유로 신학도로서 공부를 중단한지 거의 10년이 지나 변화된 선교 환경과 정책에 따라 노회와 총회의 절차에 의하여 목사장립을 받았고, 마침내 그의 모교회인 대창교회의 제2대 위임목사로 1925년에 청빙되었다.

3) 군산선교부의 복음전도 상황과 한계

미국의 실행위와 한국선교회가 행하는 선교사나 예산 배정에 있어서 군산선교부에 대한 관심은 전주선교부보다 비교적 후순위에 머물렀다. 1894년 선교부 입지 가능성을 찾아 레이놀즈와 드루가 전라도 해안가를 돌며 탐사여행을 한 후 한국선교회의 대표적 선교사인 레이놀즈의 입장이 드러났다. 그에게 군산은 전라북도의 내륙에 있는 전라도의 수도인 전주에 선교 물자 공급을 위한 해안가의 배후도시 혹은 전초기지로서 역할이 중요하였다. 당시 선교부 입지를 선정하는데 있어서 중요한 3가지 조건 중 하나가 내륙과 소통하고 연결하는 지리적 중요성이었다. 당시는 해안선 교

68) 위의 책, 1045~1046쪽.

통시대로서 배를 이용한 해상교통의 발달로 사람들의 왕래와 물자 수송과 무역이 흥왕하였던 것이다. 여기에 군산의 선교 전략적 중요성이 있었다.

이러한 조건적 상황에서 군산에 대한 실행위의 재정적 인적 지원이 특히 한국선교 초기에 제한적이어서 결국 군산 선교사들은 충청남도 일부의 외곽기도처(outstations)를 몇 개 확보하는 수준에서 그쳤고, 침례교와 감리교가 대부분의 충청도 지역을 차지하였다.

한편, 금강 하구에 놓여 있는 군산과 궁말을 거점으로 하는 군산선교부는 지리상, 행정상으로 전라북도에 속하여 강과 바다를 건너 충청도 지역에 진입하기가 쉽지 않았다. 1893년 1월 장로교선교회공의회의 선교지 예양협정을 맺기 이전에 레이놀즈는 전주나 군산보다 공주와 청주를 먼저 여행하였다. 그리고 예양협정 이후에 전킨도 전주나 군산보다 공주를 먼저 들렀다. 서울에서 볼 때 전라도보다 충청도가 가깝기 때문에 먼저 이들 도시를 찾아 정세를 확인하려 했을 것이다. 그러나 한국선교회나 군산선교부의 선교적 영향력은 충청도에서 크지 미치지 못하였다. 이로 인하여 1908년 한국복음주의선교회공의회의 예양협정에 따라 기존의 남장의 선교지역으로 충남의 서남부 지역을 제외한 충남의 대부분은 북감리회에 할당되었다. 이렇듯이 지리적, 행정적 이유로 군산선교부의 충청도 진입은 한계를 가졌고, 선교적 영향력은 군산과 가까운 서천, 비인, 한산 등에 주로 머물렀다.

또한 군산선교부 선교사들이 건강상의 이유로 고생을 많이 했다. 이들이 부임한 지 몇 년 지나면 일부는 순직하거나 일부는 미국으로 퇴거하였다. 복음전도 선교사로서 전킨은 1904년에 전주로 이적하였으나 1908년 1월 초에 순직하였다. 해리슨도 건강이 좋지 못하여 미국으로 1928년 귀국하여 곧 순직하였다. 얼 선교사, 맥어첸 선교사와 베일 선교사도 몇 년 활동하다가 자진 귀국하였다. 불 부부 선교사만이 건강하게 한국에서 복음전도를 마치고 1940년에 귀국하였으나 그 역시 1941년 12월에 미국 고향에서 사망하였다.

이러한 상황에서 군산선교부의 인재양성을 위한 성경공부는 한계가 있었다. 여성성경교육은 독신여성선교사인 그린과 뒤푸이가 담당하였고 이들의 성경교육에 대해서는 합리적으로 이해가 된다. 그러나 아래 도표 5를 보면, 군산의 남성성경교육은 충실하게 진행되었는지 쉽게 의문을 갖게 한다. 우선 교육의 회수가 타선교부의 것에 비하여 절대적으로 적고 또한 등록인원도 대략 기록한 것으로 보인다. 다른 선교부들의 기록들과 차별화가 확실하게 드러난다.

그러나 앞서 언급한 몇 가지 사항들은 1차적으로 실행위나 한국선교회가 정책적으로 조정하고 해결할 문제이지 군산선교부나 소속 선교사들이 책임질 일은 아니다. 군산선교부의 선교와 복음전도의 어려움은 누구나 쉽게 알 수 있다.

〈표 5〉 1937년 한국선교회의 성경교육 현황

항목	전주선교부[69]	군산선교부	광주선교부[70]	목포선교부	순천선교부	제주도	합계
1 남자-1달반	1		1	1	1	1	5
등록인원	129		90	45	44	35	343
2 여자-1달반	1	1	1	1	1	1	6
등록인원	79	150	120	59	58	15	481
3 남자-4일반	27	2	30	10	23	3	95
등록인원	776	1,000	610	500	2,009	255	6,150
4 여자-4일반	62	36	30	19	24	4	175
등록인원	1,882	1,330	1,002	757	1,208	100	6,279
총계: 남자반 (1+3)	28	2	32	11	24	3	100
등록인원	1,255	1,000	715	545	2,053	290	5,855
총계: 여자반 (2+4)	64	37	32	20	25	5	183
등록인원	1,981	1,480	1,137	816	1,266	115	6,795

69) 이외에도 한국선교회의 선교회여성성경학교는 교사 11명이 3개월 동안 여학생 82명을 가르쳤다. "Table of Statistics" *Korea Mission, PCUS, for the Year 1937.*

70) 이외에도 광주선교부는 3개월 성경반을 열어 각각 여성성경반 15명과 남성성경반 15명을 교사 3명이 가르쳤다.(Ibid.)

3. 여성선교사들과 전도부인양성학교

1) 복음전도를 행한 주요 여성선교사들의 활동

① 해리슨 부인 선교사

1921년 지역복음전도를 하였고, 1922년에 이들 부부 선교사는 안식년을 떠났다. 1924년에 복귀하여 해리슨 부인은 멜볼딘 여학교 교장으로 활동하고, 1925년에 남편 해리슨이 순회 전도하는 동북지역의 여성사역에 대하여 감독을 하였다. 1926년에는 지역에서 복음전도를 하면서 간호선교사 그레이(Miss Annie I. Gray, 엄엘라)가 복귀하기까지 병원의 전도부인으로 활동했고, 순회전도여행(Itinerating)을 하였다. 1927년에 지역 복음전도 활동을 하였고, 1928년 남편의 병으로 인하여 병가를 얻어 미국으로 갔으나 그는 회복하지 못하고 순직하였다.

② 맥에천 부인 선교사

1922-26년까지 어학공부를 하면서 지역복음전도를 했고, 1924년에는 안식년을 떠난 해리슨 부인의 복귀까지 멜볼딘 여학교의 교장으로 활동을 했다. 1926년부터 지역의 복음전도에 헌신하다가 1927년에 미국에서 휴가를 떠난 후 군산으로 복귀하지 않았다.

③ 독신여성 선교사 그린 복음전도 선교사(Miss W. B. Greene)

1919년에 한국에 도착한 미스 그린은 1921~1922년까지 어학공부를 하면서 1922~1923년에 지역 복음전도, 여성성경반 책임, 및 전북 여자성경학원의 책임 위원회의 대표로 활동을 했고, 1924년에 군산지역 여성사역 책임을 맡았고, 1925년 6월 1일 이후 안식년을 떠났다.

1926년에 복귀 후 복음전도 사역, 선교부가 할당하는 사역들을 수행했고, 1927년에는 금강 남쪽의 복음전도 사역, 병원전도부인 감독, 지역전도사로서 사역, 1928년에는 금강 북쪽의 전도 사역, 1929년에는 금강 남쪽 사역을 했고, 1930년 여성사역 담당하다가 1931년 6월 15일 안식년 휴가를 미국에서 보냈다. 1933~1937년에 전북의 군산지역의 복음전도 사역을 주도했고, 1936~1937년에 일시적으로 병원 감독을 맡았고, 1938년 6월 15일 안식년을 떠났다가 다시 복귀하였다. 1940년 9월까지 남아 여성들에게 성경교육을 하였다.[71]

④ 독신여성선교사 두퓌이(Miss Lavalette Dupuy, 두애란)

1925년 안식년 후 복귀하여 군산지역 여성사역을 감독했고, 1926년 복음전도 사역 이외에 선교부가 할당하는 사역을 했다. 1927~1929년에 충청도 지역에서 여성들에게 복음전도 사역을 했다. 1930년 7월 1일 안식년으로 한국을 떠났다가 다시 복귀하였다. 1932년부터 1936년까지 충청도 지역 여성들에게 복음전도를 하였고, 1937년 6월 15일 이후 안식년 휴가를 받아 미국으로 갔다가 복귀하여 1938년부터 정상근무를 하였고 1940년 10월까지 복음 선교를 하다가[72] 미국 정부의 요청과 일제의 강제 출국으로 인하여 한국을 떠났다.

2) 전도부인 양성학교: 1923년 한예정기념여자성경학교 개설

1919년 조선독립만세운동을 통하여 각성한 한국교회의 교인들과 주일학생들이 갑자기 늘었다. 아래 표를 보면 확인할 수 있다. 1918~1919년에 비해 1920년과 1921~1922년에 갑자기 수가 커지고 많아졌다. 여성교인들과 주일학교 학생들을 돌보고 가르칠 전도부인의 수는 10여명이 늘어난 반면 교인들과 학생들은 10,000-18,000명이 늘어난 것이다. 이러한 상황

---

71) Willie Burnace Greene, *Letter: Miss W. B. Greene to her Mother, Kunsan, Korea, Asia* (Sept. 9th., 1940).

72) Lavalette Dupuy, *Letter: My Dear Friends, Kunsan, Korea*(Oct. 7, 1940).

에서 이를 타개하기 위해서는 새로운 개념이나 전략이 필요하였다.

〈표 6〉 한국선교회의 전체 교인 통계(1918~1922)[73]

연도	세례자		학습자		일반 신자	유아세례		교인 총계	주일학교		전도 부인
	금년	합계	금년	합계		금년	합계		학교	학생수	
1918	520	7929	651	2012	4979	47	1345	16265	302	11874	12
1919	368	7073	153	1502	4766	-	-	13341	241	8612	13
1920	516	7312	857	1957	6607	38	1407	17283	292	12359	16
1921	1266	8487	3102	4307	12056	373	1671	26521	483	23448	27
1922	1534	9524	2764	4632	12241	343	1706	28103	560	30412	33

1920년부터 광주지역을 순회전도하면서 전도부인 양성을 머리에 담고 있었던 쉐핑(서서평) 선교사는 이미 1922년 6월에 여성성경학교를 개인적으로 시작하였고 이를 한국선교회의 연례회의에서 공론화하려고 하였다. 이것이 1923년 연례회의에서 논의되었고 전북 전주와 전남 광주에 각 1개교씩 전도부인 학교를 세우기로 하였다. 그 즉석에서 자세한 사항을 논의할 전문위원회가 구성되면서 1924에 교과과정과 다른 학제와 연관을 맺으며 운영되도록 했다.[74]

이러한 논의를 거쳐 년 6개월 2년제 초급여자성경학교를 전남과 전북에 각각 설립하자는 안이 확정되었고, 1924년에 교과과정이 확정되어 운영되었다.[75] 전북의 초급여자성경학교는 1928년에 건물기부자의 이름을 따서 한예정기념여자성경학교로 명명되었다. 전남의 초급여자성경학교는 기부자의 이름을 따서 이일[니일]여자성경학교로 불려졌다. 이들은 2년의 과정이 끝나면 졸업을 했다. 그러나 상급학교인 선교회여성성경학교를 곧 바로

73) "Table of Statistics," *Minutes of the Annual Meetings of SPMK*, 1918-1922.

74) 임희모, "미국 남장로교 한국선교회의 전도부인 양성과 교육정책 연구(1902-1925)," 「선교신학」 71(2023): 267~276쪽.

75) 앞의 책, 272; 해방 후의 성경교육(호남성경학원, 이일여자성경학교, 한예정여자성경학교)은 임희모, "미국 남장로교 한국선교회의 성경학원 정책(1946-1961)," 「선교신학」 72(2023): 243~273쪽.

입학할 수 있었다. 1925년 한예정 여학생 15명 중 최소 4명은 군산선교부 출신으로 나타났다.[76)]

3) 한국선교회의 여성성경교육의 최고위과정인 선교회여성성경학교

위에서 언급한 설명과 관련하여 이 두 학교는 과목 풀을 만들어 서로 중복이 되지 않도록 과과과정을 운영하였다. 또한 시기도 역시 조절되어 3월 초 혹은 중순에 초급학교가 졸업을 하게 되는데 곧 바로 이어서 선교회여성성경학교에 입학하여 4월 초부터 3개월의 공부를 시작하여 6월에 과목이 끝나도록 교과를 만들었다. 이 공부기간은 처음에는 3개월 2년 과정이었으나 공부를 더 심화시키기 위하여 년 3개월 3년 과정으로 확정하였다.

한국선교회는 1918년에 이 선교회여성성경학교를 시작하였지만, 이 과정에서 공부를 하기 위해서는 개교회에서 4~5일 사경회 과정을 1~2번 정도 마쳐야 했고, 지역 선교부에서 하는 10일성경반에서 4~5년을 공부했고, 또 1달 성경학원에서 4년을 공부해야 했다. 이로 인하여 공부하는 기간이 10년을 넘어 무척 힘들었다. 이를 해소하기 위하여 서서평 선교사가 년 6개월 2년의 집중강의를 하는 초급여자성경학교를 제안하고 실천하였다. 바로 이 과정을 졸업하면서 최고위 과정을 입학할 수 있게 된 것이다.

1920년에 제1기 졸업생들로 2명이 배출되었는데 이들은 정마리아와 정룻이라는 과부들이었다. 정마리아는 전도부인으로 맹활약을 하였다. 1926년 6월 9일에 졸업한 제5기 졸업자들은 무려 10명이었다.[77)] 이들은 삼베치마를 입고 순종의 인산을 슬퍼하였고 한편으로 하얀 장미를 들고 졸업을 축하했다. 서서평 선교사가 여성들을 교육시킨 광주금정교회(오늘날 광주

---

76) Mattie Ingold (Mrs. Ingold Tate), “Bible School” (PHS소장 자료); 임희모, “미국 남장로교 한국선교회의 전도부인 양성과 교육 정책 연구,” 274쪽.

77) Josephine H. McCutchen, “Korean Graduates Great Help in Work,” *The Presbyterian Survey* (Nov. 1926), pp.681~682.

제일교회) 출신으로 엄현숙, 염마리아, 구영애, 김영신 등 4명이 졸업하였고, 목포의 박수은과 제주의 김명숙, 삼례교회 출신의 주숙경, 전주 서문교회 출신의 서경운, 임실과 남원 출신으로 각각 장성이와 허봉림이 졸업하였다. 선교사 교사로는 서서평(쉐핑)과 마요셉빈 외 4명이 함께 사진에 찍혔다. 이들은 주로 전도부인으로 활동하였고 부인조력회(여전도회)나 주일학교에서 간사로도 활동하였다.

4. 여성선교사들과 부인조력회(여전도회) 운동

1) 서서평 선교사와 미국 부인조력회의 전국 총무 윈스보로 여사

서서평 선교사는 교회의 모든 여성들이 함께 협력하여 교회의 모든 존재 목적을 실현하기 위하여 땅 끝까지 이르러 복음을 전하는 비전을 품고 있었다. 마침 1920년 어느 날 300명의 한국여성들이 모인 사경회를 인도하고 있었는데 마침 미국의 전국 부인조력회의 회장인 윈스보로 여사가 한국을 방문하여 사경회를 참관하려고 나타났다. 이에 서서평은 그녀에게 특강을 청하였는데, 그녀는 미국 교회에서 1912년부터 활성화되고 있는 부인조력회 운동을 소개하였다. 그녀는 부인조력회의 목적과 방법 및 실천사항 등을 간략하게 소개하였다.[78] 서서평은 그녀의 강의를 경청하면서 이 운동이야말로 한국 여성들을 깨우쳐 교회의 여러 목적을 실천하여 교회를 성장시키고 성숙시킬 것으로 확신하였다. 이에 앞서 호남지방에는 작은 규모의 모임으로 전도부인 등을 돕는 여성조직이 있었으나 영향력은 크지

---

78) Mrs. M. L. Swinehart, "Missionary Deborah Elisabeth J. Shepping," Hallie Paxson Winsborough, compiled, *Glorious Living* (Atlanta(GA): Committee on Women's Work Presbyterian Church, U.S., 1937), pp.145~184; 스와인하트 부인 지음, 임수지 번역, "엘리제 요한나 쉐핑: 선교사 드보라," 서서평연구회, 『서서평연구논문8집(2021): '주를 공경하는 자'(잠 14:31)로서 서서평 선교사의 삶과 사역』: 39~77쪽.

않았다.[79)]

2) 개교회 혹은 작은 단위의 부인조력회와 부인조력회 연합회 조직

서서평은 1922년 12월 22일에 광주에서 부인조력회를 조직하고 1923년에 전주, 목포에서 1924년, 제주에서 1925년, 군산은 1927년, 순천은 1930년에 조직하였다. 그러나 서서평은 이러한 지역에 산발적으로 흩어져 있는 개교회 혹은 작은 단위의 부인조력회 등을 보다 큰 단위 예를 들면 전남 부인조력회 연합회 등으로 조직하였다. 이러한 상황에서 1927년 한국장로교 총회는 전도부에 여전도회를 만들었다. 여기에 서서평은 전남부인조력회의 대표로 한국교회 여성들의 연합회 조직에 힘썼다.[80)] 그녀의 직책은 전국총무와 부회장까지 이르렀으나 건강이 좋지 못하여 한국여성인 한영신에게 회장의 기회를 넘겼다.

3) 부인조력회의 운영 세칙

이는 서서평과 김필례가 미국 남장의 부인조력회 운영과 세칙을 번역하여 한국교회 상황에서 적용한 것이다.[81)]

(1) 지역교회와 부인조력회의 영적 성장을 위하여 반드시 필요한 일
. 성경공부반을 반드시 운영한다.
. 청지기 사명: 선교연구를 통해 청지기직을 어떻게 수행하는가를

---

79) Maie Borden Knox, “Women’s Work on the Presbyteries of North and South Chulla, Soonchun, and Cheiju,” *The Presbyterian Survey* (Oct. 1936), pp.593~595.

80) 김혜정, “서서평의 여전도회 활동과 영향에 관한 고찰,” 「서서평연구논문8집(2021)」: 81~110쪽.

81) 양국주, 『하나님의 나팔수: 여전도회-전남노회 여전도회 연합회』 (서울: Serving the People, 2015), pp.75~78.

배운다.

. 절기별 특별기도: '기도의 일정'에 따라 예컨대, 해외선교주간 등에 기도한다.

(2) 운영세칙: 등급제(3등급)

. 1등급(Gold: 골드): 20점, 2등급(Silver: 실버): 16점, 3등급(Blue: 블루): 12점

(3) 아래 10항목을 지켜야 한다. 한 항목을 통과하면 2점이 부여된다.

①-⑦: 조력회 내에 최소 1개 이상의 성경공부반이 있어야 하고, 회원 중에 최소 15%는 십일조 생활, 회원의 최소 50%는 가정예배, 또한 최소 50%는 가정에서 기도달력에 따라 기도, 50%가 가정에서 교회신문이나 선교잡지를 구독, 조력회 모임에 회원들의 출석률이 50% 이상, 또한 회원들은 아동과 청소년을 위한 신앙교육을 잘 진행해야 한다.

⑧ 교회 내 여성은 모두 조력회 회원으로 등록할 수 있도록 해야 한다. 여기에는 교회 내 사항들로 조력회 임원 선출, 훈련과 공부, 규정 등이 원만하게 갖추어져야 한다.

⑨ 국내선교를 위한 연구반 1개와 해외선교 연구반 1개가 있어야 했다.

⑩ 모든 교회가 구제에 힘쓰도록 전년대비 구제예산이 5%가 증가해야 한다.

이러한 세칙은 당시 한국여성 상황에서는 불가능한 것들로 보였다. 그러나 서서평은 여성들을 훈련하고 또 훈련하여 이를 시행하였다. 경제생활로 보면 당시 조선 사회는 돈 즉 화폐보다는 물물교환의 삶을 살았다. 이에 서서평은 십일조를 성미제도로 바꾸었다. 밥을 지을 때 쌀 한줌을 성미로 따로 구별하여 이를 십일조로 교회에 바치게 했다. 그리고 세칙 중 몇 가지는 한국 여성상황에 맞도록 조정하였을 것이다. 사실 이 운동은 미국에서도 쉽지 않았다. 그러나 서서평은 부인조력회 운동을 한국에서 조직하고 성공적으로 정착시켰다. 이에 대하여 해방 이후 남장로교 한국선교를 기획하고 실천하고 연구한 선교역사연구자로서 선교전략가인 브라운(George T. Brown, 부명광) 박사는 서서평은 참으로 위대한 한국선교사(truly a great

Korea Missionary)로서 그녀의 삶과 업적은 전설적(legendary)이었다고 기록하였다.[82)]

5. 통계

〈표 7〉 군산선교부와 한국선교회(5개 선교부)와 실적 비교(1921~1937)[83)]

구분	1921년		1937년		1937~1921 = + / -	
선교부	군산선교부	5개 선교부	군산 선교부	5개 선교부	군산선교부 증감	5개선교부 증감
선교사 수	12	77	6	72	-6	-5
외국전도자 (Evangelists)	-	-	4	29	+4	+29
전도사·교사·조사·전도부인	21	162	54	298	+33	+136
조직교회	12	87	45	182	+33	+95
미조직교회	49	281	62	478	+13	+197
교회당 수	61	360	105	664	+44	+304
세례자	1457	8487	3071	13858	+1614	+5371
유아세례	207	1671	739	4245	+522	+2574
세례자외 신자들	4201	16363	5105	24178	+904	+7815
안수 목사·장로·집사	32	202	156	455	+124	+253
평균 출석자	5442	20890	8405	37922	+2963	+17032
주일학교 수	60	483	95	1008	+35	+525
주일학교 교사	-	-	833	3420	+833	+3420

82) 윈스보로 여사가 회장 겸 총무로 활동하는 부인조력회의 여성위원회가 1937년에 세계에서 가장 자랑스럽고 영광스럽게 선교하는 여성 7명을 선정하여 책으로 출판했다. 이 책은 각주 78번에 언급된 *Glorious Living*이다. G. T. Brown, *Mission to Korea* (Board of World Missions, Presbyterian Church, U.S., 1962), pp.119~122 특히 p.121; 조지 톰슨 브라운 지음, 천사무엘·김균태·오승재 옮김, 『미국남장로교한국선교역사(1892-1962): 한국선교이야기』 (서울: 동연, 2010), 169~172쪽 특히 170쪽.

83) "Table of Statistics," *Minutes of the Annual Meetings of the SPMK*, 1921-1937.

구분	1921년		1937년		1937~1921 = + / -	
선교부	군산선교부	5개 선교부	군산 선교부	5개 선교부	군산선교부 증감	5개선교부 증감
주일학교 학생 수	4880	23448	10405	54157	+5525	+30709
부인조력회 수	-	-	50	329	+50	+329
부인조력회 회원	-	-	1500	9760	+1500	+9760
헌금총계 엔(¥)	10689	54349	27940	113025	+17251	+58676

이 통계 〈표 7〉을 분석하면 다음과 같다.

(1) 1937년 신사참배 문제로 한국선교회와 연관된 전북, 전남, 순천 및 제주노회 등의 복음전도와 교회관계 활동과 소통이 거의 단절되었다. 이후 한국선교회는 1938년과 1939년의 통계를 산출하지 않았고, 1940년의 통계는 의료 항목을 주로 다루면서 선교회 활동을 마감했다.

(2) 신설된 항목과 변경된 항목이 있다. 외국인전도자, 주일학교 교사, 부인조력회 등이 신설되었고, 변경된 항목은 이전에는 자립교회 수가 들어갔는데, 1937년 통계에는 그 항목은 없어졌다. 이에 따라 교회당 수로 변경하였다.

(3) 한국선교회의 선교부는 편의상 큰 선교부 2개(전주, 광주)와 작은 선교부 3개(군산, 목포, 순천)로 구분되는데, 복음전도대상 인구나 이에 대한 선교사 수나 예산 배정에 있어서 비율은 5:3정도이다. 이를 감안하면 각 선교부의 통계를 대략 이해할 수 있을 것이다. 이 비율을 감안하면 군산의 경우 3(군산) : 19(5개 선교부) 비율로 따지면 대략적 평균값이 계산될 것이다.

V. 한국선교회의 복음선교 활동 쇠퇴기 (1937~1940)

1. 시대적 상황

일본제국주의는 1930년대에 들어 천황의 통치 이데올로기를 삼위일체 모형으로 완성하고 가동하였다. 최고 정점에 천황을 두고 이 체제를 실행하는 조직으로서 무력적 군국주의를 강화하여 전쟁을 일으키고 침략을 일삼았다. 한편, 민간(신민)을 통치하기 위하여 천황을 신으로 모시는 종교 즉 신도종교를 만들고 여기에 복속하여 참배를 하도록 즉 신사참배를 의무화하여 한국인들이 순종하도록 강제화하였다. 일제는 천황이데올로기를 확장하는 기능을 일본 군국주의가 수행하게 하면서 이 시기에 만주와 중국을 침략하기 시작하였다. 이를 지원하기 위하여 조선총독부는 천황의 신민들로 일본인과 한국인들에게 신사참배를 강제하였다. 총독부는 한국인들뿐만 아니라 기독교학교와 기독교인들에게도 신사참배를 강요하였다. 이러한 신사참배는 한국인들을 일제의 침략전쟁에 동원하기 위하여 일제와 총독부가 설계한 전략이었다.

2. 풀턴의 성명서: 한국선교회의 신사참배 반대와 한국장로교회의 신사참배 가결

이러한 일련의 과정에서 한국기독교와 교회는 천황제 군국주의의 다른 면인 신도종교의 신사참배를 반대하고 저항하기 시작하였다. 급기야 남장의 기독교 학교에 압박을 가하자 미국 실행위의 총무 풀턴 박사가 움직이기 시작하였다. 그는 남장 선교사의 아들로 일본에서 성장하여 일제와 신도종교를 잘 알고 있었다. 그는 1937년 1월과 2월에 일본에서 미국 대사를 만났고 한국에 들어와 각계 요로의 인물들을 만났다. 이에 13개 조항으로 이루어진 풀턴(C. Darby Fulton)의 성명서를 2월 24일에 공표하였다.[84] 이로 인하여 남장의 기독교학교들은 1937년 9월에 학생모집을 하지 않는다. 이러한 폐쇄조치에 대하여 한국사회의 민족적 지식인들과 학생들은 이를 비판하고 이의 제기를 하는 등 적지 않은 항의와 소동이 있었다.[85]

여기에서 복음전도와 관련하여 풀턴성명서가 중요한 것은 이로 인하여 남장의 기독교학교들을 폐쇄함으로써 신사참배를 공공연하게 반대한 것이었다. 이러한 상황에서 1938년 9월 9일에 조선예수교장로회 제27회 총회는 평양에서 신사참배를 가결하였다. 이것은 남장의 정책과 완전히 다른 길을 간 것이다. 이에 대하여 한국선교회의 조정위원회(AIC)는 1938년 9월 27일 광주에서 회집하여 다음과 같이 결정하였다.[86] (1) 현재 상황에 비추어 우리[선교회]는 한국교회에서 행정업무를 계속하여 행하는 것이 불가능하고 따라서 노회의 활동회원[정규회원]으로 남아 있을 수 없다. [노회에서 탈퇴하여 당회장 등 모든 책임에서 물러나 무임목사로 남는다]. (2) 그러나 우리는 교회와 노회 간 연락, 교회부흥회, 성경교육, 신자심방, 개인전도와 설교 등을 원한다. (3) 한국선교회의 전도사[조사]에 대한 보조비는 향후 6개월 (10월 1일~3월 31일)을 지급하고, 이들은 미전도 지역에서 활동하도록 한다는 것 등이었다.

위의 결정사항을 조선[한국]선교회 회장인 마로덕 선교사가 전북노회에 보고하였다. 그러나 전북노회 측은 선교사들에게 선교사업을 계속하여 주실 것, 이것이 되지 않을 경우 사업비를 노회에 보조해 주실 것, 그리고 종교교육 기관을 대여해 주실 것을 교섭하였으나, 하나도 성사되지 못하였

---

84) "Policy Regarding Schools in Korea," *Minutes of the Forty-Sixth Annual Meeting of the SPMK*, 1937, pp.43~46.

85) 안종철, 『미국 선교사와 한미관계: 1931-1948』 (서울: 한국기독교역사연구소, 2010), 126~132쪽.

86) *Minutes of the SPMK,* 1939, pp.39~42.

다. 결국 전북노회장 김세열 목사에게 마로덕(Luther O. McCutchen)과 서국태(Donald A. Swicord) 선교사가 무임목사로 허락받고, 또한 군산의 부위렴(William F. Bull) 선교사가 모든 책임에서 벗어나 무임목사가 되었다.[87] 양측의 타협 없는 이러한 결정에도 불구하고 한국선교회는 성경반, 성경학원, 성경학교 사역을 계속하되 한국선교회의 일반정책에 따른다고 결정하였고 추진하였다.

3. 우애 넘치는 화해와 미담

이러한 갈등상황에서 미국남장로교 실행위(한국선교회)와 한국교회(군산동부교회)간에 일어난 우애어린 미담을 여기에서 간단히 소개하고자 한다. 군산동부교회가 개교회적으로 남장로교 총회 창립 75주년(1936년)을 기념하여 축하하고 또한 선교사들을 한국 군산지역에 파송하여 구원을 얻게 되었음에 감사를 드리면서 고급 대형 한반도지도 자개액자를 선물로 증정하였다. 이 자개지도 안에는 그동안 군산에서 활동한 선교사들의 이름들이 빽빽하게 작은 글씨로 적혀 있다. 또한 동봉된 편지가 있었는데 내용은 총회 창립 축하와 동부교회가 새롭게 건축하는 교회건물에 대한 재정후원을 간청하는 것이었고 이에 대한 연락은 불 선교사에게[88] 하라는 것이었다. 그리고 건축 진행 중인 교회의 모형도를 동봉했다고 했다.[89] 이러한

87) "조선예수교장로회 전북로회 제32회 제2차 임시회록," 6-9; 대한예수교장로회 전북노회, 『전북노회 회의록: 37회-69회』, 282~285쪽.

88) 당시 이 교회의 담임은 전북노회장을 역임한 최대진 목사였고, 이 교회를 관할하는 선교사는 불 선교사였다. 편지내용(영문)과 액자지도 안의 영문을 살펴보면 다소 엉성하거나 오자와 오류가 가끔 보인다. 사전에 불 선교사와 상의하고 조언을 들었다면 아마도 이러한 중재와 화해 노력은 없었을 것이다. 이후 1938년에 최대진 목사는 이 교회를 이임하였다.

89) 본 필자는 2023년 3-4월 개인적인 미국 방문 길에 PHS(미국 필라델피아 장로교역사사료관)를 들렀다. 약간의 후원금을 냈더니 직원이 사진자료들과 자료보관함을 서

축하와 선물과 청원을 요청한 군산동부교회에 대하여 실행위는 한국선교회에 해결을 요청하였다.

한국선교회는 동부교회가 속한 전북노회의 메쿠첸 박사와 린턴 교장과 윈(위인사, Rev. Samel D. Winn) 선교사로 3인의 화해위원회를 구성하여 이 교회와 교섭하게 하였다.[90] 동부교회가 그동안 입은 손실과 오해를 풀고 우애어린 화해를 한다면 실행위가 특별보상금으로 300달러를 지불한다는 내용이었다.

이 문맥을 당시 선교현장으로 돌아가 분석하면 동부교회가 한국선교회의 규정을 알지 못하거나 무시하고, 선교사들과 상의도 하지 않고 혹은 한국선교회와 선교사들의 존재를 무시하는 듯 무작정 개교회 차원의 서신을 보내고 값비싼 자개액자를 보내고 당연하다는 듯이 건축재정지원을 요청하였다. 이를 접한 미국 실행위는 우선 무척 당황했을 것이다. 우선 총회 창립 75주년 축하를 군산동부교회라는 개교회에 요청했나? 선물 예컨대 값비싼 자개 액자 등을 보내라고 했나? 이에 따라 실행위는 동부교회가 요청한 대로 이에 상응하는 교회건축 후원금을 보내야 하는가? 이러한 이해 못할 상황에서, 좋게 이해하여, 실행위는 축하 서신과 자개액자를 선물로 받을 수도 없고 또한 선교정책과 규정에 어긋남으로써 후원금을 한국에 보낼 수도 없는 궁지에 몰린 것이다. 이러한 상황에서 실행위는 한국선교회에 이를 해결하도록 긴급 요청을 했을 것이다.

한국선교회는 3인 화해 위원회를 조직하고 선교현장의 교회인 동부교회측과 교섭과 상호이해와 상호해결을 바랬다. 동부교회가 오해를 풀고 화해

고에서 가져왔다. 커다란 자료함 1개를 열어보니, 덩그러니 봉투에 들어있지 않은 서신 2장만이 보였다. 내용을 살펴보니 자개액자와 교회건축모형도를 첨부했다는 것이다. 이에 본 필자가 담당자를 불러 이 보관함에 왜 모형도가 없냐고 질문하니, 그의 대답은 이것이 전부야?! 그것이[모형도] 왜 없는지는 자기도 모른다고 했다.

90) "Special Committee on Kunsan East-Side Church Report," *Minutes of the 46th Annual Meeting SPMK*, 1937, p.26.

를 하면 300달러를 보전할 수 있을 것이고, 한국선교회 측은 동부교회가 오해를 풀지 않으면 그만큼 선교 교육적 무력감을 느낄 것이다. 이러한 약간의 갈등은, 당시 상대방의 의사를 묻지 않고 축하와 선물을 보내도 되는 한국문화 속의 동부교회가, 미국인들 혹은 선교사들의 문화를 모르고 축하와 선물을 일방적으로 보내고 이에 따른 답례로 공적인 교회건축을 위한 재정지원을 요청한 것에서 비롯되었다. 이에 대하여 선교사측은 한국문화 이해에 넓은 마음을 가지고 대응한 것으로 보인다. 이것은 쌍방 간에 좋게 이해하고 화해를 하면 우애 넘친 미담이 될 것이었다. 본 필자는 300달러 송금(전달)과 영수증에 대하여 여러 자료들을 검토하였지만 구체적 자료를 확보할 수 없었다. 그러나 아마도 양자 간에 훈훈한 화해와 이해가 되었을 것으로 추정된다. 자개지도 액자는 지금도 변함없이 필라델피아역사자료관(PHS) 건물 내의 어느 벽면에 걸려 있을 것이다.

4. 1939~1940년의 한국선교회의 성경교육 운동

신사참배 반대 이후 한국선교회의 선교사들은 지역에서 복음전도 활동을 할 수 없는 상황에서 복음전도위원회는 각 선교부 마다 성경학원을 개설하고 전도부인이나 전도사들을 양성하려고 하였다. 한국선교회는 짧은 기간이지만 예산을 세우고 성경교육 운동을 벌였다.

1) 1939년 성경학원[91)]

(1) 3주간 교육을 실시하는 여성고등성경학원 과정을 4개선교부에 개설하였다. 광주: 3/26~4/16; 순천 4/7~5/8; 목포: 5/9~5/30; 군산 5/31~6/21.

91) *Minutes of 46th Annual Meeting of SPMK,* 1939, p.21; p.28.

(2) 군산여자성경학원: 여성반 1차: 1/2~2/6, 2차: 2/9~3/16
10일 여성성경반: 3/19~3/29일
(3) 광주성경학원: 남성반, 여성반 등 다양하게 열었다.

2) 1940년 성경학원[92)]

(1) 군산성경학원 개설: 첫 학기: 1월 10일~2월 8일(Miss Winn 담당),
제2학기: 2월 12일~3월 14일(Mrs. Wilson 담당)
(2) 광주 성경학원: 여성 10일 성경반
(3) 목포 1달 성경학원: 10/2~10/31(1940); 2/4~3/6 (1941);
3/11~4/11(1941)
(4) 전주 3개월 특별 성경반: 3/9~6/11, 1941년

3) 1940년 전주 한예정여자성경학교와 광주 이일여자성경학교

이 시기 어떻게 얼마나 많은 수가 모여 강의가 진행되었는지 면밀히 살필 필요가 있다. 그러나 모임 자체를 감시하는 일제 스파이들의 준동으로 원활한 교육은 이루어지지 않았을 것이다. 한예정학교는 1940년 4월 4일에 개강하였다. 그러나 제3일인 4월 6일에 경건회를 열었으나 강제로 문을 닫을 수밖에 없었다. 이일학교는 1940년 봄 일제 경찰의 감시를 피하여 학생들을 거의 1달간 기숙사에 숨기고 교육을 하였으나 더 이상 지속할 수 없었다.

5. 미국 남장로교 선교사들의 한국 철수

그동안 일제는 온갖 방법과 수단을 다 동원하여 한국교회와 교인들을

92) *Minutes of the Annual Meetings of SPMK,* 1940, p.13; pp.15~17.

압박하고 감시하여 선교사들이 한국교회를 방문하거나 교인들과 접촉을 할 수 없게 만들었다. 사태가 이렇게 악화되자 선교사들은 귀국할 수밖에 없다는 생각을 가졌다. 이때에 미국정부는 이들을 한국에서 철수시키기 위하여 마리포사(S. S. Mariposa)호를 준비하여 귀국을 종용하였다. 아동 19명을 포함한 49명의 남장로교 선교사들은 인천에서 다른 선교회들의 선교사들과 만나 11월 16일 배를 타고 미국을 향한 귀국 길에 올랐다.[93]

그러나 한국선교회의 7인 선교사들(Mr. & Mrs. R. M. Wilson, Miss M. L. Dodson, Miss F. E. Root, Dr. Rev. J. C. Crane, Rev. & Mrs. J. V. N Talmage)은 한국에 남아 각각 나병원 처리, 평양신학교 교육 및 한국선교회 법인의 재산 문제 등을 처리하였다. 그 후 순천선교부의 윌슨 의료선교사 부부는 1941년 봄에, 평양신학교의 조직신학 교수로 활동하던 크레인 선교사는 1941년 8월에 귀국했다. 그러나 광주선교부의 도마리아 선교사, 유화례 선교사, 그리고 한국선교회 유지재단의 재산을 지키면서 옥고를 치른 타마자 선교사와 부인 등 4명은 마지막 출항 선을 타기 위하여 1942년 6월 1일 광주를 떠나 배를 타고 일본 요코하마로 이동하였다. 이들은 인도양을 항해하여 아프리카 모잠비크의 로렌조 마르끼스(원주민 언어로 마푸토) 항구에 정박한 후 중립국인 스웨덴의 배 그립스홀름(S. S. Gripsholm)호를 타고 대서양을 북상하여 1942년 8월 25일 뉴욕에 도착하였다. 도마리아 선교사는 동료선교사들을 만나고 1942년 12월 10일에 고향 텍사스 오스틴에 안착하였다.[94]

---

93) 안종철, 『미국선교사와 한미관계』, 126~131쪽; 김승태, 『한말·일제강점기 선교사 연구』 (서울: 한국기독교역사연구소, 2006), 229~230쪽.

94) Mary L. Dodson, *Letter: Dear Friends*, Austin, Texas, December 14, 1942 (Received at Nashville Tennessee, December 18, 1942).

VI. 결론

1892년 10월과 11월에 서울에 도착한 7인의 개척선교사들은 치밀한 계획으로 3년 반 동안 언어공부와 선교현장을 답사하고 호남지역 선교에 대한 준비를 하였다. 특히 전킨 복음전도 선교사와 드루 의료선교사는 그동안 서울과 충청남도와 전라북도를 답사하면서 언어를 익히고 복음전도를 행하였다. 1896년 봄에 이들 부부와 11월에 합류한 독신여성선교사 데이비스 등 5인 선교사는 군산선교부를 세웠다. 복음전도 선교사 전킨은 군산에서 한국인들에게 복음을 전하고 세례를 베풀어 호남의 첫 교회를 세웠다. 드루 의료선교사는 자비로 돛단배를 구입하여 금강과 바다를 다니며 수많은 한국인들을 진료하고 치료하여 복음전도의 문을 열었고 데이비스는 여성들과 청소년과 어린이들에게 복음을 효과적으로 전하였다.

군산이 1899년 개항장으로 지정되자 1900년 군산에서 구암(궁말)으로 선교부를 옮긴 선교사들과 한국기독교인들은 전북 서부지역 일부와 충남 일부에서 복음을 전하였다. 그리고 성경공부를 통하여 한국인 남·여 지도자를 양성하였고 부인조력회 운동과 주일학교 운동을 벌여 교회성장을 도모하고 활성화하였다. 그러나 1930년대 후반에 일제가 강요하는 신사참배로 인하여 선교사들과 한국교회가 갈등하는 가운데 일제의 강압과 미국의 종용에 따라 1940년 11월에 군산선교부의 선교사들은 다른 4개 선교부의 선교사들과 귀국할 수밖에 없었다.

1939년 10월 5일에 조선예수교장로회 전북노회로부터 조선예수교장로회 군산노회가 분립하였다. 이날 오후 7시 30분에 목사 11인과 장로 49인이 군산 개복동교회에 회집하여 상기 군산노회를 조직하였다. 회장 이창규 목사, 부회장 리춘원 목사, 서기 윤석구 장로, 부서기 김광수 장로, 회계 계원식 장로, 부회계 조인순 장로 등이 선임되었다. 이들의 소속 교회는 전북의 군산, 이리, 익산, 옥구, 김제, 부안, 충남의 부여, 서천, 보령 등에 산재

하였다.[95)]

95) 「조선예수교장로회군산로회 제1회 회의록」, 3~5쪽.

제2부

미국 남장로회 전남 선교

1장 | 광주선교부와 복음선교
_한규무

2장 | 냉전 전후 순천 선교부와 선교
_강성호

3장 | 제주 지역 개신교의 선교 현황과 특징 그리고 과제
_김선필

1장

광주선교부와 복음선교

-1890~1910년대를 중심으로

한규무

Ⅰ. 머리말

이 글의 목적은 '초기'[1] 광주선교부[2]의 '교회설립과 복음선교'[3]의 역사

---

1) 1890년대부터 1910년대까지를 뜻한다.

2) 1904년 광주선교부[station]의 설치 과정에 대한 선행연구는 여럿이다. '선교부'는 '선교거점'이며 '선교사촌'이 조성된다. 즉 선교사와 가족들의 거주지이기도 하다. 교회는 물론 학교와 병원도 설립된다. 따라서 선교부가 설치되지 않은 지역보다 교세 확장에 절대적으로 유리하며, 설치 지역의 '근대화'에도 크게 기여했다. 전라남도에서는 광주와 목포·순천이 그러하다.

3) '복음선교'란 무엇인가. 언뜻 떠오르는 용어가 '전도(傳道)'·'설교(說教)'·'사경(査經)'·'매서(賣書)'·'설교(說教)'·'집회(集會)'·'예배(禮拜)' 등이며, 그 거점은 '교회(教會)'가 될 것이다. 난제는 '교회'의 개념과 기준이다. 공간적으로는 개인의 집의 일부를 사용하는 '기도처(祈禱處)'·'예배처(禮拜)'와 기존 또는 신축 전용건물을 사용하는'예배당(禮拜堂)'이 있는데, 어느 단계부터 '교회'로 볼 것인가의 문제가 있다. 예컨대 초기에 설립된 대표적 개신교회 중 남대문교회는 '공식주일예배(1885.06)',

를 밝혀보는 것이다. 초기 한국교회 선교의 종류는 크게 복음선교(교회)·교육선교(학교)·의료선교(병원)·사회선교(복지기관) 등으로 나뉜다. 필자는 제법 오랫동안 나름 한국기독교사를 공부했지만 복음선교에 대해 큰 관심을 두지는 않았으나 최근 「광주선교부의 연구 현황과 과제」를 정리한 바 있다. 이와 관련된 선행연구는 결코 적지 않으며,[4] 그리고 미국남장로회의 한국선교에 대한 연구도 계속되고 있다.[5]

이 연구의 필요성은 다음과 같다. 첫째, '광주지역 최초 교회'(이하 '최초 교회') 문제에 대해 정리할 필요가 있다. 한동안 '최초 교회'는 1904년 설립되었다는 양림리교회(현 광주시 서구 광주제일교회 및 남구 양림교회)로 알려졌으나 근래에는 1890년대 광주군 우산리에 설립되어 1900년대 송정리로 이전했다는 우산리교회(=잉계교회·송정리교회·송정읍교회, 현재 광주시 광산구 송정제일교회·송정중앙교회)가 '광주지역 최초의 교회'로 인정받고 있으며, 1897년 설립되었다는 나주군 삼도리교회(=바다등교회·골말교회, 현 광주시 광산군 삼도교회)도 '최초 교회'라고 주장하고 있는데 이에 대해 밝혀보겠다.

둘째, 선행연구에서는 광주지역의 교회들이 어떻게 '분화'되었는지에 대한 추적이 부족했다. 이는 광주지역 복음선교의 '확산' 과정을 보여주는 것이므로 알아보겠다. 셋째, 호남지역 최초의 한센인[나환자] 교회인 광주군 봉선리교회에 대한 관심이 미흡했다. 이는 광주선교부 복음선교의 특징이기도 하기에 살펴보겠다.

정동제일교회는 '성찬식거행(1885.10)', 새문안교회는 '당회조직(1887.09)'을 기준으로 '창립시점'을 잡고 있다. 일치된 기준이 없는 셈이다. 따지고 보면 굳이 일치시켜야 할 이유도 없다. 각자에게 의미있는 부분을 강조하는 것이, 최초를 내세우거나 시기를 올려보려는 고육지책이 아니라면, 나쁘지 않다고 생각되기 때문이다.

4) 하지만 광주선교부 자체에 천착한 선행연구는 그리 많지 않다.

5) 최근 연구성과로는 옥성득, 「미국남장로회 한국선교의 시작 재구성, 1891~1894」와 이재근, 「미국남장로회 하퍼 선교사 가문의 한국 선교사역」(『한국기독교와역사』 61, 한국기독교역사연구소, 2024) 등이 있다.

글의 구성은 Ⅰ.머리말 Ⅱ.선행연구 동향과 문제의 제기 Ⅲ.우산리교회의 설립과 복음선교 Ⅳ.봉선리교회의 설립과 복음선교 Ⅳ.맺음말 등이다. 초기 한국 장로교회에 설립에서 가장 기본이며 중요한 자료인 『조선예수교장로회사기』[6]에 대해 비판적으로 검토할 것이며, 『그리스도신문』·『기독신보』 등 교계신문, 유진 벨(Eugene Bell, 이하 '배유지') 부부의 서신,[7] 다수의 선행연구 등도 참조하며 활용할 것이다.

Ⅱ. 선행연구 동향과 문제의 제기

1. 선행연구의 동향

필자가 보기에 광주선교부에 대해서는 대부분이 미국남장로회의 호남선교에 대한 선행연구에서 부분적으로 언급되는 정도이다. 오히려 대전선교부나 순천선교부에 대한 연구가 활발한데, 아마도 한남대학교 인돈학술원이나 순천대학교 인문학술원과 같은 연구기관의 지속적인 활동이 주효했던 것같다. 이들 기관은 호남지역 기독교사 연구의 활성화에 크게 기여했지만 상대적으로 광주선교부에 대한 관심은 크지 않았던 것같다.

광주선교부의 설치 및 활동에 대해서는 김수진·한인수(1980)[8]의 저서

6) 차재명 편, 『조선예수교장로회사기(상)』(조선기독교창문사, 1928); 한국교회사학회 편, 『조선예수교장로회사기(하)』(연세대학교 출판부, 1968). 이하 '『사기(상)』'·'『사기(하)』'로 표기하겠다. 『사기』의 편찬·발간 과정에 대해서는 박용규, 「조선예수교장로회사기 해제」(『신학지남』 81-3, 신학지남사, 2014) 참조.

7) 유진 벨 지음, 고영자·이은상 옮김, 『유진 벨 선교 편지 1895~1897』(보고사, 2022); 로티 벨 지음, 고영자·이은상 옮김, 『로티 벨 선교 편지 1895~1897』(보고사, 2022);

8) 김수진·한인수, 『한국기독교회사: 호남편』(범론사, 1980)이 학술적 연구로는 최초로 짐작된다.

이후 김수진(1992)[9]·차종순(1998)[10]·차종순(2009)[11]·강민수(2009)[12]·김수진(2013)[13]·송현강(2018)[14] 등의 논저 및 한인수(1998)[15]의 역서에서 부분적으로 언급되었다. 특히 송현강(2018)의 저서는 미국남장로회의 호남 선교를 새로운 1차자료와 더불어 기존의 연구성과를 반영하여 체계적으로 정리한 것으로 의미가 크다. 광주선교부만을 다룬 것으로는 김빛나의 학위논문(2011)[16]이 있으며, 유진 벨((Eugene Bell, 이하 '배유지')에 대한 최영근(2014)[17]의 논문 등과 김종철(2008)[18]·김지운(2017)[19]의 학위논문에도 광주선교부가 언급된다.

광주지역의 '모교회(母敎會)' 문제, 즉 1904년 양림리에 설립된 교회를 현재의 광주제일교회[20](예장통합)으로 볼 것인가 광주양림교회(예장통합·

9) 김수진, 『호남선교 100년과 그 사역자들』(고려글방, 1992).

10) 차종순, 「미국남장로교회의 호남지방 선교활동」, 『기독교사상연구』 5(고신대학교 기독교사상연구소, 1998).

11) 차종순, 「미국 남장로교 한국선교사 연구(1)」, 『신학이해』 35(호남신학대학교, 2009).

12) 강민수, 『호남지역 장로교회사: 1938~1954년의 전남노회 사역을 중심으로』(한국학술정보, 2009).

13) 김수진 저, 총회교육자원부 편, 『광주·전남지방의 기독교 역사』(한국장로교출판사, 2013).

14) 송현강, 『미국남장로교의 한국선교』(한국기독교역사연구소, 2018).

15) 애너벨 니스벳 저, 한인수 역, 『호남선교 초기역사』(경건, 1998).

16) 김빛나, 「미국남장로교선교회 광주지역 선교 연구: 의료, 교육, 교회개척 사역을 중심으로」(장로교신학대학교 석사학위논문, 2011).

17) 최영근, 「미국 남장로교 선교사 유진 벨(Eugene Bell)의 선교와 신학」, 『장신논단』 46-2(장로회신학대학교 기독교사상과문화연구원, 2014).

18) 김종철, 「유진벨 선교사의 목포·광주 선교활동 연구」(전주대학교 박사학위논문, 2008).

19) 김지운, 「유진벨 선교사의 호남선교 연구」(총신대학교 석사학위논문, 2017).

20) 광주제일교회90년사편찬위원회, 『광주제일교회 90년사: 1904~1994』(광주제일교회, 1994); 광주제일교회100년사편찬위원회, 『광주제일교회 100년사: 1904~2004』(광주제일교회, 2005).

예장합동·기장)[21]로 볼 것인가의 문제는 아직도 진행형이지만 다소 소강상태이다. 김호욱(2015)[22]은 광주중앙교회도 "모교회 반열에 포함"시켜야 한다고 주장한다.

2000년대에 들어와서는 광주지역 최초의 교회로 알려진 송정리교회(우산리교회·잉계교회)에 대한 차종순(2000)[23]·김호욱(2015)[24]·이영식(2021)[25] 등의 논문이 발표되었다. 차종순은 우산리교회와 잉계교회가 별개의 것으로, 김호욱·이영식은 동일한 것으로 본다는 차이가 있다. 요기리교회(조산교회·도듬교회)에 대한 김호욱(2020)[26]의 논문도 이채롭다. 최근에는 삼도리교회도 광주지역 최초의 교회라는 주장도 제기되었다.[27]

필자는 초기 광주지역 복음선교에서 중요한 교회는 송정리교회와 양림리교회라고 생각한다. 『사기(상)』에 따르면 그 설립시기는 전자가 1901년, 후자가 1904년이며, 전자의 전신인 우산리교회의 설립시기를 1897년까지 올려보는 연구도 있다.[28] 송정리교회와 양림리교회 모두 설립 당시 광주군(光州郡), 현재 광주시 소재이니 광주지역 최초의 교회는 우산리교회-송정리교회가 된다.

---

21) 차종순, 『양림교회 90년사: 1904~1994』,(광주양림교회, 1994); 차종순, 『양림교회 100년사(1)·(2)·(3)』(양림교회역사편찬위원회, 2003).

22) 김호욱, 「광주지역 최초 개신교 교회 설립에 관한 연구」, 『광신논단』 25(광신대학교, 2015).

23) 차종순, 「광주지역 최초의 교회에 관한 연구」, 『신학이해』 20(호남신학대학교, 2000).

24) 김호욱, 「광주지역 최초 개신교 교회 설립에 관한 연구」, 『광신논단』 25(광신대학교, 2015).

25) 이영식, 「유진 벨과 남장로 선교사들의 초기 광주지역 방문전도와 잉계교회」, 『ACTS 신학저널』 50(아세아연합신학대학교 신학연구소, 2021).

26) 김호욱, 「광주지역 최초 근대화 교육기관 설립 연구: 도듬교회 설립 역사와 주간학교 운영을 중심으로」, 『역사신학논총』 36(한국복음주의역사신학회 2020).

27) 『기독신문』 2018.08.27. 「광주 삼도교회 역사사적지 심사」.

28) 김호욱, 「광주지역 최초 개신교 교회 설립에 관한 연구」.

2. 문제의 제기

1) '광주지역 최초 교회'

한때 광주지역의 '모교회(母敎會)' 또는 '장자교회(長子敎會)'가 광주제일교회(예장합동)인가 양림교회(예장통합·예장합동·기장)인가의 논쟁이 뜨거웠다. 이는 어느 교회가 '정통성'을 갖느냐의 문제이기도 했는데, '사실'보다는 교회의 이전(1906)과 분립(1924), 교단의 분열(1953·1957)에 대한 '평가'의 영역이었다.[29] 그러다 최근에는 이 논쟁이 소강상태에 들어간 느낌이다.[30]

그런데 근래에는 광주시 광산구의 송정제일교회(예장통합)·송정중앙교회(예장합동)·삼도교회(예장합동) 등이 '광주지역 최초 교회'를 자처한다. 송정제일교회·송정중앙교회는 우산리교회-송정리교회의 후신이며, 삼도교회의 전신인 삼도리교회는 우산리교회에서 '分立'되었다는 것이다. 그리고 모두 설립시기를 '1897년 1월 5일'로 주장한다.

필자는 우산리교회-송정리교회가 광주 최초의 교회라는 점에는 동의하지만 삼도리교회가 우산리교회에서 '분립'되었으며, 이들 교회의 설립시기가 모두 '1897년 1월 5일'이라는 점에는 동의하지 않는다. 근거의 부족과 논리의 비약 때문이다.

2) 『조선예수교장로회사기』의 '成立'과 '分立'

위의 교회들은 모두 『사기(상)』를 근거로 내세운다. 문제는 『사기』의 모호성이다. 『사기』는 한국기독교사 연구에서 매우 소중한 자료이지만 오류

---

29) 이들은 3.1운동 이후의 사건이므로 이 글에서는 다루지 않겠다.

30) 김호욱은 "광주제일교회와 양림교회는 광주읍성의 모교회 또는 광주읍성 최초의 교회로 부르는 것이 옳"다고 주장한다(「광주지역 최초 개신교 교회 설립에 관한 연구」, 182쪽). 하지만 당시 양림리교회의 위치는 광주읍성 바깥이었다.

도 적지 않고 용례도 어지럽기 때문이다.[31] '교회'란 무엇이고 '설립'이란 무엇인가. 한국 개신교계에는 이에 대한 일치된 견해가 없다. '교회'의 '개념'과 '설립'의 '기준'이 저마다 다르다.[32] 『사기(상)』에는 "0000년 ○○敎會가 成立/設立하다"라 하고 바로 '先是/初에 …'라 이어지는데, '成立'의 기준이 무엇인지, 또 '先是'가 언제인지 정확히 알 수 없어 논쟁을 일으킨

---

31) 그 편찬과정을 살펴보면 1916년 조선예수교장로회 제5회 총회에서 간행을 결정했고, 1921년 제10회 총회에서 「사기집필양식」을 확정했으며, 1921년 제10회 총회에서는 "사기편집양식" 내용을 결정했다(① 교회설립자와 인도자 ② 교회설립과 교육에 관한 사 ③ 교회 환란 ④ 치리회가 조직된 사(당회와 노회) ⑤ 교회 직원과 장립, 집사, 장로, 목사 ⑥ 전도사업, 전도회, 전도인 파송, 선교사 파송 ⑦ 교회의 특별 사항). 1922년 제12회 총회에서 전남노회에서 순천노회가 분립되었으며, 1924년 제13회 총회에서 전남노회의 원고가 '각하'("젼남과 순텬은 원고가 불완젼하야 각하하엿스며")되었다. 이후 다시 제출된 원고를 1927년 7월 피어선신학교에서 1개월간 검열받고 1928년 9월 간행되었다.

총회에서는 노회에서 송부한 원고를 검열했는데, 노회는 소속 교회에서 작성한 원고를 취합했을 것이다. 그렇다면 교회에서는 무엇을 근거로 자신의 역사를 기술했을까. 너무나 당연하지만 사서(史書)의 집필은 자료에 근거한다. 과연 어떤 자료가 있었을까. 장로교의 경우 공식 자료는 당회록·노회록·총회록 등이다. 그러나 총회록은 1907년(독노회), 전라노회록은 1911년, 전남노회록은 1917년이 처음이다. 주보도 없었을테니 1890~1900년대 내용은 공백이다. 전남의 경우 장로가 장립되어 당회가 구성된 후[조직교회]의 당회록은 1912년 북문안교회가 처음이다.

『사기』 원고를 작성해야 하는 1920년대 상반기에는 비공식 자료에 의존할 수밖에 없다. 일기같은 비망록이나 구술(기억에 의존한 회고·증언)뿐이다. 후자의 경우 신뢰성을 담보하기 어렵다. 1920년대 상반기 각 교회에서 작성하여 노회로 송부한 원고는 거의 구술에 의존했을 것이며, 교회간의 내용이 상충된다 해도 가려내기 힘들다. 그나마 그렇게 취합된 원고들은 총회 검열위원들이 '재단'한다. 신뢰성이 떨어지는 원고마저 다시 편집되는 것이다.

『사기』에는 교회의 '성립'·'설립'이 연도별로 정리되어 있다. 이 '연도'는 어떻게 결정된 것일까. 아마도 교회에서 비공식 자료에 근거하여 작성한 원고를 따랐을 것이다. 『사기』에는 설립연도만 나올 뿐 월(月)·일(日)은 보이지 않는다. 당초부터 원고에 없었거나 있더라도 편집위원들이 체제 통일을 위해 삭제했을 것이다. '先是'에 해당하는 시기(연·월·일)가 원고에 있더라도 역시 체제 통일을 위해 삭제했을 것이다. 아무리 소중하다 해도 『사기』가 '금과옥조(金科玉條)'일 수 없는 이유이다.

32) 예컨대 한국 최초의 개신교회라 알려진 황해도 장연군 대구면 소래교회[松川敎會]의 설립시기도 1883년·1884년·1885년 등 제설이 있으며, 심지어 소래교회 자체에서도 1925년 40주년, 1934년 50주년, 1943년 60주년 기념식을 거행하는 등 혼란을 빚었다.

다. 그리고 각 지역에서 작성·송부된 자료를 검증작업 없이 취합·정리했기에 오류도 적지 않다. 다른 자료들과의 교차검증이 반드시 필요하지만, 다른 자료들이 없는 경우 일단 수용할 수밖에 없다.

〈표 1〉『사기』에 나오는 '成立'·'設立'과 '先是'/'初'의 용례

연번	내용
A	[1899년] 羅州郡 三道里敎會가 ①設立하다. ②初에 鄭元三·李文五·尹相三 等이 밋고 光州牛山敎會로 단니며 禮拜하더니 李文五난 酒業을 廢棄하고 其 旅幕을 禮拜處所로 使用할새 宣敎師 裵裕祉의 地方에 屬ᄒᆞ야 傳道人 馬瑞奎가 引導하엿스며 其後에 靈光郡 河羅里와 光州 九巢·兩處로 敎會가 ③分立되니라(상061).
B	[1901년] 光州郡 松汀里敎會가 ④成立하다. ⑤先是에 宣敎師 裵裕祉·吳基元의 傳道로 信者漸增함에 金日西方에 會集하다가 牛山里에 禮拜堂을 新築하고 會集하더니 其後에 松汀里에 移轉하니 助事난 趙尙學 外 數人이 視務하니라(상091).
C	[1904년] 光州郡 楊林里敎會가 ⑥成立하다. ⑦初에 宣敎師 裵裕祉·吳基元이 助事 邊昌淵과 敎友 金允洙를 同伴하야 木浦로브터 本里에 到着하야 舍宅을 定하고 熱心傳道ᄒᆞᆫ 結果로 崔興琮·裵景洙 等이 信從하야 自己舍廊에셔 禮拜하다가 信徒가 漸次增加됨으로 北門內에 瓦家로 禮拜堂을 建築하고 後에 金允洙·崔興琮 二人을 長老로 將立하야 堂會가 組織되얏고 其後 南宮爀·李得珠·洪祐鍾이 繼續視務하니라(상121).

『사기(상)』에는 '設立'(①)과 '成立'(④·⑥)이 혼재하는데 후자가 대부분이다. 그리고 이어 '初'(②·⑦)와 '先是'(⑤)가 혼재하는데 전자가 대부분이다. '成立'의 근거가 무엇인지, '先是'가 언제인지 구체적으로 나오지 않아 혼란스럽다. 1901년 '성립'된 송정리교회의 전신은 우산리교회이며(B), 1899년 삼도리교회를 '설립'한 정원삼 등은 우산리교회 신자였으므로(A) 우산리교회의 설립시기는 1899년 이전이며, 그 후신인 송정리교회 역시 설립시기를 1899년 이전으로 볼 수 있다.[33] 즉 송정리교회의 설립시기는 『사기(상)』에 '성립'되었다고 나오는 1901년보다 빠르다.

반면 1904년 '성립'되었다는 양림리교회는 선교사와 한국인들이 성탄절예배를 함께 드린 1904년 12월 25일을 설립시기로 잡고 있다. 근거가

33) 우산리교회가 1901년 송정리로 이전한 것인지도 분명치 않다.

명확한 데다[34] 선교사들이 주관했으니 의심의 여지 없이 그렇게 쓴 것같다.[35] 양림리교회는 이후 '이전'과 '분립'을 거듭하며 현재의 광주제일교회 및 3개의 양림교회에 이르렀다. 이들 교회 모두 1904년 12월 25을 설립시기로 삼고 있다.

『사기(상)』에 나오는 '성립'과 '분립'의 일관된 기준을 찾기는 어려우며, 편자들이 이에 대해 고심한 흔적도 보이지 않는다. 따라서 각각의 개별 기록의 전후관계를 따지며 살펴볼 수밖에 없다. 여기서는 우산리교회-송정리교회와 삼도리교회에 주목할 것이다.

3) 『조선예수교장로회사기』 관련내용 '해석'의 문제

거듭 강조하지만, 『사기』를 인용할 때는 많은 고민이 필요하다. 앞서 나온, 이 글과 관련해서 가장 핵심적인 자료를 예시로 살펴보자.

> [㉮1901년] 光州郡 ㉯松汀里教會가 ㉰成立하다. ㉱先是에 宣教師 ㉲裵裕祉·吳基元의 傳道로 信者漸增함에 ㉳金日西方에 會集하다가 ㉴生山里에 禮拜堂을 新築하고 會集하더니 ㉵其後에 ㉶松汀里에 移轉하니 助師난 趙尙學 外 數人이 視務하니라(상091).

전술했듯이 이 내용은 『사기(상)』의 원고가 작성된 1924~1925년 송정리교회측의 관점에 따른 것이다. 여기서 드는 의문과 필자의 견해는 다음과 같다.

▶ '1901년'(㉮)에 '송정리교회'(㉯)가 '성립'(㉰)되었다면 당시 '송정리

---

34) 1904년 12월 25일 성탄절예배에 대해서는 선교사 자료에 나온다.

35) 그렇다면 선교사와 한국인들이 함께 예배를 드렸으면 그것이 곧 교회의 '성립'·'설립'인가, 『사기』에는 이같은 기준이 일관되게 지켜졌는가의 의문이 들지만 후일의 과제로 삼겠다.

교회'로 불렸다는 뜻인가?: 이는 '송정리에 이전'(㉮)한 때가 언제였느냐에 따라 달라진다. 필자는 아니라고 생각한다.

▶ 『사기(상)』의 '우산리 교회'는 선교사 자료의 '잉계교회'와 같은가 다른가?: 김호욱·이영식은 전자, 차종순은 후자로 보며, 필자도 전자에 동의한다.

▶ '성립'(㉰)의 근거는 "우산리에 예배당 신축"(㉳)인가 "송정리에 이전"(㉶)인가?: 필자는 전자라고 생각한다.

▶ '배유지·오기원'(㉱)이 설립자인가?: '설립자'의 개념에 따라 다르겠지만 필자는 아니라고 생각하며, 오히려 배유지의 조사(助師)이자 어학선생인 변창연의 역할에 주목한다.

▶ '김일서방(金日西方)'(㉲)은 '김일서의 방'[金日西√方]인가 '김일이라는 서방'[金日√西方]인가?: 김호욱·이영식은 전자, 차종순[36]은 후자로 보며, 필자도 전자에 동의한다.

▶ '기후(其後)'(㉴)가 1901년인가 '기(其)'가 1901년인가?: 필자는 전자라고 생각한다.

4) '호남 최초의 한센인 교회' 봉선리교회

광주선교부 복음선교의 특징을 묻는다면 대답이 쉽지 않다. 다른 지역 선교부와의 차별점이 무엇인지 잘 몰라서다. 그래도 꼽으라면 1912년 봉선리교회의 설립과 운영이 떠오른다. 호남지역 최초의 한센인 교회이기 때문이다.[37] 이는 '구라선교(救癩宣教)'의 일환인데,[38] 복음선교와 의료선교가

36) 차종순, 『양림교회 100년사』, 137쪽.

37) 한국 최초의 한센인 교회는 1909년 미국북장로회 선교사 어을빈(C. H. Irvin)이 부산 감만동에 나병원인 상애원과 함께 설립한 상애교회로 짐작된다(이가연, 「호주장로교의 부산지역 의료선교: 맥켄지의 부산나병원 운영과 부산부의 나환자 대책을 중심으로」, 『역사와경계』 121, 부산경남사학회, 2021, 9쪽).

38) 남장로회의 구라선교에 대해서는 최병택, 「남장로회선교부 한센병 환자 수용정책의

병행된 것이다.

봉선리교회에 대한 선행연구는 찾기 어렵다. 하지만 『봉선리교회당회록』이 남아 있고 『기독신보』에도 관련기사가 실려 있기에 이번 기회에 그 개요나마 정리해보려 했으나 필자의 역량 부족으로 여기서는 주요 사료를 제시하는 정도에 그치고자 한다.

Ⅲ. 우산리교회의 설립과 복음선교

1. 광주제일교회·양림교회 홈페이지의 교회연혁

한동안 '광주지역 최초 교회'는 1904년 설립된 양림리교회로 알려졌지만, 근래 김호욱·이영식 등의 논문에서 『사기(상)』에 1899년 이전에 우산리교회로 설립되었다가 1901년 '성립'되었다는 송정리교회로 밝혀졌다. 그럼에도 광주제일교회(예장통합)와 양림교회(예장통합·예장합동·기장)의 홈페이지에는 여전히 '광주지역 최초 교회'라 나온다.

〈표 2〉 광주제일교회·양림교회 홈페이지에 나오는 교회연혁

연번	교회(교단)	내용(연혁)
①	광주 제일교회 (예장통합)	1904.12.25. 미국남장로교 선교회 선교사 유진 벨(Rev. Eugene Bell, 배유지 裵裕祉) 목사가 광주군 효천면 양림리 자신의 임시사택에서 동료선교사와 그 가족 및 협력자들과 '성탄축하 겸 주일예배'를 드림으로 '광주교회'를 시작하다('광주교회'란 **광주지역의 첫 교회**라는 의미로 선교사들이 사용): http://www.first.or.kr
②	양림교회 (예장통합)	1904.12.25. … 배유지 목사의 임시사택에 시민 200여명이 모여들어 40여명이 방안에서 모여 **광주 최초의 공동예배**를 드리다: https://www.yangrim.org

성격(1909~1950): 여수 애양원을 중심으로」(『한국기독교와역사』 32, 한국기독교역사연구소, 2010) 참조.

연번	교회(교단)	내용(연혁)
③	양림교회 (예장합동)	1904.12.25. … 배유지 선교사님 사택에서 가족, 교우, 주민 등 200여명이 모여 성탄예배를 드린 것이 **최초 광주양림교회의 설립예배**이며 배유지 목사가 제1대 당회장이다: http://www.yangrim.net
④	양림교회 (기장)	1904.12.25 오전 11시 광주군 효천면 양림리 배유지 선교사택(현, 사직도서관 앞)에서 광주시민 200여명이 모여 들어 40여명이 방안에서 모여 성탄절 기념예배로 **광주 최초의 예배**를 드림: https://yangrim.or.kr

이제 '광주지역의 첫 교회'(①)·'광주 최초의 공동예배'(②)·'광주 최초의 예배'(④) 등은 성립되기 어렵다. 전술했듯이 『사기』에 따르면 '광주지역 최초의 교회'는 우산리교회-송정리교회이다.

2. 송정제일교회·송정중앙교회 홈페이지의 교회연혁

'우산리'와 '송정리'는 현재 광주광역시 광산구 지역이다. 현재의 광산구는 1895년 '光州郡'이었다가 1935년 '광주군'이 '光州府'로 승격하면서 '光山郡'이 되었고, 1988년 광주시 '光山區'에 편입되었다.[39] 따라서 우산리교회와 송정리교회 모두 설립 당시에는 '光州郡'이었으며, 그러기에 『사기상』에서도 '光州郡 松汀里敎會'라 쓰고 있다. 따라서 1901년에 '성립'된 송정리교회나 그 이전에 설립된 우산리교회는 같은 교회이자 광주지역 최초의 교회이다. 그리고 우산리의 '金日西方'은, 우산리 소재인지는 모르나, 『사기상』에 따르면 광주지역 최초의 '기도처'가 된다.[40]

문제는 1899년 '설립'되었다는 삼도리교회이다. 우산리교회에 다니던 이문오·윤상삼·정원삼 등이 삼도리교회를 설립했다는 것이다(<표 1>A). 따라서 삼도리교회의 설립시기가 우산리교회보다 앞설 수 없다. 그리고 삼도리교회는 현재 광주시 광산구 소재지만 당시는 '羅州郡 三道里敎會'였

39) 광산구청 홈페이지(https://www.gwangsan.go.kr) 「연혁」.

40) 그런데 배유지는 1899년 잉계교회 방문 당시 "선응칠의 집에서 기도모임"이라고 기억했다.

다.[41] 따라서 현재 기준으로 본다면 광주지역의 두번째 교회가 된다. 송정리교회-송정읍교회에서 분립된 송정제일교회(예장통합)와 송정중앙교회(예장합동)의 홈페이지 「교회연혁」에는 다음처럼 나온다.

〈표 3〉 송정제일교회·송정중앙교회 홈페이지에 나오는 교회연혁

연번	교회(교단)	내용(교회연혁)
①	송정 제일교회 (예장통합)	1897 광주군 우산리 지역의 김일서방 집에서 예배를 드리기 시작하여 우산리에 예배당을 짓다. 이 교회에 나주군 삼도리, 구소리, 요기리(조산), 내방리 주민들이 참석하다: http://www.sjjeil.org
②	송정 중앙교회 (예장합동)	1897 광주군 우산리 지역의 김일서방 집에서 예배를 드리기 시작하여 우산리에 예배당을 짓다. 이 교회에 나주군 삼도리, 구소리, 요기리(조산), 내방리 주민들이 참석하다: http://www.ksjcc.org

여기에는 '광주지역 최초'라는 부분은 보이지 않으며, 대신 '1897년'이 설립연대로 나온다. 그 근거가 무엇인지 궁금하다. 그리고 근래 교계언론에는 송정중앙교회가 "광주지역의 최초 개신교 교회"라는 평가와 함께 "교회설립일이 1897년 1월 5일"이라고 구체적으로 나온다. 다음은 관련 기사인데, 역시 근거는 찾을 수 없다.

〈표 4〉 송정중앙교회 설립시기에 대한 기사

연번	교회(교단)	내용(연혁)
①	송정 중앙교회 (예장합동)	김 교수 "1897년 시작된 잉계(우산리)교회가 이전해 시작된 교회" … 송정중앙교회가 **광주지역의 최초 개신교 교회**이며, 이에 따라 **교회설립일이 1897년 1월 5일**로 재정립되어 역사적 가치를 새롭게 주목받게 됐다(『기독타임즈』 2020.02.06. 「송정중앙교회, 광주지역 최초 개신교 교회」: https://www.kdtimes.net/1046).

41) 삼도리는 나주군 삼가면 소속이었다가 1914년 삼도면 내산리로 개칭되었으며, 1949년 광산군에 편입되었고, 1988년 광주직할시 광산구 내산동으로 개편되었다.

3. 우산리교회와 잉계교회의 관계

우산리교회와 잉계교회의 관계에 대해서는 전술했듯이 차종순은 별개의 것, 김호욱·이영식은 동일한 것으로 보고 있다. 그 내용을 정리하면 다음과 같다.

〈표 5〉 우산리교회와 잉계교회의 관계

연번	내용	비고
①	"광주지역의 최초의 교회는 1897부터 모이기 시작한 우산리교회였으며, 이 교회에 잉애(계) 지역과 삼도리 지역 그리고 요기리 지역 사람들이 출석하였으나 … 교회가 중단됨으로써 잉애(계) 지역의 사람들도 1899년부터 잉애(계)교회로, 삼도리 지역 사람들도 삼도리교회로 각각 교회를 시작"	차종순 140쪽[42)
②	광주의 모교회는 『조선예수교장로회』의 기록에 의하면 우산리교회이며, 미국 남장로회 선교사들의 연례보고서 및 개인적인 편지 등의 기록에 따른다면 우산리교회는 우산리의 잉계교회임을 확인하였다.	김호욱 (2015) 182쪽
③	잉계교회와 우산리교회가 다른 교회가 아니라, 하나의 교회를 지칭한 것으로 보는 것이 자연스럽다고 사료된다. 첫째, 선교사들의 보고서에서는 초기부터 '잉계'(Engge) 혹은 '잉계교회'(Engge Church)라는 표현을 쓰고 있다는 점이다. 그들의 보고서에서 우산리교회를 표현하는 것을 찾을 수 없다. … 둘째, 기술한 바와 같이 『조선예수교장로회사기』 상권은 광주지역 최초의 교회로서 우산리교회를 말하고 있다는 것이다. … 셋째, 잉계교회와 우산리교회의 위치를 통해서 하나의 교회라고 볼 수 있다는 것이다.	이영식 (2021) 337쪽

* 전거: 차종순, 「광주지역 최초의 교회에 관한 연구」; 김호욱, 「광주지역 최초 개신교 교회설립에 관한 연구」; 이영식, 「유진 벨과 남장로 선교사들의 초기 광주지역 방문전도와 잉계교회」

『사기(상)』에는 보이지 않는 '잉계'[Engge, Enggei, Engay, Enggey, Eugge][43)]라는 지명이 선교사 자료에는 1909년까지 자주 보인다. 차종순은 이를 '잉어'의 변음으로 이해하나 현재도 광산구 우산동에 '잉계[孕鷄] 마을'이 있기에 필자는 김호욱·이영식의 견해를 따른다.[44)]

---

42) 이영식, 「유진 벨과 남장로 선교사들의 초기 광주지역 방문전도와 잉계교회」, 336쪽 각주 78)에서 재인용.

43) 김호욱, 「광주지역 최초 개신교 교회 설립에 관한 연구」, 183쪽.

44) 김호욱은 그 위치를 광산구 우산동 114번지로 비정했다(「광주지역 최초 개신교 교회 설립에 관한 연구」, 183쪽).

그렇다면 『사기(상)』에는 왜 '잉계'라는 지명이 보이지 않을까. 선교사 자료에 나오는 '잉계'는 공식적인 '교회' 명칭이 아닌 한국인들이 부르는 '지명'이기 때문일 것이다. 선행연구에서 활용된 선교자 자료에는 '잉계교회'(Engge Church)가 나오지 않고 '잉계'가 모두 지명으로 사용된다. 즉 "잉계에 세워진 교회"라는 뜻으로 짐작된다. 아마도 잉계마을이 우산리에 소재했을 것이다.

필자는 『사기(상)』에 나오는 '1901년'은 우산리 잉계마을에 "예배당을 신축하고 회집"하여 송정리교회의 '전신'인 우산리교회가 '성립'된 연도라고 추정한다. 우산리교회와 송정리교회가 같기에 예배당 건축을 기준으로 하여 1901년을 송정리교회의 '성립'으로 본 것이다. 그리고 그 때문에 선교사들은 종전 관행대로 1901년 이후에도 '잉계'라는 지명을 사용한 것이 아닐까.

4. 선교사 자료에 보이는 우산리교회 설립 과정

이제 배유지를 비롯한 선교사 자료에 나오는 우산리교회의 설립 과정 대해 알아보자. 이를 정리하면 아래와 같다.

〈표 6〉 선교사 자료에 보이는 우산리교회 설립 과정

연번	작성자	생산시기	내용
①	배유지	1896.11	"우리는 연례회의를 가졌다. … 그러나 남부지역의 우리의 사역에 관하여 어떠한 문제들은 결정할 수 없었다. 결과적으로 우리 모든 남자들은, 레이놀즈를 제외하고, 하루 이틀 내에 한달이나 6주 정도의 남부지역 탐사여행을 시작할 예정이다."[45]
②	-	1896.11.03. ~11.06.	남장로회 선교연회에서 나주 방문 결정

45) Eugene Bell's Letter to Sister, Nov. 8, 1896: 이영식, 「유진 벨과 남장로 선교사들의 초기 광주지역 방문교회와 잉계교회」, 325쪽.

연번	작성자	생산시기	내용
③	배유지	1896.11.08.	"레이널즈 제외한 남자들은 하루이틀 내 한달이나 6주 정도 남부지역 탐사여행 시작 예정"이라는 서신 작성(→ sister)
④	로티 (Lottie Bell)	1896.11.12.	배유지: "**㉮레이널즈 제외한 남자들은 하루이틀 내 한달이나 6주 정도 남부지역 탐사여행 시작 예정**"이라는 서신 작성 (→ sister)
⑤	배유지	1897.01	"**㉯나는 최근에 지방에 오랜 기간의 여행을 마치고 돌아왔다. 우리의 선교부는 나를 나주로 내려 보내기로 결정**하였다. 그곳은 전라도 남쪽에 위치한 성읍도시이다. 나는 날씨가 조금만 따뜻해지면 곧바로 그곳에 내려가서 살 집을 마련하고자 한다. 내가 집을 마련하는대로 로티(Lottie)와 나는 그곳으로 이사하기를 원하고, 그곳에는 의사와 함께 가게 될 것이다."[46]
⑥	로티	1897.03.07.	"1897년 3월 6일 제물포에서 증기선을 타고 **㉰조사 변창연 부부와 나주로 출발**"했다는 서신 작성(→ Mabel)
⑦	배유지	1897.03.18.	"변창연을 통해 집을 구입했으나 외국인과 연계된 것을 안 나주 사람들의 반대에 직면"했다는 서신 작성(→ mother)
⑧	배유지	1897.05.19.	"1897년 5월 3일 말을 타고 해리슨(Harrison)과 함께 **㉱나주로 출발, 집을 지을 수 있는 성안의 조그만 부지를 사는데 성공, 그러나 시민들의 반대에 직면**"했다는 서신 작성(→ mother)
⑨	배유지	1897.09.05.	"부부의 나주 거주 및 11월 이사를 희망"한다는 서신 작성 (→ sister)
⑩	-	1897.10.28. ~11.01.	군산에서 연례회의 개최
⑪	배유지	1897.11.07.	"선교부에서 자신을 나주가 아닌 목포로 파송"한다는 서신 작성 (→ mother)
⑫	배유지	1897.11.27.	"1897년 11월 25일 제물포 출발, 11월 27일 목포 도착"했다는 서신 작성(→ mother) ※ 이후 다시 부지 구입 후 12월 19일 귀경
⑬	배유지	1897.12.02.	"**㉲며칠 후 1주일간 나주를 여행할 예정**"이라는 서신 작성 (→ mother)
⑭	배유지	1898.03.31.	1897년 8월 23일 증기선을 타고 **㉳나주로 출발, 9월 2일 도착, 200~300여장 복음서와 전도지 판매·배부, 약 400여명에게 복음 전파**(Thirty-seventh Annual Report of Ex. Com. of Foreign Mission of Presbyterian Church U.S.)
⑮	배유지	1903	"**㉴ 광주군 잉계에는 예배드릴 수 있는 커다란 집이 있고, 21명의 세례지원자들과 25명의 평균 출석자가 있다.** 한국인 복음전도자 지원근(Mr. Chee)이 살고 있는 광주군 도둠(Todum)교회에는 정규적으로 주일 밤과 수요일 밤 예배는 출석이 양호하다. 그러나 주일 오전에는 사람들이 3마일 떨어진 잉계에 출석한다. 그리고 세례지원자들은 그곳에 등록을 한다."[47]

46) Eugene Bell's Letter to Sister, Jan. 6, 1897: 이영식, 「유진 벨과 남장로 선교사들의 초기 광주지역 방문교회와 잉계교회」, 328쪽.

47) Eugene Bell, "Personal Report of Eugene Bell," in Report of The Southern Presbyterian Mission in Korea, 1903: 이영식, 「유진 벨과 남장로 선교사들의 초

연번	작성자	생산시기	내용
⑯	스트레퍼 (Miss F. R. Straeffer)	1904.06	"하나말(Hannamal)은 목포의 북쪽으로 50마일에 위치하고 그곳에는 20명이 예배를 드린다. …. 이들 장소들 가운데 동쪽에 위치하고 있는 **㉮광주군의 잉계에(at Eng-gey) 있는 교회는 200명을 수용할 수 있는 큰 교회로 건축되었고, 특별히 그들의 자신의 돈으로 세웠다.** 이곳은 목포로부터 55마일 거리에 있다. 나주군에 있는 바다등(Pa-ta-tung) 교회는 잉계로부터 약 8마일에 있으며 15내지 20명이 출석한다. 도듬(To-dum-e)은 잉계로부터 3마일에 있다."[48]
⑰	배유지	1904.09	"이 지역에 처음의 노력들을 쏟은 지 7년이 지나고 진리가 그렇게 좋은 뿌리를 내린 것으로 여겨지는 것에 대해 하나님께 깊은 감사를 드립니다. 내가 선교부의 여러명의 다른 동료들과 함께 나주와 광주를 방문한 때는 1896년이었습니다. 그 다음해에 나주에 부동산을 샀고, 더 나아가 점유하게 되었습니다. 그리고 **㉯ 1899년에 나는 잉계(Engge)에 처음 방문하였는데, 그곳 선웅칠(Sun Ung Chil)의 집에서 기도모임이 이뤄지고 있었습니다.** 다소 기다리면서 시도하는 시간이 있었지만 그러나 이제 하나님의 영이 분명하게 일을 하고 계신 것으로 보입니다. 대단한 기쁨의 시간입니다."[49]
⑱	남대리	1923.02	"1896년 이 도시의 모든 역사 가운데 가장 위대한 사건이 일어났다. 그것은 남장로교 선교부의 전킨(Junkin), 테이트(Tate), 해리슨(Harrison), 벨(Bell) 그리고 레이놀즈(Reynolds)가 또 다른 선교부를 개설하고자 장소를 물색하는 여행으로서 이곳을 통과한 것이다. 그때에 남작 윤치호 아버지는 이 도(道)의 관찰사였고, 멀리서 온 외국인들에게 특별한 친절을 베풀었다. 그들을 대접하면서, 그들과 사냥도 함께 했다. 이러한 그의 환대는 후에 선교지부를 개설하는 데 큰 도움이 되었다."[50]

1896년 11월 미국남장로회 선교연회에서는 전남 나주 답사를 결정했고(①·②), 배유지 등은 11월부터 이듬해인 1897년 1월 사이에 한달 정도를 답사했다(③·④·⑤). 이 여행은 '교회 설립'이 아니라 '부지 물색'을 위한

기 광주지역 방문교회와 잉계교회」, 340쪽.

48) Miss Fradrica E. Straeffer, "The Work at Mokp," in The Missionary, 6, 1904, p.415: 이영식, 「유진 벨과 남장로 선교사들의 초기 광주지역 방문교회와 잉계교회」, 339쪽.

49) Eugene Bell, "Personal Report of Eugene Bell," Reports of Thirteenth Annual Meeting, Seoul, Sept. 1904, p.40: 이영식, 「유진 벨과 남장로 선교사들의 초기 광주지역 방문교회와 잉계교회」, 326쪽.

50) L. T. Newland, "The City of Kwangju," *The Korea Mission Field* 1923.02., p.39: 이영식, 「유진 벨과 남장로 선교사들의 초기 광주지역 방문교회와 잉계교회」, 327쪽.

것이었다. 그리고 3월 조사 변창연 부부와 함께 나주군을 방문하여 주택을 구입했고(⑦) 6월에는 하위렴과 함께 다시 나주군 방문하여 부지를 구입했다(⑧). 9월에도 나주군을 방문하여 "200~300여장 복음서와 전도지를 판매·배부하고 약 400여명에게 복음을 전파했다(⑭). 즉 1897년 9월에야 복음선교에 착수한 것이다.[51)]

배유지는 1899년에야 광주군 잉계를 '처음' 방문했는데, 현지 '선응칠'의 집에서의 '기도모임(a prayer meeting)'을 목격했다. 즉 아직은 '예배당'이 마련되어 있지 않았고 집회도 정식예배는 아니었던 셈이다.[52)] 배유지가 1903년 다시 광주군을 방문했을 때 잉계에는 "예배드릴 수 있는 커다란 집"과 21명의 세례지원자가 있었고 평균출석인원은 25명이었다(⑮). 1904년 6월 스트래퍼의 보고에 따르면 광주군 잉계에는 "200명을 수용할 수 있는 큰 교회"가 "그들 자신의 돈으로 건축"(⑯)되어 있었다.[53)]

여기서 보듯이 1899년부터 1903년 사이 잉계-우산리에 예배당이 건축되었으며, 필자는 그 시기를 『사기(상)』에 나오는 1901년으로 보려는 것이다. 1903년과 1904년 자료에 나오는 지명인 '잉계', 즉 '우산리'이지 '송정리'가 아니다. 즉 1904년까지도 '송정리교회'가 아닌 '우산리교회'였다.[54)]

---

51) 그러니 1897년 1월 5일에는 우산리교회도 삼도리교회도 모두 설립될 수 없다.

52) 따라서 잉계교회-우산리교회-송정리교회의 '설립자'를 배유지로 볼 수 있는가의 문제가 대두된다.

53) 여기서 1903년 평균출석인원 '25명'과 1904년 "200명을 수용할 수 있는 큰 교회"가 어울리지 않는 것처럼 느껴질 수 있으나, 200명을 수용할 수 있다는 것과 200명이 출석한다는 것은 다르다.

54) 그런데 1899년 배유지가 잉계를 방문했을 때 기도처는 '선응칠의 집'으로 나오나 『사기』에는 "金日西方에 會集"이라고 나와 혼란스럽다. 이 부분에 대한 검토는 후일을 기약한다.

5. 우산리교회의 송정리 이전 시기 및 이유

1901년 우산리에 예배당을 신축했고 『사기(상)』에서 이를 송정리교회의 '성립'으로 보았다는 필자의 주장이 맞다 하더라도 문제는 남는다. "200명을 수용할 수 있는 큰 교회"가 어째서 다른 지역으로 이전해야 했냐는 점이다. 『朝鮮耶蘇教年鑑』(1940)에는 송정리교회의 설립시기가 '1909'로 나오는데, 이를 근거로 김호욱은 우산리에서 송정리로 1909년에 이전했으며, 일본 군·경과 의병의 충돌 과정에서 의병에게 살해되어 주민들과의 관계가 악화된 것이 이유인 것으로 이해했다. 그 내용을 정리하면 다음과 같다.

〈표 7〉 우산리교회의 송정리 이전 관련 선행연구 내용

연번	내용	비고
①	**㉮장로교연감이 송정읍교회 창립을 1909년으로 기록한 것은 우산리교회가 송정리로 이전한 시기를 송정읍교회의 시작으로 본 것으로 이해**된다. 이를 뒷받침해 주는 사료는 미국남장로회 연례보고서이다. 미국남장로회 연례보고서는 1909년에 잉계교회에서 발생한 **㉯박해사건**에 대해 기록한 이후부터 잉계교회를 전혀 언급하지 않고 있다.	김호욱 (2015) 185쪽
②	장로회연감이 송정읍교회 창립을 1909년으로 기록한 것[55]은 우산리교회가 송정리로 이전한 시기를 송정읍교회의 시작으로 본 것이 아닌지 추정해 볼 수 있다. 하지만 1913년 8월에 개최된 제3회 전라노회의 회의록에 "광주 배유지 목사 지방의 영게교회"란 기록이 있다는 것을 참고할 필요가 있다. 두 사료를 잉계교회의 송정리로의 이전 년도를 추정해 보면, **㉰잉계교회가 1909년에 송정리로 이전**했으나 배유지 선교사는 1913년 8월 전라노회에 장로 1인을 청원할 때 영게교회로 표현했을 가능성이 있다. **㉱우산리교회는 잉계마을에 1913년 8월까지 위치**해 있다가 그 후 송정리로 이전하였다.	김호욱 (2020) 123쪽
③	남장로회 연례보고서에 의하면 **㉲잉계교회는 1909년까지는 확실하게 우산동에 위치**하고 있었다. 연례보고서는 "제자로 있는 **㉳잉계교회의 신실한 성도 중 한 사람이 반군(the rebels)에게 끌려나가서 죽임**을 당했다. **㉴의병들은 그가 당국자들에게 자신들에 대한 어떤 정보를 제공했다고 생각**했기 때문이다"[56]고 기록하고 있다.	김호욱 (2015) 191쪽

55) 『조선장로교연감』(조선야소교장로회 종교교육부, 1940), 476쪽.

56) Eugene Bell, "Station Report of the Southern Presbyterian Mission" in Station Report of the Southern Presbyterian Mission(1908.06.30.~1909.06.30.), p.42.

연번	내용	비고
④	잉계교회 성도의 죽임 당함은 조선 의병과 일본군 사이의 전투와 관계가 있는 것으로 보인다. 『조선장로회연감』의 내용과 남장로회 연례보고서 내용을 종합해 볼 때, 잉계교회는 어느 정도 성장한 상태에서 잉계마을에서 일어난 **㉵의병과 일본군 사이에서 일어난 지역민이나 교인들 간의 복잡한 관계성 때문에 송정리로 이전**한 것으로 보인다.	김호욱 (2015) 192쪽

* 전거: 김호욱, 「광주지역 최초 개신교 교회 설립에 관한 연구」(2015); 김호욱, 「광주지역 최초 근대화 교육기관 설립 연구」(2020)1

이전 시기에 대해 김호욱은 "장로교연감이 송정읍교회의 창립을 1909년으로 기록"(㉮)한 것으로 미루어 "1909년 송정리로 이전"(㉰)했다고 하면서도 "잉계마을에 1913년 8월까지 위치"(㉱)·"1909년까지는 확실하게 우산동에 위치"(㉲)했다고 하여 모호한 입장이다.[57]

하지만 김호욱이 이전 사유로 1909년의 '박해사건'(㉯), 즉 의병과 교인의 갈등(㉳·㉴·㉵)을 꼽은 데는 동의한다.[58] 그 사유가 아니면 "200명을 수용할 수 있는 큰 교회"를 왜 이전했는지 설명이 어렵기 때문이다. 실제로 1908~1909년 어등산 인근인 우산리에서는 의병과 군·경의 교전이 치열했다. 다음은 그같은 사례이다.

〈표 8〉 1908~1909년 우산리에서의 의병과 군·경의 교전 사례

연번	시기	내용
①	1908.11.19	전남 광주분견소의 헌병 3 보조원 7은 11월 19일 광주 서방 약 20리 **㉮生山**에서 약 50의 賊을 치고 其 3을 殪하였다.
②	1908.11.20	광주헌병분견소 상등병 3 보조원 7은 100여의 폭도가 광주군 **㉯우산면 生山**(광주 서방 약 2리) 부근을 배회한다는 **㉰정보**에 基하여 광주수비대와 협력하여 11월 19일부터 20일에 亘하여 수색하였으나 추적 不及.

57) 필자는 1909년 우산리교회가 송정리로 이전했다는 견해에 대해서는 회의적이나, 그렇다면 언제 이전한 것인지에 대해서는 아직 모르겠다.

58) 차종순 역시 같은 견해인 것으로 알지만 필자가 아직 그의 논문(「광주지역 최초의 교회에 관한 연구」)을 아직 보지 못했기에 자세한 설명은 생략한다.

연번	시기	내용
③	1909.01.08	수괴불명 携銃의 匪徒 약 20명은 營農者 矢野藤藏이 광주군 **㉣우산면 서작리**에 小作米 수납을 한다는 것을 알고 此에 위해를 가할 목적으로 본일 오전 9시경 同 서작리에 襲來하였다는 **㉤정보**가 있었다. 따라서 광주수비대에 교섭하였던 바 同隊는 直時 토벌대를 편성하고 當署로부터 附한 통역순사 2명과 共히 該地를 향하여 출발하였다.
④	1909.01.10	首魁不明 携銃의 匪徒가 광주군 **㉥우산면 서작리**에 襲來한 **㉦정보**가 있으므로써 광주수비대에 교섭한 결과 同隊는 直時 토벌대 편성 출발한 旨는 본월 9일 光警秘收 제26호로써 보고한 바 토벌차 향한 山田 소위 이하 20名은 左의 결과를 得하고 昨 10일 오후 9시 30분 귀대하였다. 同隊는 10일 정오 12시경 광주 서방 약 3리 운수동의 서북방 약 500米突의 산중에 수괴 조경환 이하 약 50명의 匪徒가 酒宴 중인 것을 발견하고 此를 포위한 바 적은 퇴로를 失하고 山巓凹地에서 일시 조항을 시도하였으나 주위의 고지를 점령한 我 토벌대는 猛射 약 2시간(射耗 996발)에 其 20을 殪하고 10명을 生擒 거의 전멸에 至케 하였다. 此 행동에 있어서 30년식 총 1 同 騎兵銃 1 同 탄약 60발 同 혁대 一 彈藥盒 前盒 1 後盒 1 韓兵銃 4 화승총 12 엽총 2 기타 화약 탄약 잡품 등 다수를 노획하였다. 追而 노획품 중의 엽총 1은 客月 31일 全南警秘收 제538호로써 보고한 미국선교사가 폭도에게 매각했는지 의심스러운 5연발 엽총에 해당하므로 同隊에서 엄밀취조 중이다.
⑤	1909.04.24	昨 24일 오후 1시 首魁不明의 賊 약 30이 광주군 **㉧우산면 수곡리**(邑北 3리)에 集團하고 있는 旨 **㉨밀정순사 진득운**으로부터 급보가 있었다. 따라서 直時 警部 牧瀨伊左衛門 同 신석현에게 일인순사 5 한인순사 6을 附하여 急行시켰던바 본일 오전 0시 30분 歸署復命하였다. 其 要領은 左와 如하다. 4일 오후 4시 30분 수곡면 남방 약 700米突의 高地에 달하였을 시 수곡 방면에 총성을 聞하고 直時 전투대형을 취하고 수곡을 향하여 전진 돌진하였으나 이미 광주헌병분견소로부터 出한 토벌대가(伍長 이하 14명) 我에 앞서 교전하여 賊을 潰亂시킨 후이었다. 따라서 연락을 통하여 共力하여 부락의 수사를 행하여 적 1명을 발견하고 生擒(경찰의 손에)하였다. 此戰에서 賊의 死 2, 生擒 1(前記 경찰의 손에 체포된 것) 노획품 화승총 1 喇叭 1 我에 손해 없다.
⑥	1909.06.10	6월 11일 오전 1시 30분 광주경찰서로부터 左의 통보를 受하였다. 賊徒首魁 김원국(부하 약 80명) 10일 석우산(광주 서북 2리 반)에 투숙하였다. 右 **㉩정보**에 依하여 제8중대로부터 하사 1 상등병 1 卒 13을 出하고 小野田 특무조장의 지휘를 受케 하여 경관 5와 협동 該賊 체포에 任케 하였다. 此 1대는 오전 2시 광주를 출발하여 오전 4시 20분 **㉪우산**에 도달 同村을 포위하고 賊의 숙박한 가옥을 습격 김원국 이하 6명을 체포하였다. 탄환은 사용하지 않고 인원 기타에 고장 없이 오전 11시 40분에 귀대하였다. 賊徒는 경찰서에 인도하였다.
⑦	1909.10.09	본월 9일 當署 변장 순사대와 동행한 토벌대에 左記의 자 자수하였다. 광주군 **㉦우산면** 동작리 居 故수괴 조경환의 부하 김창식(31) 광주군 고내성면 居 故수괴 조경환의 부하 김응칠(55) 광주군 **㉧우산면** 향약리 南星 居 수괴 기경로의 配下 이판준(32) 광주군 송지면 남성동 居 수괴 김박사의 부하 박동주(39)

* ① 韓暴通 제255호(한국주차군 참모장 牟田敬九郎 → 경무국장 松井茂, 1908.12.03.): 『한국독립운동사자료12: 의병편Ⅴ』 ② 韓憲警乙제1365호(한국주차군 헌병대장 明石元二郎 → 경무국장 松井茂, 1908.12.04.): 『한국독립운동사자료12: 의병편Ⅴ』 ③ 미국 선교사 對폭도에 관한 건: 全南警秘收 제538호(전라남도 경찰부

장 警視 村上則貞 → 경무국장 松井茂, 1908.12.21.): 『한국독립운동사자료13: 의병편Ⅵ』 ④ 光警秘收 제26호의 2(광주경찰서장 警視 村上則貞 → 경무국장 松井茂, 1909.01.11.): 『한국독립운동사자료13: 의병편Ⅵ』 ⑤匪徒토벌에 관한 건: 光警秘收 제26호(광주경찰서장 警視 村上則貞 → 경무국장 松井茂, 1909.01.13.): 『한국독립운동사자료13: 의병편Ⅵ』 ⑥ 폭도토벌에 관한 건: 光警秘收 제361호((광주경찰서장 警視 村上則貞 → 경무국장 松井茂, 1909.04.26.): 『한국독립운동사자료13: 의병편Ⅵ』 ⑦ 送發 제120호(임시한국파견대부관 梅田岩樹 → 경무국장 松井茂, 1909.06.20.): 『한국독립운동사자료13: 의병편Ⅵ』 ⑧ 羅警秘收 제52호의 1(나주경찰서장 警部 古屋清威 → 경무국장 松井茂, 1909.10.11.): 『한국독립운동사자료13: 의병편Ⅵ』

일제는 1909년 9~10월 이른바 '남한폭도대토벌작전(南韓暴徒大討伐作戰)'을 전개했는데 그 이전에 우산리는 이미 의병과 군·경의 격전지였다. 배유지의 보고(〈표 7〉③)는 1906년 6월 이전에 우산리교회 교인이 '반군(the rebels)', 즉 의병에게 "당국자들에게 자신들에 대한 어떤 정보를 제공했다"는 혐의로 살해되었음을 알려준다.

아마도 군·경에게 '정보'(㉰·㉴·㉶·㉸)를 제공한 이들 중에는 '밀정순사 진득운'(㉷)처럼 한국인도 있었을 것이다. 살해된 교인이 정말 그랬는지는 알 수 없으나 그같은 의심을 받은 것은 사실로 보이며, 그 때문에 교회가 주민들로부터 배척받아 부득이 송정리로 이전했던 것이 아닐까 짐작된다.

그렇다고 해서 1909년에 곧 송정리로 이전했을지는 의문이다. 만약 송정리의 기존 가옥이나 건물을 매입했다면 가능하겠지만 새롭게 예배당을 단기간에 건축하기는 쉽지 않았을 것이기 때문이다.

6. 삼도리교회도 '광주지역 최초 교회'?

근래에는 삼도리교회도 '광주지역 최초 교회'라는 주장이 나왔다. 다음은 관련기사이다.

〈표 9〉 삼도리교회 설립시기에 대한 기사

연번	교회(교단)	내용(연혁)
①	삼도교회 (예장합동)	광산구 삼도교회 **광주 최초교회**로서의 족적 … 당시 그곳 지명은 동촌(골말)이었고 바다등교회라고 불리웠다. 하지만 지금 삼도는 광주광역시 광산구로 편재되어 **광주지역 최초교회**로 그 이름을 올리고 있다(『뉴스파워』 2012.01.03., 「호남의 소래교회 광주 광산구 삼도교회」: https://www.newspower.co.kr/18540).
②		광주 삼도교회(박대규 목사)의 역사 발굴 작업이 한창이다. **광주지역 최초의 교회**라는 타이틀을 얻으면서, 안팎으로부터 교회의 어제와 오늘에 대한 지대한 관심과 주목을 한 몸에 받고 있는 것이다(『기독신문』 2012.01.30. 「광주 삼도교회 역사조명 한창」: https://www.kidok.com/news/articleView.html?idxno=73788).
③		역사위원회 임원들과 사적지지정분과 위원들은 8월 27일 **광주지역 최초의 교회**로 알려진 삼도교회를 방문 … 교회 관계자들은 1897년 1월 5일 설립된 잉계교회의 맥을 잇는 것이 삼도교회이며, 현재까지 **광주권역 최초의 교회**로 알려져 있다는 점을 설명했다(『기독신문』 2018.08.28. 「광주 삼도교회 역사사적지 심사」: https://www.kidok.com/news/articleView.html?idxno=111070).

"1897년 1월 5일 설립된 잉계교회의 맥을 잇고 있는 것이 삼도교회"라는데, 잉계교회-우산리교회와 삼도리교회는 별개이다. 우산리교회와 삼도리교회의 설립시기를 등치시킬 수 없다는 뜻이다. 그런데도 현재 삼도교회는 기념물을 설치하여 그 역사를 기념하고 있다.

〈표 10〉 삼도교회 구내 기념물의 내용

연번	구분	내용
①	기념판	1897년 1월 5일 현지인에 의해 설립된 자생적 광주 최초의 교회
②	기념비	1897. 1. 5. 광주지역 최초 설립
③	기념비	여기는 1897. 1. 5 설립된 삼도교회입니다. 배유지 선교사의 어학선생인 이문오의 동촌 여막을 예배처로 삼아 점점 흥왕하여 복음의 물결이 광주·전남지역으로 흘러갔으며(12교회 분립) 1938년 이곳에 옮겨 주님의 은혜로 여기까지 왔습니다. - 광주지역 최초 복음 도래지 - 광주 근대문화 전파의 진원지 - 한국 선교 정책의 모델(Nevius Plan) - 현지인에 의한 자생적 교회

이같은 주장의 근거로 삼도교회에서는 "수년 동안 광주기독교유적지기념회(대표회장: 진충섭 목사)와 기독교향토역사연구소(소장: 김호욱)를 중

심으로 연구된 학술자료 등을 제시했"으며, "지난해(주: 2017년) 광신대에서 개최된 학술세미나 발표를 근거로 설립연대를 1897년으로 조정"했다.[59] 이 학술포럼의 개요는 아래와 같은데, 결론은 "광주지역 최초의 교회는 사라진 잉계교회이며, 그 역사와 정신을 계승한 것이 삼도리교회"라는 것이다.[60]

〈표 11〉 '광주지역 최초 교회' 관련 학술포럼의 개요

명칭	광주기독교유적지기념회 주최 제1회 학술포럼
주제	광주지역 최초 복음 도래지 재조명을 위한 학술포럼
주관	기독교향토역사연구소(소장 김호욱 교수)
일시/장소	2017.10.27./광신대학교

연번	필자	제목	내용
①	이영식 교수 (총신대)	광주지역 최초 교회 형성에 관한 소고	이 교수는 "1899년 우산리교회에 출석하던 성도들에 의해서 세워진 삼도리교회는 선교사들이 바다등교회로 표기한 교회"라면서 "선교사 공의회 시대였던 당시 상황을 감안할 때 이를 **분립**으로 보아도 무리가 없을 것이며, 따라서 **삼도리교회가 광주지역 최초 교회의 설립과 전통과 유산을 공유하는 것이 마땅**하다"라고 주장했다.
②	김호욱 교수 (광신대)	광주 잉계교회와 우산리교회의 관계성 연구	"잉계교회는 현재 빈터만 있고 교회 명칭과 예배당 건물을 모두 상실한 상태"라면서 "잉계교회로부터 **분립**하여 잉계교회의 역사를 간직하면서 동시에 처음의 지역적 위치를 유지하고 있는 **삼도교회와 예배당 건물이 광주지역 최초 교회의 정신을 담고 있다**고 보아야 한다"고 부연했다.
③	이은선 교수 (안양대)	한국교회 초기의 기독교가 한국사 회에 끼친 영향력 연구	"광주에서도 근대문화 보존의 중요성을 깨달아 **기독교 선교거점**의 복원작업을 진행 중"이라고 설명하면서 "이 복원작업이 더 큰 의미를 가지기 위해서는 **삼도교회에 기독교기념관을 건립**하고, 함께 연계하여 관광자원화하자"고 제안했다.

이 내용을 보면 우산리교회나 삼도리교회의 설립시기가 1897년 1월 5일이라는, 그리고 이문오가 배유지의 어학선생이라는 언급은 없다. 그리고

59) 『기독신문』 2018.08.27. 「광주 삼도교회 역사사적지 심사」.

60) 『데일리 굿뉴스』 2017.11.14. 「"잉계교회 역사를 아십니까" 광주 최초 교회 복원작업 필요성 대두: https://www.goodnews1.com/news/articleView.html?idxno=77759.

어쩐지 우산리교회보다는 삼도리교회에 초점이 맞춰진 느낌이다. 삼도리교회가 우산리교회에서 '분립'(①·②)했으므로 '광주지역 최초 교회'인 우산리교회의 "설립과 전통과 유산을 공유하는 것이 마땅"(①)하며, 우산리교회는 명칭과 건물이 남아 있지 않으므로 삼도리교회 건물이 "광주지역 최초 교회의 정신을 담고 있"(②)으므로 광주의 '기독교 선교거점'인 여기에 "기독교기념관을 건립"(③)하자는 것이다.

여기서 문제는 첫째, 잉계교회-우산리교회의 설립시기가 1897년 1월 5일이라는 근거가 제시되지 않았고, 둘째, 삼도리교회가 우산리교회에서 '분립'된 것인지 논쟁의 여지가 있으며, 셋째, 설령 그렇다 하더라도 그 설립시기를 공유할 수 있는지 의문이라는 것이다.[61] 앞의 주장은 김호욱(2015)[62]과 이영식(2021)[63]에 근거했다고 짐작되는데, 그 내용의 일부를 발췌하면 아래와 같다.

〈표 12〉 김호욱 논문(2015) 중 우산리교회·삼도리교회 관련 내용

연번	내용
①	잉계교회의 설립년도는 1896년 말이나 아니면 1897년이나 1898년으로 잡는 것이 역사적 사실에 가까워 보인다(183쪽).
②	1897년 또는 1898년경 교회(필자 주: 잉계교회)가 시작(187쪽)
③	우산(리)교회가 1898년 또는 그 이전에 시작되었음을 암시(191쪽)
④	삼도리교회의 시작 연월일에 대해서 잉계교회와 유사한 시기로 보아야 한다는 의견이 있으나 아직까지는 확실한 사료가 없어 더 연구해 보아야 한다. 그러므로 현재로서는 사기의 기록에 따라 1889년 초에 시작된 것으로 보는 것이 무난하다(191쪽).
⑤	1896년 말 아니면 1897년경에 시작된 잉계교회(195쪽)

61) 이같은 논리대로라면 우산리교회에서 '분립'된 삼도리교회는 물론 삼도리교회에서 '분립'된 교회들의 설립시기도 우산리교회-삼도리교회와 공유될 수 있어야 한다.

62) 김호욱, 「광주지역 최초 개신교 교회 설립에 관한 연구」.

63) 이영식, 「유진 벨과 남장로 선교사들의 초기 광주지역 방문전도와 잉계교회」

〈표 13〉 이영식 논문(2021) 중 우산리교회·삼도리교회 관련 내용

연번	내용
①	광주지역 최초의 교회라 할 수 있는 잉계교회는 1896년 유진 벨 선교사와 동료들에 의해 광주에 복음이 뿌려진 기초 위에서, 1897년부터 나주 선교지부 개설을 위한 방문이 계속되었고, 부지를 매입하는 과정에서 설립되었다고 사료된다(331쪽).
②	선교사들의 기록에는 잉계교회가 광주지역에서 가장 먼저 등장하고 이후 이 지역 중심 교회로 나타나고 있다. 이를 종합해보면, 잉계교회가 광주지역 최초의 교회라는 것을 알 수 있다(332쪽).
③	우산리교회는 광주지역 최초의 교회임을 확인하게 되었다. … 우산리지역에 우산리교회와 잉계교회가 있었다고 볼 수 없다. 우산리교회와 잉계교회를 같은 교회라고 보는 것이 자연스럽다(336쪽).

김호욱과 이영식의 논문은 광주지역 초기 교회사를 밝혀주는 매우 빼어난 연구이다. 『사기(상)』는 물론 선교사 문서를 꼼꼼이 읽고 지역 현장도 샅샅이 훑으며 써낸 논문이기에 배운 점이 무척 많다. 그럼에도 몇 가지 의문이 든다. 이영식의 논문에는 우산리교회의 설립연도가 나오지 않지만, 김호욱의 논문에는 "1896년 말이나 아니면 1897년이나 1898년"(①)·"1897년 또는 1898년경"(②)·"1898년 또는 그 이전"(③)·"1896년 말 아니면 1897년경"(⑤) 등 조금씩 달리 나와 혼란스럽다.

6. 전남지역 교회의 설립 상황(1898~1919)

『사기(상)』에 보이는 전남지역 교회의 설립 상황(1898~1918)을 정리하면 다음과 같다.[64)]

64) 한규무, 「광주·전남 기독교인들의; 3.1운동 참여와 동향」 『한국기독교와역사』 13(한국기독교역사연구소, 2000), 77쪽.

〈표 14〉 전남지역 교회의 설립 상황(1898~1918)

연도	광주	강진	고흥	곡성	광양	구례	나주	담양	목포	무안	보성	순천	여수	영광	영암	완도	장성	장흥	제주	진도	함평	해남	화순
1898									양동														
1899							**삼도리**																
1900																					문장리		
1901	**송정리**																						
1902																	보생리				우수영/선두리		대포리
1903							광암리							대전리				율곡리/황룡리					
1904	**양림리**			옥과리			덕림리							신천리		관산리							
1905	**삼소지요기리**	만덕리					방산리				신천리			무령리				도청리		분토리	용성	신덕리	
1906		학명리	옥하리				상촌					평촌					대악리	진목리/사금리/대리				고당리	
1907	**증흥리**		신흥리		신황리						운림리	용당	장천리/우학리				신호리				월봉리	원진	화순읍/칠정리

연도	광주	강진	고흥	곡성	광양	구례	나주	담양	목포	무안	보성	순천	여수	영광	영암	완도	장성	장흥	제주	진도	함평	해남	화순
1908		서산리	신광리		광양읍/웅동/대방리	구례읍	내산리/서문정			덕산리/대척리/성남리	양동	신광리/이미		염산리					금성리			초송리	수리
1909	**일곡**		옥◇리		백암리/섬거리/지랑리		덕곡리			성암리		순천읍/대치리/구상리							조천리		영흥리	맹진리/대월	
1910		학장리	주교리			대유리	상재리			구정리	문양리/대치리	월산리					월평	대리	도성내		향교리/수호리	해남읍/남창리	
1911													서정										
1912	**봉선리**										동막	압곡리					장성읍		모슬포				품평리
1913		남성리																				죽암리	
1914												월곡리/기곡리							중문리				
1915			오천/길두리				상계리	개동리		장고리	영암								수원				

연도	광주	강진	고흥	곡성	광양	구례	나주	담양	목포	무안	보성	순천	여수	영광	영암	완도	장성	장흥	제주	진도	함평	해남	화순
1916	**월성리**						대안리	담양읍						백년리	쌰효리/동호리						순성/내교리/석성리		
1917	**금당리**				희동						무민리/보성읍											이율	
1918			유둔리								봉갑리				교동리		도청리		삼양리/세화리				

* 밑줄은 '교회설립'에 대한 내용이 없이 갑자기 '장로장립'에 대한 내용이 나오는 교회를 뜻함

7. 광주지역 교회의 설립 상황(1898~1919)

『사기(상)』에 보이는 광주 및 인근지역 교회의 설립 상황(1898~1918)을 정리하면 다음과 같다.[65)]

65) 광주군 향사리교회(현 광주서현교회)의 경우, 1908년 우월순(R. M. Wilson)이 1908년 숭일학교에 조직한 확장주일학교[Extended Sunday School]를 교회의 출발로 잡고 있다(『서현 90년사: 1908~1998』, 대한예수교장로회 서현교회, 1998, 93~94쪽). 그런데 『사기하』(318쪽)에는 "(1922년) 光州郡 鄕社里敎會가 北門外敎會에서 分立하다"고 나온다. 이 글에서는 『사기하』의 기록에 따라 대상에서 제외했다.

〈표 15〉 광주 및 인근지역 교회의 설립 상황(1898~1918)

연번	교회	지역	연도	내용
①	**삼도리교회** 우산리교회 → → 하라리 교회 → 구소리 교회	**나주** 광주 영광 광주	1899	[1899년] 羅州郡 三道里敎會가 設立하다. 初에 鄭元三·李文五·尹相三 等이 밋고 光州 牛山敎會로 단니며 禮拜하더니 李文五난 酒業을 廢棄하고 其 旅幕을 禮拜處所로 使用할 새 宣敎師 裵裕祉의 地方에 屬ᄒᆞ야 傳道人 馬瑞奎가 引導하엿스며 其後에 靈光郡 河羅里와 光州 九巢 兩處로 敎會가 分立되니라(상061).
②	**삼도리교회** → 성정리 교회 → 마암리 교회 → 방동리 교회	**나주** 함평 나주 함평	1900	[1900년] 是年에 羅州郡 三道里敎會가 家屋을 買收하야 禮拜堂으로 使用하다가 數年 後에난 十二間을 增築하얏고 敎會漸旺하야 咸平郡 星亭·馬岩·方洞 等 敎會를 分立하니라(상072).
③	**송정리교회 (=우산리 교회)**	**광주** 광주	1901	[1901년] 光州郡 松汀里敎會가 成立하다. 先是에 宣敎師 裵裕祉·吳基元의 傳道로 信者漸增함에 金日西方에 會集하다가 牛山里에 禮拜堂을 新築하고 會集하더니 其後에 松汀里에 移轉하니 助事난 趙尙學 外 數人이 視務하니라(상091).
④	**문양리교회** 하라리교회 →	**함평** 영광	1900	[1900년] 是年에 咸平郡 文場里敎會가 成立하다. 先是에 朴贊益·林逢春·鄭基先 等이 靈光 河羅里敎會에 往來하다가 信者가 漸加하야 敎會를 分立하고 宣敎師 裵裕祉·南大理. 助師 邊昌淵·馬瑞奎·鄭順模·李桂洙·許元三 等이 繼續視務하니라(상072).
⑤	**보생리교회** 우산리교회 →	**장성** 광주	1902	[1902년] 長城郡 寶生里敎會가 成立하다. 先是에 宣敎師 裵裕祉의 傳道로 金文三·金權仲 兩人이 信主하고 光州 牛山敎會로 다니며 熱心傳道하야 李成化·金春京 二人이 밋고 私邸에셔 禮拜하다가 敎友의 增加됨을 ᄯᅡ라 四間 禮拜堂을 新築하얏스며 邊昌淵이 助事로 視務하니라(상099).
⑥	**황룡리교회** 하라리교회 →	**장성** 영광	1903	[1903년] 長城郡 黃龍里敎會가 成立하다. 先是에 奉德居金道仁이 池元根의 傳道를 듯고 信從하야 靈光郡 河羅理敎會로 다니며 傳道한 結果로 李文英·朴敬七·金景洙·梁大仲·金成台·朴文七·姜允七·白敬三 等 七人이 밋고 禮拜堂 六間을 新築한 後 宣敎師 裵裕祉·都大善 助師 邊昌淵·金文三 等이 視務하니라(상109)
⑦	**율곡리교회 (=영신교회)**	**장성**	1903	[1903년] 長城郡 栗谷里(永信)敎會가 成立하다. 先是에 宣敎師 吳基元과 助事 都正熙의 傳道로 信者를 엇고 禮拜堂을 新築하고 宣敎師 裵裕祉와 宣應七을 二年間 派遣선도하니라(상108).

연번	교회	지역	연도	내용
⑧	**양림리교회 (=북문안 교회)**	**광주**	1904	[1904년] 光州郡 楊林里教會가 成立하다. 初에 宣教師 裵裕祉, 吳基元이 助事 邊昌淵과 教友 金允洙를 同伴하야 木浦로브터 本里에 到着하야 舍宅을 定하고 熱心傳道흔 結果로 崔興琮, 裵景洙 等이 信從하야 自己舍廊에셔 禮拜하다가 信徒가 漸次增加됨으로 北門內에 瓦家로 禮拜堂을 建築하고 後에 金允洙, 崔興琮 二人을 長老로 將立하야 堂會가 組織되얏고 其後 南宮爀, 李得珠, 洪祐鍾이 繼續視務하니라(상121).
⑨	**삼소지교회** 영신교회 →	**광주** 장성	1905	[1905년] 光州郡 三所旨教會가 成立하다. 初에 金權明·白富根 二人이 밋고 長城 永信教會로 來往하더니 信者가 增加됨으로 教會를 分立하얏고 宣教師 裵裕祉와 助師 金基贊·趙石逸·邊昌淵·高時仲·朴正弼 等이 視務하다(상143)
⑩	**요기리교회** 우산리교회 →	**광주** 광주	1905	[1905년] 光州郡 堯基里教會가 成立하다. 先時에 金允洙의 傳道로 張昌化가 밋고 牛山教會에 五年間 往來하다가 是年에 禮拜堂을 新築하얏난대 宣教師 邊約翰, 南大理, 裵裕祉와 助事 盧應杓, 趙尙學, 李桂洙, 李德熙 等이 相繼視務하니라(상145).
⑪	**용성리교회** 성정리교회 →	**함평** 나주	1905	[1905년] 咸平郡 龍成教會가 成立하다. 初에 徐京九·鄭道連 崔致文 等이 信教하고 羅州 馬岩里 尹相三과 갓치 成亭里教會로 다니면셔 禮拜하다가 後에 禮拜堂을 龍成里에 設置하다(상144).
⑫	**중흥리교회**	**광주**	1907	[1907년] 光州郡 中興里教會가 成立하다. 先時에 本地人 李方彦과 女徒 徐千年·曺綾州·金孟洞·金午峙·河順伊 等이 몬저 밋음으로 教會를 設立하고 宣教師 裵裕祉·吳基元 等과 傳道人 李太浩·徐路得 等이 相繼視務하니라(상255)
⑬	**일곡교회**	**광주**	1909	[1909년] 光州郡 日谷教會가 成立하다. 先是에 李周庠이 美國에 寓居하야 宣教師 崔義德과 牧師 梁柱三에게셔 福音을 듯고 信者가 된 後 是年에 歸國하야 宣教師 裵裕祉와 合力하야 本里에 教會를 設立하고 熱心傳道하야 信者가 增加함에 禮拜堂을 新築하니라(상267).
⑭	**봉선리교회**	**광주**	1912	[1912년] 光州郡 鳳仙里教會가 設立되다. 先是에 宣教師 醫師 禹越淳이 癩病者 二十餘人을 山谷에 集合하고 醫藥으로 治療할새 宣教師와 濟衆院 事務人 崔興琮과 李萬俊 等이 三年間 傳道하여 信者를 얻어 教會가 設立ㅎ게 되니라(하171).
⑮	**월성리교회**	**광주**	1916	[1916년] 光州郡 月城里教會가 設立되다. 先是에 宣教師 裵裕祉가 傳道하여 信者가 秒進함을 因하여 家屋一座를 買收하여 禮拜堂으로 使用하였고 助事 李桂洙가 多年視務하니라(하176).

연번	교회	지역	연도	내용
⑯	**석성리교회** 용성리교회	**함평** 함평	1916	[1916년] 咸平郡 石城里教會가 成立하다. 先是에 本地教人 金萬寶 外 數人이 龍城教會에 來臨하더니 教人의 熱心追求에 應하여 徐京九·馬律亞의 補助로 草家 四間을 買收하여 禮拜堂으로 使用하엿고 宣教師 南大理·柳瑞伯·閔道磨 助師 徐枝一·朴化允·徐成一 等이 繼續視務하니라(하176)
⑰	**금당리교회** 삼정지교회 →	**광주** 광주 (?)	1917	[1917년] 光州郡 金塘里教會가 設立되다. 先是에 宣教師 裵裕祉가 二·三年間 傳道하여 三町旨教會가 設立되고 是年에 本里에 教會가 分立하게 되니라(178).

위의 내용을 '분립(分立) 또는 '분화(分化)'의 관점[66]에서 다시 정리하면 아래와 같다.

〈표 16〉 광주 및 인근지역 교회의 '분립' 또는 '분화' 관계(1898~1918)

<table>
<tr><td rowspan="6">광주군
우산리교회
[1899 이전]②·③
(→송정리교회)</td><td rowspan="6">⇨ 나주군
삼도리교회
[1899]①</td><td rowspan="2">⇨ 영광군 하라리
교회
[?]① ※'분립'</td><td>⇨ 함평군 문양리
교회
[1900]④ ※'분립'</td><td></td></tr>
<tr><td>⇨장성군 황룡리
교회
[1903]⑥</td><td></td></tr>
<tr><td>⇨ 광주군 구소리
교회
[?]① ※'분립'</td><td></td><td></td></tr>
<tr><td>⇨ 함평군 성정리
교회
[?]②</td><td>⇨ 함평군 용성리
교회
[1905]⑪</td><td>⇨ 함평군 석성리
교회
[1916]⑯</td></tr>
<tr><td>⇨ 함평군 마암리
교회
[?]②</td><td></td><td></td></tr>
<tr><td>⇨ 함평군 방동리
교회
[?]②</td><td></td><td></td></tr>
</table>

66) 필자는 A교회의 허가를 얻거나 협의를 거쳐 교인 일부가 이탈하여 B교회를 설립한 경우나 A교회에서 지원하여 B교회를 설립하는 경우[支教會]'에는 '分立', 그러한 과정이 없이 교인 일부가 임의로 A교회를 이탈하여 B교회를 설립하는 경우에는 '分化'로 보고자 한다.

광주군 우산리교회 [1899 이전]②·③ (→송정리교회)	⇨ 장성군 보생리 교회 [1902]⑤			
	⇨ 광주군 요기리교회 [1908]⑩			
장성군 율곡리(영신)교회 [1903]⑦	⇨ 광주군 삼소지교회 [1905]⑨ ※'분립'			
광주군 양림리교회 (→북문안교회) [1904]⑧				
광주군 중흥리교회 [1907]⑫				
광주군 일곡교회 [1909]⑬				
광주군 봉선리교회 [1912]⑭				
광주군 월성리교회 [1916]⑮				
광주군 삼정지교회 [?]⑰	⇨ 광주군 금당리 교회 [1917]⑰ ※'분립'			

이를 다시 당시와 현재의 소재지가 어디인지, '전도인'이 누구인지, 장로가 장립되고 당회가 구성되어 '조직교회'가 되는 시기가 언제인지를 중심으로 정리하면 다음과 같다.

〈표 17〉 광주지역 교회의 소재지·전도인 및 조직교회 관련 내용

연번	교회	연도	소재지		전도인		조직교회연도 (순서) [장로장립]
			당시	현재	선교사	한국인	
①	삼도리 교회	1899	나주군	광주시		(우산리교회) 이문오·윤상삼·정원삼	1915년(이계수)❷
②	송정리 교회	1901	광주군	광주시	배유지· 오기원		1920년(김원숙)❺
③	양림리 교회	1904	광주군	광주시	배유지· 오기원	(광주선교부) 김윤수·변창연	1912년 (김윤수·최흥종)❶

연번	교회	연도	소재지		전도인		조직교회연도 (순서) [장로장립]
			당시	현재	선교사	한국인	
④	삼소지 교회	1905	광주군	광주시		(장성영신교회) 김권명·백부근	?
⑤	요기리 교회	1905	광주군	광주시		(우산리교회)장창화	1920년(김응선)❺
⑥	중흥리 교회	1907	광주군	광주시		김맹동·김오치·서천년 이방언·조능주·하순이	?
⑦	일곡교회	1909	광주군	광주시	[최의덕·양주삼]	이주상	1919년(이주상)❹
⑧	봉선리 교회	1912	광주군	광주시	우월순		1917년(이종수)❸
⑨	월성리 교회	1916	광주군	광주시	배유지		1921년(구경모)❼
⑩	금당리 교회	1917	광주군	광주시	배유지		1922년(고시중)❽

Ⅳ. 봉선리교회의 설립과 복음선교

광주선교부 복음선교의 특징이라면 한센인(나환자) 교회의 설립이다. 광주제중원 원장 우월순(R. M. Wilson)은 영국 '극동과인도구라협회'의 지원을 받아 1912년 광주나병원을 설립하고 21명의 환자를 수용했다. 이때 최흥종[67]은 봉선리의 땅 1천여평을 기부했으며, 구내에 봉선리교회도 함께 설립했다. 이로써 봉선리에는 한센인들의 공동체가 형성되었다. 봉선리교회에 대한 선행연구는 찾기 어려우며, 광주나병원의 개요는 다음과 같이 정리된 바 있다.

67) 광주·전남의 대표적 민족운동가이자 기독교목사인 최흥종은 평생을 한센인과 동고동락한 사회선교의 선구자이기도 하다. 그에 대해서는 오방기념사업회 엮음, 『오방 최흥종 연구: 생애·신앙·참여』(태학사, 2022) 참조.

> 제중원 원장 윌슨[우일선]은 한센인 치료를 효과적으로 하기 위해 영국의 '극동과 인도구라협회'의 지원을 받아 1912년 광주나병원을 설립하고 21명의 환자를 수용하였다. 광주나병원의 운영은 환자들의 자원에 의해 이루어졌다. 부식물이나 고기 등은 각자 개별적으로 생산하였고, 건물의 보수 등도 환자들이 직접 해결하였다. 광주나병원에서는 환자들을 성별에 따라 분리 수용하였다. 남자는 2평[6.6㎡]의 병사 4실에 각 1실마다 6명이 사용하고, 여자는 14평[46.3㎡]의 병사 2실에 각 1실마다 5명이 수용되었다. 부부 환자들도 있었는데, 이들은 14평의 부부실에 수용되었다.
>
> 광주나병원은 1912년에 남자 환자용 1동, 여자 환자용 1동을 증축하여 총 100여 명의 환자를 수용할 수 있는 규모가 되었다. 이후 선교 의료의 영향력이 커지면서 조선인들에 대한 통치가 어려워졌다고 느낀 조선총독부에 의해 많은 압박을 받아 1919년 사립병원 자격이 상실되기도 하였다. 그러다 1923년 새로 사립병원으로 인가를 받는데, 이 무렵 광주나병원의 수용 환자는 700여 명에 이르렀다. 그러나 1920년대 중반에는 치료를 원하는 환자들에 비해 수용시설이 절대적으로 부족하였고 입소하지 못한 환자들도 많았다. 이들이 도시를 배회하면서 사회 문제가 되었고, 시민들은 광주나병원의 이전을 강력히 요구하였다. 결국 1926년 11월 조선총독부의 강제 이전 명령이 내려지자 광주나병원은 여수군 율촌면[지금의 전라남도 여수시 율촌면]으로 옮기게 된다. 1927년 자신의 이름을 거는 조건으로 건물을 지어주기로 한 사업가 비더울프(Biederwolf)의 이름을 따서 '비더울프 나병원'이라 하였으며, 1935년에는 '애양원'으로 개칭하게 되었다.[68]

여기서 보듯이 한센인을 위한 '의료선교'에 대해서는 어느 정도 밝혀졌으나 '복음선교'에 대한 내용은 찾기 어렵다. 이에 대한 『사기(상)』의 기록을 정리하면 아래와 같다.

---

68) 디지털광주문화대전: https://www.grandculture.net/gwangju/seogu/toc/GC60005037

〈표 18〉 봉선리교회 관련 『사기』의 기록

연번	내용
①	【설립과정】[1912년] 光州郡 鳳仙里敎會가 設立되다. 先是에 宣敎師 醫師 禹越淳이 癩病者 二十餘人을 山谷에 集合하고 醫藥으로 治療할새 宣敎師와 濟衆院 事務人 崔興琮과 李萬俊 等이 三年間 傳道하여 信者를 얻어 敎會가 設立ㅎ게 되니라(하171).
②	【타마자/영수/집사】[1914년] 光州郡 鳳仙里敎會에는 是年을 爲始하여 宣敎師 打馬字가 視務하게 되고 男女 十餘人에게 洗禮를 施하여 金泰玉을 領袖로, 鄭德凡은 執事로 選擧한 後 敎會가 漸進하니라(하173).
③	【학교설립】[1916년] 光州郡 鳳仙里敎會와 長城郡 小龍里敎會에서 各其 小學校를 設立하여 多數한 學生을 敎授ㅎ게 하니라(하179).
④	【장로장립/당회조직】[1917년] 光州郡 鳳仙里敎會에서 李鍾守를 長老로 將立하여 堂會를 組織하였고 宣敎師 元佳理, 牧師 金昶國, 金英植, 助事 高麗停과 長老 金容玉, 吳根旭, 朴春甲이 誠心供職하느니라(하178).
⑤	【불신자전도】[1922년] (전도부) 봉선里敎會의 請願에 依하여 不信者에게 傳道ㅎ게 함을 許한 事를 報告하여 採用되다(하306).
⑥	【제주선교】[1918년] 光州郡 鳳仙里敎會에서 元容爀을 濟州에 派送하여 五年間 傳道ㅎ게 하고 其後에는 金在鎭을 派送하여 繼續傳道하였다(하322).
⑦	【부흥사경회】[1922년] 光州郡 鳳仙里敎會에서는 牧師 金益斗를 論邀하여 復興査經中에 六百餘名의 信者가 大感動을 받아 決心者가 七十餘人이고 敎役者를 爲하여 百餘員을 捐補하였다(하325).

봉선리교회에서는 1916년 10월 이종수를 장로로 선출하고 1917년 4월 장로로 장립(④)하여 '조직교회'의 면모를 갖추었다. 이에 따라 작성된 『봉선리교회당회록』(1916.10.08.~1922.03.18.)이 남아 있어 참고된다.[69]

아울러 장로교·감리교 연합 교계신문인 『기독신보』에도 몇 건의 기사가 실렸다. 이에 대해 정리하면 다음과 같다.

69) 이에 대한 분석은 후일의 과제로 삼겠다.

〈표 19〉 봉선리교회 관련 『기독신보』의 기사

연번	게재연월	내용
①	1919.07	【예배당 신축】젼남 광쥬군 효천면 봉선리교회 문동병인의게 하ᄂᆞ님의 영광이 나타나심을 앙고ᄒᆞᄂᆞ이다 이 교회ᄂᆞᆫ 창립된지 불과 十여년인ᄃᆡ 금년 졍월에 미국 자선가들이 연보ᄒᆞ야 례ᄇᆡ당 十七간을 ᄀᆡ와집으로 건축ᄒᆞ야 남녀 합 二ᄇᆡᆨ六十명이 례ᄇᆡ을 보오며 세례인이 四十명이오 학습인이 四十여명이며 금년 창[장]립징러기 一인이오 안수집ᄉᆞ가 二인이며 제쥬에 전도인을 파송ᄒᆞ고 봉급을 담당ᄒᆞ야 ᄌᆡ미잇게 일ᄒᆞᄂᆞᆫ 즁이며 전도회를 조직ᄒᆞ야 라병원에 립원쟈의 부모를 위ᄒᆞ야 젼도ᄒᆞ며 졍오 십이시면 불신쟈를 위ᄒᆞ야 긔도회가 잇스며 셩경 요리문답 암송ᄒᆞᄂᆞᆫ ᄉᆞᄅᆞᆷ이 一ᄇᆡᆨ인이며 셩경문답 암송ᄒᆞᄂᆞᆫ 사람이 七十여명이며 고린도젼후셔 암송ᄒᆞᄂᆞᆫ 사ᄅᆞᆷ이 三인이며 쥬일학교 반열이 二十二반열이며 ᄆᆡ져역 셩경공부ᄂᆞᆫ ᄲᅡ지ᄂᆞᆫ ᄂᆞᆯ이 업스오며 작년 탄일 ᄯᆡ에 졔쥬를 위ᄒᆞ야 엄동셜ᄒᆞᆫ 즁에라도 졈심을 먹지안코 이 돈을 모화 연보ᄒᆞ엿나니다 긔자가 졔군을 북그럽게 ᄒᆞ랴고 ᄒᆞᄂᆞᆫ 것은 안니올세다 금년 졍월 젼라로회에셔 작졍ᄒᆞ야 이 교유들을 위로ᄒᆞ기로 연보을 ᄒᆞ자 ᄒᆞ엿ᄂᆞᆫᄃᆡ 불과 몇 교회가 되지 못ᄒᆞ엿슴이다 여보시오 우리 형뎨ᄌᆞᄆᆡ들 우리ᄂᆞᆫ ᄉᆞ지ᄇᆡᆨ테가 완젼ᄒᆞ야 활발ᄒᆞᆫ ᄉᆡᆼ활을 ᄒᆞ며 이 셰상에서도 일탁을 밧ᄂᆞᆫ 우리들이 안임잇가 이 교우들은 셰상 ᄌᆡ미ᄂᆞᆫ 도모지 보지 못ᄒᆞᆫ ᄉᆞᄅᆞᆷ들이올세다만은 이와ᄀᆞᆺ치 우리의게 모범되게 일을 ᄒᆞ니 목셕이 안인 우리 부모 형뎨 ᄌᆞᄆᆡ들은 일층 깁히 든 잠을 ᄭᆡ여 일ᄒᆞ여 봅세다
②	1920.06	【연혁과 현황】젼라남도 광쥬군 봉션리교회ᄂᆞᆫ 셰상에 환영을 밧지 못ᄒᆞᄂᆞᆫ 문동병인으로 ᄒᆞ여금 죠직된 바인ᄃᆡ 처음 형편으로 말ᄒᆞ면 十년 젼 미국인의 ᄉᆞ우월씨가 죠션인 문동병쟈를 처음 보고 긍휼지심이 분발ᄒᆞ여 위션 이ᄉᆞᆷ 환쟈를 벽돌집 굴쇽에 다 모화노코 치료도 식이며 복음도 주고 젼도도 ᄒᆞ며 그 환쟈를 위ᄒᆞ야 병원 설립키를 원ᄒᆞ더니 팔구년 젼에 하ᄂᆞ님의 허락밧아 남녀 병ᄒᆞ여 슈용ᄒᆞᆯ 병원을 二十여간 지어 환쟈 四十인을 슈용ᄒᆞ여 치료 즁에 동ᄃᆡ 션교ᄉᆞ 타마ᄌᆞ씨와 협력젼도ᄒᆞᆫ 결과 젼긔 환쟈 四十명은 교회에 터가 되엿더라 우·타 량씨는 더욱이 환쟈를 위ᄒᆞ야 쥬ᄭᅴ 현신ᄒᆞ고 구년간 분투적 열심히 젼도ᄒᆞᆫ 바 현에는 三ᄇᆡᆨ명 환쟈로 교회와 쥬일학교와 젼도회와 셩경구람회를 죠직ᄒᆞ여 진ᄒᆡᆼ 즁이라 ᄒᆞ더라
③	1920.07	【운동회】광쥬 무등산하에 번화ᄒᆞᆫ 셰샹을 ᄯᅥ나 한젹ᄒᆞᆫ 산곡에셔 륙고령락의 ᄉᆡᆼ활을 하ᄂᆞᆫ 금세로 볼거시면 인류 즁 뎨일 불샹ᄒᆞ고 가련ᄒᆞᆫ 환과고독라풍환쟈로 죠직된 봉션리교회는 거 륙월이십이일 하오 ᄉᆞᆷ시에 비오고 ᄀᆡ인 ᄆᆞᆰ은 공긔 아ᄅᆡ셔 운동회를 ᄀᆡ최ᄒᆞ엿ᄂᆞᆫᄃᆡ ᄎᆞᆷ말로 졂문이는 샹ᄒᆞᆷ을 보고 늙은이는 ᄭᅮᆷ을 ᄭᅮᆫ 것ᄀᆞᆺ더라 광활한 운동쟝에 라렬ᄒᆞᆫ 운동ᄃᆡ는 다ᄆᆞᆺ ᄌᆞ긔의 힘으로 촌보ᄒᆡᆼ동을 임의로 할 수 업시 되엿던 환쟈이고 운동회 샹품은 구쥬젼란에 쓰랴던 물품을 평화됨으로 미국적십ᄌᆞ회에셔 동량 라병원으로 본ᄂᆡ준 거신ᄃᆡ 당일에 뎡ᄒᆞᆫ 순셔ᄃᆡ로 운동ᄒᆞᄂᆞᆫ 그 활발ᄒᆞᆫ 모양과 샹품을 엇어가지고 그 수무쪽도 ᄒᆞᄂᆞᆫ 샹ᄐᆡᄂᆞᆫ 실로 다 긔록지 못ᄒᆞ거니와 교뎨는 관광ᄒᆞ다가 셩경 두어곳이 ᄉᆡᆼ각낫슴니다 에스겔 卌七장 一~十四과 왕하 七〇三 이하를 묵샹ᄒᆞ고 찬송가 五十二쟝 오로 하ᄂᆞ님ᄭᅴ 영광을 돌니엿ᄉᆞ오니 본보를 보시ᄂᆞᆫ 여러분은 교뎨가 쇼ᄀᆡᄒᆞᄂᆞᆫ 이 셩경귀절을 보시옵고 영광의 찬숑을 하ᄂᆞ님ᄭᅴ 드리시옵기를

연번	게재연월	내용
④	1920.11.	【외국인 강연회와 헌금】광쥬 봉션리교회라 ᄒᆞ면 본보를 보시ᄂᆞᆫ 여러분은 발셔 라풍환ᄌᆞ로 죠직된 교회인줄은 아시겟지오 이 교회에셔ᄂᆞᆫ 거 十월 二十三일 하오 四시에 금번 일본 동경 세계쥬일학교 ᄃᆡ회에 츌셕ᄒᆞ엿든 미국인 귀ᄀᆡᆨ 五인을 환영ᄒᆞ엿ᄂᆞᆫᄃᆡ 남궁혁 쟝로와 타마ᄌᆞ 목ᄉᆞ의 통역으로 여러 가지 ᄌᆞ미롭고 깃분 이약이를 만히 듯ᄉᆞᆸ고 찬숑가 二四四쟝을 합챵도 ᄒᆞ며 이사야 五十三쟝을 일제히 외오기도 ᄒᆞ며 녀학싱의 형용창가도 ᄒᆞ엿습니다 이와ᄀᆞᆺ치 깃븐 회셕을 파ᄒᆞᆯ 즈음에 문전에 아직 입원치 못ᄒᆞᆫ 환ᄌᆞ 四十여명은 업ᄃᆡ여 살녀쥽소셔 ᄒᆞ고 잇ᄂᆞᆫ 모양을 목도ᄒᆞᆫ 이 손님들은 츙만ᄒᆞ던 깃붐이 일시에 비감으로 밧고엿습니다 눈물을 머금고 ᄌᆞ긔들의 유슉ᄒᆞᆯ 쳐소로 가면셔 그 즁에 한분은 말ᄒᆞ기를 이 사ᄅᆞᆷ들을 그ᄃᆡ로 두고ᄂᆞᆫ 잠을 일우지 못ᄒᆞ겟다 ᄒᆞ고 돈 二百환을 내이ᄆᆡ 그 남은 손님들도 ᄌᆞ긔들 여비도 부족ᄒᆞᆫ 즁에셔라도 몃ᄇᆡᆨ환식 당디에셔 출연ᄒᆞᆫ 연보가 八ᄇᆡᆨ환이 되ᄆᆡ 원쟝 우월순 의ᄉᆞ의게 쥬면셔 말ᄒᆞ기를 우리가 본국에 가셔 열심히 쥬션ᄒᆞ여볼 터이니 四十여명 환ᄌᆞ를 다 삿으라고 ᄡᅥᄂᆞᄆᆡ 이 돈을 밧은 우월순 의ᄉᆞ ᄂᆡ외분은 이 불샹ᄒᆞᆫ 환쟈들을 샤진을 박아 본국에 보ᄂᆡ랴 ᄒᆞ야 이 문동병쟈들을 보면 호랑이 본 것ᄀᆞᆺ치 다라나는 죠션사ᄅᆞᆷ들 앒헤셔 위싱ᄒᆞᆯ 줄도 아시는 이지마는 이 츄ᄒᆞ고 위험ᄒᆞᆫ 병쟈들을 안아셔 안치며 의ᄉᆞ 부인은 그 환쟈들의게 친근히 나아가 ᄉᆞ랑ᄒᆞᄂᆞᆫ 부모가 병든 ᄌᆞ식들을 위로ᄒᆞᄂᆞᆫ 것ᄀᆞᆺ더라 이 몃분의 ᄯᅡ뜻ᄒᆞᆫ ᄉᆞ랑은 잠연 十四쟝 三十一절에 말솜과 ᄀᆞᆺ치 쥬를 영화롭게 ᄒᆞ며 마태 卄五쟝 말심과 예수를 ᄃᆡ졉ᄒᆞᆷ으로 영복을 밧을 쟈들이며 착ᄒᆞᆫ 사마리아 사ᄅᆞᆷ을 본밧아 힝ᄒᆞᄂᆞᆫ 사ᄅᆞᆷ들이더라 본보를 보시ᄂᆞᆫ 여러분들은 몬져 영광을 하ᄂᆞ님ᄭᅴ 돌니옵고 하ᄂᆞ님을 공경ᄒᆞ고 산 예수를 ᄃᆡ졉ᄒᆞ고 한 셩경을 보시거든
⑤	1926.01	【유년면려회】광주 봉션리교회 ᄂᆡ 유년면려회는 一월 十일에 총회를 ᄀᆡ최ᄒᆞ고 임원을 여좌히 ᄀᆡ션ᄒᆞ엿더라 회쟝 곽애렬 뎡빗ᄌᆡ 셔긔 조영ᄂᆡ 림슈암 회계 박동슈 라ᄌᆡ환
⑥	1926.02	【여자면려회】젼남 광쥬군 봉션리교회 긔독청년회 녀ᄌᆞ면려회는 일젼에 임원을 개션ᄒᆞ엿ᄂᆞᆫᄃᆡ 회쟝 문미리암 최봉셥 셔긔 김오복 김보ᄇᆡ 희계 김보ᄇᆡ 박샹례 고문 오근욱 제씨이며 또 본회의 쥬최로 야학을 설시ᄒᆞ고 五十여명 학싱을 모집ᄒᆞ야 교수ᄒᆞᆫ다더라
⑦	1926.03	【청년면려회】젼남 광쥬군 봉션리교회 청년면려회는 二월 十五일에 총회를 열고 임원을 ᄀᆡ션ᄒᆞ엿더라 회쟝 김병환 구두남 셔긔 안ᄌᆡ문 황슌봉 회계 김샹쥰 리삼치

<table>
<tr><th>연번</th><th>게재연월</th><th>내용</th></tr>
<tr><td>⑧</td><td>1926.06</td><td>【가족전도회】젼남 광주군 효천면 봉선리교회 유지 제씨는 딤젼 五장 八절의 뜻에 감촉됨이 잇서 一九二○년도에 가족젼도회를 조직ᄒᆞ고 이릐여터 방면으로 활동ᄒᆞ여오던바 금년 二월분에 창립 칠쥬년긔념식을 거힝하엿다는대 그 젼도ᄉᆞ역셩적은 다음ᄀᆞᆺ더라
<table>
<tr><th>傳道區域</th><th>初信者</th><th>現 洗禮人</th><th>現 學習新人</th><th>計</th></tr>
<tr><td>海南 美也里</td><td>五</td><td>十五</td><td>二○</td><td>三五</td></tr>
<tr><td>谷城 院燈里</td><td>七</td><td>六</td><td>二五</td><td>三一</td></tr>
<tr><td>兼○ 山亭里</td><td>九</td><td>七</td><td>○五</td><td>二二</td></tr>
<tr><td>潭陽 月印里</td><td>三</td><td>五</td><td>一○</td><td>一五</td></tr>
<tr><td>莞島 堂洛里</td><td>二</td><td>九</td><td>二一</td><td>三○</td></tr>
<tr><td>會員中 家族의게 傳道하야 밋는 者</td><td></td><td></td><td>二○</td><td>二○</td></tr>
<tr><td>合計</td><td>二六</td><td>四二</td><td>一一一</td><td>一五三</td></tr>
</table>
會員總數 百五十名인바 現信者 五十三人이니 會員 一人이 一個人式 傳道ᄒᆞᆫ 例가 되얏도다</td></tr>
<tr><td>⑨</td><td>1926.07</td><td>【기독청년면려회】광쥬봉션리교회 긔독청년면려총회는 七월 十三일에 개최되여 구두남씨의 ᄉᆞ회로 다음ᄀᆞᆺ치 임원이 긔션되엿다더라 회쟝 구두남 안직문 셔긔 림삼치 황슌봉 회계 쟝긔슈 리단치 계ᄉᆞ부쟝 오윤션 긔도부쟝 고만진 계독부쟝 안직문 음악부쟝 리삼치 심방부쟝 한경슈 구제부쟝 리단치 통보부쟝 쟝긔쥬 식화부쟝 김만긔 고문 김태욱</td></tr>
<tr><td>⑩</td><td>1927.07</td><td>【장로장립식】젼남 광쥬군 효쳔면 봉션리교회에셔는 六월 卄六일 타마자 목ᄉᆞ 사회하에 오영조 허옥 량쟝로와 츄긔팔 김경호 량집ᄉᆞ의 쟝립식을 거힝ᄒᆞ엿다더라</td></tr>
</table>

* ① 리경열, 「보범ᄒᆞᆯ 만ᄒᆞᆫ 교회」, 『기독신보』 1919.07.30. ② 『기독신보』 1920.06.30. 「광주교회」 ③ 『기독신보』 1920.07.21. 「광주교회」 ④ 『기독신보』 1920.11.24. 「전북[남]광주교회」 ⑤ 『기독신보』 1926.01.27. 「봉션리 유년면려회」 ⑥ 『기독신보』 1926.02.24. 「봉션리녀ᄌᆞ면려회 ᄉᆞ업」 ⑦ 『기독신보』 1926.03.10. 「봉션면려회 총회」 ⑧ 『기독신보』 1926.06.09. 「봉선리교회 가족전도회」 ⑨ 『기독신보』 1926.07.28. 「봉션긔독청년총회」 ⑩ 『기독신보』 1927.07.06. 「봉션교회 쟝립식」

V. 맺음말

이상에서 광주선교부의 복음선교에 대해 교회의 설립을 중심으로 살펴보았다. 아직 내용이 난삽하고 제대로 정리되지 못했다. 실마리를 찾아 실타래를 풀어보려 했는데 오히려 얽히고 설킨 느낌이다. 후일의 과제로 삼겠다. 논의된 내용을 요약하면 다음과 같다.

▶ 차종순·김호욱·이영식 등이 언급했듯이 광주지역 최초의 교회는 당시 광주군, 현재 광주시 광산군에 설립된 잉계교회-우산리교회-송정리교회이다.

▶ 그 설립시기에 대해서는 1897~1899년으로 추정되며, '1897년 1월 5일'로 비정하기도 하지만 근거가 제시되지 않아 필자는 인정하기 어렵다.

▶ 우산리교회(잉계교회)교회에서 '분립'되었다는 것을 근거로 당시 나주군, 현재 광주시 광산군의 삼도교회(바다등교회·삼도리교회)도 '1897년 1월 5일' 설립되었다고 주장하지만 역시 필자는 인정하기 힘들다.

▶ 그럼에도 잉계교회-우산리교회와 삼도리교회가 '분립' 및 '분화' 과정을 거치며 광주 및 인근지역 교회의 설립과 복음선교에 크게 기여했다는 점은 분명하다.

▶ 광주지역의 교회들은 잉계교회-우산리교회 및 삼도리교회 교인들의 영향을 받아 설립된 유형과 배유지·오기원 등 선교사의 전도를 받아 설립된 유형, 한국인 교인들이 자발적으로 설립한 유형 등으로 구분된다.

▶ 설립 시기와 장로 장립이 일치하지 않으며, 특히 우산리교회-송정리교회의 경우 양림리교회-북문안교회를 비롯한 후발 교회보다도 늦다.

▶ 1912년 설립된 봉선리교회는 호남지역 최초의 한센인 교회로서 광주선교부 복음선교의 특징이라 할 만하다.

아직 문제 제기의 수준이지만 나름 향후 연구에 보탬이 되기를 바란다. 이어 향후 연구 주제에 대해 제언하면 다음과 같다.

▶ 전술했듯이 아직 정리되지 못한 부분이 많다. 특히 양림리교회-북문안교회에 견주어 선행연구가 부족한 잉계교회-우산리교회-송정리교회, 그 중에서도 설립 시기, 이전 시기, 이전 이유 등에 대한 천착이 필요하다. 새로운 자료가 얼마나 되는지가 관건이지만 가능할 것 같다.

▶ 호남지역 최초의 한센인 교회인 봉선리교회에 대한 연구가 필요하다. 『당회록』이 남아 있고 관련 자료도 적지 않으므로 가능하며, 한센인을 위한 '구라선교'의 역사로서 중요하다.

▶ 선행연구가 주로 배유지·오기원 등 선교사 연구로 이루어졌으며 변창연 등 복음선교에 공헌한 한국인들에 대한 연구가 필요하다. 예컨대 배유지의 어학선생이자 조사(助師)인 변창연이나 역시 배유지의 조사인 지원근, 미국에서 최의덕(M. S. Tate)의 전도를 받고 귀국해서 일곡교회를 설립한 독립운동가 이주상 등이 그러하다.

▶ 『사기』의 용례 분석이 필요하다. '성립'과 '분립'의 개념과 기준이 무엇인지, 호남지역 사례만이라도 검토하면 교회설립 및 복음선교 연구에 기여할 것이다.

2장

냉전 전후 순천 선교부와 선교

- 근대화와 이념 갈등의 교차점에서[1]

강성호

I. 서론

순천 선교부는 1913년 대한제국이 일제에 합병된 직후 설립되어 전남 동부 지역에서 서양 근대 문명과 기독교를 전파하는 중요한 전진 기지로 자리매김하였다. 당시 순천 지역은 강한 유교 전통과 지리적 특성으로 인해 선교 활동이 쉽지 않았으나, 미국 남장로회의 체계적인 선교 전략과 자생적 지역 교회의 협력으로 급속한 발전을 이룩하였다.[2] 순천 선교부는 교

1) 이 글은 2023년 대한민국 교육부와 한국연구재단의 지원을 받아 수행된 연구임(NRF-2023S1A5C2A02095449).

2) 윤정란, 「전남 순천 지역 기독교의 수용과 확산」, 『숭실사학』 26(2011. 6); 이양재, 「순천 지역 초기 선교역사연구: 광양 신황리 교회를 중심으로」, 호남신학교 대학원 석사학위논문 (2001. 12); 한동명, 「보이열(Elmer T. Boyer) 선교사의 호남지방 선교에 관한 연구: 무주, 순천 지역을 중심으로」, 장로회신학대학교 대학원 석사학위

육, 의료, 복음 전도 등 다양한 분야에서 근대화를 선도하며 지역사회의 사회문화적 변화를 촉진하였다.

또한, 순천 선교부는 일제강점기 신사참배 강요와 정치적 탄압, 냉전의 이념 대립 속에서도 수난을 겪으면서도 재건과 성장을 지속하였다. 특히 1948년 여수·순천 10·19사건(이하 여순사건)과 같은 역사적 사건들은 순천 선교부의 위상과 역할에 중요한 영향을 미쳤으며, 이로 인한 지역 교계와 사회의 변화는 오늘날까지도 깊은 연구와 이해가 요구되는 부분이다.

본 연구는 순천 선교부의 설립 배경과 역사적 흐름, 교육 및 의료 선교의 발전과 지역 근대화 기여, 일제강점기와 해방 후의 수난과 재건 과정을 종합적으로 고찰함으로써, 냉전 전후기 순천 선교부가 지역사회와 한국 근대사의 전환점에서 어떠한 위상과 역할을 수행하였는가를 규명하는 데 목적이 있다. 이를 통해 순천 선교부가 단순한 종교 기관을 넘어, 한국 근현대 사회 발전과 갈등의 현장으로서 지닌 다층적 의미를 밝히고자 한다.

II. 순천 선교부 연구 현황과 과제

미국 남장로회 한국 선교에 대한 연구는 미국 북장로교 선교 연구에 비해 저조한 편이다. 미국 북장로교 선교 연구는 그동안 지속적으로 활발하게 이루어졌다. 미국 남장로회 한국 및 호남선교에 대한 국내 연구는 1980년대 이후로 지속적으로 진행되었다. 미국 남장로회 한국 및 호남 선교활동에 대한 연구는 많이 진행되고 있다.[3] 미국 남장로회의 한국선교활동에

논문, (2007. 8).

3) 강인철, 「한국교회 형성과 개신교 선교사」, 『한국학보』 75(1994); 기덕근, 「한국초기교회사 연구」, 호남신학대학교 석사학위논문(1998); 박용규, 「초기 개신교와 천주교의 갈등」, 『신학이해』(2002); 신중성, 『한국기독교의 전파과정과 지역유형』, 경희

대한 연구는 국내외에서 모두 진행되었다. 미국 남장로회 선교사들의 편지도 연구의 기본 사료로 중요하다. 연세대 한국기독교문화연구소가 한국연구재단 인문사회연구소사업 지원을 받아 <내한 선교사 편지(1880~1842) 디지털 아카이브의 구축> 사업을 진행하면서 내한선교사 편지총서를 발간하고 있다. 순천선교부 설립과 운영에 중심적인 역할을 한 프레스톤 편지도 2025년에 번역 출판되었다.[4)]

미국 남장로회의 충청도 및 호남의 선교활동은 한국 기독교사에서 중요한 위치를 차지한다. 따라서 한국 기독교사 전체를 다루는 저작들은 미국 남장로회의 호남선교 활동을 비중 있게 서술해왔다.[5)] 호남 지역 미국 남장로회에 대한 연구 구체화 되고 다양화되는 경향을 보이고 있다. 남장로회 선교와 관련된 지역의 선교부, 선교유적, 의료선교, 교육선교, 선교사 개인들에 대한 연구들이 지속적으로 진행되고 있다.

한국기독교연구소에서는 한국에서 활동한 선교사현황을 편람으로 작성

대학교 박사학위논문 (1989); 윤경로, 「신·구교 관계의 역사적 고찰」, 『기독교사상』 28(1984); 최영순, 「기독교의 전래과정과 지역적 분포연구」, 상명대학교 석사학위논문 (1999); 조강현, 「초기 개신교 성장과정 비교연구」, 감리교신학대학교 석사학위논문 (1991).

4) 존 페어맨 프레스톤 부부, 『존 페어맨 프레스톤 선교사 부부 편지』, I, II, III (보고사, 2025).

5) 김수진, 『한국기독교의 발자취』 (한국장로교출판사, 2001); 김수진, 『한국초기 선교사의 이야기』 (한국장로교출판사, 2004); 김수진 · 한인수, 『한국기독교사 호남편』 (범론사, 1980); 백낙준, 『한국개신교사』(연세대학교출판부, 1993); 서명원, 『한국교회발전사』(대한기독교서회, 1994); 손병호, 『장로교회의 역사』(쿰란출판사, 1993); 신광철, 「한국개신교회사 연구사」, 『종교와 문화』 2(1996); 안기창, 『미국 남장로교 선교 100년사』 (진흥, 2010); 안기창, 『선교이야기』(서울: 쿰란출판사, 2006); 이덕주, 『한국교회 처음 이야기』 (홍성사, 2006); 이영헌, 『한국기독교사』 (컨콜디아사, 1995); 한국기독교문화연구소편, 『한국사회와 기독교』 (숭전대학교출판부, 1984); 한국기독교문화연구소편, 『한국기독교의 역사』, I, II(1989); 한국기독교역사연구소편, 『한국기독교의 역사』, II (서울: 기독교문사, 1990); 한국기독교역사연구소, 『한국기독교의 역사』, I(1998); 한국기독교역사연구소편, 『한국기독교의 역사』, III (서울: 한국기독교역사연구소, 2009).

하였고, 한남대학교 인돈학술원은 남장로회 선교사 현황을 편람으로 제작하였다.[6] 이 편람들을 보면 한국에서 활동했던 선교사들 현황 전체를 쉽게 파악할 수 있다. 호남 지역에서 활동한 선교사들에 대한 연구가 활발하게 진행되고 있다.[7] 2016년에 한남대학교가 개교 60주년을 기념하여 미국 남장로회 선교사 열전을 발행하기도 하였다.[8] 호남선교에서 비중 있는 역할을 한 선교사들에 대한 연구가 집중적으로 진행되었다. 다양한 연구가 진행되고 있지만, 호남 지역의 복음, 의료, 교육 분야에서 활동했던 선교사들 전체 수에 비하면 아직도 다루어야 할 선교사들이 많이 있다. 동시에 주요 선교사들에 대한 심도 있는 연구를 통한 저서 출판이 더 많이 이루질 필요가 있다.[9]

순천 선교부에 대한 연구는 국립순천대 인문학술원 종교역사문화센터 설립 이전까지는 체계적으로 진행되지 못하였다.[10] 국립순천대 인문학술

6) 인돈학술원편, 『미국남장로회 내한선교사 편람』 (한남대학교출판부, 2007); 김승태·박혜진편, 『내한선교사 총람』 (한국기독교역사연구소, 1994). 이외에도 기독교 전반에 대한 연감 참조가 필요하다. 한국기독교사료수집회편, 『한국기독교요람』 (1963); 한국기도교사료수집회편, 『한국기독교신교연감』(1964).

7) 강선미, 「조선파견 여선교사의 역사적 성격」, 『한국기독교역사연구소 소식』 56(2003); 김영괄, 「전라도지방의 초기 선교사역에 관하여」, 장로회신학대학교 석사학위논문(1999); 등대선교회, 『등대선교회와 농어촌복음화』 (광주: 삼화문화사, 1987); 등대선교회, 『등대선교회 30년사: 등대의 빛』 (광주: 도서출판 벧엘, 2000).

8) 계재광, 김조년, 반신환, 송현강, 이달, 조효운, 천사무엘, 최영근 공저, 『(미국 남장로교) 선교사 열전: 한남대학교 개교 60주년 기념)』, (서울: 동연, 2016).

9) 양국주, 『살아있는 성자 포사이드』, (서빙더 피플, 2018); 김양호, 『물 근원을 고쳐라, 유진벨 선교사』, (사람이 크는 책, 2023); 백준성, 『조선의 작은 예수 서서평: 천천히 평온하게』, (두란노, 2017).

10) 김형균, 「순천 지역 의료선교에 대한 연구: 선교사 인애자의 결핵 사업을 중심으로」, 장로회신학대학교 신학대학원 석사학위논문, (2010. 2); 남호현, 『순천 구 남장로회 조지 와츠 기념관 기록화 조사보고서』, (대전: 문화재청 근대문화재과, 2006); 남호현, 『순천 매산중학교 매산관: 기록화 조사보고서』, (대전: 문화재청 근대문화재과, 2006); 도선붕, 한규영, 「순천 선교촌의 형성과 건축 특성에 대한 조사연구」, 『한국농촌건축학회논문집』 4(2)(2002. 6); 우승완, 「순천의 근대기 도시화에 관한 연구」, 순천대학교 석사학위논문 (2009); 우승완, 이석배, 이서영, 「근대 순천의 도시

원은 2019년 이후 순천 선교부와 관련된 종교역사문화총서를 발간해왔다. 첫 번째 책 『전남 동부 기독교 선교와 한국사회』(2019)는 미국 남장로회의 지역 선교와 지역 자생 교회의 발전을 다루었다. 두 번째 책 『전남 동부지역 기독교 인물과 선교활동』(2021)은 전남 동부지역에서 활동한 미국 남장로회 선교사들과 한국인 목회자들을 연구했다. 세 번째 책 『전남 동부지역 기독교기관과 지역사회』(2021)는 학교, 병원, 교회, 그리고 기독교 계열 사회단체들의 역할과 지역사회에 미친 영향을 살펴보았다. 네 번째 책 『전남동부지역 기독교 문화유산과 지역사회』(2024)는 전남 동부지역 기독교 문화유산에 대한 연구를 담은 책이다.

국립순천대 인문학술원은 순천 선교부에 대한 연구 성과 위에 2024년부터 호남 및 한국 미국 남장로회 전체로 연구 범위를 확산시켜 나가고 있다. 2024년 1월에 한국 미국 남장로회 연구현황과 과제에 대한 연구를 대상으로 한 학술대회를 순천대에서 개최하였고, 그 대회 결과물이 다섯 번째 책 『한국 미국 남장로회 연구 현황과 과제』(2025)로 출판되었다. 2024년 11월에 전북대에서 개최된 미국 남장로회의 대전, 호남, 제주 지역을 중심으로 한 한국선교 활동이 이번에 6번째 책 『미국 남장로회 한국선교』로 출판되었다. 그리고 2025년 11월 19일 국립군산대에서 개최된 <미국 남장로회 한국 활동과 인물> 학술대회는 2026년도 하반기에 7번째 종교역사문화총서로 출판될 예정이다.

순천 선교부 지역에서 시작하여 한국 미국 남장로회 역사 전체를 체계적으로 정리해가고 있는 국립순천대 인문학술원의 지속적이고 체계적인 연구작업은 학계와 교계의 관심을 받고 있다. 국립순천대학교, 지역 기독교계, 지자체 모두 국립순천대 인문학술원의 이러한 작업이 지속될 수 있

발전 동인에 따른 도시 변화과정에 관한 연구」, 『한국도시설계학회지』 10(1)(2009. 3); 한규무, 「지리산 노고단 '선교사 휴양촌'의 종교 문화적 가치」, 『종교문화연구』 15(2010. 12).

도록 실질적인 지원을 강화시켜 나갈 필요가 있다.

III. 순천 선교부의 발전과 지역 근대화

순천은 조선시대에 전라 좌도의 전통적 중심지였다. 순천의 강한 유교 전통으로 인해 외래종교인 기독교의 접근이 어려웠다.[11] 이로 인해 순천 지역에서는 선교사들에 의한 직접적 선교가 어려워서, 선비 출신의 한국 기독교인들을 통해 자생적으로 교회가 성장하기 시작하였다. 1909년 순천 선교부 설립 결정 이전에 순천을 비롯한 전남 동부 지역에 이미 10여 개의 교회들이 설립되어 활동하고 있었다.[12] 1909년 무렵 순천을 방문했던 벨과 프린스톤은 순천 지역에 상당히 많은 교인들이 모여 예배를 드리고 있음을 직접 보고 감동을 받기도 하였다.[13] 순천지역의 상황을 보고 선교부 설립이 가능하다고 판단한 벨과 프린스톤은 1909년 7월 개최된 군산의 남장로회 한국선교본부 제18차 연례회의에서 순천 선교부 개설을 제안하였다.[14]

남장로회 한국선교본부는 이러한 제안을 받아들여 순천 선교부 설립과 관련 예산안을 결정하였다.[15] 1910년에 순천 선교부 개설준비위원회가 니스벳(John Samuel Nisbet, 유서백), 프레스톤(John F. Preston: 변요한), 윌슨(Robert M. Wilson: 우월순), 해리슨(William B. Harrison, 하위렴)

11) 이덕주, 「일제 강점기 순천 선교부와 지역사회」, 6쪽.

12) 『朝鮮耶蘇敎長老會年鑑』, (조선예수교장로회총회, 1940), 493~497쪽.

13) 브라운, 『한국선교 이야기』, 133쪽.

14) J. C. Crane, "The Evangelistic Work of Soonchun Station,"*KMF,* Jul. 1936, p. 136.

15) J. C. Crane, "The Evangelistic Work of Soonchun Station," *KMF,* Jul. 1936, p. 136.

등 4인으로 구성되었다. 이후 코잇과 프레스톤이 순천 선교부 설립 현장을 직접 방문하였다.[16] 순천 선교부 설립은 예산과 선교사 인력 확보에 4년여 시간이 필요했다.[17] 1910년 10월 광주에서 개최된 미국 남장로회 한국선교본부 연례회의는 광주 선교부 소속의 프레스톤과 코잇을 순천 선교부 개척 선교사로 임명하였다.[18] 프레스톤과 코잇은 1910년에 김윤수와 김억년을 통해 순천읍성 북쪽에 10에이커(2만여 평) 땅을 구입하여 선교 부지를 확보하였다.[19] 매곡동의 순천 선교부 소유 토지는 대지가 10,038평, 논이 1,609평, 밭이 15,502평 등 총 27,149평이었다.[20]

순천 매곡동 선교부 부지에 다양한 근대적 선교 시설들이 들어서게 되었다. 선교사 사택, 매산학교, 매산여학교, 성경학원, 순천읍교회, 안력산병원, 진료소 등이 선교 부지에 세워지게 되었다. 이 시설들이 어디에 들어섰는지는 1924년 당시 조선총독부에 등록된 순천 선교부 소유 토지목록에 잘 기록되어 있다.[21] 토지 소유자는 대부분 코잇 소유로 등록되어 있고, 한 건만 비거(Meter Biggar) 이름으로 등록되어 있다. 이 시설들은 순천의 근대화에 결정적인 영향력을 미쳤다.

---

16) Rev. R. T. Coit, "A New Station in Korea," *The Missionary*, Sept. 1910, pp. 468~469.

17) 순천 선교부 개설을 위한 예산 항목은 토지 구입비 2천 달러, 사택 4채 건축비 9,200달러, 시약소 건축비 1,200달러, 기숙사(2채) 건축비 1,500달러, 울타리 건축비 300달러, 우물 파기 250달러, 병원 건축비 5,000달러, 병원 설비비 2,000달러, 총 21,450달러였다. (*Minutes of Annual Meeting of the Southern Presbyterian Mission in Korea*(이하 MAMS) 1909, p. 30, pp. 38~39.)

18) *MAMS,* 1910, pp. 21~23, p. 31, p. 43.

19) G. T. Brown, *Mission to Korea*, p. 92; 『朝鮮耶蘇教長老會史記』 上, 279쪽.

20) The Editor, "Korea Mission," *The Missionary,* May, 1911, pp. 240-241. Rev. Robert Coit(Letter to Mr. Cameron Johnson, "A Note of Cheer from Korea," *The Missionary*, October. 1912, pp. 908~909.

21) "財團法人米國耶蘇教南長老派朝鮮宣教會維持財團財産目錄", 『朝鮮總督府 基督教財團法人 關係資料』, 1924.

순천 선교부 부지 27,149평은 군산 선교부나 목포 선교부 개설 당시에 비해 상대적으로 대규모였다. 군산 선교부는 군산 구암동에 3천 여평 부지를 확보하였고, 목포 선교부는 목포 만복동(양동) 언덕에 2에이커(약 2,500평)을 매입하면서 시작하였기 때문이다.[22] 그러나 광주 양림동에 6만 여평 선교부 부지를 구입했던 광주 선교부보다는 작은 규모였다.

선교부 부지에 교회, 교육시설, 의료시설 관련 선교 건물을 짓는 데는 많은 비용이 필요했다. 노스캐롤라이나 주 더럼(Durham)의 기업인 왓츠(George W. Watts)는 순천 선교부 전체 건설 및 운영비용을 지원해달라는 프린스톤의 요청을 받아들여 매년 1만 3천 달러 지원을 약속하였다. 순천 선교부는 완벽한 형태로 시작된 최초의 남장로회 한국 선교부가 되었다.[23] 브라운도 순천 선교부가 건설되는 과정이 체계적으로 진행되었다고 기록하였다.[24]

프레스톤은 1912년 선교회 연례회의에서 순천 선교부 이임이 결정되었고, 1913년 4월에 순천 선교부로 이사 왔다.[25] 프레스톤이 순천 선교부 건설 총책임을 맡았다.[26] 먼저 미국 남장로회 한국선교회는 1912년부터 '건축 선교사' 스와인하트(R. Swinehart, 서로덕)를 보내 선교사 사택과 양관을 짓기 시작했다. 1914년 선교회 연례회의에서 순천 선교부에 남학교, 여학교, 병원 설립이 승인되었다. 순천선교부 지역에 선교사 주택, 순천읍교

22) 이덕주, 「일제 강점기 순천 선교부와 지역사회」, 4쪽.

23) Robert T. Coit, "The Building of Soonchun Station," *The Missionary*, February 1913, pp. 5~266.

24) 조지 톰슨 브라운, 『한국 선교이야기』(동연, 2010), 136~137쪽.

25) 최영근, 「존 페어멘 프레스톤의 전남지역 선교」, 99쪽.

26) 순천 선교부 건축팀은 역할 분담되어 운영되고 있었다. 밀러(Louis B. Miller)는 제도를, 코이트가 재무와 회계를, 프레스톤이 건축설계와 시공을 담당하고 있었다.(Rev. and Mrs. J. F. Preston, "A Year's Work," *The Presbyterian Survey* (October 1929), p. 610.

회(현 순천중앙교회), 남학교(현 매산학교), 남학교 기숙사, 여학교(현 매산여학교), 여학교 기숙사, 병원(알렉산더 병원) 등이 들어서면서 순천 선교부가 근대적 외양을 드러내었다. 왓츠의 재정지원 덕으로 순천 선교부는 전국에서 처음으로 자체 전기와 수도시설을 지닌 가장 시설 좋은 선교부로 건설되었다.[27] 이러한 근대적인 선교부 시설들은 순천 지역의 근대화의 선도적인 모델 역할을 하였다.

이어 순천 선교부에서 활동할 선교사들을 분야 별로 결정하여 파견하였다. 교육 선교 분야에 남학교를 담당할 크레인(John C. Crane, 구례인)과 여학교를 담당할 더피(L. Dupuy, 두애란)를, 병원선교 분야에 의사 티몬스(H. L. Timmons, 김로라)와 간호사 그리어(Anna L. Greer, 기안나), 여성 선교 분야에 비거(M. Biggar, 백미다)를, 주일학교 분야에 프래트를 파견하였다.[28] 파견된 선교사들은 지역의 근대적 교육과 의료 발전에 큰 기여를 하였다. 이러한 기여활동은 1918년 6월 20일에서 28일 사이에 순천에서 연례회의에서 다루어졌다. 팹키(Wsr. P. Pabkee)는 『The Missionary Survey』 1920년호에 이 연례회의에서 진행된 복음선교, 교육선교, 의료선교 등에 대한 경과보고와 결정 내용을 잘 담아 보고하였다.[29]

순천 선교부는 안정적인 재정지원에 근거한 선교 시설과 인력에 힘입어 짧은 기간 동안에 급속도로 발전하였다. 4년밖에 되지 않은 순천 선교부가 20년 된 군산이나 목포 선교부 못지않은 교세 성장을 보였다.[30] 교인 숫자 면에서 순천 선교부는 세례교인 1,148명과 등록교인 2,459명으로 목포 선

---

27) J. Kelly Unger, "The City of Soonchun", *KMF,* Nov. 1925, p. 249.

28) J. C. Crane, "The Evangelistic Work of Soonchun Station," *KMF*, Jul., 1936, p. 136; G.T. Brown, *Mission to Korea*, pp. 94~95.

29) Wsr. P. Pabkee, "Report of Southern Presbyterian Mission Meeting, held at Soonchun, Chosun, June 20~28, 1918," *The Missionary Survey*, 1920, pp. 15~17.

30) "Korea Mission Stations," *ARFM,* 1917, pp. 82~83.

교부의 세례교인 1,266명과 등록교인 2,947명과 비슷한 규모로 성장하였다. 더욱이 미래 성장동력인 주일 학생 수에서 순천 선교부가 2,300명으로 1,149명의 목포 선교부, 1,913명의 군산 선교부, 2,050명의 전주 선교부, 2,273명의 광주 선교부를 모두 뛰어 넘는 성과를 보였다.

전남노회가 순천노회를 중심으로 성장하였기에 1922년 9월 14일에 조선예수교장로회 제11회 총회에서 전남노회와 순천노회로 나누어졌다. 순천노회에는 구례, 곡성, 순천, 광양, 보성이 포함되고, 전남노회에는 장성, 영광, 광주, 나주, 고창, 순창, 담양, 화순, 함평, 무안, 장흥, 영암, 강진, 완도, 진도, 제주, 해남이 포함되었다.[31] 순천노회는 도 단위가 아닌 노회로는 전국에서 평양에 이어 두 번째로 세워졌다.[32] 순천 선교부와 순천노회 상호 협력을 통해 순천을 비롯한 전남 동부 지역 교회들이 계속 성장하였다. 순천 선교부 설립 이후 약 26년이 지난 1939년에 순천노회 교세가 99개 교회와 7,000여 명의 등록 신도로 성장하였다.[33]

1920~30년대 순천 선교부는 복음 전도, 교육 선교, 의료 선교 등 크게 3분야를 중점적으로 추진하였다. 교육 선교는 매산학교와 매산여학교를 통해 진행되었고, 의료 선교는 알렉산더 병원과 진료소를 중심으로 진행되었다.[34] 교육 선교와 의료 선교는 복음 선교를 위한 수단이기는 했지만 결과적으로 근대적 교육을 받은 인재와 근대적 학교. 병원 시설을 제공하면서 지역의 근대화에 크게 기여하였다.

---

31) 『조선예수교장로회총회 제11회 회록』(1922), 41~42쪽.

32) 군 단위 명칭을 사용한 노회로는 1918년 평북의 의주노회가 처음이고 1922년에 순천노회와 함께 평남의 안주노회와 평양노회가 조직되었다. 『朝鮮耶蘇敎長老會年鑑』, (1940), 73~83쪽.

33) 『조선예수교장로회 총회 회록』, (1923-1939).

34) 한규무, 「미국남장로회 순천스테이션의 교육선교와 매산남녀학교」, 『남도문화연구』 15 (2008. 12).

순천지역 교육 선교의 중심은 매산학교와 매산여학교였다.[35] 이 학교들은 초기에 '사숙'과 '은성학교'라는 이름으로 운영되었다. 은성학교는 일본 총독부가 1915년에 성경교육을 금지하는 개정안을 발표하자 1916년에 자진 폐교하였다. 은성학교는 1921년 4월에 매산학교와 매산여학교라는 이름으로 다시 재건하였다. 존 크레인(John C. Crane) 이 매산학교 교장을, 비거(Meta L. Bigger)가 여학교 교장을 맡았다. 1920년대와 1930년대 매산학교와 매산여학교의 교과목은 당시 순천 지역 공립학교와 비슷한 교과목을 가르치고 있었다. 다만 기독교계 학교라는 특성을 반영하여 성경과 영어교육을 더 많이 가르쳤다.

매산학교는 일제의 신사참배 강요로 1937년 자진 폐교하였다.[36] 남장로회 선교회가 1937년 2월 미국 남장로회 해외선교위원회 총무 다비 폴턴(C. Darby Fulton)이 '폴턴 성명서'를 통해 신사참배 거부를 선언하였다. 이로 인해 미국 남장로회 한국선교회 산하 10개 학교가 1937년 9월까지 폐교되었고, 순천의 매산학교도 1937년 9월 말에 자진 폐교하였다.

순천 선교부 지역 의료선교의 중심은 알렉산더 병원과 애양원이었다. 1913년 순천 선교부의 의료선교 센터가 시작되었고, 1916년 3월에 병상 30개를 갖춘 3층 건물이 완공되면서 알렉산더 병원(Alexander Hospital, 안력산 병원)으로 명명되었다. 알렉산더 병원은 1934년에 85개 병상 규모의 병원으로 확대되었다. 1930년대에 알렉산더 병원은 한국 미국 남장로회 최대 병원이었고, 서울 세브란스 병원에 이어 2번째 규모의 큰 기독교 병원이었다. 또한 1926년까지 광주 봉선동에 있던 나병원 건물이 여수 율촌면 신풍리 해변으로 이전되어 애양원(愛養園)이 탄생되었다. 알렉산더 병원과 애양원은 지역 의료 근대화에 큰 기여를 하였다.

---

35) 순천시사편찬위원회, 『순천시사』 5(순천, 선우, 2024), 414~415쪽.

36) 위의 책, 417쪽.

순천 선교부의 교회, 학교, 병원들은 순천을 대표하는 근대 도시공간이었다. 근대적 도시공간에서 근대적 교육과 의료활동을 통해 근대적 인재들을 양성함으로써 순천 지역의 근대화에 중심 축 역할을 하였다. 순천이 조선시대 성곽도시에서 근대도시로 발전하는 데 순천 선교부가 중요한 역할을 했다고 할 수 있다.[37]

Ⅳ. 냉전 전후 순천 선교부의 수난과 재건

일제 강점기에 한국 교회는 일본의 탄압으로 축소되고 많은 수난을 당했다.[38] 70만 명이었던 기독교 인구가 절반 이하로 떨어졌고, 2,000명 이상의 기독교인이 투옥되었고, 200개의 교회가 폐쇄되었고, 50명 이상의 목사와 교회 지도자들이 살해되거나 옥사했다. 여러 개신교단의 조직들도 분쇄되었다.

순천 선교부를 비롯한 한국의 기독교는 1930~1940년대에 일본의 신사참배 강요로 인해 큰 수난을 겪게 되었다. 미국 남장로회는 1937년까지 9월까지 산하에 있는 10개의 기독교 학교를 폐쇄하였다. 또한 신사참배를 거부한 영국, 미국, 호주, 캐나다 국적 선교사들이 1940년 한국을 떠났다. 이후 한국 교회는 선교사 없이 독자적으로 교회와 기독교 시설 운영을 떠맡게 되었다. 한국 교회도 신사참배 강요를 받으면서 일본의 탄압을 받았다.

37) 우승완, 남호연, 「미국 남장로회 순천선교기지 선교마을들」, 『전남동부 기독교 선교와 한국사회』(선인, 2019), 216~218쪽; 강성호, 「전남 동부지역 기독교 문화유산의 현황과 과제」, 『전남동부 기독교 문화유산과 지역사회』(선인, 2024), 14쪽.

38) 조지 톰슨 브라운, 『한국 선교이야기』, 238쪽.

순천 지역에서 1938년 '순천노회' 사건이 발생했다.[39] 일본의 신사참배 강요로 인해 전남 동부 지역의 80여 교회 4,000여 명이 소속된 순천노회도 1938년 4월 25일 구례읍 교회에서 열린 22회 노회에서 신사참배 제안을 만장일치로 채택하였다. 신사참배 결의안을 총회에 건의하고, 구례신사에 참배하고, 그리고 지원병제도와 교육령에 대한 지지까지 결의하였다.[40] 2022년 4월 19일 순천 노회가 공식적으로 '순천노회 제22회 신사참배 결의(1938년 4월 25일) 취소 결의문 낭독(공동)'을 채택하고, '신사참배 결의에 대한 공동회개 기도문'을 공개적으로 발표하였다.[41] 신사참배 결정에 대한 반성과 사과를 발표하기까지 84년동안 순천노회의 신사참배 결정은 지역 교회의 역사적 큰 부담이었다.

일본은 한국 교회가 대부분 신사참배를 결의했음에도 여전히 교회의 협력이 부족하고 저항이 지속된다고 판단하여 1940년 9월 20일 '조선기독교도 불온 분자 일제 검거령'을 발표하였다. 일본은 신사참배에 적극적이지 않은 목사, 장로 같은 기독교의 지도자들을 구속하였다. 순천노회 지역에도 1938년 9월 20일부터 11월 15일 사이에 15명의 목사와 장로들이 구속되었다.[42] 이 중 10명이 목사인데, 당시 순천노회 소속 목사가 총 14명이라는 점을 고려하면 노회 소속 목사들 대부분이 구속되었다고 볼 수 있다.

---

39) 순천시사편찬위원회, 『순천시사』 5, 420~423쪽.

40) 순천노회는 이 회의에서 다음의 사항을 결의하였다. "1. 국기 게양, 2. 황거 요배, 3. 신사 참배, 4. 죠선통독의 지원병 교육령 개정 제도에 대한 감사 전보할 것, 5. 주지 륙해군 최고 지휘관의 게위문 전보할 일, 6. 신사 참배에 대하야 총회에 상고할 일, 7. 본 로회가 각 교회에 공문을 발송하야 신사 참배를 지도할 것, 8. 노회 대표 전원이 구례읍 신사에 참배할 것, 지원병 제도와 교육령에 대한지지."(대한예수교장로회 순천노회 100년사편찬위원회, 『순천노회 100년사』(대한예수교장로회 순천노회, 2022), 293쪽).

41) 위의 책, 295~299쪽.

42) 구속된 15명은 박용희, 선재련, 김형모, 라덕환, 오석주, 김정복, 선춘근, 박창규, 김순배, 임원석, 양용근, 김형재, 강병담, 안덕윤, 김상두이다(위의 책, 300~301쪽).

양용근은 감옥에서 1943년 12월 5일 사망하였고, 다른 사람들은 1944년에 석방되었다.

1945년 8월 15일 해방 이후 한국 교회는 빠르게 회복되었다.[43] 일본이 식민지 시기에 한국의 모든 기독교단을 통합하여 1945년 7월 19일 세운 '일본기독교조선교단'도 와해되었다. 1946년 봄 남한에 있는 대부분의 노회가 회집되어 조직되었고 1946년 6월 12일 총회가 개최되어 신사참배에 관한 제 27장 총회의 조치를 폐기하였다. 1947년 제33차 총회에서 이북노회의 참여 없이 공식으로 총회를 재구성하는 투표가 진행되었다.

해방 후 한국교회의 재건과 발전 과정에서 두 가지 특징이 나타났다.[44] 하나는 한국 교회가 수적으로 급성장했다는 것이고, 다른 하나는 분파주의자들이 크게 증가한 것이다. 교회 내에서 분파주의의 증가 원인은 신사참배 책임을 둘러싼 정치적 갈등이 커졌고, 1938년 평양신학교가 폐지된 이후로 적절하게 훈련받은 목회자들 양성이 불가능했다는 점을 들 수 있다. 해방 이후 신학교가 조선신학교, 고려신학교, 장로회신학교 등으로 갈라진 것도 이러한 상황의 반영이었다.[45]

해방 이후 미국남장로회의 한국 선교 재개는 1945년 가을 한국 상황을 조사하는 위원회를 임명하면서부터 시작되었다.[46] 크레인, 커밍, 하퍼, 린튼 그리고 윌슨 등이 이 위원회 멤버였다. 이들의 한국 파견은 교통편 확보와 군대의 행정절차 문제로 여러 달 지연되었다.

해방 이후 미국 남장로회 한국선교를 재개하는 첫 번째 사업은 한센병 환자 사역이었다.[47] 윌슨은 미국 군용기 편으로 1946년 1월 15일 서울로

---

43) 조지 톰슨 브라운, 『한국 선교이야기』, 238~239쪽.

44) 위의 책, 239쪽.

45) 위의 책, 246~248쪽.

46) 위의 책, 240쪽.

47) 위의 책, 240~241쪽.

왔다. 윌슨은 광주를 거쳐 순천으로 가서 한센병 환자 사역의 지휘부를 만들었다. 윌슨은 한국에 있는 세 개 한센 촌 시설을 확장하여 9,000명의 한센병 환자들을 위한 음식과 약을 마련하는 일을 하였다.

린튼과 커밍이 윌슨을 이어 한국에 도착하였다. 린튼은 전주 선교부를 커밍은 광주 선교부를 재건하는 일을 맡았다. 군산 선교부는 재산이 팔렸고 남학교가 전소되어 재건이 어려웠다. 1946년 여름 하퍼와 크레인이 도착하여 하퍼는 광주에서 크레인은 순천에서 거주하였다. 1947년 초에 린튼 부인, 하퍼 부인, 크레인 부인이 도착했고, 하퍼 부부는 목포로 다시 들어갔다.

1947년 2월에 전후 한국 선교전략을 토의하기 위한 중요한 회의가 개최되었다.[48] 회의 참석 구성원은 미국 남장로회 한국 조사위원, 폴턴 박사, 미국 실행위원회를 대표하는 엘리어트 박사 등이 모였다. 이 회의에서 주요 교육, 복음 등 선교활동에 대한 임시 정책이 수립되었다. 복음 선교와 관련하여 선교사는 한국 교회에 대해 "회원으로서가 아니라 비공식적인 협력자"로 위치를 결정하였다. 교육 선교에 대해서도 학교를 직접 운영하는 것이 아니라 설립된 학교들에 대해 자문하거나 경제적 지원을 주는 간접적인 지원 방식을 결정하였다. 결국 해방후 미국 남장로회는 한국 교회로 돌아가는 것을 강요하지 않고, "한국 교회가 초청할 때만 지도력을 가질 수 있다"는 입장을 채택하였다.[49]

1947년 봄까지 17명의 미국 남장로회 선교사들이 한국에 돌아오면서 조사위원회가 해체되고 선교회가 정식으로 조직되었다.[50] 1947년 4월에 전주에서 제1차 연례 회의가 다시 개최되었다. 군산 선교부를 제외한 전주, 광주, 목포, 순천 선교부 활동이 재개되었다. 1948년에서는 선교사 수가

48) 위의 책, 243쪽.

49) 위의 책, 243쪽.

50) 위의 책, 243~244쪽.

29명으로 확대되었다. 군사 선교부는 폐쇄되고 전주 선교부가 이를 맡기로 했다.

전후 해방공간에서 한국 교회는 크게 확장되었다.[51)] 특히 1945년~1950년 기간 동안의 확대는 놀라울 정도였다. 이 성장기에는 선교사보다 한국 교회가 주도 하였다. 그 결과 1946년에 충남노회, 군산노회, 목포노회, 그리고 제주 노회가 세워졌고, 1948년에 김제노회가 생겨났다. 이 5년 동안 목회자 수, 조직 교회 수, 세례교인 총수가 크게 늘어 났다.

	1938년	1950년	비교
안수 받은 목사 수	58	164	2.8배
전도사 수	241	243	1배
조직 교회 수	190	330	1.7배
세례교인 총 수	14,621	18,016	1.2배

표 1 출처: 조지 톰슨 브라운, 『한국선교이야기』, 250.

순천 선교부에서도 복음 선교, 교육 선교, 의료 선교가 활발하게 진행되었다. 순천 선교부에는 메타 비거(Meta Biggar) 여선교사, 보이어(E. T. Boyer) 목사, 자넷 크레인 선교사, 크레인(J. C. Crane)부부, 루이스 밀러(Louise Miller) 여선교사들이 배정되어 활동하였다.[52)] 순천 복음 선교에서 성경학교 신설은 중요하였다. 성경학교 졸업자들은 시골교회의 전도사로 봉사하거나 신학교로 진학하면서 성장하고 있는 지역 교회에서 큰 역할을 하였다. 순천에서는 1948년 밀러 여선교사를 교장으로 한 순천성경학교가 선교회와 노회 공동 프로젝트로 설립되었다.[53)]

해방 후에 교육 선교도 중요하였다. 1950년 한국 미국 남장로회는 7개의 중고등학교에서 2,500명의 학생을 등록했다고 보고했다.[54)] 광주의 숭

51) 위의 책, 249~250쪽.

52) 위의 책, 244쪽.

53) 위의 책, 251쪽.

54) 위의 책, 252~253쪽.

일학교, 수피아여학교, 전주의 신흥남학교, 기전여학교, 순천의 매산학교, 그리고 목포 정명여학교 등이 다시 열렸다. 순천에서는 남녀공학인 매산학교가 1946년 9월 23일 재개교되었다. 고려위(Ko Ryu Wei)가 교장이 되었고, 메타 비가 여선교사가 여학생부 일을 맡았다.

순천의 의료 선교는 순천 지역 뿐만 아니라 한국 미국 남장로회 의료 선교 전체에서도 중요한 위치를 차지하였다.[55] 윌슨은 1946년 1월 한국에 들어와 순천 선교부에 한센병 환자 사역의 지휘부를 만들었다. 한센 환자촌의 행정은 1948년 4월 1일 미국 남장로회 한국선교회가 미군으로부터 돌려받았다. 한센 환자촌은 윌슨의 헌신적인 활동을 기려서 윌슨 한센 환자촌(R. M. Wilson Leprosy Colony)으로 명칭을 바꾸었다. 윌슨이 은퇴한 후 보이어 목사가 그 업무를 인수받았다. 1947년 의료선교사 폴 크레인(Paul Shields Crane)박사가 순천에 배치되어 한센 환자촌의 의료 선교활동을 감독하였다.

해방 직후 미국 남장로회 한국 의료 선교의 중심축이 순천 선교부에서 전주 선교부로 이동하게 되면서 순천 선교부의 의료선교 역할이 크게 축소되었다. 미국남장로회 한국 선교회는 폴 크레인과 프리차드에게 미국 남장로회 각 선교부의 의료 선교 현황을 조사하게 했다. 이 특별의료조사위원회는 각 선교부의 기존 종합병원 시설을 원상 복구하기 보다는 각 지역별 상황에 맞게 특화해서 재배치할 것을 제안하였다.[56] 전주에 종합병원을, 광주에 결핵요양소를, 순천에 한센 환자촌을, 목포에는 소규모 외과병동을 둘 것을 제안하였다. 그 결과 폴 크레인 부부가 순천에서 전주로 이동해서 1948년 4월 1일 종합병원을 전주에서 개설하였다. 전주병원의 입원환자부는 45개의 침대를 갖추고 문을 열었다. 이로써 순천 선교부의 의료

---

55) 위의 책, 253~254쪽.

56) 위의 책, 254쪽.

선교 활동은 크게 축소되었다.

V. 냉전기 순천 선교부와 여순사건

순천 선교부는 여수·순천 10·19사건(이하 여순사건)을 거치면서 좌우 이념 대립의 현장의 한 복판에 서게 되었다. 여순사건은 1948년 10월 19일 여수에 주둔하고 있는 국군 제14연대 일부 군인들이 제주 4·3 진압 명령을 거부하면서 일어났다. 여순사건은 1948년 10월 19일부터 지리산 입산 금지가 해제된 1955년 4월 1일까지 여수·순천 지역뿐만 아니라 전남, 전북, 경남 지역에서 많은 사망자가 발생한 사건이다. 당시 전라남도 조사에 따르면 1949년 11월 기준 사망자는 1만 1,131명이었다.

2000년 이후에 진행된 여순사건 연구는 그 이전에 비해 다양한 영역에서 많은 연구가 발표되었다는 점에서 활성화되었다.[57] 무엇보다 먼저, 히구찌 유유이찌(樋口雄一), 황남준, 존 메릴(John Merrill), 브루스 커밍스, 안종철, 서중석, 이효춘 등의 연구가 축적이 되면서 여순사건에 대한 기존의 반공주의 시각이 약화되기 시작한 것은 큰 성과였다. 또 다른 성과로 김득중, 서중석, 노영기, 김춘수, 임송자, 최선웅, 이선아, 김영택, 손태희, 임종명, 박정석, 주철희, 정호기, 이영일 등이 참여하여 다양한 주제로 연구 영역이 확대된 점을 들 수 있다. 이승만 정부의 성격과 한국 국군의 변화, 반공체제 구축과정과 국가폭력, 여순사건 주도 인물과 참가 계층, 여순사건과 빨치산의 상호관계, 여순사건 피해 실태와 진상규명 현황, 여순사건의 기억과 재현 등 다양한 연구가 진행되었다.

---

57) 임송자, 「여순사건 연구의 현황과 쟁점, 그리고 과제」, 『남도문화연구』 42, (2021), 104~116쪽.

여순사건 직후 이 사건은 국가에 대한 반란, 즉 '좌익 폭동'으로 규정되었다. 냉전이 본격화되고, 6·25 전쟁이 발발하면서 국가보안법 체제는 강화되었고, 여순사건에 대한 언급은 곧 '용공'으로 간주되는 금기어가 되었다. 이로 인해 사건 관련자와 유족들은 사회적 낙인과 감시 속에서 침묵을 강요당했다. 교육과 언론, 공적 담론에서는 여순사건이 철저히 배제되었고, 피해자들은 자신이 겪은 비극을 증언할 수 있는 공간조차 부재했다. 이러한 억압적 기억체계 속에서 여순사건은 오랜 기간 '잊혀진 사건'으로 남게 되었다. 여순사건에 대한 기억의 회복은 1980년대 이후 지역에서의 여순사건에 대한 조사와 연구를 통해 회복되기 시작했다. 전남동부 지역 시민사회가 여순사건을 먼저 조사하고 연구하기 시작했다.

2021년 6월 29일에 국회에서 통과된 여순사건특별법은 제주 4·3 특별법에 비해 20년 뒤에 제정되었다. 이후 '여수·순천 10·19사건 진상규명 및 명예회복위원회(이하 여순사건위원회)'가 설립되어 진상규명과 명예회복을 위한 활동이 진행되었다.[58] 그러나 윤석열 정부의 비협조로 인해 진상규명 활동이 제대로 진척되지 못하였다. 진상조사를 제대로 하기 위해서 필요한 조사 기간 연장과 지원 강화를 담은 특별법 개정안이 2024년 12월 10일에 국회에서 통과되었다. 12월 3일 계엄으로 윤석열 정부가 탄핵되고 이재명 정부가 2025년 새롭게 출범하면서 여순사건 진상규명 활동이 활기를 띠고 있다.

해방 직후 여순사건과 순천선교부에 대한 연구는 활발하게 진행되지 못하였다. 여순사건 특별법이 제정된 이후에 여순사건과 순천선교부를 비롯한 지역 교계와의 상호관계에 대한 연구도 좀 더 객관적 사실에 근거하여 활발하게 진행될 필요가 있다.

여순사건과 순천선교부는 직접적인 관계가 있다. 여순사건 당시 제14연

---

58) 강성호 외, 『시민과 함께 읽는 여순사건』 (선인, 2023), 14쪽.

대가 여수에서 순천으로 이동하여 3일 반 동안 순천을 점령하였다. 당시 순천선교부에는 여섯명의 선교사가 있었다. 크레인 박사 부부, 보이어 목사, 크레인 양, 비거양, 밀러 양이었다. 이 점령기간 동안 순천 선교부 사택에는 여순사건을 피해 도망쳐 온 2명의 미군 고문관, 6명의 목사 및 기독교 지도자들이 숨어있었다.[59] 제14연대 군인들이 선교사 사택을 들어오려고 하던 위기의 순간도 있었다. 선교사 사택에 있던 선교사 부인들은 낡은 셔츠와 밀가루 부대로 미국 성조기를 만들어 정찰하고 있었던 미국 비행기에게 신호를 보내려고도 하였다. 1948년 10월 23일 한국 정부군이 다시 순천을 탈환하면서 순천 선교부의 위급한 상황은 해소되었다. 순천 선교부는 여순 사건의 현장 한 가운데 있었던 것이다. 당시 순천 선교부에 있던 선교사들도 서한을 통해 당시 긴박했던 상황들을 기록에 남기기도 하였다.

여순 사건 발생 초기 진압작전을 보도한 한국과 미국 언론은 반공 담론을 형성하여 냉전체제를 구축하려는 목적을 지녔던 것으로 보인다.[60] 한국과 미국 언론의 반공주의 보도에는 당시 한국 정부와 미국 정부의 반공주의가 반영되었다. 한국 정부가 여순사건을 발생 직후부터 공산주의자들의 반란으로 본 것은 당시 주한미임시군사고문단(PMAC, 이하 임시군사고문단) 단장인 윌리엄 로버츠(William L. Roberts)준장의 작전 지시에 근거하고 있다.[61] 또한 1948년 10월 22일 미국 극동사령부(General Headquarter, Far East Command, GHQ, FEC) 정보참모부(G2)도 여순사건을 지역공산주의자들이 제14연대에 침투하여 일으킨 사건으로 보았다.[62]

---

59) 위의 책, 255쪽.

60) 권오수, 「여순사건 초기 진압 작전의 정치성과 언론보도」, 『역사문제연구』, 57호(2025.7), 223쪽.

61) 권오수, 「여순사건 초기 진압작전의 정치성과 언론보도」, 226쪽.

62) 권오수, 「여순사건 초기 진압작전의 정치성과 언론보도」, 229쪽.

여순 사건에 대한 미국 남장로회는 반공주의적 입장에 서 있다. 미국남장로회는 당시 미국 정부의 여순사건에 대한 입장을 따랐던 것으로 보인다. 미국남장로회 한국선교회 입장은 톰 브라운의 견해에 잘 드러난다. 톰 브라운은 여순사건을 반란으로 보았다. 그는 북한에서 내려 온 공산주의자들의 지도를 받아 일으킨 반란이고, 피의 숙청을 시작했다고 보았다.

> 1946년 10월 19일 여수항에 있는 미국식 훈련을 받은 치안 유지군의 일부인 한국인 14연대는 반란을 일으켜 도시를 점령하고 인민을 해방하기 위해 피의 숙청을 시작했다. 이북에서 수비대로 침투한 충성스런 공산주의자들의 인도를 받은 그들은 아침 특급열차를 납치하여 20마일 북쪽에 있는 순천으로 향했다. 역에서의 전투 후 그들은 도시를 3일 반 동안 장악했다. 이 때 순천 시민 1,200명이 학살되었다.[63]

그리고 톰슨은 여순 사건의 대표적 기독교계 희생자로 여수 한센 환자촌 손양원 목사와 그의 두 아들 사례를 들었다.[64] 손양원의 두 아들은 제14연대가 순천을 점령했을 때 진행된 '인민재판'에서 아들의 친구에 의해 사살되었다. 그러나 손양원은 정부 진압군이 들어왔을 때 아들 살인자를 탄원으로 살려낸 후 기독교 신앙인으로 전도하였다. 이후 손양원 목사는 한국전쟁 시기 호남 지역을 점령한 북한 공산군에 체포되어 총살당했다. 이러한 손양원 목사와 두 아들에 대한 이야기는 여순 사건 시기 기독교인 희생자의 대표적인 사례로 거론되어 왔다.

여순사건 시기에 지역 기독교인들이 일방적으로 좌익에 의해 희생되었다는 주장에 대한 반론도 제기되고 있다. 당시 사건 직후 정부에서 파견된 종교위문단이 남긴 보고서 기록에 14연대 군인들과 좌익이 학살한 민간인들에는 기독교인이 포함되어 있지만, 기독교인이라는 이유로 살해당했다

63) 조지 톰슨 브라운, 『한국 선교이야기』, 255쪽.

64) 위의 책, 256쪽.

고 보고하지는 않았다는 주장이다.[65] 또한 최근 여수 율촌면에서 여흥마을의 기독교계 우익 인사들이 여순사건 진압 과정에서 평소 사이가 좋지 않았던 득실마을 주민들을 학살하는 데 가담하였다는 연구도 발표되었다.[66]

따라서 여순 사건 시기 기독교인들을 포함한 민간인 희생자들에 대한 접근은 객관적인 자료에 근거한 접근이 필요하다. 그동안 여순사건 희생자에 대한 구체적 사실 연구는 국가보안법으로 인한 반공 체제의 지속으로 인해 어려웠다. 이제 여순사건특별법이 제정되된 상황에서 제주 4.3사건 경우처럼 사건 실체에 대한 체계적이고 지속적인 연구를 통해 여순사건과 순천선교부 지역 교계와 상호 관계가 규명될 필요가 있다.

Ⅵ. 결론

순천 선교부는 1913년 대한제국의 일제 합병 직후 설립되어 전남 동부 지역에서 서양 근대 문명과 기독교를 전파하는 전진 기지 역할을 하였고, 근대적 교육, 의료, 주거 건축 등을 통해 순천 지역 근대화에 큰 영향을 미쳤다. 호남 지역 내 미국 남장로회 선교 영향하에 순천 선교부는 체계적으로 성장하며 지역 교회와 함께 근대적 사회 변화를 이끌었다.

냉전 전후기 순천 선교부는 선교사들의 헌신과 안정적 재정 지원, 교육과 의료기관 설립을 기반으로 급속한 발전을 이루었고, 순천노회와 상호 협력하며 전남 동부 지역 기독교의 중심 역할을 했다. 그러나 순천 선교부는 일제의 신사참배 강요와 정치적 탄압으로 인해 큰 수난을 겪었으며, 해

65) 순천시사편찬위원회, 『순천시사』 5, 423쪽; 주철희, 『동포의 학살을 거부한다: 1948, 여순항쟁의 역사』(흐름, 2017).

66) 서경희, 「마을로 간 여순사건: 율촌면 조화리 '득실마을'을 중심으로」, 『인문학술』 14호(2025, 6), 129쪽.

방 후 미국 남장로회 선교사 재입국과 한국 교회와의 협력을 통해 재건되었다. 여순 사건을 통해 냉전 이념 대립의 한복판에 서면서 지역과 선교부 모두 역사적 도전을 받았다. 여순사건특별법이 제정된 현 상황 속에서 객관적인 자료와 화해적 입장에서 이러한 역사적 도전을 해결해 나갈 필요가 있다.

3장

제주 지역 개신교의 선교 현황과 특징 그리고 과제

- 사회학적 관점

김선필

I. 서론

19세기 말부터 조선에서 선교 활동을 시작한 개신교는 지난 100년 간 엄청난 성장을 거듭해왔다. 이러한 흐름 속에서 한국 개신교가 선택한 최초의 선교지는 제주도였다. 20세기 초 제주도에는 신앙 공동체가 자생적으로 형성되고 있었지만, 그들을 이끌어줄 선교사나 목사는 없었던 상황이었다. 이에 조선예수교장로회 독노회는 이기풍 목사(1865~1942)를 제주도에 선교사로 파송하였다. 그는 1908년에 처음 제주도 땅을 밟고 선교 활동 시작했다. 이후 개신교는 제주 지역에서 성장을 거듭해왔다.

그러나 오늘날 제주 개신교의 교세나 선교 활동은 한국 개신교 전반의 그것에 비해 상대적으로 약하다. 무엇이 이러한 결과를 가져오게 만들었던 것일까? 이에 대한 궁금증은 한국 개신교를 공부하는 연구자라면, 또한 제주 지역 선교에 관심 있는 목회자나 신자라면 누구나 가져볼 만한 것이었다. 그러나 제주 지역에서 펼쳐진 개신교의 선교 활동을 다룬 연구는 1990년대 후반이 되어서야 본격적으로 시작되었다.[1] 이점에서 지난 100여 년의 시간 동안 제주에서 이루어진 개신교의 선교 활동을 정리하는 작업은 아직 초기 단계에 있는 것으로 보이며, 앞으로 지속적으로 수행될 필요성이 높다고 하겠다.

이 글은 제주 지역에서 펼쳐진 개신교의 선교 활동을 사회학적으로 정리하고자 한다. 이를 위해 '방법론적 무신론'(methodological atheism)[2]의 입장에서 제주에서 펼쳐진 개신교의 선교 활동을 사회학적으로 분석하고 기술할 것이다. 이 글은 우선 지금까지 진행되어온 개신교의 제주 선교 현황을 간략히 소개한다. 그리고 그 안에서 발견되는 선교 활동의 특징들을 분석하고, 제주 개신교가 직면한 과제를 도출할 것이다. 이를 통해 향후 개신교가 제주 사회에서 지향해야 할 바가 무엇인지 고민할 수 있는 계기를 마련하고자 한다.

1) 제주 지역 개신교의 선교 활동과 관련된 연구 현황을 정리한 조성윤의 연구에 따르면, 지금까지 제주 지역의 개신교 선교와 관련된 연구물은 87편이다. 이 가운데 제주 개신교의 선교 역사를 다룬 글은 33편, 4·3사건과 개신교의 관계를 다룬 글은 11편, 개신교의 선교 전략과 현황을 다룬 글은 43편이다. 조성윤, 「제주 선교활동의 연구현황과 과제」, 『유네스코 세계문화유산등재 추진 학술대회: 호남 기독교 문화유산: 전주, 군산, 목포, 제주 선교활동 연구 현황과 과제』, 순천대학교 인문학술원, 2024.6.21. 참조.

2) '방법론적 무신론'은 연구자가 자신이 믿는 종교를 연구 대상으로 삼는다 하더라도, 연구 과정에서만큼은 마치 신앙이 없는 무신론자처럼 해당 종교를 객관적으로 분석하는 종교사회학적 접근 방법을 말한다.

Ⅱ. 제주 지역의 개신교 선교 현황[3)]

제주도에 개신교가 전파되기 시작한 것은 20세기 초의 일이었다. 치병과 유학 등의 이유로 육지에 나갔던 제주 도민들이 선교사를 만나 개종을 하고 제주에 돌아와 자생적인 신앙공동체를 형성했던 것이다.[4)] 이후 조선예수교장로회 독노회가 이기풍 목사를 조선 최초의 선교사로 지명하고, 그를 제주도에 파송하였다. 이처럼 제주도는 한국 개신교에 있어 최초의 (해외) 선교지였다. 1908년에 제주도에 들어온 이기풍 목사는 제주 성내에 교회를 세워 복음을 선포하고, 교회 안에 학교(영흥학교)를 설립하여 아이들을 가르쳤다. 또한 그는 조선예수교장로회 총회와 전남노회 그리고 미국 남장로회 한국선교회와 지속적으로 교류하며 선교사와 목사들을 제주에 초청하고, 제주 선교에 필요한 재정을 마련함으로써 제주 개신교의 기틀을 세워나갔다.

그의 노력으로 제주도 전역에 교회가 세워지기 시작하면서, 1917년에는 전북노회가 제주도 산북지방, 전남노회가 산남지방, 1918년에는 황해노회가 산남지방의 동쪽 지역(신좌, 구좌, 동중, 서중, 정의, 우면)을 맡아 선교 활동을 펼쳐나갔다.[5)] 이러한 성장에 힘입어 전남노회에 속해 있던 제주 개신교는 1930년에 제주노회로 독립하여 제주도 내의 교회들을 자체적으로 이끌어나갈 수 있게 되었다. 그러나 세계적인 경제대공황과 계속되는 전쟁으로 총회와 남장로회 한국선교회의 지원은 약해져갔고, 일제의 탄압이 더

---

3) 이 장은 다음의 글들을 주로 참고하였다. 박용규, 『제주기독교회사』, 생명의 말씀사, 2008; 대한예수교장로회 제주노회, 『제주기독교100년사』, 대한예수교장로회 제주노회, 2016.

4) 대표적인 인물로는 김재원(1878~1946), 조봉호(1884~1920), 부상규(1887~1933) 등이 있다.

5) 제주도는 한라산을 중심으로 북쪽에 위치한 지역(현 제주시)을 산북지방, 남쪽에 위치한 지역(현 서귀포시)을 산남지방이라고 부른다.

해지면서 제주 개신교는 힘든 시기를 보내야만 했다. 이러한 상황에서도 제주 출신 목사가 탄생하여 제주도에서 목회 활동을 펼치는 등 교회 내적인 성장은 계속 이어졌다.[6)]

1945년 광복 후, 미군정의 친(親)그리스도교 정책[7)]으로 말미암아 제주 개신교 역시 안정적인 성장을 거듭했다. 그러나 4·3사건(1948~1954)으로 교회는 많은 피해를 입었고, 토벌 과정에 참여한 서북청년단은 이후 제주 사회와 개신교 사이를 가로막는 장애물로 작용하게 된다. 한편 한국전쟁(1950~1953)을 계기로 많은 피난민들이 제주에 내려오면서, 개신교는 부흥의 시기를 맞이하게 된다. 이후 제주 개신교는 교회 분열 등으로 다소 부침을 겪기도 했지만, 한국 개신교 전반의 폭발적인 교세 확장과 더불어 성장을 거듭해왔다. 그러나 제주 개신교의 교세 확장 속도는 상대적으로 저조하게 나타났는데, 이로 인해 그 원인을 찾고자 하는 논의들이 이어졌다. 제주 개신교는 2000년대 이후 다시 부흥의 시기를 맞이했다. 그것은 제주도의 전체 인구수 급증과 맞물린 현상이었다. 그러나 2019년 말에 벌어진 코로나19 팬데믹은 신자 수를 감소시키는 등 제주 개신교에 어려움을 불러왔다. 팬데믹이 종료되자 제주 개신교는 완만한 회복세를 보이고 있다. 2021년 5월 30일 기준, 제주도내에서 선교 활동을 펼치고 있는 개신교 교단은 총 38개이며, 교회는 총 483개소로 확인되고 있다.[8)]

---

6) 예를 들어 제주시 애월읍 출신 이도종 목사(1892~1948)는 1927년에 목사 안수를 받고, 1930년부터 제주도에서 목회 활동을 펼쳤다. 또한 제주시 한경면 출신 조남수 목사(1914~1997)는 1944년에 목사 안수를 받고 1947년부터 제주도에서 목회 활동을 계속했다.

7) 강인철, 『종속과 자율: 대한민국의 형성과 종교정치』. 한신대학교출판부, 2013.

8) 제주기독신문, 「제주교회 38교단·483교회」, 『제주기독신문』 2021.6.11.기사. http://www.jejugidok.com/kor/wpbbs/view.php?wpboard=news&bno=5931&p=&cate= (2024.10.4.검색)

Ⅲ. 제주 지역 개신교 선교의 특징

20세기 초에 시작된 개신교의 제주 선교 활동은 100여 년이 지난 오늘날까지 계속 이어지고 있다. 그 결과 제주도 전역에 여러 교회가 세워지고 많은 신자들이 교회를 나가며 신앙생활을 이어나가고 있다. 그렇다면 제주 지역 개신교 선교 활동의 특징은 무엇일까?

1) 미완의 간접 선교

1882년 5월, 조선과 미국 사이에 『조미수호통상조약』(朝美修好通商條約, 조미조약)이 체결되었다. 이를 계기로 미국 북장로회 선교사이자 의사였던 알렌(Horace N. Allen, 1858~1932)이 1884년에 개신교 선교사 가운데 처음으로 조선에 입국하였으며, 이후 미국 선교사들이 연이어 조선에 들어오기 시작했다. 그러나 그들이 조선인을 개종시키는 일에 공개적으로 착수하기는 어려웠다. 조선 왕조와 사회는 아직 외래 종교를 인정하지 않고 있었기 때문이었다.[9] 『조미조약』에도 종교(선교)의 자유에 대한 보장은 담겨있지 않았다. 그러나 『조미조약』은 조선인과 미국인이 언어와 문자, 기술 등을 배우기 위해 상대 국가에 갈 수 있고, 상대 국가는 그런 사람들을 보호하고 원조할 의무를 가질 수 있다는 점을 명시하고 있었다.(제11조) 선교사들은 이 조항을 근거로 조선에서 선교 활동을 할 수 있는 명분을 찾았다.[10] 그들은 교육과 의료 등을 통한 간접 선교를 추진하였고, 조선 국왕 고종(高宗, 1852~1919) 역시 교육과 의료 사업에 한해 선교사들의 입국과

---

9) 실례로 1866년부터 시작된 천주교에 대한 탄압, 곧 병인박해(丙寅迫害)는 흥선대원군의 실각(1873)을 계기로 종결된 듯 보였지만, 그것은 국가 차원의 박해를 멈춘 것이지 국가가 천주교를 공인한 것은 아니었다. 아마도 조선에 당도한 개신교 선교사들은 100여 년간 지속된 조선 왕조의 천주교 박해에 대해 잘 알고 있었을 것이다.

10) 한국기독교역사학회 편, 『한국 기독교의 역사 I』, 기독교문사, 2011, 127쪽.

활동을 허가하였다.[11] 그리하여 선교사들은 학교와 병원을 세워 선교 활동을 시작해나갈 수 있었다. 이렇듯 초창기부터 시작된 개신교 선교사들의 교육과 의료 선교, 곧 간접 선교 방식은 오늘날 개신교계의 폭발적인 성장에 크게 기여하였다.[12]

1908년에 이기풍 목사가 제주에 들어왔을 때, 제주도의 분위기는 미국 선교사가 조선에 처음 들어왔을 때의 분위기와 비슷했거나 더욱 어두웠다. 1899년에 개신교보다 앞서 제주에 진출한 천주교는 신앙의 순수성과 신자 개종에 집중하던 직접 선교 방식을 추진하다가 도민들의 격렬한 저항에 부딪혔다. 이로 인해 신축교안(辛丑教案, 1901)이 벌어져 많은 인명 피해가 발생하기도 했다.[13] 실제로 당시 제주 도민들은 천주교 신자들을 "법국 새끼"(Pep-Kouk-Saiki)[14]라고 부를 정도로 천주교를 제국주의 국가의

11) 위의 글, 131~132쪽.

12) 이러한 개신교의 간접 선교 활동은 개신교보다 100여 년 일찍 조선에 들어온 천주교의 선교 방식에도 영향을 미칠 정도였다. 당시 천주교는 17~18세기에 이어졌던 중국의례논쟁을 계기로 예수회가 펼쳐왔던 간접 선교 방식보다는 직접 선교 방식을 우선적으로 채택하고 있었다.(최기복, 「조상 제사 문제와 한국천주교회」, 『민족사와 교회사』, 한국교회사연구소, 2000, 76~83쪽; 김선필, 「천주교회를 중심으로 바라본 신축교안의 발생 원인과 현재의 평가」, 『종교연구』 Vol.81 No.3, 한국종교학회, 2021, 60쪽 참고) 그러나 뒤늦게 들어온 개신교의 간접 선교 방식이 조선 사회에서 큰 영향을 미치게 되자, 천주교 역시 곳곳에 학교를 세우고 무료 시약소 등을 운영하는 등 간접 선교 방식을 적극 활용하기 시작했다. 1908년 7월 7일에 작성한 뮈텔 주교의 "조선에서의 학교 설립을 위한 보고서(Note sur la fondation des Ecoles en Corée)"; 귀스타브 뮈텔(Gustave C. M. Mutel), 최용록 역, 「조선에서의 학교 설립을 위한 보고서」, 『교회와 역사』 Vol.384, 한국교회사연구소, 2007, 38쪽 참조.

13) 신축교안은 천주교의 직접 선교 방식과 더불어, 국가의 세폐(稅弊)에 대한 도민들의 불만, 제국주의 국가들의 국권 침탈 야욕과 이에 대한 도민 사회의 위기감 고조 등 다양한 요인들이 복합적으로 작용하여 나타난 사건이었다. 신축교안의 발생 원인과 과정, 그리고 사건 이후 제주 사회와 공존하기 위해 펼쳐진 천주교회의 노력은 다음을 참고하시오. 김선필, 「종교와 지역 사회의 공존-20세기 전반 천주교 선교사들의 제주 문화 인식을 중심으로-」, 『종교연구』 Vol.80 No.1, 한국종교학회, 2020; 김선필, 「천주교회를 중심으로 바라본 신축교안의 발생 원인과 현재의 평가」.

14) 1901년 9월 28일자 라크루 신부 서한, 뮈텔문서1901-165; 제주 선교 100주년 기념사업 추진위원회·한국교회사연구소 역·편, 『초기 본당과 성직자들의 서한(1)』, 천주

첨병으로 인식하고 있었다. 이렇듯 외래 종교, 특히 그리스도교를 적대시하는 상황에서 1908년에 이기풍 목사가 개신교 선교사로서는 처음으로 제주도에 들어오게 된 것이었다.

이기풍 목사가 제주에서 가장 먼저 시작한 것은 아동 교육이었다. 그것은 근대식 학교 교육의 확산과 교육 입국론을 주장하던 박영효(1861~1939)[15]와의 만남, 학교 설립을 주요 선교 정책으로 채택했던 조선예수교장로회로부터 영향을 받은 것으로 평가되고 있다.[16] 그러나 앞서 살펴본 것처럼, 이러한 배경들과 함께 고려되어야 할 것은 외래 종교에 대한 제주 사회의 반감이었다. 개신교보다 먼저 제주에 진출하여 도민들과 충돌을 겪었던 천주교는 이를 극복하기 위해 신축교안 직후부터(1903년 이전) 여학교(현 신성여자중학교·고등학교)를 운영하기 시작했고,[17] 여학교는 시간이 갈수록 도민들로부터 긍정적인 평가를 받게 되었다.[18] 천주교보다 뒤늦게 들어온 이기풍 목사는 이러한 상황들을 인지하고 있었을 가능성이 높았다.[19] 이처럼 교육 선교는 여러 요인들의 영향 속에서 제주 선교의 시작을 알리는 핵심 활동으로 자리 잡게 되었다.

그러나 제주에서의 교육 선교는 순탄하지 못했다. 1908년에 세워진 성

교 제주교구, 1997, 106~107쪽.

15) 당시 박영효는 제주도에 유배된 상태였다.

16) 대한예수교장로회 제주노회, 앞의 글, 61~68쪽.

17) 1905년 4월 1일자 라크루 신부 서한, 뮈텔문서1905-37; 제주 선교 100주년 기념 사업 추진위원회·한국교회사연구소 역·편, 앞의 글, 202~205쪽.

18) 김선필, 「종교와 지역 사회의 공존-20세기 전반 천주교 선교사들의 제주 문화 인식을 중심으로-」, 63~65쪽.

19) 實제 이기풍 목사의 딸 이사례(1923~2009)는 당시 제주 도민들이 자신들을 대하는 상황을 다음과 같이 기록했다. "전혀 언어가 통하지 않아 고통을 느꼈으며 천주교인 학살 사건이 있던 다음이라 모두 증오에 찬 눈으로 바라볼 뿐 전도하는 말에 응하려 하지 않고 더러는 맹렬히 반대하며 핍박했다."(이사례, 『이기풍목사의 삶과 신앙』, 기독교문사, 2006, 47쪽) 한편 천주교회가 세운 여학교(신성여학교)와 이기풍 목사가 세운 성내교회는 한걸음에 다다를 수 있을 정도로 가까운 거리에 위치해 있었다.

내교회 내 학교(영흥학교)는 다니는 학생 수도 적었고(1912년 12명), 재정적으로도 넉넉하지 못해 근근이 유지되다가 1924년에 완전히 폐교되었다.[20] 이후 모슬포교회가 1920년에 학교(광선의숙)를 설립했지만 재정과 교사 부족 문제로 운영을 중단했다. 물론 광선의숙은 1923년에 재건되어 1929년에는 36명의 학생을 가르칠 정도로 성장하기도 했다.[21] 그러나 학교의 민족주의적 성격을 못마땅하게 여긴 일제의 탄압으로 바로 그해(1929년)에 폐교되고 말았다. 광복 후, 모슬포교회는 1951년에 모슬포소년훈련원을 설립하고, 1952년에 훈련원을 광선고등공민학교로 인가 받아 학교를 계속 운영하고자 했다. 하지만 그해 같은 지역에 공립 대정고등학교가 설립되면서 학교 운영에 많은 제약을 받게 되었다. 결국 광선고등공민학교는 1961년에 폐교되었다.[22] 그 이후 제주도에서 개신교단에 의해 설립·운영된 초·중·고등학교는 더 이상 등장하지 않았다.[23] 물론 한국전쟁 당시, 제주도에는 대한신학교 제주 분교가 설립되어 운영되기도 하고, 피난민 학생들을 위한 중학교가 설립되기도 했지만, 그것들은 전쟁 상황에 따라 다른 지역으로 이동하거나 폐교될 것들이었다.[24] 이렇듯 개신교의 교

---

20) 대한예수교장로회 제주노회, 앞의 글, 86쪽, 104쪽.

21) 동아일보, 「세계개조후 십년간(世界改造後 十年間) 조선문화발달상황(朝鮮文化發達狀況)을 사실(事實)에 징(徵)하야 표시(表示)코자」, 『동아일보』 1929.1.15.기사.

22) 조정민·김민권·김누리·이정민, 「지역사회와의 연관성을 통해서 본 개신교의 토착화」, 『JUMP』 2011.1.5. https://news.jejunu.ac.kr/news/articleView.html?idxno=6838 (2024.10.3.검색)

23) 1953년에 개교한 제주상업고등학교(현 제주중앙고등학교)는 기독교 정신에 입각한 믿음/소망/사랑의 교육을 실천하는 것을 목표로 삼고 있다. 그러나 이 학교는 개신교단에서 설립한 학교가 아니라 개신교 신자였던 김봉학(1922~2001)이 이사장으로 있던 학교법인 천마학원이 1988년에 인수하여 운영하고 있는 학교라는 점에서 온전한 의미의 (교단이 세운) 개신교 학교라고 보기에는 어려움이 있다. 실제 제주 개신교의 역사를 정리한 책들에서는 이 학교에 대한 언급이 없으며, 오히려 현재 제주도에 개신교 학교가 운영되지 못하고 있는 상황에 대해 안타깝게 생각하는 내용이 담겨 있을 뿐이다. 박용규, 앞의 글, 663쪽; 대한예수교장로회 제주노회, 앞의 글, 379쪽.

24) 대한예수교장로회 제주노회, 앞의 글, 275~276쪽.

육 선교는 제주 사회에 뿌리를 내리지 못한 채 지금에 이르게 되었다.

물론 성내교회가 영흥학교의 문을 닫고 중앙유치원(현 제주동부교회 부설 제주중앙유치원)을 설립한 이후부터(1924) 오늘날까지 여러 교회들에서 유치원과 어린이집 등의 교육 기관을 설립·운영하고 있다. 또한 1931년부터 시작된 제주성경학교와 다양한 형태의 신자 지도자 양성 교육 프로그램들이 현재까지 이어져 오고 있다. 그러나 비신자를 포함하는 초·중등 교육 기관의 부재는 개신교 선교 활동의 주요 방식인 교육 선교를 사실상 불가능하게 만들었다고 볼 수 있다.

한편 이기풍 목사가 제주에 들어온 직후, 개신교는 의료 선교 활동을 제주에서 펼치기 시작했다. 윌슨(Robert M. Wilson, 1880~1963)으로 대표되는 미국 남장로회 한국선교회 소속 의료 선교사들이 매년 한 차례 이상, 보름에서 두 달 동안 제주도에 와서 도민들의 질병을 치료해주었던 것이다. 의료 선교의 효과를 익히 알고 있던 이기풍 목사는 제주도에 상주할 의료 선교사를 지속적으로 남장로회 한국선교회에 요청했다. 그러나 재정과 인력 부족으로 그의 요청은 받아들여지지 않았다.[25] 대신 선교사들은 비정기적으로 제주에 방문해 의료 선교를 펼쳤다. 하지만 일제의 신사참배 요구에 반발한 남장로회 소속 선교사들이 1938년경 한국에서 완전히 철수하면서, 비정기적으로 펼쳐졌던 의료 선교 활동마저 중단되었다. 광복 이후, 1946년에 선교사들이 다시 한국에 돌아오자, 1948년경 제주노회는 남장로회 한국선교회에 학교와 병원 설립을 요청하였다. 하지만 남장로회 한국선교회는 이러한 요청을 받아들이지 않았다. 대신 20여 년 뒤인 1970년에 제주시에 제주기독센터를 설립하여 제주 개신교가 지속적으로 요청했던 의료 사업을 본격적으로 지원하기 시작했다. 그러나 이 시기는 남장로회 한국선교회가 선교 활동 중단을 고민하던 순간이었고, 앞서 한국에서 의료

25) 위의 글, 70~74쪽.

선교 활동을 펼치던 선교사들도 은퇴할 때가 가까워지고 있던 시점이었다. 이로 인해 남장로회 한국선교회에서 운영하던 제주기독센터는 1981년에 대한예수교장로회 제주노회에 이양되었고,[26] 병원 설립을 통한 의료 선교는 중단될 수밖에 없었다. 이후 각 교회에서 개별적으로 의료 봉사 활동을 펼치고 있지만, 그것은 일회적 성격이 강하다는 점에서 제주 지역 개신교의 교세 확장에 큰 도움을 주지는 못하고 있는 것으로 보인다.

이렇듯 제주 지역에서는 미국 선교사들의 주요 선교 방식이었던 교육 선교와 의료 선교가 빛을 발하지 못한 상태로 오늘에 이르게 되었다. 그것은 제주도가 조선예수교장로회의 첫 (해외) 선교지였던 이유가 컸던 것으로 보인다. 남장로회 한국선교회의 입장에서 보면, 제주도는 자신들의 선교지라기 보다는 조선예수교장로회의 선교지였다. 따라서 자신들이 담당했던 전라도에 비해 제주도에 대한 관심과 지원이 적을 수밖에 없었던 것이다. 그런데 설상가상으로 제주 개신교에 대한 조선예수교장로회 총회의 지원마저 미약했다.[27] 물론 오늘날 장로교를 비롯한 여러 교파와 각 교회들은 제주도에서 종합사회복지관, 요양원, 어린이집 등 다양한 사회복지시설 등을 운영하며 대사회적 접촉면을 늘리고자 노력하고 있지만, 그것이 핵심적인 선교 수단으로 보이지는 않는다. 이점에서 제주에서 펼쳐진 개신

26) 위의 글, 325~328쪽.

27) 1991년 9월에 대한예수교장로회(통합) 제주노회 총대 22명이 준비했던 성명서는 이러한 상황을 잘 보여준다. “한국교회의 첫 성직자로 임직받은 감격과 한국교회가 파송하는 첫 선교지라는 긍지를 가지고 뜨거운 가슴으로 제주도에 상륙한 이기풍 목사님은 혹독한 박해와 모진 시련의 십자가를 한 몸에 걸머지고 제주의 곳곳을 다니며 복음을 전하셨다. (중략) 그러나 매우 섭섭한 일은 본 총회가 선교사를 파송한 후에 일체적인 후속 지원이 없던 탓에 더 이상 제주 선교를 계속할 수 없어 제주를 떠나 광주로 가셨다. (중략) 본 교단 총회의 선교 영역이란 이유 때문에 외국 선교부의 그 흔한 미션스쿨, 병원, 자선사업기관 하나 설립하지 못한 채 오늘에 이르렀다. 그 결과 복음의 바람이 전국을 휩쓸어 전국 평균 30%에 가까운 기독교 인구를 점유하고 있는데도 불구하고 제주도만은 교인 비율이 6.5%를 넘기지 못한 상태에 있다. 그야말로 제주도 교회는 황폐하고 창백한 모습으로 제주 사회에 비쳐지고 있는 실정이다.” 위의 글, 379쪽.

교의 간접 선교는 미완에 그친 상태로 머물게 되었다고 평할 수 있을 것이다. 그런데 그것은 제주에서의 선교 활동이 선교사와 목회자를 중심으로 한 복음 선교, 곧 직접 선교 방식을 중심으로 이루어지게 되었음을 의미하는 것이기도 했다.

2) 신앙의 순수성을 지키기 위한 노력

지지부진했던 교육과 의료 선교에 비해 복음 선교, 곧 직접 선교는 제주에서 꾸준히 이루어지고 있었다. 자생적으로 생겨나기 시작한 제주 개신교는 이기풍 목사의 입도 이래 여러 교회를 설립할 수 있었고, 이후 전북노회와 전남노회, 황해노회가 제주도의 산북, 산남, 제주 동부 지역을 각각 맡아 선교 활동을 펼치면서 활기를 띌 수 있었다. 이러한 노력은 1930년 제주노회의 분립으로 이어졌다. 전남노회에 소속되어 있던 제주 개신교가 독립적인 자치 교회로 거듭날 수 있게 된 것이다.[28] 이후 제주출신 목회자들이 속속 제주도에 설립된 교회를 담당하게 되면서, 개신교는 제주에서 그 기반을 더욱 공고히 다져나갈 수 있었다.

한편 많은 연구자들이 지적하듯,[29] 제주 고유의 토착 문화는 선교사들이 반드시 넘어서야 할 장애물이었다. 그런데 당시 서구 출신 선교사들 다수는 자신이 파견된 선교지에서 '문명화의 사명'(Mission Civilisatrice)을

---

28) 위의 글, 189~192쪽.

29) 김견수, 「21세기 제주도 선교전략 및 전망에 관한 연구」, 호서대학교 석사학위논문, 2010; 이재은, 「제주도의 조상제사와 기독교」, 한남대학교 석사학위논문, 2011; 고민희, 「제주도 초기 교회 형성과정 연구-이도종의 생애와 목회활동을 중심으로-」, 연세대학교 석사학위논문, 2012; 고민희, 「제주 기독교의 선교 양태에 관한 비교 연구-제주 천주교와 개신교 선교역사를 중심으로」, 『한국기독교신학논총』 Vol.112, 한국기독교학회, 2019; 김도일, 「교육선교에 관한 연구 -제주교육선교의 가능성을 모색하며-」, 『기독교교육논총』 Vol.34, 한국기독교교육학회, 2013; 박철희, 「제주복음화의 과거, 현재, 미래-역사, 문화, 사회적 특수성을 고려한 토착화선교전략의 모색-」, 나사렛대학교 박사학위논문, 2023 등.

수행한다고 인식하고 있었다. 다시 말해, 오리엔탈리즘(orientalism)적 시선을 지니고 있던 선교사들은 선교지의 토착 문화를 야만적인 것으로 평가하고, 그곳을 그리스도교로 문명화시키기 위해 선교 활동을 펼치고 있었던 것이다.[30] 따라서 선교사들은 현지인들을 현혹시키는 미신을 타파하고, 그들을 그리스도인으로 개종시키는 것을 선교 활동의 목표로 삼았다. 그러나 현지인을 개종시키는 직접 선교 방식은 선교 지역과의 마찰을 피할 수 없었다. 실제 개신교보다 먼저 제주에 들어온 천주교는 미신을 타파하겠다는 명목으로 신목(神木)을 자르고 신당(神堂)을 허물다가 제주 사회와 충돌하게 되었고, 그것은 신축교안의 주요 발단이 되었다.[31] 그런데 이러한 모습은 제주에 들어온 개신교 선교사들에게서도 발견된다. 예를 들어 이기풍 목사는 제주 전통 신앙의 하나인 칠성신(건강과 재물을 지켜주는 신)을 뱀으로 여겨 집안에 모시는 풍습을 없애기 위해 노력했다. 이로 인해 그는 제주 도민들의 미움을 받게 되어 자주 두들겨 맞았다고 한다.[32]

이처럼 제주도의 토착 문화를 미신으로 취급하는 개신교의 태도는 제주 도민의 개종에도 장애물이 되고 있었다. 1914년 여름에 제주도를 방문했던 테이트 선교사(Mattie Ingold Tate, 1867~1962)는 이에 대해 다음과

30) 조현범, 『문명과 야만-타자의 시선으로 본 19세기 조선』, 책세상, 2002. 물론 천주교와 개신교를 포함한 서양 선교사들 가운데는 조선 문화를 긍정적으로 바라보는 경우도 여럿 존재했다. 한편 선교사들이 조선 문화를 야만적인 것으로 인식했다기보다는 우상 숭배의 차원에서 바라보고 그것을 타파하려 했다는 주장도 존재한다. 이 두 관점은 선교사들의 조선 문화 인식을 같은 듯 다르게 이해하고 있지만, 선교사들이 오랜 기간 조선 사람들이 형성해온 토착 문화 또는 토착 신앙을 그리스도교적으로 변화시키려고 했다는 점에서만큼은 의견을 같이 하고 있다고 볼 수 있다.

31) 당시 제주에 파견된 천주교 선교사의 오리엔탈리즘적인 제주 인식은 김원영 신부가 저술한 『수신영약』에 잘 드러난다. 김선필·김치완, 「한말 천주교회 조선인 성직자의 제주 문화 인식」, 『문화와융합』 Vol.40 No.2, 한국문화융합학회, 2018 참조.

32) 이에 대해 이기풍 목사의 딸 이사례는 다음과 같이 말한다. "아버지는 각 집에 모셔 놓은 '구렁이 때려잡기 운동'을 전개하다가 두들겨 맞으셔서 몇 번이나 죽을 고비를 넘겼고 그때마다 살아 계신 하나님께서 아버지의 생명을 보존하여 주셨다." 이사례, 『이기풍: 순교로 삶을 마감한 한국 교회 최초의 선교사』, 기독교문사, 2008, 93쪽.

같이 말하고 있다.

> "제주 사람들은 이교적 습관을 버리고 기독교인이 되기가 쉽지 않지만, 일단 결심을 내리면 낙심하여 이탈하는 경우가 드물다고 한다."[33)]

그녀의 증언에 따르면, 당시 제주 도민들은 자신들의 토착 문화를 배격하는 개신교 교리에 공감하기 힘들었기 때문에 기독교인으로 개종하기 어려웠다. 그러나 막상 개신교로 개종을 하면 이탈률이 적었는데, 개종을 결심한다는 것은 "모든 것을 끊을 결심",[34)] 곧 궨당[35)] 중심의 사회적 관계와 단절할 결심이 수반되어야 했기 때문이었을 것이다. 특히 제주 사회에서 개신교 신자가 되기 위해 조상 제사를 끊는다는 것은 자신에게 주어질 상속을 포기한다는 의미였고, 가족과 문중의 핍박과 따돌림에 직면해야 한다는 것을 의미했다.[36)] 이러한 상황에서 개신교 신앙을 유지하는 것은 '영적 승리'[37)]로 간주되어 교회 공동체로부터 모범 사례로 인정받게 되었다. 그리고 그것은 제주 개신교 신자들의 신앙적 보수성을 재차 강화시키는 환류를 만들어내고 있었다.

그런데 제주 토착 문화를 야만적인 혹은 미신적인 것으로 보는 개신교의 인식은 오늘날에도 계속 이어지고 있는 것으로 보인다. 다음은 2008년

---

33) Mattie Ingold Tate, 「The Cheiju Work」, *The Korean Mission Field*, 1915; 대한예수교장로회 제주노회, 앞의 글, 84쪽에서 재인용.

34) 김견수, 「제주도 개척교회 선교방향성 연구: 제주도 100년 선교역사를 중심으로」, 호서대학교 박사학위논문, 2017, 96쪽.

35) '궨당'은 제주도에서 '친인척'을 의미한다. 섬이라는 폐쇄된 공간에서 오랜 기간 살아가다보니 비슷한 동네, 마을 출신 도민들은 거의 다수가 친인척 관계로 얽혀 있다. 김혜숙, 「궨당」, 『디지털제주문화대전』, 한국학중앙연구원. https://jeju.grandculture.net/jeju/toc/GC00700282?search=I2 (2024.11.5.검색)

36) 이재은, 앞의 글, 64~76쪽.

37) 대한예수교장로회 제주노회, 앞의 글, 160쪽.

에 채택되고 제주 지역 신자들이 다함께 낭독한 「제주기독교100주년 선언문」의 일부이다.

> “지난 제주 기독교 100년은 일제 강점기의 수난과 해방 후 이념 대립, 민족상잔의 전쟁, 군사 독재와 같은 시대적 위기와 함께 무속 신앙과 우상 숭배의 틈바구니에서 순수 신앙을 지키며 사랑과 정의의 복음으로 구령에 힘써온 시간이었다.”[38]

이렇듯 신앙의 순수성을 강조하는 제주 개신교의 태도는 광복 이후 남한 사회에 확산된 반공주의에 의해 더욱 강화될 수 있었다. 유물론에 기초한 공산주의는 종교를 지배 계급의 지배를 정당화하는 허위의식(false consciousness)으로 보면서,[39] 그것을 노동 계급에 의한 공산혁명의 장애물로 취급했다. 특히 자본주의가 발달한 서구의 주류 종교였던 그리스도교는 공산주의 세력의 주요 공격 목표가 되었는데, 그것은 반대로 그리스도교의 강력한 반공주의를 불러오게 되었다. 한편 일제 강점기에 한반도에 들어온 공산주의는 광복 후 그 모습을 전면에 드러냈고, 소련군이 진주한 북한 지역에는 공산주의가 전면 도입되었다. 한반도는 순식간에 자유주의 세계와 공산주의 세계의 최전선이 되어버렸고, 출판물과 월남민들을 통해 남한 사회로 전파되는 북한의 상황은 남한 그리스도교의 반공주의를 더욱 강하게 만들었다.[40]

---

38) 「제주기독교100주년 선언문」; 대한예수교장로회 제주노회, 앞의 글, 371쪽에서 재인용.

39) 칼 마르크스·프리드리히 엥겔스(Marx, Karl & Friedrich Engels), 박재희 역, 『독일 이데올로기 I』, 청년사, 1998, 48~49쪽.

40) 김남식, 「누구를 위한 기독교인가?-미군정기(1945~1948) 한경직 목사의 전도 패러다임에 대한 연구」, 『신학과 선교』 Vol.52, 서울신학대학교 기독교신학연구소, 2018; 김선필, 「한국 천주교 민족화해운동의 전개와 과제: 사회학적 관점」, 『신학전망』 Vol.226, 광주가톨릭대학교 신학연구소, 2024.

이러한 환경 속에서 벌어진 4·3사건과 한국전쟁은 제주 개신교의 반공주의를 한층 강화시키는 계기가 되었다. 특히 제주 개신교는 4·3사건으로 인해 이도종 목사를 비롯한 17명의 신자들이 피살되고, 여러 교회가 파괴되는 피해를 입었다.[41] 피살된 신자들은 모두 '순교자'로 불리게 되었는데, 그것은 그들의 죽음이 그리스도교를 공격하는 공산주의 세력의 박해로 인한 순교로 인식되었기 때문이었다. 그들은 공산주의와의 '영적 싸움에서 승리'한 존재로서, 신앙적 반공주의의 상징이 되었다. 더욱이 무장대를 토벌하기 위해 입도한 군경과 서북청년단원 가운데는 개신교 신자들이 존재했다. 그들은 토벌 과정에서 지속적으로 예배를 드리고 교회를 설립하는 등 신앙생활에 적극적이었다.[42] 뿐만 아니라 한국전쟁을 피해 제주도로 들어온 피난민들 가운데 상당수가 북한 지역에서 넘어온 월남민들이었다. 이들은 전쟁 중에 제주도에 세워진 16개의 교회 가운데 절반인 8개 교회를 설립할 정도로 깊은 신앙심을 가지고 있었다.[43] 한편 토벌대와 피난민 가운데는 4·3사건과 한국전쟁이 마무리된 이후에도 제주도에 남아 정착한 이들이 많았다.[44] 그들은 제주도에 살면서 계속 교회를 다니고, 일부는 장로가 되기도 하였다.[45] 이렇듯 공산주의 세력과 직접 대면했던 이들이 교

---

41) 대한예수교장로회 제주노회, 앞의 글, 251~254쪽.

42) 위의 글, 261~263쪽. 당시 세워진 대표적인 교회로는 토벌대 제2연대장 함병선 대령과 작전과장 김명 대위가 제주시 봉개동에 설립한 함명교회(현 봉개교회)를 들 수 있다. 이에 대한 구체적인 정보는 다음을 참고하시오. 김신약, 「제주 4·3과 개신교: 봉개지구 재건과 함명교회 설립을 중심으로」, 『4.3과 역사』 Vol.20, 제주4.3연구소, 2020.

43) 김아람, 「38선 넘고 바다 건너 한라산까지, 월남민의 제주도 정착 과정과 삶」, 『역사문제연구』 Vol.35, 역사문제연구소, 2016, 226쪽.

44) 피난민 가운데 상당수가 제주에 정착하기를 희망했다는 점(김아람, 「한국전쟁기 제주 피난과 이주, 그리고 정착」, 『2017년 (사)제주학회 45차 전국학술대회 발표자료집』, 제주학회, 2017, 84쪽)을 미루어볼 때, 4·3사건 당시 제주에 들어왔다가 정착한 사람들의 수도 적지 않았을 것임을 짐작해볼 수 있다.

45) 김아람, 「38선 넘고 바다 건너 한라산까지, 월남민의 제주도 정착 과정과 삶」,

회와 밀접한 관계를 맺게 되면서 반공주의는 시간이 지나도 계속 제주 개신교 내에 영향력을 행사할 수 있게 되었다. 이점에서 4·3사건과 한국전쟁을 계기로 강화된 반공주의는 제주 개신교 내에서 신앙의 순수성을 드러내는 강력한 표지가 될 수 있었던 것으로 보인다.

이상과 같이 제주의 신자들은 제주 토착 문화와 공산주의 세력으로부터 신앙의 순수성을 지켜내는 것을 신앙생활의 주된 목표로 삼아왔다. 다시 말해 제주 개신교는 세속과의 영적인 싸움에서 승리하는 것을 목표로 두는 개선주의(triumphalism)적 태도를 견지하며 선교 활동을 지속해 왔던 것이다.

3) 외적 요인에 의한 성장

20세기 초, 제주에서 선교 활동을 시작한 개신교는 성장을 계속해왔다. 그것은 한국 개신교의 성장세와 흐름을 같이 하는 것이기도 했다. 조선예수교장로회가 1930년에 제주 지역을 제주노회로 분립시킨 것은 개신교가 제주 선교에 어느 정도 성공하고 있음을 보여주는 것이었다. 실제 제주노회 설립이후 신자 수는 1931년 1,078명에서 1939년 2,105명으로 약 두 배 가량 증가했다.[46] 그러나 교회의 독립적인 운영은 만성적인 재정 문제를 야기할 수밖에 없었다. 더욱이 전라도 지역(제주도 포함) 선교를 지원하던 미국 남장로회 한국선교회의 지원마저 점차 감소하게 되었다. 이로 인해 제주 지역에 대한 선교 활동(특히 교육 및 의료 선교 분야)은 여러모로 제약을 받게 되었고, 그것은 교세 성장에도 영향을 미치게 되었다. 그럼에도 불구하고 제주 개신교는 완만한 성장세를 보일 수 있었는데, 이에 대해 교계는 제주 신자들의 '영적인 각성과 분발'을 그 원인으로 지목하고 있다.[47]

229~233쪽.

46) 대한예수교장로회 제주노회, 앞의 글, 199쪽.

47) 같은 쪽.

물론 이와 같은 내적 평가를 무시할 수는 없지만, 제주 개신교의 성장에 큰 영향을 미친 원인으로 외적 요인들을 고려하지 않을 수 없다. 특히 개신교의 교세가 급증한 시점은 제주 사회가 급격한 변동을 겪었던 순간들이었다. 예를 들어 4·3사건은 교회에 많은 피해를 입혔지만, 이와 반대로 교세 성장의 기점을 이룬 사건이기도 했다. 이 시기에 여러 교회들이 설립되었으며,[48] 신자 수도 대폭 늘어났다. 실제 제주 최초의 개신교회인 성내교회의 신자 수(출석교인)는 1942년에 200명이었지만, 1951년에는 (성내교회에서 분리된 동부교회를 합하면) 385명(평균집회수, 성내교회 185명, 동부교회 200명)으로 증가했다. 또한 1942년에 85명이었던 한림교회는 1951년에 140명으로 증가했다. 4·3사건이 지속되던 이 시기에 일부 교회의 신자 수는 다소 감소하기도 했지만, 제주 지역 교회들의 신자 수는 대부분 증가하였다.[49]

이러한 현상은 한국전쟁기에 두드러지게 나타났다. 북한군의 남하로 대규모 피난민이 발생하자, 미군과 한국 정부는 피난민들을 각 지역에 소개하였다. 이 가운데 많은 수가 제주도에 들어왔는데, 그 수가 1951년 2월에는 106,353명, 1952년 1월 54,873명, 3월 25,360명, 1953년 6월에는 21,525명에 달했다.[50] 이 가운데 개신교 신자는 9,663명, 목사는 180명이라는 기록[51]이 남아 있는 것으로 보아, 상당수의 개신교 신자들이 제주도로 피난을 왔다는 사실을 알 수 있다. 특히 피난 과정에서 신자들을 태워 제주도로 수송하던 배편이 따로 있었다는 점[52]은 제주 피난민 사회에서 개

48) 강정교회(1948.5.7.), 표선교회(1948.8.5.), 애월교회(1948.11.21.), 예리교회(1949.3.27.), 판포교회(1949.7.20.), 봉개교회(1949.9.14.) 등이 있다. 위의 글, 258쪽 참조.

49) 위의 글, 266~268쪽.

50) 김아람, 「한국전쟁기 제주 피난과 이주, 그리고 정착」, 71쪽.

51) 대한예수교장로회 제주노회, 앞의 글, 268쪽.

52) 박용규, 앞의 글, 518쪽.

신교 신자들의 결속이 다른 집단에 비해 강했을 것임을 짐작케 한다. 실제로 피난민 신자들은 제주도에서 열성적으로 신앙생활을 이어갔다. 그들은 피난 생활의 어려움을 교회를 통해 극복해나가고 있었던 것이다.[53] 뿐만 아니라 한국전쟁 이전까지 제주도에는 개신교 교단 가운데 장로교만 선교 활동을 펼쳤으나, 전쟁을 계기로 감리교와 성결교가 제주도에 들어오게 되었다. 전쟁을 피해 들어 온 감리교와 성결교 신자들은 제주도에 교회를 세웠다. 이들이 제주 도민을 대상으로 선교 활동을 펼치면서 제주 개신교의 교세는 더욱 확장될 수 있었다. 예를 들어 광복 직전이었던 1942년에 제주 지역 교세는 교회 25개소, 신자 1,578명이었지만, 한국전쟁이 끝난 이후인 1957년에는 교회 75개소, 신자 14,061명으로 급격한 성장을 거두고 있었다.〈표 1〉 이렇듯 4·3사건과 한국전쟁이라는 제주 사회의 변동은 제주 개신교의 성장에 직접적인 영향을 미치고 있었다.

〈표 1〉 제주 지역 개신교 교세 증가 표[54]

	1908	1912	1930	1940	1942	1951	1957	1976	1987	2004
교회(개소)	2	3(5)	17	24	25	27(2)	75	112	170	356
교세(명)	20	400	1,078	2,049	1,578	1,805	14,061	35,588	41,259	51,620

이후 제주 개신교는 한국 개신교의 폭발적인 성장세에 발맞춰 지속적인 성장을 거듭해왔다.〈표 1〉 그러나 제주 지역의 교세 성장은 한국 개신교 전체의 성장에 비해 저조하였다.〈표 2〉 게다가 2000년대 이후 한국 개신교의 성장이 침체 국면에 접어듦에 따라 제주 개신교도 침체기를 겪게

53) "비록 예배당 건물은 판잣집이었으나 교인은 수백 명에 달하였으며, 이 판자 교회야 말로 피난 성도들의 유일한 마음의 안식처요. 성도들 서로가 피난 생활의 괴로움과 슬픔을 달래며 하나로 뭉쳐지고 협력하는 신앙생활의 본거지였다." 강문호·문태선, 『제주선교 70년사』, 대한예수교장로회총회, 1978, 69쪽; 대한예수교장로회 제주노회, 앞의 글, 270쪽에서 재인용.

54) 박용규, 앞의 글, 636쪽.

된다. 실제 제주 선교의 역사를 함께 해온 대한예수교장로회(통합)의 경우 2006년에 31,086명이었던 신자 수가 2007년에는 30,619명으로 줄어들기까지 했다.[55] 이런 와중에 제주 지역 천주교의 교세가 계속 성장해 나가면서, 2005년에는 제주 지역에서 천주교가 개신교의 교세를 뛰어넘는 통계 결과(천주교 54,764명, 개신교 38,183명)가 발표되기도 했다.〈표 2〉[56]

〈표 2〉 종교 인구 통계(명)[57]

		불교	개신교	천주교	기타	종교없음
1985	전국	8,059,624 (19.9%)	6,489,282 (16.0%)	1,865,397 (4.6%)	788,993 (1.9%)	23,216,356 (57.4%)
	제주도	140,131 (28.7%)	36,183 (7.4%)	18,958 (3.9%)	7,906 (1.6%)	285,122 (58.4%)
1995	전국	10,321,012 (23.2%)	8,760,336 (19.7%)	2,950,730 (6.6%)	565,746 (1.3%)	21,955,886 (49.3%)
	제주도	169,672 (33.6%)	42,235 (8.4%)	31,143 (6.2%)	6,400 (1.3%)	255,645 (50.6%)
2005	전국	10,726,463 (22.8%)	8,616,438 (18.3%)	5,146,147 (10.9%)	481,718 (1.0%)	22,070,668 (46.9%)
	제주도	173,658 (32.7%)	38,183 (7.2%)	54,764 (10.3%)	5,985 (1.1%)	249,096 (46.9%)
2015	전국	7,619,332 (15.5%)	9,675,761 (19.7%)	3,890,311 (7.9%)	367,670 (0.7%)	27,498,715 (56.0%)
	제주도	136,159 (23.4%)	58,258 (10.0%)	46,043 (7.9%)	3,960 (0.7%)	338,219 (58.0%)

55) 위의 글, 652~656쪽.

56) 이로 인해 개신교계에서는 천주교의 상반된 교세 변동 현상의 원인을 찾으려는 노력들이 여러 연구들이 진행되었다. 관련된 연구는 다음을 참고하시오. 박용규, 앞의 글; 김견수, 「21세기 제주도 선교전략 및 전망에 관한 연구」; 유요한, 「제주 토착종교와 외래종교의 충돌과 질서 형성과정에 관한 연구: 개종주의(Proselytism) 비교 전략을 중심으로」, 『종교와 문화』 Vol.22, 서울대학교 종교문제연구소, 2012; 심재국, 「제주 선교의 고찰(考察)과 선교의 주체로서의 제주 교회의 역할」, 장로회신학대학교 석사학위논문, 2016; 고민희, 「제주 기독교의 선교 양태에 관한 비교 연구-제주 천주교와 개신교 선교역사를 중심으로」.

57) 통계청, 「종교인구」, 『인구총조사』, 통계청, 1985, 1995, 2005, 2015.

이렇듯 침체되었던 제주 개신교의 교세는 2010년대 이후 다시 회복되기 시작하였다.〈표 3〉 그런데 그것은 새로 교회에 들어온 신자(원입교인) 수의 증가라기보다, 이미 세례를 받은 신자(세례교인) 수가 증가하면서 나타난 현상으로 볼 수 있었다. 사실 이 시기 신자 수의 증가는 같은 시기 제주도 인구의 증가와 맞물리고 있었다. 〈표 4〉에 따르면, 매년 감소하던 제주도 인구 수는 2010년부터 급격히 증가하기 시작했다.[58] 이러한 인구 변동은 제주특별자치도 출범(2006)에 따른 자본 유입[59]과 이에 편승하여 한국 사회에 불어온 제주 이주 열풍에 따른 것이었다. 이점에서 2010년대 이후 제주 개신교의 교세 회복 현상은 "새로 전도되어 교회에 출석하는 수보다 기존에 개신교 신자들이 제주로 이주하면서 개신교회를 출석하는 세례교인의 수가 증가하면서"[60] 나타나게 된 것이라고 볼 수 있는 여지가 크다.[61]

58) 통계청의 추계인구 통계에 따르면, 제주도 인구는 2006년에 543,702명이었지만, 2023년에는 677,557명으로 약 24.6% 증가하였다. 통계청, 「추계인구(시도)」, 『장래인구추계』, 통계청, 2024a. https://kosis.kr/statHtml/statHtml.do?orgId=101&tblId=DT_1BPB001E&conn_path=I2 (2024.10.4.검색)

59) Kim, Seon-Pil, 「Mainland development policy in an autonomous subnational island jurisdiction: spatial development and economic dependence in Jeju, South Korea」, *Island Studies Journal* Vol.15 No.1, Institute of Island Studies, University of Prince Edward Island, Canada, 2020.

60) 윤명희·김선필, 「사회변동에 따른 제주지역 개신교회의 변화와 딜레마-「바다교회」(가명) 사례를 중심으로」, 『탐라문화』 Vol.56, 제주대학교 탐라문화연구원, 2017, 20쪽.

61) 한편 2019년 말에 시작된 코로나19 팬데믹은 신자 수의 감소를 초래하였고, 2023년 이후 감소하기 시작한 제주도 인구수(〈표 4〉 참조)는 개신교 교세에도 부정적인 영향을 미칠 것으로 예측된다.

〈표 3〉 대한예수교장로회(통합) 제주노회 교인 통계(명)[62]

구분	원입교인	세례교인	총교인수
2013	12,876	18,743	33,753
2014	13,574	18,955	34,743
2015	12,601	20,874	35,758
2016	12,081	21,643	36,023
2017	12,273	22,802	37,925
2018	12,129	22,872	37,225
2019	12,351	23,278	37,409
2020	9,437	20,910	32,575
2021	미확인	21,691	34,310
2022	미확인	21,828	33,541
2023	미확인	23,749	35,025

〈표 4〉 제주도 인구 순이동 통계(명)[63]

년도	2006	2007	2008	2009	2010	2011	2012	2013	2014
순이동	-1,902	-2,928	-2,236	-1,015	437	2,343	4,876	7,823	11,112
년도	2015	2016	2017	2018	2019	2020	2021	2022	2023
순이동	14,257	14,632	14,005	8,853	2,936	3,378	3,917	3,148	-1,687

이처럼 제주 개신교의 교세가 급격히 증가한 시기는 4·3사건과 한국전쟁, 2000년대 이후 불어온 이주 열풍과 같이 제주 사회가 급격한 변동을 겪게 된 순간들이었다. 따라서 제주 개신교는 외적 요인들로부터 많은 영

62) 위의 글, 20쪽; 장제근, 「예장통합 제주노회 교인수 3만7925명 제주인구 67만8772명 중 5.59% 차지」, 『제주기독신문』 2018.9.21.기사. http://www.jejugidok.com/kor/wpbbs/view.php?wpboard=news&bno=4837&p=1&lcate= (2024.10.4.검색); 장제근, 「통합 전체교인수 4834명 줄어 10년전 교세 3만2539명 수준」, 『제주기독신문』 2021.8.27.기사. http://www.jejugidok.com/kor/wpbbs/view.php?wpboard=news&bno=5982&p=1&lcate= (2024.10.4.검색); 제주기독신문, 「통합노회 성도 3만7225명…도민 5.9% 복음화」, 『제주기독신문』 2019.8.12.기사. http://www.jejugidok.com/kor/wpbbs/view.php?wpboard=news&bno=5196&p=1&lcate= (2024.10.4.검색); 제주기독신문, 「감소하던 교세 반등됐다 전년도 비해 180명 증가」, 『제주기독신문』 2020.10.16.기사. http://www.jejugidok.com/kor/wpbbs/view.php?wpboard=news&bno=5679&p=1&lcate= (2024.10.4.검색)

63) 통계청, 「시군구별 이동자수」, 『국내인구이동통계』, 통계청, 2024b. https://kosis.kr/statHtml/statHtml.do?orgId=101&tblId=DT_1B26001_A01&conn_path=I2 (2024.10.4.검색)

향을 받으며 성장을 거듭해왔다고 평가할 수 있겠다.

Ⅳ. 섬 속의 섬, 또 하나의 궨당: 제주 개신교의 과제

지금까지 제주 지역에서 펼쳐진 개신교의 선교 활동과 그 특징을 살펴보았다. 이를 토대로 오늘날 제주 개신교가 풀어야 할 과제가 무엇인지 살펴보고자 한다. 상기하듯, 제주 개신교는 타 지역과 달리 교육과 의료 선교 분야에서 이렇다 할 성과를 보이지 못했고, 복음 선교 위주의 선교 활동을 펼쳐왔다. 이로 인해 개신교는 제주 사회와 폭넓은 교류를 맺기 어려웠다. 곧, 개신교와 제주 사회는 주로 교회라는 좁은 울타리를 마주하고 관계를 이어왔던 것이다. 그것은 서로에 대한 이해의 폭을 넓힐 기회가 다른 지역에 비해 적었음을 의미했다.

한편 개신교는 선교 초기부터 제주의 토착 문화를 미신으로 취급해왔다. 때문에 개신교는 전통 신앙과 유교식 제사 등으로 결속되어 있는 제주의 궨당 문화 안으로 들어가기 힘들었다. 하지만 개신교는 그것을 오히려 '승리'를 위한 영적 단련의 계기로 삼아왔다. 곧, 함께 지내야할 지역 사회의 문화를 이해하려 노력하기 보다는 그 다름을 자신들의 신앙을 강화시켜줄 도구로 여기는 분위기가 강했던 것이다.[64] 이러한 상황에서 제주 사회 역시 자신들의 토착 문화를 배척하는 개신교를 받아줄 준비가 되어있지 못했다. 그래서 개신교로 개종하려는 친인척이 자신들의 궨당(인적 네트워크)으로부터 이탈하지 못하도록 강하게 압박해왔다.[65] 이렇듯 개신교와 제

---

64) "제주기독교는 제주 본래의 우상문화와 괸당(궨당: 인용자 주) 문화와 맞서 복음을 전해야 할 시대적 사명을 부여받았다." 박용규, 앞의 글, 652쪽.

65) 예를 들어 제주에서 목회 활동을 하던 한 목사는 2010년에 채록된 인터뷰에서 다음과 같이 말하고 있다. "제사로 뭉쳐 있는데 오도가도 안하면 축출된다. 제사가 구심

주 사회가 상대방을 이해하기 보다는 서로를 배척함으로써 자기 공동체의 결속을 강화하려고 하다 보니, 개신교는 제주 사회 속에 존재하면서도 따로 존재하는, 제주 사회 속의 섬 같은 존재가 되어버린 감이 없지 않다. 다음은 이에 대해 묘사한 글이다.

> "복음의 전파란 그 지역의 삶과 역사, 문화, 정서 이 모두와 함께 얽혀져 나가야 하는 것이나, 실제로 아직 제주 교회는 그렇지 못하고 있는 듯하다. 독자적으로 나가다 못해 겉돌고 있는 듯한 인상을 주는 연유는 제주를 살아내는 주체인 제주민을 소외시킨 나머지 제주를 주변인으로 만들었기 때문이다. 자신들만의 삶과 역사, 문화, 정서를 새로이 정립하여 소통하지 않은 이러한 모습은, 심지어 제주 교회 자체가 하나의 궨당인 것처럼 비춰지도록 만들고 있다. 이는 "기독교라는 신앙공동체가 갖는 특성이 이 사회의 정체와는 이질적인 요소가 있다"는 점을 증명해내는 것이며, 결국은 제주 교회가 스스로를 자신들만의 공동체로 고립시켜 사회와 어울리지 못했으며, 더 나아가 제주교회의 존재를 사람들이 의식하지 못하도록 했음을 부정하지 못할 것이다."[66]

사실 여러 연구자들이 제주 개신교의 미진한 교세 성장 현상의 주요 원인으로 지적하는 것은 제주 사회의 궨당 문화, 곧 외부 세계로부터 자신들을 지켜내기 위해 형성한 그들만의 폐쇄적인 네트워크이다.[67] 그런데 신앙의 순수성을 지켜내려는 교회의 모습이 오히려 제주 도민들에게 "하나의 궨당"처럼 비춰지고 있다는 평가는 제주 개신교가 곱씹어 보아야 할 내용

점이 되기 때문이다. (중략) (공동체) 안에 있어야 보호 받는다. 집안 대소사가 모는 든 친척들이 모이는 제삿날 결정 나기 때문이다." 이재은, 앞의 글, 75쪽.

66) 고민희, 「제주도 초기 교회 형성과정 연구-이도종의 생애와 목회활동을 중심으로-」, 102쪽.

67) 김영동, 「제주도 '궨당문화'에 대한 창조적 긴장의 문화 신학적 선교」, 『장신논단』 Vol.30, 장로회신학대학교 기독교사상과문화연구원, 2007; 심재국, 앞의 글; 김견수, 「제주도 개척교회 선교방향성 연구: 제주도 100년 선교역사를 중심으로」; 박철희, 앞의 글 등.

이라고 여겨진다.

다른 한편 제주 사회와 개신교가 가까워지는 것을 막는 또 하나의 장애물은 4·3사건과 이에 대한 개신교의 반공주의적 태도에 있다. 많은 이들이 지적하듯 4·3사건 당시 무장대를 토벌하기 위해 제주도에 들어온 서북청년단은 개신교와 밀접한 관계가 있었다.[68] 그들의 토벌 과정은 제주 도민들에게 매우 가혹했고 잔혹하기까지 했다.[69] 많은 도민들은 만행에 가까운 그들의 행위를 기억하며, 그것이 개신교와 연결되어 있다고 인식해온 것이

68) 서울 영락교회의 한경직 목사는 서북청년단에 대해 다음과 같이 말했다. "그때 공산당이 많아서 지방도 혼란하지 않았갔시오. 그때 「서북청년회」라고 우리 영락교회 청년들이 중심되어 조직을 했시오. 그 청년들이 제주도 반란사건(4·3사건: 인용자 주)을 평정하기도 하고 그랬시오. 그러니까니 우리 영락교회 청년들이 미움도 많이 사게 됐지요." 김병희 편저 1982, 55~56쪽; 윤정란 2015, 224쪽에서 재인용.

69) 양봉철, 「제주4·3과 서북기독교」, 『4.3과 역사』 Vol. 10, 제주4.3연구소, 2010; 최태육, 「남북분단과 6·25전쟁 시기(1945~1953) 민간인집단희생과 한국기독교의 관계 연구」, 목원대학교 박사학위논문, 2014; 고민희, 「제주 기독교의 선교 양태에 관한 비교 연구-제주 천주교와 개신교 선교역사를 중심으로」; 안신, 「제주4·3 사건과 종교 그리고 평화」, 『평화와 종교』 Vol.14, 한국평화종교학회, 2022. 한편 4·3사건 당시 제주에서 활동했던 서북청년단원 가운데 개신교 신자가 얼마나 존재했는지, 그들의 활동 양상과 4·3사건 이후의 삶은 어떠했는지 등을 구체적으로 밝혀낸 연구는 아직까지 제대로 진행되지 못했던 것으로 보인다. 지금까지 4·3사건 당시 제주에 파견된 서북청년단과 개신교의 관련성에 대한 연구가 미흡했던 것은 서북청년단원들이 강제로 제주 여성과 결혼하여 정착하는 경우가 많았고(김종성, 「잔인한 서북청년단, 4.3때 여성들에게 무슨 짓 한건가」, 『오마이뉴스』 2019.4.2.기사. https://www.ohmynews.com/NWS_Web/View/at_pg.aspx?CNTN_CD=A0002524448 (2024.10.5.검색), 그들이 혼인한 제주 여성의 가족이 4·3사건 희생자의 가족이기도 했으며, 제주도내 교회 가운데 여러 교회들이 서북청년단 그리고 그들이 형성한 제주의 가족들과 관계되어 있는 등 가해자와 피해자가 매우 복잡한 양상으로 얽혀있는데다, 제주 특유의 괸당 문화까지 영향을 미치게 되면서 누구도 그 실체를 쉽사리 밝히기 어려운 상황에 놓이게 되었기 때문이다. 한편 김신약은 1980년대 이후 4·3사건이 공론화되면서 다양한 연구가 진행되어 오고 있지만, 4·3사건과 개신교의 관계에 대한 연구는 거의 진행되지 않았다고 지적한다. 그리하여 "4·3사건 당시 개신교의 선행을 말하고자 하여도 조남수가 사역한 모슬포를 제외하곤 구체적으로 거론할 수 있는 게 없으며, 죄책을 고백하고자 해도 무엇을 어떻게 고백해야 할지 알 방법이 없다."(김신약, 「한국 개신교의 제주4.3사건 인식 연구」, 52쪽)면서 개신교 4·3 연구의 필요성을 강조하고 있다.

사실이다.[70)]

그러나 개신교계 안에서는 4·3사건 당시 서북청년단과 개신교는 별개의 집단이라는 시선이 널리 퍼져있는 것으로 보인다.[71)] 부연하자면, 4·3사건 당시 벌어진 민간인 집단 학살과 개신교는 무관하며, 개신교는 오히려 4·3사건의 피해자이자 무장대로부터 민간인의 생명을 살려낸 주체라는 인식이 강하게 자리 잡고 있는 것이다.[72)] 더욱이 제주 개신교를 비롯한 한국 개신교계의 다수는 반공주의적 시각에서 4·3사건을 이해함으로써, 이 사건으로 인해 발생한 대규모 민간인 학살 사건과 이와 관련된 교회의 책임을 제대로 인식하지 못하고 있다.[73)] 이렇듯 4·3사건에 대한 개신교계의

70) 고민희, 「한국 기독교 4·3 담론의 형성과 재형성에 관한 연구」, 연세대학교 박사학위논문, 2021, 156~157쪽.

71) 위의 글, 163쪽.

72) 앞서 살펴보았듯, 4·3사건 당시 개신교는 이도종 목사를 비롯한 여러 신자들이 죽임을 당했고, 여러 교회가 피해를 보았다. 또한 당시 조남수 목사는 자수 선무 강연으로 많은 사람들은 죽음의 위험에서 구해냈다. 이에 대해 대한예수교장로회 제주노회가 발간한 『제주기독교 100년사』는 다음과 같이 자평하고 있다. "제주도의 4·3사건은 제주 도민들에게 교회의 위상을 바르게 인식할 수 있는 계기를 마련해 주었다. 지금까지 기독교는 조상 숭배를 배격하는 서양 외래 종교로 인식되어 배척당하였지만, 이웃에 대한 사랑을 전할 뿐만 아니라 참으로 생명을 살리는 종교로 인정받게 되었다. 더 나아가서 교회의 목회자에 대한 인식도 달라졌다. 그리고 외지에서 제주도의 치안을 담당하기 위하여 파송된 군인들과 경찰들 가운데 기독교인들이 많았으며, 이들의 배려로 많은 사람들이 생명을 구할 수 있었으므로 이들은 기독교를 다르게 받아들이기 시작하였다." 대한예수교장로회 제주노회, 앞의 글, 257쪽.

73) 김신약, 「제주 4·3과 개신교: 봉개지구 재건과 함명교회 설립을 중심으로」. 물론 4·3사건에 대한 반성과 화해의 움직임도 나타나고 있다. 예를 들어 한국기독교교회협의회(NCCK)는 2018년 3월 14~15일 양일간 4·3 유적지를 방문하였는데. 그것은 개신교 연합 기관 가운데 처음 있는 일이었다(지유석, 「"개신교, 제주 4.3 학살 개입해놓고 외면" 반성의 행진」, 『오마이뉴스』 2018.3.16.기사. https://www.ohmynews.com/NWS_Web/View/at_pg.aspx?CNTN_CD=A0002414720 (2024.10.4.검색)). 또한 2020년에는 한국기독교장로회 총회가 『제주 4·3 신앙 선언』을 발표했다. 여기서 총회는 다음과 같이 선언했다. "우리는 주어진 인식의 늪에 빠져 진실을 외면해온 이 땅의 교회들이 역사적 무지에서 벗어나 평화의 도구로 거듭나게 되기를 바랍니다."(한국기독교장로회 총회, 「2020년 제주4·3 기념 주일 자료」, 한국기독교장로회, 2019.3.22., 19쪽)

인식은 제주 사회의 일반적인 인식과는 다소 동떨어져 있는데, 이는 제주 사회와의 공존과 상생을 어렵게 만드는 장애물로 작용하고 있다.

이처럼 제주 개신교는 주로 교회라는 한정된 공간에서 제주 사회와 접촉하며 제주의 토착 문화로부터 신앙의 순결성을 지키기 위해 노력해왔다. 그리고 4·3사건을 반공주의에 입각하여 바라봄으로써 제주 사회와 다소 동떨어진 인식을 견지해왔다. 이로 인해 개신교는 제주라는 섬 안에 홀로 떠있는 섬이자, 제주 사회라는 외부 세력으로부터 자신을 지켜내려는 또 하나의 궨당으로 비춰지고 있는 실정이다. 제주 개신교의 역사에서 이주민 신자들의 유입이 교세 성장의 주요 요인이었다는 사실은 이러한 현실을 잘 보여준다. 제주 도민들이 개신교 신자로 개종하는 것보다 외부에서 세례를 받은 신자들이 제주도로 이주하여 도내에 있는 교회를 다니는 경우가 더 많은 것이다.[74)]

이점에서 오늘날 제주 개신교는 선택의 갈림길에 서있는 것으로 보인다. 이질적인 제주 사회 안에서 자신들의 신앙과 삶의 방식을 고수하는 디아스포라(diaspora), 곧 '제주' 개신교의 길을 걸을 것인가. 아니면 제주 사회의 일원으로서 도민들과 함께 희로애락을 공유하며 살아가는 '제주 개신교'의 길을 걸을 것인가. 이에 대해 여러 연구자들은 지금까지 보여 왔던

---

74) 기독교대한성결교회에서 발간하는 잡지 『활천』은 이러한 제주 지역 개신교의 특징을 다음과 같이 말한다. "주목할 것은 제주도 출신 사람, 즉 원주민의 복음화율은 1~2% 정도라는 점이다. 제주도는 원주민이 1/3가량이고, 이주민이 2/3가량이다. 교회에 출석하는 성도의 대부분이 육지에서 복음을 영접한 후 이주한 사례다. 제주도 출신 중에 복음을 받아들인 사람이 1~2%밖에 되지 않기 때문에 제주도를 '한국말 쓰는 선교지'라고 말한다."(편집부, 「성결의 복음 자리: 제주 선교 발자취 제주 선교 70주년 간담회」, 『활천』 Vol.817 No.12, 기독교대한성결교회 활천사, 2021, 133쪽) 한편 이주민 신자들의 유입을 통한 교세 성장은 교회 내에 새로운 갈등을 불러오기도 한다. 기존 신자들과 새롭게 교회에 출석하는 신자들 간의 인식 차이가 교회 운영에 관한 갈등으로 이어지는 것이다(윤명희·김선필, 앞의 글 참조). 이점에서 기존 신자와 이주민 신자 간의 갈등을 조정하는 일 역시 오늘날 제주 개신교가 직면한 과제 가운데 하나라고 할 수 있다.

개신교의 폐쇄적인 태도가 제주 지역 선교의 걸림돌로 작용하고 있음을 지적하며, 제주 문화를 이해하고 제주 도민의 삶에 녹아들어가기 위한 노력, 곧 토착화의 필요성을 제기하고 있다.[75] 그것은 단순히 연구자들의 주장에 머무는 것만은 아니었다. 이기풍 목사가 제주에 입도한지 100주년이 되는 2008년에 열린 '제주기독교 100주년 기념 연합 대예배 및 축제'에서 채택된 「제주기독교10주년 선언문」[76]에는 다음과 같은 내용이 담겨있었다.

> "6. 우리는 지난 100년의 역사 속에서 교회의 성장에 비추어볼 때 제주 도민을 위한 사회적 공헌이 미약했음을 반성하며 겸허한 마음으로 장애인, 노인, 외국인 노동자들과 같이 소외된 사회적 약자들과 고통을 적극적으로 함께 나누며 기쁨과 행복을 누리게 하는 일에 적극적으로 힘씀으로 사회에 희망을 주는 교회가 되도록 노력한다."[77]

이처럼 개신교가 제주 사회와 공존하는 길을 걷기를 원한다면, 관건은 그것을 얼마나 현실에서 실천하는가에 달려있을 것이다. 그것이 바로 오늘날 제주 개신교가 당면한 핵심 과제인 것이다.

---

75) 김영동, 앞의 글; 한국일, 「제주 궨당 문화와 제주 선교-에큐메니칼 선교 관점에서」, 『장신논단』 Vol.30, 장로회신학대학교 기독교사상과 문화연구원, 2007; 김견수, 「21세기 제주도 선교전략 및 전망에 관한 연구」; 고민희, 「제주도 초기 교회 형성과정 연구-이도종의 생애와 목회활동을 중심으로-」; 김도일, 앞의 글; 심재국, 앞의 글; 박철희, 앞의 글.

76) 이 선언문은 제주도내 개신교의 모든 교단과 교파에 속한 신자들이 함께 채택한 것이라는 점에서 제주 개신교의 전반적인 분위기를 살펴볼 수 있다.

77) 대한예수교장로회 제주노회, 앞의 글, 371쪽.

V. 결론

지금까지 제주 개신교의 선교 현황과 특징 그리고 과제에 대해 살펴보았다. 20세기 초 자생적으로 시작된 제주 개신교는 1908년 이기풍 목사의 제주 입도로 본격적인 성장의 기틀을 닦게 되었으며, 2021년 5월 현재 35개의 교단과 483개의 교회가 운영될 정도로 성장을 거듭해왔다. 그것은 육지부의 미약한 지원 아래에서 일구어낸 성과이기도 했다.

한편 제주 개신교의 선교 역사를 돌아본 결과, 크게 세 가지 특징을 확인할 수 있었다. 첫째, 제주 개신교는 복음 선교를 중심으로 선교 활동을 펼쳐나갔다. 그것은 학교와 병원을 통해 교육 및 의료 선교를 활발히 펼쳐왔던 육지부의 선교 양상과는 다른 것이었다. 물론 제주 지역의 신자 공동체에서는 학교와 병원 설립을 총회와 남장로회 한국선교회에 지속적으로 요청해왔지만, 그것은 재정과 인력 부족 등의 이유로 번번이 거절당해 왔다. 이로 인해 제주에서는 교회와 목회자 중심의 복음 선교, 곧 직접 선교가 주를 이루어왔다. 둘째, 제주 개신교는 신앙의 순수성을 지키기 위한 노력에 집중해왔다. 그것은 타 지역에 비해 독특한 제주의 토착 문화로부터 자신의 정체성을 지키기 위한 것이었고, 이를 통해 그들은 '영적 승리'를 쟁취해왔다. 특히 4·3사건과 한국전쟁으로 강화된 반공주의는 이러한 경향을 더욱 부추겼다. 셋째, 제주 개신교는 외적 요인에 의해 성장을 거듭해 왔다. 제주에서 개신교가 부흥을 맞이했던 시기는 4·3사건과 한국전쟁기, 그리고 2000년대 이후 제주도의 급속한 인구 성장기였다. 이때 많은 외지인들이 제주도에 들어와 교회를 다니게 되었고, 그것은 개신교의 성장을 주도했다.

그러나 이러한 특징들은 필연적으로 제주 사회 안에서 개신교의 위치를 고립시키는 결과를 낳았다. 교회와 목회자 중심의 선교 활동은 교회와 제주 사회의 접촉면을 좁히게 되었고, 신앙을 순수성을 지키기 위한 노력은 제주 토착 문화에 대한 배타성을 강화시켰기 때문이다. 여기에 제주 현대사의 가장 큰 아픔이자, 오늘날 제주 사회의 형성과 움직임에 많은 영향을 미치고 있는 4·3사건에 대한 개신교와 제주 사회의 인식 차는 제주 개신교의 고립을 더욱 강화시키고 있다. 실제 이주민 신자들의 유입이 교세 성장의 주요 요인이었다는 점은 오늘날 제주 개신교가 처한 상황을 잘 보여주고 있다.

이점에서 현재 제주 개신교는 기존 방식대로 자신들만의 정체성을 고수하며 섬 속의 섬, 또 하나의 괸당으로 살아갈 것인지, 아니면 제주 사회와 어우러지면서 함께 살아갈 방법을 찾을 것인지 선택해야할 순간을 맞이하고 있다. 물론 다수의 제주 지역 신자들은 제주 사회와의 공존을 추구하기를 원하는 것으로 보인다. 그렇다면 지금 개신교가 제주 사회와 공존하기 위해 필요한 것은 구체적인 실천이라고 할 수 있겠다.

제3부

미국 남장로회 대전 선교 및 기타

1장

대전선교부와 선교

송현강

Ⅰ. 서론

대전선교부는 미국 남장로교 한국선교회(Korea Mission of the Presbyterian Church in the United States)가 여섯 번째로 설치한 선교 거점이다. 지난 1892년 한국 선교를 시작한 미국 남장로교는 한말·일제강점기 동안 전주(1895)·군산(1896)·목포(1898)·광주(1904)와 순천(1913) 등 다섯 군데에 각각 선교부를 개설하고 그곳을 중심으로 선교 활동을 벌였다.

여기서 '선교부'(station)란 선교 대상 지역의 중심 도시에 형성된 선교사들의 생활공간을 의미하는 것으로 그 안에는 선교사들의 주거시설과 아울러 병원과 남녀중등학교 그리고 교회가 함께 들어있는 것이 일반적이었다. 즉 전주선교부 65,000평의 선교 구내(mission compound)에는 여러 채의 선교사 주택과 아울러 예수병원과 신흥-기전학교 그리고 개울건너 전주서문교회가 각각 세워져 있었다. 선교부는 선교사들의 주거와 전도, 의료, 교육의 기능이 하나의 유기적인 조합을 이루는 복합선교지구였던 것이다.

그리고 이러한 선교부 중심 선교 전략은 남장로교 뿐만이 아니라 19세기 후반 구미 선교사들의 일반적인 선교패턴이기도 했다. 1932년 현재 미국 북장로교(서울·평양·청주·대구·안동 외)와 북감리교(서울·해주·공주·원주 외), 남감리교(개성·춘천·철원 외) 그리고 호주(부산진·진주·마산 외)와 캐나다장로교(원산·함흥·성진 외) 등 6개의 주한 개신교 선교부가 설치·운영하고 있던 선교부는 전국적으로 모두 34곳에 달했다.[1] 선교부는 선교가 진행되는 최일선의 현장으로서, 해당 지역 복음 전파의 전진기지로 기능하였던 것이다.

1941년 태평양전쟁을 전후해 선교현장에서 철수했던 남장로교 선교사들은 1946년 조사단(Survey Committee)을 파견하면서 한국 선교를 재개했다. 그리고 그들은 해방 이후의 달라진 한국 상황에 적응하면서 새로운 선교 전략을 수립하게 되는데, 그 가운데 하나가 바로 대전선교부의 설치였다.

대전선교부는 남장로교 선교사들에게 두 가지 의미를 갖는다. 하나는 1893년 북장로교와의 협정으로 인해 한말·일제강점기 주로 호남지역에서 활동했던 남장로교 선교사들이 이제 대전을 비롯한 충청지역으로 선교영역을 확대한다는 의미가 있고, 또 하나는 다른 선교회들의 구애(拘礙)를 받지 않는 독자적인 고등교육 프로그램을 운영하게 되었다는 것이다. 일제강점기 미국 남장로교는 고등교육-신학교육-선교사 자녀 교육에 있어 북장로교 등 다른 선교부들과 힘을 합쳐서 연합기독교대학(Union Christian College, 숭실)-연합장로회신학교(Union Presbyterian Theological

---

1) Macdonald D. A., "Mission Stations and Places of Interest in Korea", *The Korea Missons Year Book*, The Christian Literature Society of Korea, 1932.

Seminary, 평양신학교)-평양외국인학교(Pyengyang Foreign School)의 유지·경영에 참가했었다. 호남 지역의 교회들에서 배출한 인재들에게 수준 높은 교육기회를 제공하여 한국인 지도력을 확보하려는 의도였다. 하지만 해방 이후 남장로교 선교사들은 이제 별도의 대학과 신학교-외국인학교 설립을 추진하였던 것이다. 대전선교부는 그래서 남장로교 교육센터로서의 특별한 역할을 수행하게 되었다.

이 글은 지난 1956년 1월 대전시 오정동에 공식 설치되어 그 후 30여 년 간 장로교의 대전노회·충남노회 그리고 기독교연합봉사회(The Union Christian Service Center)와 관련을 맺으며 남장로교의 대전·충남지역 선교기지로 기능했을 뿐만 아니라 한남대학(대전기독학관-대전대학-숭전대 대전캠퍼스)과 대전외국인학교 그리고 대전고등성경학교(대전신학대학)의 설립과 운영에 깊숙이 참여했던 대전선교부의 역사적 내력과 복음 선교 과정을 소개하려는 목적을 갖고 있다. 남장로교 선교사들이 남긴 연례회의록(*Minutes of the Southern Presbyterian Mission in Korea*)이 그 중요한 분석 대상이 될 것이다. 아직 '선교부'에 관한 학계의 연구 성과가 일천한 상황에서 제한된 자료만을 구사한다는 한계가 있지만, 이 작업을 통해 거의 베일에 가려져 있던 대전선교부의 존재가 일단 대중에 노출되었으면 하는 바람을 가져본다.

II. 1950년대의 대전선교부

태평양전쟁이 끝나자 미국 남장로교는 한국 선교 재개를 위해 우선 조사단을 파견하였다. 1946년 여름 조사단의 일원으로 한국에 온 선교사들은 그 후 약 1년 간 선교현장을 둘러보고 다양한 정보수집 활동을 벌이면서 선교 준비에 착수하였다. 그런데 이들이 대학 설립을 염두에 두고 있다는 징후는 1947년 2월 21~22일 순천에서 열린 조사단 전체회의에 보고된 한국선교회 복구 예산 항목을 통해 확인할 수 있다. 윌슨(Robert. M. Wilson, 우일선), 린튼(William A. Linton, 인돈), 하퍼(Joseph Hopper, 조하파), 크레인(John C. Crane, 구례인), 커밍(Daniel J. Cumming, 김아각) 등 해방 이전부터 활동했던 중진 선교사들로 구성된 조사단은 14만 불을 대학 설립 예산으로 편성해 놓았던 것이다.[2] 이는 미국 남장로교 선교본부(The Executive Committee of Foreign Missions of the PCUS)가 향후 5년 간 한국 선교 현장을 복구하기 위해 책정해 놓은 기금 70만 불의 일부였다. 그리고 이것은 한국선교회가 다시 본격적으로 활동하기 시작한 1947년 9월의 임시위원회(Ad Interim Committee)에서 재확인되었다.[3]

대전선교부 설치 문제는 1948년 2월 순천에서 열린 임시위원회에서 처음 논의되었다. 그 자리에서 위원들은 대전에 남장로교의 교육센터 기능을 하는 선교부를 설치하기로 하고 이 문제를 남장로교 선교사들의 총회인 연례회의에 상정하였다.[4] 그리고 이어서 1949년 2월에 열린 임시위는 대전선교부의 토지 매입 자금으로 1만 불을 배정하였다. 이 돈은 원래 군산선교부 복구비로 할당된 것이었지만 선교회가 군산선교부 폐쇄를 결정하면서 용도 변경된 것이었다. 또 린튼과 탈메이지(J. V. N. Talmage, 타마자)로 구성된 '대전선교부위원회'(Taejon Station Committee)에 대전 토지 매입에 관한 권한을 부여하였다. 이들은 1949년 5월 연례회의에 대전선교부의 위치와 설치 계획을 보고한데 이어 그 해 가을과 겨울 현재 한남

---

2) *Minutes of the Southern Presbyterian Mission in Korea*(1946-48, 이하 *Minutes*), 3쪽.

3) *Minutes*(1946-48), 25쪽. 남장로교 선교부의 최고 의결기구는 선교사들의 총회인 연례회의(Annual Mission Meeting)이지만 그것이 매년 한차례 모인다는 점을 고려해 평상시에는 임시위원회가 연례회의의 위임을 받아 선교부의 중요한 사항을 결정하였다. 임시위원회는 선교회 회장(임기 1년)과 각 선교부의 대표들로 구성되었다.

4) *Minutes*(1946-48), 31쪽.

대학이 자리하고 있는 충남 대덕군 회덕면 오정리 땅을 집중적으로 매입하였다. 오정리 토지 매입은 1950년 2월에 일단 완료된 것으로 보인다.[5)]

그 사이 선교회는 대전선교부에 최소한 남선교사 2명과 여선교사 1명을 배치할 것과 그곳에 신학교를 세운다는 점을 확인하는 한편 린튼과 존 탈메이지(John E. Talmage, 타요한)를 당시 북장로교가 주도적으로 추진하고 있던 대덕군 회덕면 중리 기독교연합봉사회 사업의 남장로교 협상 대표로 지명하였다. 또 기존의 멤버 외에 존 탈메이지와 밀러(Louis B. Miller, 민유수), 보이어(Elmer T. Boyer, 보이열), 루트(Florence E. Root, 유화례)가 보강된 대전선교부위원회에 군산의 재산을 처분 사용할 수 있는 권한을 부여하였다.[6)]

한국전쟁으로 잠시 중단되었던 대전선교부 개설 작업은 1952년 5월 광주에서 열린 연례회의 이후 다시 진행되었다. 선교회는 대전에 신학교와 대학을 세우려는 계획이 있음을 북장로교선교회에 통보하는 한편 4,000불의 자금을 배정하였다. 이 돈은 아마 1954년까지 진행된 대전선교부 부지의 추가 매입을 위해 사용한 것으로 보인다. 또 신생 대전노회의 요청을 받아들여 보이어를 통해 대전에 고등성경학교 설립을 추진하기로 하였다. 이 때 보이어 선교사는 남장로교 대표로 충남노회에 이어 대전노회의 회원이 되었다. 이렇게 해서 남장로교는 대전 지역교회들과도 공식적으로 교류하는 계기를 마련하였다.[7)] 이와 함께 대전선교부 부지의 일부를 장래 설립될 외국인학교(선교사 자녀 학교)를 위해 떼어놓기로 하였다. 그리고 1953년 선교부는 휴 린튼(Hugh M. Linton, 인휴) 부부를 대전의 첫 상주 선교사로 임명하는 한편 대전 기독교연합봉사회의 정식 회원으로 가입하

---

5) *Minutes*(1950), 35쪽.

6) *Minutes*(1950), 35~38쪽.

7) *Minutes*(1952), 7~9쪽.

기로 하고 1,000불의 예산을 지원하기로 하였다.[8)]

그 후 대전선교부 개설 작업은 1954년 5월 전주에서 열린 전후(戰後) 제 8차 연례회의에서 선교회가 대전에 대학을 세우기로 최종결정하면서 급물살을 타기 시작했다. 선교회는 그 자리에서 린튼을 대학 설립 책임자로 지명하고, 폴 크레인(Paul S. Crane, 구레인/의료선교사 대표), 조셉 하퍼(Joseph B. Hopper, 조요셉/전주 대표), 루트(광주 대표), 서머빌(John N. Somerville, 서의필/목포 대표), 크림(Keith R. Crim, 김기수/순천 대표)으로 대학위원회(the College Committee, 후에 대전대학위원회)를 구성하여 대전선교부와 대학 설립에 관한 권한을 위임하는 한편 린튼과 김형모가 대전 기독교연합봉사회의 남장로교 대표로 활동하게끔 하였다. 또 미첼(Herbert P. Mitchelle, 미철)과 크림을 각각 대학의 행정 및 교수 요원으로 임명하여 린튼의 사역을 돕도록 조치하였다. 이 때 선교부가 대전에 배정한 예산을 보면 대학 설립을 위해 8만 불, 3명의 선교사 사택 3만 불, 추가 토지 매입 비용으로 8백 불 등이었다.[9)]

대전선교부의 선교사 사택 건설 공사는 1955년 4월 계약을 체결한 후 여름과 가을에 진행되어 그 해 12월 완료되었다.[10)] 이 때 지어진 집들은 U자형의 집 3채로 린튼과 크림 그리고 미첼 선교사 가족이 거주했을 것으로 생각된다. 이 세 선교사는 1955년 5월 선교회 연례회의의 사역배정에서 각각 대전선교부로 발령을 받은 바 있다. 그 외에 여선교사 던슨(S. Miriam

---

8) *Minutes*(1953), 34, 39, 50쪽; 김흥수, 「기독교연합봉사회: 1950년대의 기독교 연합사업 연구」, 『한국기독교와 역사』33호(한국기독교역사학회, 2010), 86쪽. 휴 린튼은 1954년 대전으로 이주했지만 곧이어 부친 윌리엄 린튼이 대학 설립 업무를 맡게 되면서 순천선교부로 자리를 옮겼다. 부자(父子)가 같은 선교부에 배정될 수 없다는 선교부의 원칙이 있었기 때문이다. George T. Brown, 천사무엘·김균태·오승재(역), 『한국 선교 이야기(Mission to Korea)』(동연, 2010), 292쪽.

9) *Minutes*(1954), 11, 13, 27, 32쪽.

10) Charlotte Bell Linton, Letter to Dear Friends(1955. 6. 6; 1955. 11. 27).

Dunson)도 대학 설립 사무를 지원하기 위해 대전선교부에 합류하였다.[11]

대전선교부는 1956년 1월 31일 공식적으로 개설되었다. 1948년 2월 그 설치 논의가 시작된 지 8년 만의 일이었다. 이제 대전선교부는 대학 개교 작업과 외국인학교 설립 사무 그리고 대전·충남지역 전도 사업에 본격적으로 나서게 되었다. 먼저 대학은 시설의 부족으로 인해 1956년 4월 대전기독학관이라는 이름으로 시작되었다. 성문학과·영문학과·화학과의 총 신입생은 모두 82명이었다. 그러나 선교회는 4년제 대학 인가를 목표로 곧 대학 본관 건물 공사에 착수하였다. 1956년 5월 1일 착공한 건물은 이듬해인 1957년 9월 30일 준공되었다.[12] 또한 외국인학교 문제도 이미 대전에서 자신들의 신학교(침례신학대학)를 시작한 남침례교 선교사들과 대구선교부의 북장로교 선교사들이 참여 의사를 밝힘에 따라 설립에 한걸음 더 다가섰고, 대전노회가 전도사역을 전담할 선교사 파송을 요청하자 선교부는 존 탈메이지를 대전으로 파송하였다. 아울러서 대전에 새로운 신학교를 세우는 문제를 검토하기 시작했다.[13]

1956년 대전선교부에서 선교회에 요청한 1957년도 예산 내역은 크게 선교부 부분과 대학 부분으로 구분할 수 있는데, 먼저 대학은 교수 사택 10,000불, 신학교 기숙사 22,000불, 대학시설1(긴급) 10,000불, 대학시설 2 15,000불, 대학기숙사 25,000불 등 82,000불을 요구했고, 대전선교부는 개척전도비 3,000불, 한국인목회자지원비 1,000불, 선교사순회전도비 800불, 도서구입비 100불, 대학운영비 10,000불, 시설유지비 750불, 담장 및 도로 100불, 경비원 240불, 차량지원비 450불 등 16,840불을 신청했다. 이 내용을 보면 선교회가 부담하는 대학의 초기 시설 투자 비용이 만

---

11) *Minutes*(1955), 44~45쪽.

12) 한남대학교40년사편찬위원회, 『한남대학교 40년사』(한남대학교출판부, 1996), 131쪽.

13) *Minutes*(1956), 18~19, 39~41쪽.

만치 않았음을 알 수 있다.[14)]

1955년 지어진 세 채의 대전선교부 구내 주택은 선교사들의 쾌적한 생활공간이었다. 린튼과 린튼 부인 등 선교사들이 직접 설계에 참여하여 지은 이 집들은,[15)] 한국식 기와지붕을 하고 있음에도 그 내부는 넓은 거실과 여러 개의 방 그리고 온수가 공급되는 입식의 부엌에 싱크대와 등유레인지, 냉장고가 갖추어진 '작은 미국'(a bit of America)이었다. 1957년 초 대전에는 남장로교 선교사들 외에 감리교와 침례교 그리고 북장로교 선교사들이 활동하고 있었다. 그들의 어린 자녀 수는 모두 35명에 달했다. 아직 외국인학교가 문을 열기 전이었으므로 크림 부인 등 선교사의 부인들은 그들의 넓은 거실에서 그 아이들을 모아 사숙(私塾) 형태로 가르치기 시작했다.[16)]

대전선교부 구내의 외국인학교 설립 준비는 1957년부터 본격화되었다. 1954년 선교회 산하의 한 위원회로 조직되었던 '선교사 자녀 교육위원회'(Committee on Education of Missionaries' Children)는 1957년 로빈슨(Robert K. Robinson, 라빈선)과 존 탈메이지를 통해 다른 교파 선교회들과 집중적으로 접촉하였다. 그 결과 대전과 대구에서 활동하고 있던 남침례교와 북장로교 그리고 감리교 선교사들이 참여하는 특별위원회(The Special Committee on Education of Missionaries' Children)가 구성되었고, 여기에서 초-중등 과정(1-12학년)의 대전외국인학교를 1959년부터 시작하기로 합의하였다. 또 남장로교는 이 학교를 위해 기금 2만 불과 시설비 1만 불을 출연하기로 하였고, 남침례교는 2만 불을 대기로 하

14) *Minutes*(1956 임시위), 6쪽.

15) Charlotte Bell Linton, Letter to Dear Friends(1955. 6. 6).

16) Mrs. K. R. Crim, "A Day at 133 Ojung-Ni," *The Presbyterian Survey*(Feb. 1958), 36~37쪽.

였다.[17] 그리고 이어서 조직된 대전외국인학교 이사회에 남장로교는 외국인학교 건물 신축을 책임졌던 고울드(Robert S. Gould, 구로법)와 크림부인, 로빈슨, 미첼부부를 이사로 참여시켰다. 외국인학교 교사로는 초등과정의 커크패트릭(Ruth K. Kirkpatrick)이 먼저 부임하였고, 그 후 그로쉘부부(Mr & Mrs Frank J. Groschelle, 고세열)가 가세하였다.[18]

대전기독학관으로 운영되던 선교회의 대학은 1958년 9월 문교부의 인가를 얻어 1959년 4년제의 대전대학(Taejon Presbyterian College/TPC)으로 새롭게 출범하였다. 선교회는 기존의 린튼과 크림에 이어 무어(John V. Venable, 모요한)와 프린스(Clarence E. Prince, 박인성)를 각각 성문학과와 수물학과의 교수 요원으로 임명하였다.[19] 또 대전선교부는 기존의 본관 건물에 더해 대전대학 시설 확충을 위하여 도서관 4만 불, 실험실 1만 불, 대학 행정동 2만 불의 예산을 지원해 줄 것을 선교회에 특별 요청하였다.[20]

대전선교부의 역할과 기능 확대로 소속 선교사들의 수가 늘어나면서 1955년 세워진 주택 이외에 다시 3채의 사택이 구내에 신축되었다. 선교회는 1957년 탈메이지·무어하우스 신축을 승인, 예산 배정을 한데 이어 1959년 다시 프린스하우스 건축을 결정하였다.[21] 이 집들은 각각 1959년과 1960년에 완공된 듯하다. 그리고 대전선교부 구내에는 남장로교 선교사들 외에 다른 선교회 소속 선교사들도 거주하기 시작했는데, 그 첫 입주자는 대전 기독교연합봉사회에서 수족절단자재활사업을 벌였던 한국교회

17) *Minutes*(1958), 40쪽.

18) *Minutes*(1959 임시위), 12쪽.

19) *Minutes*(1958), 24쪽.

20) *Minutes*(1959), 21쪽.

21) *Minutes*(1957), 34쪽; Minutes(1959), 48쪽.

세계봉사회(KCWS)의 스틴스마(John Steansma)였다.[22] 그 후 남침례교와 감리교 선교사들도 대전선교부 일대에 자리하게 되면서 대전선교부는 큰 규모의 선교사공동체로 발전하게 되었다.

그 외에 대전선교부는 대전노회를 통해 4,000평의 땅을 삼광학교에 할애해 주었고, 기독교연합봉사회에는 1955년부터는 린튼에 이어 크림 선교사를 대표로 파견하여 가맹 선교회로서의 임무를 다하였다.[23]

〈표 1〉 1950년대 대전선교부 소속 선교사 일람

	1955	1956	1957	1958	1959
W. A. Linton	대학 설립 업무 교육·전도사역	대학 학장 지역전도사역	대학 학장 지역전도사역	안식년	대전대학 학장 전도사역
Mrs. Linton	교육사역 (기전여고 교장	대학 강의 지역전도사역	대학 강의 지역전도사역	안식년	대학 여학생 담당
K. R. Crim	대전대학 교수 전도사역	대학 철학·성 경교수	안식년	대전대학 교수 전도사역	대전대학 교수 전도사역
Mrs. Crim	지역전도/언어	대학 강의	안식년	대전대학 강의 지역전도사역	대전대학 강의 지역 전도사역
H. P. Mitchelle	대전 근무 선교부 총무	안식년	안식년	선교부총무 전도사역	(순천 선교부)
Mrs. Mitchelle	한국어공부	안식년	안식년	한국어공부 대학 여학생 담당	(순천 선교부)
S. M. Dunson	대학 행정사무	대학 행정사무	대학 행정사무	-	-
R. Gould		대학 행정 지원 전도사역	대학 행정 지원 전도사역	대학 건축 전도사역	안식년
J. E. Talmage		전도사역 선교부 총무	전도사역 대학 강의	안식년	안식년
Mrs. Talmage		한국어공부	대학 강의 전도사역	안식년	안식년

22) *Minutes*(1959 임시위), 12쪽.

23) *Minutes*(1959), 26쪽.

	1955	1956	1957	1958	1959
J. V. Moore				대학 강의 전도사역	대전대학 강의 전도사역
Mrs. Moore				한국어공부 대학 도서관	대학 도서관 지역 전도사역
C. E. Prince				대학 강의 한국어공부	대전대학 교수 건축/ 지역전도
Mrs. Prince				한국어공부 지역전도사역	한국어공부 지역전도
K. E. Boyer				한국어공부 전도사역	한국어공부 전도사역
F. J. Groshelle					외국인학교 교사
Mrs. Groshelle					외국인학교 교사
J. K. Kitkpatrick					외국인학교 교사
J. Cameron					한국어공부
Mrs. Cameron					한국어공부

Ⅲ. 1960년대의 대전선교부

1960년 대전선교부 소속 남장로교 선교사들은 모두 15명으로, 탈메이지(학장)·크림(성문과)·무어(성문과, 1960.6.1 이후 안식년)·프린스(수물과)·괴테(화학과)는 대전대학 교수로, 그로쉘 부부와 커크패트릭은 대전외국인학교의 교장과 사감, 교사로 활동하고 있었다. 목포선교부에 있다가 그 해 대전선교부로 이동한 로빈슨 선교사는 그 후 전도사업을 전담하며 특히 충남노회(평신도훈련원)와 관련을 맺고 사역하였다.[24] 그 외에 선교사 부인들은 대전대학과 외국인학교의 필요에 따라 자신들의 재능을 지

24) *Minutes*(1960), 44쪽.

원하였다. 복음선교사보다 교육선교사의 비중이 큰 이러한 선교 인력 배치는, 처음부터 대학과 외국인학교의 운영과 유지를 위해 교육 중심 선교기지로 출발했던 대전선교부의 성격을 잘 보여주는 것이다.

대전선교부에서 선교회에 신청한 1962년도 경상운영비 내역을 보면 개척전도비 4,906불, 한국인 목회자 지원 900불, 선교사 순회 전도비 1,000불, 대전교도소 목사 지원 120불, 달(月) 성경학교 100불, 도서비 100불, 대전고등성경학교 지원 300불, 대전대학 운영비 30,000불, 관리비 880불, 도로 및 담장 유지비 160불, 경비원 임금 400불, 운전기사 임금 500불, 신임선교사 한국어 공부에 1,000불 등 모두 40,286불이었다.[25] 이 액수는 예수병원을 운영하고 있던 전주선교부(53,524불)보다는 적지만, 광주(33,669불)나 목포(14,662불)·순천(12,286불)에 비해서는 많은 액수이다. 또 위의 경상운영비 외에 대규모의 자금이 소요되는 시설비 예산은 별도의 항목에서 처리되었다. 1963년 대전선교부는 대전대학 도서관 신축 60,000불, 대전대학 본관 완공 10,000불, 대전대학 중앙강의동 14,000불, 대전외국인학교 차량 구입 3,000불, 대전외국인학교 교사 사택 6,000불, 선교부 사무실 6,000불 등을 선교부에 요청하였다.[26]

대전선교부는 서울에 있는 선교회 재산도 관리하였다. 남장로교는 연합장로교(북장로교)의 연지동 서울선교부 구내에 사택 1채를 소유하고 있었다. 남장로교의 서울 연락사무소로 사용되었던 그 집은 1959년부터 신임선교사들이 연세대 부설 한국어학당에서 위탁 교육을 받게 되면서 그 활용도가 높아졌다. 1960년 서머빌과 카메론(Joseph P. Cameron, 감요섭)이 함께 한국어학당에서 교육을 받게 되자 선교회는 우선 연지동 사택에 카메론 가족을 살게 하고, 서머빌 가족은 필운동의 아파트 하나를 전세 내

25) *Minutes*(1962 임시위), 10쪽.

26) *Minutes*(1963), 36쪽.

어 거주하게 하였다. 그러면서 선교회는 연지동 사택과 그 주변을 확장하여 기존 건물은 리모델링하는 한편 새로운 건물을 짓기로 결정하였다. 또 한국어학당이 소재해 있는 연세대학 구내에 방 3개의 주택 2채를 짓자는 논의도 함께 진행되었다.[27)]

대전선교부의 선교사들은 회의체 선교기구인 남장로교 선교회의 일원으로서 그 소임을 당하였다. 선교회는 매년 한 차례 열리는 연례회의에서 중요한 사항들을 결정했지만 일반적인 선교 사무는 산하에 여러 위원회를 두어 처리했다. 즉 연례회의의 위임을 받아 선교회의 긴급한 사항을 처리했던 임시위원회(Ad Interim Committee)를 필두로, 선교사들의 인력 배치를 담당했던 인사위원회(Apportionment Committee)와 이어서 전도위원회(Evangelistic Committee), 재정위원회(Finance Committee), 교육위원회(Educational Committee), 재산위원회(Property Committee), 의료위원회(Medical Committee), 애양원운영위원회(R. M. Wilson Leprosy Colony Committee), 출판위원회(Publications Committee), 홍보위원회(Publicity Committee), 언어위원회(Language Committee) 등이 있었다. 수시로 발생하는 제반 선교 사항들은 일단 선교회 총무(Mission Secretary-Treasurer)를 통해 수집되었다가 매년 초여름 한차례 열흘 동안 열리는 연례회의에서 분과별 위원회→전체회의의 과정을 거치면서 토의·결정되었다. 선교사들은 개별 위원회에 배치되어 자신의 전문성을 발휘하였다.

또 남장로교 선교회는 총회신학교(General Assembly's Theological Seminary)와 기독서회(Christian Literature Society), 기독교연합봉사회(Union Christian Service center), 대한성서공회(Korean Bible Society), 기독교세계봉사회(Church World Service), 외국민간원조단체협의회

27) *Minutes*(1960), 28, 29, 50쪽.

(Korean Association of Voluntary Agencies/KAVA), 한국교회협의회(Korea National Christian Council), 대천수양관협의회(Taechon Beach Association) 등의 유관 기관에 대표 또는 이사를 파송하여 협력 관계를 유지해 나갔다.

대전선교부 소속 선교사들 역시 각종 위원회와 전체회의 참여를 통해 선교회의 의사 결정 과정에 참여하였다. 즉 1963년의 임시위원회에는 대전에서 무어와 괴테 그리고 미첼(선교부 총무/당연직)과 허니컷(Melicent Huneycutt, 한미선) 선교사가 배치되었고, 인사위원회(선교부 당 1명씩 모두 5명)는 허니컷, 전도위원회는 무어, 재정위원회는 괴테, 재산위원회는 로빈슨 부인 등이 각각 대전을 대표하는 위원으로 소속되어 활동하였다. 또 존 탈메이지는 총회신학교 이사로 파송을 받았고, 크림과 서머빌은 기독서회, 무어는 기독교연합봉사회, 미첼은 KAVA의 남장로교 대표로 활동하였다.[28] 그 외에도 대전선교부는 연례회의를 유치(1962, 1963, 1966)하고, 선교회의 회장(크림/1960, 무어/1965, 괴테/1975, 이디모데: Timothy Lee/1980)을 비롯한 임원을 배출하는 등 개별 선교부로서의 의무를 다하였다.[29]

1962년 6월 현재 대전대학은 모두 166명이 재학하고 있었다. 그 중 4학년은 60명, 3학년은 33명, 2학년은 37명, 1학년은 36명이었고, 출신지역은 전북 80명, 전남 57명, 충청 27명, 제주 1명, 기타 29명이었다. 그런데 그 해 말 치러진 전국 학사자격 국가고시에서 대전대학의 첫 졸업생들이 전원 합격하게 되었다. 선교사들은 이 사실을 매우 만족스러워 했다. 또 그 사이 카메론과 허니컷이 각각 대학의 교수 요원으로 합류하였다.[30]

또 1964년 대학 상황을 살펴보면 존 탈메이지(학장)·무어(성문학과/

28) *Minutes*(1963), 10~13쪽.

29) *Minutes*(1982), 31쪽.

30) *Minutes*(1962), 55쪽; *Minutes*(1963), 56쪽.

건물 신축 관리)·괴테(화학과) 선교사가 교수로 사역했고, 허니컷 선교사는 전주와 대전을 오가며 영문학과 강의를 맡았다. 무어 부인은 도서관 운영을 맡았고, 괴테부인과 존 탈메이지 부인은 신입생들에게 영어를 지도했다. 그 외에 대전외국인학교의 교사들이었던 커크패트릭·오크맨(Hilda Aukeman)·스테딩(Alma D. Steading, 서옥수)은 틈틈이 시간을 내서 대전대 학생들을 개별 지도(tutor)하였다. 남편이 주한미군이었던 모리스 부인(Mrs. James Morris)은 영문과에서 잠깐 가르쳤다. 성문학과의 크림과 수물학과의 프린스 선교사는 1964년 가을 안식년을 마치고 복귀하였다. 그 해 가을에는 강당을 겸한 학생회관 신축공사가 마무리되어 공간의 숨통이 트였고, 신입생도 정원을 꽉 채운 80명이 입학하여 모두 180명의 학생들이 재학하고 있었다. 또 당시 문교부는 총 160명이었던 과학 계열 학과의 정원을 아무 조건 없이 240명으로 증원해 주었다.[31] 1966년까지 졸업한 대전대학의 졸업생 125명의 진로 상황을 보면 그 중 32명이 목회자(신학교 진학자 포함)로 진출했고, 14명이 남장로교가 운영하는 선교기관(학교와 병원)에 취업했으며, 군입대 24명, 중등학교 교사 23명, 대학원 5명, 기업체 13명, 기타 14명이었다.[32]

대전대학 경영의 위기는 1960년대 후반 시작되었다. 학교의 규모가 확장되면서 신임 교수 채용과 시설 확충에 적지 않은 재정이 소요되었지만 선교본부는 오히려 재정지원을 줄여나가기 시작했다. 대학 운영자들은 재정난 타개의 일환으로 1966년 선교회에 비수세자(非受洗者) 입학 허용을 요청했지만 선교사들의 투표 결과 42 대 15로 부결되고 말았다. 기독교대학의 정체성 유지에 대한 선교사들의 의지가 확고했던 것이다. 하지만 이 문제는 다시 여러 차례의 토의를 거쳐 그 3년 후인 1969년부터 점차 완화

31) *Minutes*(1964), 40~41쪽.

32) *Minutes*(1966), 37쪽.

시키는 것으로 결론을 내렸다.[33] 그리고 결국 가중되는 재정 문제로 인해 대전대학은 1971년 숭실대학과의 합병 과정을 거쳐 숭전대 대전캠퍼스로 운영되기 시작했다.[34]

1960년대 후반 대전대학은 크림과 프린스가 사임하면서, 크라우스(Charles A. Krauth, 구창선)와 서머빌 선교사가 각각 화학과와 역사학 교수로 부임하였고, 또 시블리(William A. L. Sibley, 심우렴)와 마빈(Kellogg Marvin)은 대학의 경영관리 분야를 맡아 사역하였다.

1959년 시작된 대전외국인학교는 1965년 12년제의 초-중등과정생 55명이 공부하는 학교로 발전하였다. 그 중 초등은 31명, 중등(중학교-고등학교)은 14명의 기숙학생들을 포함하여 24명이었다. 교사진은 초등과정에 2명, 중등과정에 3명, 영양사(간호사) 1명(Elizabeth A. Boyer)에 12명의 강사가 다양한 학교 교육활동을 지원하였다. 교장은 스테딩이었고, 커크패트릭 선교사가 부교장으로 일했다. 그 외에 한국인 직원 7명이 근무하였다.[35]

1966년 대전외국인학교의 재학생은 모두 64명으로 그 중 23명이 남장로교 선교사들의 자녀였다. 일반인 자녀 8명을 제외한 그 나머지는 다른 10개 선교부의 자녀들이었다. 그리고 1967년도 예상 재학 인원은 고등부 18명, 중등부 16명, 초등과정 40명이었고 그 중에는 12명의 주한미군 자녀가 포함되어 있었다. 또 그 해에는 처음으로 남침례교 선교사 베이커 부부(Mr. & Mrs. Frank Baker)가 대전외국인학교의 교사로 부임하였다. 베이커는 고등부 성경과 영어회화 교과를 맡았고, 베이커 부인은 초등과정의 음악과 중등부의 사회과 그리고 합창단 지도를 하게 되었다. 남장로교 선교사 부인들은 크림·존 탈메이지·시블리 부인의 수업 지원도 계속되었

---

33) *Minutes*(1966), 38쪽.

34) *Minutes*(1971), 7, 15쪽

35) *Minutes*(1964), 42쪽.

다.[36]

1968년 대전외국인학교의 재학생은 모두 80명으로 그 중 87%가 선교사의 자녀들이었다. 1967년 4명의 졸업생이 미국의 처음 지원한 대학에 모두 합격한 이후 1968년에는 6명의 졸업생이 나왔다. 재학생 중 남장로교의 아이들이 26명, 남침례교는 18명이었고, 24명의 기숙사생 가운데 22명이 남장로교의 자녀들이었다. 1967년부터는 번드랜트(James D. Bundrant) 부부가 와서 교장과 교사로 사역을 시작했고, 1968년에는 단기선교사로 호프마이스터(Jean Hoffmeister)와 홈버클(Richard Hormbuckle)이 합류했다.[37]

1968년 대전선교부의 선교사 구성에서 눈에 띄는 점은 기존의 존 탈메이지, 무어, 로빈슨, 괴테, 번드랜트, 마빈, 서머빌 외에 한국인 이 디모데(Timothy Lee) 선교사가 합류했다는 점이다. 미국 유학 후 남장로교의 파송을 받은 이 디모데 선교사는 그 후 대전노회와 관계하며 대전신학교(남장로교의 대전성서학원과 야간 대전신학교가 합쳐진)의 교장으로 사역하였다. 1970년 대전선교부 예산을 보면 한국인 교역자 지원 2,010불, 선교사 순회 전도 1373불, 건물 유지 1,992불, 운전기사 봉급 820불, 선교부 한국인 직원 718불, 경비원 528불 등이었다. 또 지난 1950년대 중-후반에 지어진 건물들이 노후화되면서 일정 부분 보수가 진행되었는데, 1969년 현재 대전선교부 구내에는 괴테하우스, 무어하우스, 탈메이지하우스, 디모데하우스, 로빈슨하우스, 서머빌하우스 등이 있었고, 대전외국인학교 아파트에는 마빈과 밀러가 거주하였다.[38]

36) *Minutes*(1966), 52쪽.

37) *Minutes*(1968), 53쪽.

38) *Minutes*(1969), 113쪽.

〈표 2〉 1960년대 전반기 대전선교부 소속 선교사 일람

	1960	1961	1962	1963	1964
K. R. Crim	대전대학 교수	교육/ 전도사역	교육/ 전도사역	안식년	학장대리
Mrs. Crim	대전대학 지역전도	교육사역 지역전도	교육사역 지역전도	안식년	외국인학교 수업
J. E. Talmage	대전대학 학장	학장 전도사역	학장/총무 전도사역	학장 전도사역	안식년
Mrs. Talmage	지역전도	외국인학교 교사	외국인학교 교사	외국인학교 교사	안식년
J. V. Moore	안식년	교육/ 전도사역	교육/ 전도사역	교육/ 전도사역	대전대학 성문과장
Mrs. Moore	안식년	대학도서관 사서	대학도서관 사서	대학도서관 사서	대학도서관 사서
C. E. Prince	대전대학 교수	안식년	안식년	안식년	대전대학 수물과장
Mrs. Prince	지역전도	안식년	안식년	안식년	외국인학교 수업
F. J. Groshelle	외국인학교 교장	외국인학교 교장	안식년	-	-
Mrs. Groshelle	외국인학교 사감	외국인학교 사감	안식년	-	-
J. K. Kitkpatrick	외국인학교 교사	외국인학교 교사	안식년	외국인학교 교사	외국인학교 교사
Robert K. Robinson	전도사역	전도사역	외국인학교 교장	전도사역	전도사역
Mrs. Robinson	지역전도	외국인학교 교사	외국인학교 교사	외국인학교 교사	외국인학교 교사
R. L. Geotte		한국어 공부	교육사역 지역전도	대전대학 교수	대전대학 화학과장
Mrs. Geotte		한국어 공부	지역전도	대전대학 강의	외국인학교 수업
J. Cameron		교육사역 지역전도	교육사역 지역전도	안식년	-
Mrs. Cameron		지역전도	지역전도	안식년	-
S. M. Dunson			선교부 행정	안식년	선교부 행정
H. Aukeman				외국인학교 교사	외국인학교 교사
M. Huneycutt				학생/ 교육사역	안식년
H. P. Mitchelle				선교부 총무	-
Mrs. Mitchelle				한국어공부	-
A. Steading				외국인학교 교사	외국인학교 교사
W. R. English					외국인학교 교사

〈표 3〉 1960년대 후반기 대전선교부 소속 선교사 일람

	1965	1966	1967	1968	1969
J. E. Talmage	대전대학 학장	대전대학 학장	대전대학 학장	대전대학 학장	대전대학 학장
Mrs. Talmage	교육사역	교육사역	교육사역	교육사역	대전대학 강의
J. V. Moore	대전대학 성문과장	성문과 교수	안식년	성문과 교수	성문과 교수
Mrs. Moore	대학도서관 사서	대학도서관 사서	안식년	대학도서관 사서	대학도서관 사서
C. E. Prince	대전대학 수물과장	물리학과교수	안식년		
Mrs. Prince	대전대학 강의	영문과 강의	안식년		
J. K. Kitkpatrick	외국인학교 교장	외국인학교 교사			
Robert K. Robinson	안식년	충청도 협동사역	충남노회 농촌사역	충남노회 농촌사역	충남노회 전도사역
Mrs. Robinson	안식년	외국인 학교 수업	외국인 학교 수업	교육사역	외국인 학교 수업
R. L. Geotte	안식년	대전대학 화학과장	대전대학 화학과장	대전대학 화학과장	대전대학 화학과 교수
Mrs. Geotte	안식년	대전대학 강의	외국인학교 수업	교육사역	교육사역
H. Aukeman	외국인학교 교사	외국인학교 교사	외국인학교 교사		
M. Huneycutt	안식년	영문과 교수	안식년		
A. Steading	외국인학교 교장	외국인학교 교장	외국인학교 교장	안식년	
E. Boyer	외국인학교 간호사 영양사	외국인학교 간호사 영양사			
S. Cuming	외국인학교 교사	외국인학교 교사			
C. Krauth	대전대학 교수	대전대학 교수	화학과 교수	안식년	
Mrs. Krath	대전대학 강의	외국인학교 수업	교육사역	안식년	
W. A. Siblay	대전대학 경영관리	대전대학 경영관리			
Mrs. Sibley	외국인학교 수업	외국인학교 수업			
J. Bundrant			외국인학교 교사	외국인학교 교장	안식년

	1965	1966	1967	1968	1969
Mrs. Bundrant			외국인학교 사감	외국인학교 사감	안식년
J. L. Hoffmeister				외국인학교 교사	외국인학교 교사
R. S. Hormbuckle				외국인학교 교사	
T. Lee				대전노회 전도사역	대전노회 전도/ 교육사역
Mrs. Lee				한국어공부	교육사역
K. Marvin			대전대학 경영관리	대전대학 경영관리	대전대학 경영관리
Mrs. Marvin				영어과 강의	영어과 강의
M. Miller				영어과 강의	영어과 강의
J. N. Somerville				대전대학 교수	대전대학 역사교수
Mrs. Somerville				교육사역	외국인학교 간호사역
B. H. Bateman					산업선교
Mrs. Bateman					의료사역

Ⅳ. 1970~1980년대의 대전선교부

1970~1980년대 대전선교부에서 활동한 선교사들을 살펴보면, 먼저 대전대학 학장이었던 존 탈메이지는 숭실대와의 합병 이후 1971년 숭전대 이사장을 거쳐 1974년 서울로 이동, GEB(General Executive Board) 현장 총무와 선교회 총무를 역임 한 후 1977년 은퇴하였다. 무어 선교사는 계속 숭전대 대전캠퍼스 교수로 사역하다가 1977년 서울로 임지를 옮겨 선교부 총무 등으로 활동하였다. 괴테와 서머빌 선교사는 숭전대 대전캠퍼스에서 교수 사역을 감당하다가 각각 1987년과 1994년 은퇴하였다. 시블리의 뒤를 이어 1967년부터 대학 경영관리를 담당했던 마빈은 숭실과의 합

병 이후 본국으로 돌아갔다. 그 외에 1970년대 후반과 1980년대 초반에는 협동사역과 자원봉사자로 왓슨(Cody Watson), 힐(Charles Hill), 도슨(Anthony Dawson), 해컷(David Hackett) 등이 숭전대에서 영어를 가르쳤다.

대전외국인학교의 선교사로는 1967년부터 재임했던 번드랜트 부부 외에 영양사-간호사로 오랫동안 사역했던 엘리자베스 보이어가 있고, 로빈슨·서머빌 부인과 스틸즈(Paul Steeles) 부부도 교사로 재임했다.

대전선교부에서 지역교회와 관련을 맺은 선교사로는 충남노회·평신도훈련원의 로빈슨과 대전노회·대전신학교의 이디모데 선교사를 들 수 있다. 1970년대 내내 기독교연합봉사회의 남장로교 대표로도 활동했던 로빈슨 선교사는 1981년 7월 33년간의 선교 사역을 마치고 은퇴하였다. 그 외에 케네스 보이어(Kenneth E. Boyer, 보계선) 선교사가 1977~1978년 대전선교부 소속으로 제주노회에서 활동하였고, 협동사역자인 닐(Desmond Neil) 부부도 1978년부터 1981년까지 평신도훈련원에서 활동하였다.[39)]

비록 숭실대학과의 합병으로 숭전대 대전캠퍼스가 되었지만 대전선교부를 통한 선교회의 지원은 그 액수가 감소했을 뿐 매년 지속되었다. 1977년의 경우를 보면 미국 남장로교 선교본부는 숭전대 대전캠퍼스에 모두 18,406.19불을 지원하였다.[40)] 이 때 대전외국인학교에는 3,373불을 집행하였다. 또 1979년 예산 편성 내역을 보면 선교회는 대전선교부를 통해 대전노회에 1,000불, 대전신학교에 2,200불, 충청평신도훈련원에 1,100불, 충남노회에 1,200불, 숭전대(1) 4,400불, 숭전대(2) 1,100불, 숭전대도서관 2,200불, 외국인학교에 2,200불을 배정하였다.[41)]

1978년 미국남장로교 한국선교회의 전체 예산을 보면 선교회주택

---

39) *Minutes*(1970-1982), 인사위원회 보고서.

40) *Minutes*(1978), 14쪽.

41) *Minutes*(1978), 42쪽.

임대료 6,388불, 선교사활동비 14,709.54불, 유지재단 730.37불, 잡비 4,176.03불, 숭전대대전캠퍼스 15,032.71불, 대전외국인학교 1,808.71불, 레이놀즈장학금 495.84불, 예수병원 54,337.49불, 애양원 10,340.97불, 등대운영비 458.32불, 제주선교센터 488.83불, 서울유니온교회 400불, 대전 차량지원 715.55불 등이었다.[42]

또 대전선교부 자체의 운영을 위한 경비도 계속 지원되었다. 1975년을 예로 들면 대전선교부는 선교부로부터 건물유지 및 관리 2,304불, 관리인 임금 1,475불, 차량지원 1,392불, 선교사 순회전도비 4,618불, 경리 임금 300불, 한국인 목회자 지원 2,897불 등을 지원하였다. 대전선교부는 1970년대에도 지역교회와 관계를 맺으며 선교사들의 지역 전도와 한국인 목회자 지원 사업을 계속 벌여나갔음을 알 수 있다. 그 외에 선교사 사택들에 대한 리모델링 작업도 계속되어, 1979년에는 로빈슨하우스를 두 개의 살림집으로 나누는 공사를 실시했고, 1981년에는 괴테와 닐하우스를 위해 5,000불의 예산이 배정되었다.[43] 6채의 선교사 사택은 1977년 현재 번드랜트-서머빌-괴테, 디모데-로빈슨-무어하우스로 불렸다.

남장로교 선교회는 1972년 숭전대 대전캠퍼스 상황에 대한 조사위원회를 구성하였다. 1971년 대전대학과 숭실대학의 합병 이후 숭전대학의 운영과정에서 야기된 교내외의 여러 가지 문제를 조사하고 상황을 개선하려는 의도에서였다. 당시 전주선교부의 실(David J. Seel, 설대위), 대전선교부의 로빈슨, 광주선교부의 버튼(Suzanne M. Burton, 박선희)으로 구성된 위원회는 1973년 보고서를 통해 ①대전캠퍼스의 구성원들은 아직도 합병을 정서적으로 수용하지 못하고 있으며, ②서울과 대전캠퍼스 간의 의사소통이 부족하고, ③두 캠퍼스 간 학과·단과대학 편성에 균형 잡히지 못한

42) *Minutes*(1980), 15쪽.

43) *Minutes*(1979), 63; 1981, 28쪽.

요소가 있음을 들어 이 문제의 해결을 촉구하였다.[44] 이는 당시 남장로교 선교사 사회 내부에서도 숭실과의 합병 그리고 이후의 서울 캠퍼스 중심 학교 운영에 대한 비판적인 여론이 흐르고 있었음을 나타내는 것이다.

대전외국인학교는 1971년 모두 91명의 학생이 재학하고 있었다. 그 중 91%가 선교사의 자녀들로서 남장로교 27명, 남침례교 10명, 연합장로교(북장로교) 6명, 감리교 6명, 캐나다연합교회 1명, 기타 선교부 31명, 비(非)선교사 자녀 6명, 한국인 학생 4명의 분포였다. 그 중 35명이 기숙사에서 생활했고, 그 해의 졸업생은 모두 7명이었다. 또 교사진으로는 풀타임 8명, 영양-간호사 1명, 기숙사 사감 2명이었는데, 그 중에는 남침례교선교부가 파견한 로즈(Paul Rhoads) 부부와 스튜어트(Emily Stewart), 레버리(Betty Leberry) 선교사가 포함되어 있었다. 1979년 12월 5일 그동안의 숙원사업이었던 체육관을 완공한 대전외국인학교의 한 해 등록금은 중등과정은 700불, 초등은 550불이었고, 기숙사비는 연 650불이었다.[45]

〈표 4〉 1970년대 전반기 대전선교부 소속 선교사 일람

	1970	1971	1972	1973	1974
J. E. Talmage	대전대학 학장 대전노회	숭전대 이사장 대전노회	안식년		
Mrs. Talmage	교육사역	숭전대 교육 사역	안식년		
J. V. Moore	대전대학 교수 대전노회	숭전대 교수 대전노회	숭전대 교수 대전노회	숭전대 교수 대전노회	숭전대 교수 대전노회
Mrs. Moore	대학도서관 사서	대학도서관 사서	대학도서관 사서	주부	주부
Robert K. Robinson	안식년	전도사역 충남노회	전도사역 충남노회	전도사역 충남노회	총회전도부 평신도훈련원
Mrs. Robinson	안식년	외국인학교 교육사역	외국인학교 교육사역	외국인학교 교육사역	주부

44) *Minutes*(1973), 68쪽.

45) *Minutes*(1971), 73~74쪽.

	1970	1971	1972	1973	1974
R. L. Geotte	안식년	숭전대 화학과 교수	숭전대 교육사역	숭전대 교육사역	숭전대 교육사역
Mrs. Geotte	안식년	교육사역	주부	주부	주부
J. Bundrant		외국인학교 교육사역	외국인학교 교육사역	외국인학교 교육사역	외국인학교 교사
Mrs. Bundrant		외국인학교 교육사역	외국인학교 교육사역	대전신학교	외국인학교
T. Lee		전도 및 교육사역	전도/ 교육사역 대전노회	전도/ 교육사역 대전신학교	총회전도부 대전노회
Mrs. Lee		교육사역	교육사역	대전신학교 교육사역	대전신학교 교육사역
K. Marvin	대전대학 경영관리	숭전대 경영관리	숭전대 경영관리		
Mrs. Marvin	외국인학교	외국인학교 사감	외국인학교 사감		
J. N. Somerville	대전대학 역사교수	숭전대 역사교수	안식년	숭전대 교육사역	숭전대 교육사역
Mrs. Somerville	외국인학교 간호사역	외국인학교 교육/ 간호사역	안식년	외국인학교 교육/ 간호사역	외국인학교 교육/ 간호사역
B. H. Bateman	안식년	안식년			
Mrs. Bateman	안식년	안식년			
E. Boyer				외국인학교 간호-영양사	외국인학교 간호-영양사

〈표 5〉 1970년대 후반기 대전선교부 소속 선교사 일람

	1975	1976	1977	1978	1979
J. V. Moore	숭전대 교수 대전노회	숭전대 교수 대전노회			
Mrs. Moore	주부	주부			
Robert K. Robinson	총회전도부 평신도훈련원	총회전도부 평신도훈련원	총회전도부 평신도훈련원	총회전도부 평신도훈련원	총회전도부 평신도훈련원
Mrs. Robinson	주부	외국인학교 교사	외국인학교 교사	외국인학교 교사	외국인학교 교사
R. L. Geotte	숭전대 교육사역	숭전대 교육사역	숭전대 교육사역	숭전대 교육사역	숭전대 교육사역
Mrs. Geotte	주부	주부	주부	주부/ 교육사역	주부/ 교육사역
J. Bundrant	외국인학교 교사	외국인학교 교사	외국인학교 교사	외국인학교 교사	안식년

	1975	1976	1977	1978	1979
Mrs. Bundrant	주부	주부/ 교육사업	주부/ 교육사업	주부/ 교육사업	안식년
T. Lee	총회전도부 대전노회	대전신학교장 대전노회	안식년	대전신학교장 대전노회	대전신학교장 대전노회
Mrs. Lee	대전신학교 교육사역	주부/ 교육사업	안식년	주부/ 교육사업	주부/ 교육사업
J. N. Somerville	숭전대 교육사역	숭전대 교육사역	숭전대 교육사역	숭전대 교육사역	숭전대 교육사역
Mrs. Somerville	외국인학교 교육사역	외국인학교 교사	외국인학교 교사	외국인학교 교사	외국인학교 교사
E. Boyer	외국인학교 간호-영양사	외국인학교 간호-영양사	외국인학교 간호-영양사	외국인학교 간호-영양사	외국인학교 간호-영양사
P. Steeles	외국인학교 교사	외국인학교 교사	외국인학교 교사		
Mrs. Steeles	주부	주부	주부		
B. Pope		외국인학교 교사 (협동회원)			
K. E. Boyer			총회전도부 제주노회	총회전도부 제주노회	
Mrs. Boyer			주부	주부	
C. Watson			숭전대 영어 (협동사역)		
D. J. Neil				평신도훈련원 (협동사역)	평신도훈련원 (협동사역)
Mrs. Neil				주부	주부
C. Hill					숭전대 강의 (자원봉사)
F. Witham					외국인학교 영양사

〈표 6〉 1980~1982년도 대전선교부 소속 선교사 일람

	1980	1981	1982
Robert K. Robinson	총회전도부 평신도훈련원	총회전도부 평신도훈련원	(은퇴)
Mrs. Robinson	외국인학교 교사	외국인학교 교사	(은퇴)
R. L. Geotte	숭전대 교육사역	숭전대 교육사역	숭전대 교육사역
Mrs. Geotte	주부/교육사역	주부/교육사역	주부/교육사역
J. Bundrant	외국인학교 교사	외국인학교 교사	외국인학교 교사
Mrs. Bundrant	주부/교육사업	주부/교육사업	주부/교육사업

	1980	1981	1982
T. Lee	전도사역 대전노회	대전노회 신학교장	대전노회 신학교장
Mrs. Lee	주부/교육사역	주부/교육사역	주부/교육사역
J. N. Somerville	숭전대 교수	숭전대 교수	숭전대 교수
Mrs. Somerville	외국인학교 교사	외국인학교 교사	외국인학교 교사
E. Boyer	외국인학교 간호-영양사	외국인학교 간호-영양사	외국인학교 간호- 영양사
D. J. Neil	평신도훈련원 (협동사역)	평신도훈련원 (협동사역)	
Mrs. Neil	주부 (협동사역)	주부 (협동사역)	
C. Hill	숭전대 강의 (자원봉사)	숭전대 강의 (자원봉사)	
A. Dawson	숭전대 강의 (자원봉사/호주연합교회)		
D. Hackett	숭전대 강의 (자원봉사/연합장로교)		
R. Raper		숭전대 강의 (협동사역)	
B. Geotte		외국인학교 (협동사역)	외국인학교 (협동사역)
G. Kingsbury		외국인학교 (협동사역/ 연합장로교)	
S. Whitlock		외국인학교 사감 (협동사역)	외국인학교 사감 (협동사역)
Mrs. Whitlock		외국인학교 사감 (협동사역)	외국인학교 사감 (협동사역)
D. McDowell			숭전대 강의 (자원봉사)
Mrs. McDowell			외국인학교 (자원봉사)

V. 대전선교부의 복음선교

대전선교부의 복음선교는 먼저 1952년 충남노회에서 분리 조직된 대전노회와의 협력 관계속에서 진행되었다. 대전노회는 대전시(중부시찰), 공주·연기군(북부시찰), 논산군(서부시찰), 금산군(남부시찰)을 지경으로 하는 장로교의 지역 치리회(治理會)였다. 이때에는 아직 대전선교부가 설치되기 전이었으므로 대전노회는 우선 그곳에 와있었던 보이어로 하여금 노회 산하의 전도부와 종교교육부 그리고 구제부와 대전고등성경학교 협조위원 자격을 주어 활동하도록 조치하였다.[46] 이어서 신생 대전노회는 협력선교회 선택을 고민한 결과 우선 남장로교와 관계를 맺기로 결정하고 그 실무 협의를 교섭위원회(이자익·김만제· 양화석·정길환·오진문)에 일임하였다.[47] 약 1년 간의 위원회 접촉 결과 대전노회는 지역적 특성을 고려하여 남장로교와 북장로교의 공동 선교 지역으로서 양 선교회 모두와 협력관계를 맺게 되었다.[48] 이후 대전노회는 상설 선교회교섭위원회를 두어 제반 사무를 전담케 하는 한편 대전선교부 개설 이후인 1956년 남장로교선교회에 선교사 파송을 공식 청원하였다. 그리하여 보이어와 존 탈메이지를 필두로 린튼, 크림, 무어, 베이트먼, 이디모데 등이 대전노회 목사회원으로 속속 가입하여 그 구성원이 되었다.[49] 대전노회는 1968년 대전선교부 산하의 한남대학이 숭실대와의 합병을 추진하자 이를 저지하는 활동을 벌인 바 있고, 또 대전선교부는 1969년 대전노회 회관 부지를 희사하는 등 다양한 동반의 관계를 유지하였다.[50]

교육 전문 스테이션으로서 대학 교수 요원 선교사가 많았던 대전선교부는 그 성격 상 본격적인 현장 선교보다는 간접 지원을 통해 복음 전도의 책임을 해소시켜 나갔다. 그래서 대전선교부가 가장 주력했던 것은 노회

---

46) 「제1회 대전노회록」(1952년 5월 20일), 15쪽.

47) 「제1회 대전노회록」(1952년 5월 20일), 16, 19쪽.

48) 「제4회 대전노회록」(1953년 12월 8일), 56, 58쪽.

49) 「제9회 대전노회록」(1956년 6월 5일), 126쪽; 「제14회 대전노회록」(1959년 4월 7일), 217쪽;「제16회 대전노회록」(1960년 4월 5일), 259쪽.

50) 「제33회 대전노회록」(1968년 10월 4일), 22쪽; 「제35회 대전노회록」(1969년 10월 7일), 64쪽.

소속 개척 목회자들에 대한 재정적 지원이었다. 즉 1952년 대전노회는 선교부에 새롭게 설립된 교회를 위해 1년에 1,560만원씩 지원해 줄 것을 요청하였다. 노회는 그 지원금으로 회덕교회(나성규), 진잠교회(김관삼), 의당교회(김시우), 전동교회(이화영), 인동교회(배남출)에 전도비를 지급할 수 있었다.[51] 이후 선교부의 노회에 대한 전도비 지원은 제도화되어 1970년 3월 중단될 때까지 18년 동안 지속되었다. 그리하여 1954~1956년에는 연기군 전동교회(윤희식), 와동교회, 회덕교회(최윤하), 삼괴리교회(조종희), 진잠교회(한영생), 가수원교회(임동근), 논산훈련소교회(허영복), 공주 의당교회(김윤형)가 각각 교역자 사례비를 노회로부터 분배받았고, 1958년도에는 월 총액 128,250환의 대전선교부 지원 전도비가 22개의 개척교회에 분배되었다. 그 22개 교회는 낭월교회(정요한/10,000환), 와동교회(6,000) 상동교회(안홍열/2,000), 의당교회(김원형/2,000), 가오리교회(이윤범/7,500), 신도안교회(이신관/7,000), 하금교회(박진하/6,000), 삼괴리교회(김정기/4,000), 가수원교회(김천수/6,000), 전동교회(정만억/4,000), 이사리교회(오광엽/7,500) 외삼교회(신익겸/5,000), 막현교회(양원숙/7,000), 두지리교회(황은호/5,000), 백암교회(곽봉근/5,000), 마전교회(한현숙/6,000), 송촌교회(5,000), 유구교회(10,000), 반석교회(5,000), 성동교회(5,000), 안랑교회(5,000), 양화리교회(10,000) 등이었다.[52] 다음은 1960년도 대전선교부 지원 전도비 내역(연간 2,400달러)을 표로 정리한 것이다.[53]

---

51) 「제2회 대전노회록」(1952년 12월 9일), 29쪽;「제3회 대전노회록」(1953년 6월 9일), 41쪽.

52) 「제6회 대전노회록」(1954년 12월 7일), 81쪽;「제7회 대전노회록」(1955년 6월 7일), 103쪽;「제12회 대전노회록」(1958년 3월 4일), 193쪽.

53) 제16회 대전노회록」(1960년 4월 5일), 271~272쪽.

〈표 7〉 1960년도 대전선교부 지원 전도비 내역

중부시찰	북부시찰	서부시찰	남부시찰
낭월교회 10,000	양화교회 9,000	한삼교회 10,000	마전교회 10,000
송촌교회 5,000	전동교회 10,000	덕곡교회 8,000	비래교회 5,000
이사리교회 12,000	왕지교회 12,000	성동교회 5,000	신평교회 10,000
삼괴교회 4,000	태실교회 5,000	진잠교회 10,000	막현교회 10,000
와동교회 5,000	소학교회 5,000	외삼교회 5,000	두지교회 10,000
가오리교회 10,000	수촌교회 3,500	가수원교회 6,000	하금교회 6,000
구도리교회 6,000	의당교회 3,500	신도안교회 7,000	석막교회 6,000
-	-	방동교회 7,000	진산교회 10,000

계속해서 대전선교부는 1961년에도 연 2,400불(환율 1:1,300)을 월 26만환씩 30개 교회에 나누어 주었고, 1965년에는 미자립교회 교역자 임금으로 총 525,000원(현재 2,200만원), 1969년도에도 농촌전도비 명목으로 60만원(현재 1,660만원)을 지급하여 25개의 교회가 그 혜택을 입었다.[54)]

대전선교부는 대전노회의 양대 교역자 양성기관인 대전고등성경학교와 대전신학교 설립과 운영에 참여하여 그 학교들이 소기의 목적을 달성할 수 있도록 지지하였다. 대전고등성경학교는 1952년 9월 보이어 선교사에 의해 대전시 삼성동 남장로교선교회 사무실에서 3개월의 과정으로 시작되었다.[55)] 이 학교는 1955년부터 대전노회가 인수하여 경영에 나섰는데, 그때 선교부는 건축비 2,500달러와 인건비 800달러를 후원하여 안정적인 기반 확보에 주력하였다.[56)] 또 크림과 존 탈메이지는 각각 강사와 이사로서 한국인 목회자 배출에 기여하였다. 또 미국 남장로회 여전도회에서는 대전고등성경학교에 후원금을 보내며 격려를 아끼지 않았다. 그리고 대전선교부는 1960년과 1962년 오정리 선교 구내 임야 3,000평을 고등성경학교의 기지로 희사한 후 다시 건축비 130,000원을 주어 독립된 교사(校

54) 「제18회 대전노회록」(1961년 4월 4일), 309쪽;「제26회 대전노회록」(1965년 4월 6일), 464쪽;「제34회 대전노회록」(1969년 4월 8일), 46쪽.

55) 「제2회 대전노회록」(1952년 12월 9일), 32쪽.

56) 「제7회 대전노회록」(1955년 6월 7일), 95쪽.

舍)를 짓도록 하였다.[57] 1966년의 경우 선교부는 그 해 총예산 150,000원(현재 661만원) 가운데 78,000원(336만원)을 지원하였다.[58] 선교부가 학교 경상비의 절반 정도를 계속 부담하였던 것이다.

1955년 모두 60명(본과 30명, 별과 30명)의 학생으로 문을 연 대전신학교 역시 선교부의 지원 대상 기관이었다. 초기 크림과 존 탈메이지는 강의와 행정으로 그 운영에 깊숙이 참여하였다. 특히 존 탈메이지는 이사장을 맡아 수고하였고, 1968년부터는 다시 이디모데 선교사가 학장으로 재임하였다. 1969년 선교부는 오정동 산 11번지 약 1만 평의 대지를 신학교에 떼어 주었고, 운영보조비 150,000원(현재 417만원)도 후원하였다.[59] 그리고 선교부는 노회의 중등교육기관인 삼광학교를 위해 1955년 부지 7,000평을 제공함은 물론 보조금 8만원을 집행하여 그 원만한 운영을 도왔을뿐더러 1958년에는 존 탈메이지가 이사장에 취임하였다.[60]

대전선교부 소속 선교사들도 대전노회의 복음전도 사역에 가담하여 각자의 소임을 완수하였다. 크림은 노회의 전도부와 구제부에 소속되어 있으면서 대전 근교의 미자립교회들인 신도안, 와동, 진잠, 가수원의 교회들을 돌보았다.[61] 존 탈메이지는 역시 전도부원으로서 금산군의 초현, 하금, 마전, 양화리교회를 순회 사역하였다.[62] 린튼은 유성 외곽의 탄동, 외삼, 성동교회를 맡았다.[63] 무어 선교사의 담당 교회는 서부시찰의 태실과 소학리교

57) 「제18회 대전노회록」(1961년 4월 4일), 312쪽;「제20회 대전노회록」(1962년 4월 3일), 345쪽.

58) 「제28회 대전노회록」(1966년 4월 5일), 489쪽.

59) 「제8회 대전노회록」(1955년 12월 6일), 116쪽;「제33회 대전노회록」(1968년 10월 4일), 22쪽;「제34회 대전노회록」(1969년 4월 8일), 48쪽.

60) 「제9회 대전노회록」(1956년 6월 5일), 132~133쪽;「제12회 대전노회록」(1958년 3월 4일), 186쪽.

61) 「제6회 대전노회록」(1954년 12월 7일), 88쪽.

62) 「제16회 대전노회록」(1960년 4월 5일), 267쪽.

63) 「제12회 대전노회록」(1958년 3월 4일), 183쪽.

회였다.[64] 베이트먼 선교사는 1969년부터 1970년까지 2년 동안 대전지구 산업전도 동역자로서 수고하였다.[65]

대전선교부는 로빈슨 선교사를 통하여 충남노회와 관계를 맺었다. 로빈슨 선교사는 1960년 목포선교부에서 대전선교부로 전임하여 그때부터 충남노회 소속으로 활동하였다. 그리하여 1961년 장로교 총회의 충남노회 총대에 피선되었고, 그때부터 충청지역의 전도사역과 평신도 훈련에 앞장섰다.[66] 또 충남성서학원 이사, 대전해수욕장 수양관 건립 추진위원 등을 아울러 역임하였다.[67]

Ⅵ. 결론

해방 이후 6.25전쟁을 거치면서 인구 증가와 도시화가 신속하게 진행되고 있던 대전의 새로운 가능성에 주목하 집단은 바로 선교사들이었다. 해방 이전까지 호남 선교에 집중했던 미국 남장로교 한국선교부는 1949년 대전에 새로운 선교부를 설치하기로 하고 대덕군 회덕면 오정리 일대의 땅을 집중적으로 매입하였다. 전쟁으로 일시 중단되었던 그 사업은 1954년 대전에 선교부와 아울러 대학을 세우는 것으로 급진전되었다. 그 결과 1955년 오정리 선교 지구에 선교사 주택을 비롯하여 대학 본관 건축 공사가 시작되었다.

이후 대전선교부 구내에는 한남대학과 대전신학교, 대전외국인학교, 삼광학교가 세워져 유기적으로 어우러진 복합 교육 선교기지로서 기능하였

64) 「제16회 대전노회록」(1960년 4월 5일), 267쪽.

65) 「제36회 대전노회록」(1970년 4월 7일), 80쪽.

66) 박노욱·안종성, 『충남노회50년사』(기독교문화사, 1999), 224쪽.

67) 박노욱·안종성, 『충남노회50년사』, 237쪽.

다. 또 대전노회 그리고 충남노회와 관계를 맺으며 복음사역을 일부 병행하였다. 그리하여 보이어와 존 탈메이지를 필두로 린튼, 크림, 무어, 베이트먼, 이디모데 등이 대전노회 목사회원으로 속속 가입하여 그 구성원이 되었다. 교육 전문 스테이션으로서 대학 교수 요원 선교사가 많았던 대전선교부는 그 성격 상 본격적인 현장 선교보다는 간접 지원을 통해 복음 전도의 책임을 해소시켜 나갔다. 그래서 대전선교부가 가장 주력했던 것은 노회 소속 개척 목회자들에 대한 재정적 지원이었다.

대전선교부는 대전노회의 양대 교역자 양성기관인 대전고등성경학교와 대전신학교 설립과 운영에 참여하여 그 학교들이 소기의 목적을 달성할 수 있도록 지지하였다. 대전선교부 소속 선교사들도 대전노회의 복음전도사역에 가담하여 각자의 소임을 완수하였다. 대전선교부는 로빈슨 선교사를 통하여 충남노회와 관계를 맺었다.

1973년 남장로교 한국선교회 상황을 보면 그 해 재적 선교사는 모두 74명으로 전주선교부 18명, 광주선교부 17명, 순천선교부 7명, 서울 17명, 대전은 12명이었다. 이미 목포선교부는 폐쇄되었고, 순천선교부는 애양원 기능이 중심이었다. 그 후 대전선교부는 선교사들의 은퇴가 계속 되는 가운데 후임 인력 충원이 없어 대개 10명 내외의 소규모 선교기지로 운영되었다. 또 대전 선교 구내 재산의 소유권도 계속 관련 기관에 이전되었다. 즉 1970년에는 오정동 11-3번지 1,600평이 대전노회, 오정동 219-8번지 1,593평이 대전대학 소유가 되었고, 1979년에는 오정동 200-13과 21의 384평이 역시 대학으로 이전되었다. 또 1981년과 1982년에도 대전신학대학과 감리교선교부에 부지 일부를 이전한다는 결정이 있었다.

19세기 후반 남북전쟁을 기화로 분열되어 서로 다른 길을 걸었던 미국의 남장로교(PCUS)와 연합장로교(UPCUSA/1958년 이전의 북장로교)는, 나누어진지 122년 만인 지난 1983년 하나의 장로교회(PCUSA)로 합쳐졌다. 한국에서 활동하고 있던 두 선교회는 그 1년 전인 1982년 통합 작업을 시작했다. 그러면서 이제 대전선교부의 역사는 새로운 국면을 맞게 되었다.

미국 남장로회 선교사 타마자(John Van Neste Talmage)의 한국선교 연구, 1910~1942

- 토착적 선교와 한국교회 관계를 중심으로[1)]

최영근

I. 서론

타마자(Jon Van Neste Talmage, 打馬字, 1884~1964)는 미국 남장로회 선교사로서 1910년에 내한하여 1957년에 은퇴할 때까지 전남 광주와 담양을 중심으로 복음전도자, 선교행정가, 남장로회 재단법인을 조직하고 이끈 대표자로 봉직하며 한국교회 발전에 기여하였다. 남장로회 광주 스테이션에 소속되어 북동부지역(순창과 담양지역)을 담당하면서, 1920년부터 전

1) 이 글은 2024년 11월 15일에 순천대학교 인문학술원이 주관한 미국 남장로회 한국선교 학술대회에서 발표한 원고로서, 일부 수정하여 「장신논단」 56-3 (2024년 9월), 65-93에 게재하였음을 밝힌다.

남 담양에 근거지를 마련하고, 지역에 머물며 한국인들과 밀접한 관계 속에서 적극적인 전도활동을 전개하였다. 선교사들의 전도활동이 대부분 스테이션을 중심으로 하는 순회전도로 이루어졌는데, 타마자는 선교구내(mission compound)를 떠나 현장에 머물면서 현지인 사역자와 동역하는 "토착적 선교"에 집중하였다.[2] 그는 스테이션 중심과 현장 중심의 선교를 비교분석하며, 현장 중심의 선교로 과감하게 전환해야 할 필요성을 역설하였다.[3] 선교사들이 선교구내에 머물며 한국인과 구별되어, 안정적이고 편안하게, 때로는 "사치스럽게" 살았다는 비판[4]은 타마자의 선교와는 거리가 멀다.

타마자는 네비우스 선교방법에 기반한 기존의 남장로회 선교정책인 자립, 자전, 자치를 넘어서, 선교회로부터 완전히 독립하여, 전적으로 주도적이고 토착적인 한국교회로 과감하게 전환할 것을 강조했다. 그는 선교회가 지배적인 위치에서 영향력을 행사하며 한국교회의 독립을 이끄는 단계에서, 한국교회가 주도하고 선교회가 한국교회와 협력하는 단계로 나가는 목표와 방향성을 가지고 선교활동을 전개했다. 한국전쟁 이후 내한하여 한국의 역사와 문화를 깊이 연구하고 민주화, 사회정의, 한반도 평화에 노력한 서의필(John N. Somerville) 선교사는 타마자가 "토착화를 열렬히 지지하는 사람"이었다고 평하였다.[5]

---

2) 본 논문에서 언급하는 타마자의 "토착적 선교"는 현지인이 선교사로부터 독립하여 사역을 전적으로 주도하고 선교회가 협력하는 현지인 주도의 전도활동과 교회형성을 목표로 하는 선교를 의미한다.

3) Rev. and Mrs. J. V. N. Talmage, "An Evangelical Experiment," *Korea Mission Field* 33-6 (June 1937), pp.118~121.

4) 류대영, 『초기 미국 선교사 연구, 1884-1910: 선교사들의 중산층적 성격을 중심으로』 (서울: 한국기독교역사연구소, 2001), 56~73쪽.

5) 서의필(John N. Somerville), "타마자 박사의 생애와 사역," 타마자, 『한국 땅에서 예수의 종이 된 사람』, 마성식, 채진홍, 유희경 옮김 (서울: 한국장로교출판사, 1998), 324~325쪽.

한국교회와 선교회 관계에 대하여 타마자는 완전히 독립적이며 상호협력적인 관계를 강조하였다. 타마자의 선교회와 한국교회 관계에 대한 신념은 남장로회가 조선예수교장로회 총회의 신사참배 결의 이후 1938년에 한국교회와 기관적 관계를 정리하면서 취한 태도[6]와 해방 이후 재조직된 선교회가 1957년에 한국교회와 관계를 재정의하면서 설정한 방향[7]과 부합한다. 전자는 남장로회가 신사참배를 허용한 한국교회와 기관적으로 분리하면서 본연의 전도활동에는 협력과 지원을 계속한다는 입장이고, 후자는 해방 이후 성장하는 한국교회의 책임과 주권 아래 선교회가 맡은 책임을 수행하며 협력한다는 입장이었다. 타마자의 토착적 선교는 선교회와 한국교회의 상호관계와 유기적 협력에 대한 비전과 목표를 제시하며 이러한 방향으로 앞장서서 견인했다.

타마자는 남장로회 토지와 재산에 대한 체계적인 조사와 목록작업을 하고, 남장로회 재단법인을 설립하고 이사장으로서 법인을 이끌며, 선교회 자산을 효율적으로 운영하고 관리하는 데 특별한 기여를 했다. 그의 노력은 다른 재한선교회의 재단법인(유지재단) 설립에도 본이 되었다.[8] 특히 전시체제 일제당국이 선교회 자산에 대하여 증여와 임대를 강요하며 압박하였을 때, 121일간 감옥에 갇혀 고초를 겪으면서도, 끝까지 선교회 자산을 지킴으로써 해방 이후 남장로회 선교사업의 재개와 활동에 결정적인 역할을 하였다. 타마자의 옥중고난은 일제의 핍박으로 고난받는 한국교회와 유대의식과 일체감을 형성했고, 그의 토착적 선교를 심화시켰다.

---

6) "Minutes of Ad Interim Committee, Kwangju, Korea, September 27, 1938," *Minutes of the Forty-Eighth Annual Meeting of the Southern Presbyterian Mission in Korea* (Kwangju, May 25-30th, 1939), pp.38~42.

7) "Korea Mission, Presbyterian Church U.S. - Principles," *The Minutes of the 1957 Annual Meeting of Korea Mission of the Presbyterian Church, U.S.* (Chunju, May 24 - June 1, 1957), Report #3.

8) 김기수(Keith R. Crim), "타마자 목사에 대한 회고록," 타마자, 『한국 땅에서 예수의 종이 된 사람』, 318쪽.

이 연구는 타마자의 저술, 선교편지, 기고문, 보고서, 남장로회 연례회의록 등의 일차자료에 기초하여 타마자의 토착적 선교와 선교회-한국교회 관계에 대한 타마자의 이해와 노력을 규명하고자 한다. 또한 우상화된 일제의 신사참배 강요와 교회지배 아래 무너진 한국교회에 대한 타마자의 인식과 교회론을 살펴보며 교회와 국가 관계, 교회의 영적인 책임에 대한 타마자의 이해를 규명하고자 한다. 이 논문은 일제강점기 타마자의 토착적 선교에 연구범위를 한정하고, 남장로회 법인설립 과정과 일제와의 투쟁, 타마자의 해방 이후 선교활동은 별도의 연구에서 다루고자 한다. 지금까지 남장로회 한국선교와 한국교회 관계에 관하여 중요한 시각을 제공하는 타마자를 학술적으로 규명한 연구가 없었다. 이 연구는 타마자의 한국선교를 중심으로 남장로회와 한국교회 관계, 일제 말 반기독교적 식민체제에 대한 남장로회의 대응과 자세, 교회의 사회적 책임에 대한 인식을 다루면서 남장로회 한국선교에 대한 교회사적 이해를 넓히는 데 기여할 것이라 기대한다.

II. 선교사 내한과 초기 선교활동

1. 선교사 내한과정

타마자는 1884년 12월 30일 미국 뉴저지 뉴왁(Newark)에서 아버지 존 샌드맨 탈메이지(John Sandman Talmage)와 어머니 마리엘라 크레인(Mariella Crane)의 여덟 자녀 중 장남으로 출생했다.[9] 타마자는 미국개

9) 남장로회 선교사 신상정보 파일, "Biographical Information: Talmage, John Van Neste," *Annual Reports of Presbyterian Church U. S. in Korea Missionary* 1-2 (영인본, 한국교회사문헌연구원, 1993) 참조.

혁교회(the Reformed Church in America) 선교사로 중국 샤먼(廈門)에서 1847년에서 1890년까지 활동한 조부(祖父)의 이름(John Van Nest Talmage)을 물려받았다. 타마자의 조부는 럿거스대학(Rutgers College)과 뉴브룬스윅 신학교(New Brunswick Seminary)를 졸업한 후에 중국에서 선교활동을 했다. 그는 선교회의 연합을 강조하였고, 또한 선교회가 자립, 자전, 자치를 기반으로 처음부터 현지교회가 독립적인 교회로서 주도권을 가지고 일하도록 노력해야 한다고 주장하였다.[10] 그의 선교신학은 타마자의 토착적 선교에서 계승되었다.

타마자의 가족은 아버지의 사업으로,[11] 루이지애나 뉴올리언즈(New Orleans)로 이주하였다. 타마자는 그곳에서 1903년에 툴레인대학(Tulane University)에 입학하여 공학(전기 및 기계공학)을 전공하고, 1907년에 공학사 학위(B.E.)를 받았다.[12] 대학 졸업 후 테네시 클락스빌(Clarksville)의 사우스웨스턴장로회대학교(SWPU)에 입학하여 신학을 전공하였고, 1909년에 신학사 학위(B.D.)를 받았다.[13] 당시 이 대학 신학부에는 우드로 윌

10) J. V. N. Talmage, "Ecclesiastical Relations of Presbyterian Missionaries, specially of the Presbyterian Missionaries at Amoy, China," John G. Fagg, *Forty Years in South China: A Biography of the Rev. John Van Nest Talmage* (New York: The Board of Publication of the Reformed Church in America, 1894), pp.295~301.

11) 타마자의 아버지 존 샌드맨 탈메이지가 쌀 유통업에 종사한 것으로 추정되는 관련 기사, "Rice Dealer of Note Visits Clarksburg," *The Clarksburg Telegram*, May 15 1903; https://www.newspapers.com/article/the-clarksburg-telegram-john-sandeman-ta/16436616 (2024년 6월 25일 접속).

12) "Biographical Information: Talmage, John Van Neste"; John Van Neste Talmage, *A Prisoner of Jesus Christ in Korea: The First Step of Early Christian Mission in Korea* (Daejeon: Hannam University Press, 1998), p.169, 257.

13) SWPU(Southwestern Presbyterian University)는 이후 로즈대학(Rhodes College)가 되었다. 이에 대해, https://www.rhodes.edu/about-rhodes/college-history (2024년 6월 25일 접속).

슨(Woodrow Wilson) 대통령의 아버지 조셉 R. 윌슨(Joseph Ruggles Wilson)이 가르치고 있었다.[14] 대학 졸업 후 타마자는 1910년까지 프린스턴신학교에서 공부했다. 1910년 3월 8일에 남장로회 한국선교사로 임명되었고, 7월 15일에 뉴올리언즈 노회에서 목사안수를 받았다. 7월 18일에는 엘리자 데이 에멀슨(Eliza Day Emerson)과 결혼예식을 올렸다. 그녀는 타마자가 졸업한 툴레인대학의 여자대학인 소피뉴콤대학(Sophie Newcomb College) 출신으로서, 둘은 대학 동문이었다.[15] 두 사람은 결혼 직후인 7월 26일에 엘리자의 어머니와 함께 샌프란시스코항에서 배를 타고 한국으로 향했다.[16] 북부 출신이면서 남부에서 대학을 다녔고, 프린스턴에서 신학을 공부한 타마자의 이력은 남장로회 한국선교회 안에서는 다소 특이했다.

타마자가 내한한 1910년은 대한제국이 국권을 상실한 해였다. 타마자는 "한국이 일본에 병합되기 3일 전에" 목포에 도착하여, 증기선을 타고 광주로 들어왔다.[17] 때마침 남장로회 연례회의가 8월 25일부터 9월 3일까지 광주에서 개최되고 있었고, 타마자 부부는 신임 선교사로서 회의에 참석하여

14) Bennet Wood, *Rhodes 150: A Sesquicentennial Yearbook* (Little Rock, Arkansas: August House Publishers, 1998), 41-2. 사우스웨스턴대학교는 이후 로즈대학(Rhodes College)로 변경되었다. 이에 대해, https://www.rhodes.edu/about-rhodes/college-history (2024년 6월 25일 접속)

15) "Biographical Information: Talmage, Eliza Day Emerson".

16) "Biographical Information: Talmage, John Van Neste". 엘리자는 외동딸이었고, 홀로된 어머니 아멜리아(Amelia Janet Emerson) 여사를 모시고 한국에 들어왔다. 아멜리아는 선교사 신분은 아니었지만, 타마자 부부의 일곱 자녀를 손수 키우며 이들 부부의 선교에 큰 도움을 주었다. 선교회 연례회의에도 종종 참석하였고, 선교회는 아멜리아의 숨은 공헌을 인정하여 여비를 지급하기도 했다. 1927년에 광주에서 사망 후 선교사 묘역에 안장되었다. 이에 대하여, 타마자, 『한국 땅에서 예수의 종이 된 사람』, 89쪽.

17) 타마자, 『한국 땅에서 예수의 종이 된 사람』, 19~20쪽. 병탄조약은 8월 22일에 체결되었고, 8월 29일에 공포되었다. 타마자는 조약체결 3일 전인 8월 19일에 내한한 것으로 보인다.

인사하였다.[18] 타마자는 회의 도중에 한일병탄조약 소식이 전해져서 선교사들이 충격을 받은 분위기를 회고하며, 일제의 식민통치에서 야기되는 문제들이 선교의 가장 큰 어려움이 되었다고 지적하였다.[19]

타마자는 한국 도착 후 첫인상을 기록으로 남겼다. 가장 시급한 것은 언어훈련이었다. 우선적으로 언어학습이 타마자 부부에게 요구되었고, 타마자는 언어공부를 주로 하면서 광주 스테이션의 일을 보조하는 업무를 맡았다.[20] 한국어 학습은 그에게 큰 어려움을 주었다. 한국어가 익숙치 않아서 물이라고 해야 하는데 말을 달라고 해서, 사택 도우미가 그가 지내는 윌슨 박사 사택 2층 방으로 말을 끌고 오는 실수를 범하기도 했다.[21] 그는 이 글에서 한국에 대한 이중적인 인상을 표현하였다. 한국의 아름다운 경치와 논에서 쌀농사를 짓는 풍경은 아름답다고 보았으나 사람들이 땔감으로 사용하느라 나무를 베어 민둥산이 된 부분과 산마다 무덤이 즐비한 모습을 보며 한국인들이 살아 있는 사람보다 죽은 사람을 더 잘 돌보는 것 같다고 지적했다. 그는 죽은 사람보다 살아 있는 사람을 더 중요하게 여겨야 할 책임과 조상숭배, 우상, 미신의 종교가 아니라 참된 하나님을 증거해야 할 책임을 깊이 느꼈다.[22] 초기부터 그는 전통종교에 대해서 비판적인 보수적인 입장을 지니고 있었다. 이러한 생각은 일제의 신사참배 강요 시기에는 우상종교, 국가종교의 해악과 허위를 강력히 비판하는 점에서 일관되었다.

타마자는 선교사의 생활에 대하여 언급하며, 선교사 주택은 미국에 사는

---

18) *Minutes of the Nineteenth Annual Meeting* (Kwangju, Korea, June 25-September 3, 1910), pp.9~10.

19) 타마자, 『한국 땅에서 예수의 종이 된 사람』, 22쪽.

20) "Report of Evangelistic Committee," *Minutes of the Nineteenth Annual Meeting* (1910), p.22.

21) J. V. N. Talmage, "Experiences of a New Missionary in Korea," *The Missionary* (December 1910), p.606.

22) Ibid., pp.605~606.

미국인들의 집보다는 못하지만, "한국인들과 비교하면 궁궐과 같다"고 비교하였다. 그는 광주 스테이션의 의료선교사 윌슨(Robert M. Wilson, 우월손)이 알루미늄으로 된 우유 저장통 바닥에 구멍을 뚫고 수도꼭지를 연결하여 샤워기로 쓰는 모습을 소개하며 선교사들이 샤워 목욕을 하며 한국에서 호화롭게 지낸다고 말하는 사람들을 간접적으로 비판하였다.[23] 당시 선교사와 한국인 일꾼 사이의 임금 격차는 컸다. 이 글에서 타마자가 밝힌 선교사택 도우미의 월급은 4달러였다. 1910년 당시 남장로회 한국선교사 연봉은 성별과 연차와 직군과 관계없이 독신은 인당 600달러, 부부는 1,150달러였고, 자녀 일인당 100달러를 더 받았다.[24] 따라서 자녀 하나인 의료선교사 윌슨 박사 부부는 1,250달러, 이제 막 내한한 자녀 없는 타마자 부부는 1,150달러, 18년 차 독신여성 매티 테이트(M. S. Tate)는 600달러를 받았다. 한국인 도우미의 봉급과는 10배 이상 차이가 있었다. 1910년 당시 미국 공무원 평균 연봉이 699달러, 공립학교 교사가 492달러임을 감안할 때[25] 선교사들의 봉급수준은 아주 높거나 낮지는 않았지만, 한국에서는 꽤 넉넉한 수준이었음을 알 수 있다. 그러므로 선교사의 생활이 한국인들에 비하면 궁궐같지만, 일반 미국인들과 비교하면 호화스럽지는 않다는 타마자의 지적은 타당하였다.

2. 초기 선교활동

신임 선교사로서 타마자는 우선적으로 언어훈련을 받으면서, 1911년에

23) Ibid., p.606.

24) "Finance: Items of Class A," *Minutes of the Nineteenth Annual Meeting* (1910), p.22.

25) "Income and Prices 1900-1999" in Scott Derks, ed. *Value of a Dollar: 1860-1999* (Grey House Publishing, 1999); https://usa.usembassy.de/etexts/his/e_prices1.htm (2024년 6월 24일 접속).

1년 차 필기와 구술, 2년 차 필기시험을 통과했다.[26] 어학훈련을 받으면서, 그는 서점 담당과 광주 북부지역 전도사업을 보조하는 역할을 맡았다.[27] 서점 담당은 성경, 쪽복음, 찬송, 신앙서적을 구입하여 도서를 관리하며 사경회, 노방전도, 순회전도를 통해 권서, 전도자들과 함께 판매하는 문서선교의 역할이었다. 1916년 보고서에서, 타마자는 적극적으로 도서 판매와 전도활동에 나서서 책 판매가 크게 늘었다고 보고하였다. 1911년에는 한 건도 없었지만, 1912년에 1만권, 1914년에는 2만권, 1915년에 4만권의 쪽복음서를 판매한 실적을 보고했다.[28] 특히 서울의 성서공회 사람들이 6주간 머물며 아침기도회, 오후에 전도와 책판매, 저녁에 전도집회를 진행하면서, 권서들에게 성경을 판매하며 설교와 전도하는 훈련을 시키면서 크게 도움을 받았다고 보고하였다.[29]

1911년에 주목할 부분은 타마자가 배유지(Eugene Bell), 우월손(Robert M. Wilson)과 함께 "한센인 병원 위원회" 위원으로 선임된 사실이다.[30] 타마자가 중책을 맡은 이유는 남장로회가 한센인 전도활동과 목회에 많은

---

26) "Report of Language Committee," *Minutes of the Twentieth Annual Meeting* (Chunju, 1911), pp.55~56.

27) "Report of Evangelistic Committee," ibid., p.37.

28) "Report of Rev. J. V. N. Talmage to the Korean Mission," *The Missionary Survey* (October 1916), 740. 타마자는 광주 스테이션에서 문서선교를 오랫동안 담당하였다. Talmage, "Selling Books in Chosen(Korea)," *The Missionary Survey* (July 1920), p.402 참조.

29) "Report of Rev. J. V. N. Talmage to the Korean Mission," *The Missionary Survey* (October 1916), 740. 당시 남장로회 선교구역에 찾아온 성서공회 사람들은 영국성서공회 소속 Hugh Miller와 직원들이었다. 타마자는 성경과 찬송을 비롯한 도서 판매를 효율적으로 감당하면서 광주 스테이션에서 문서선교의 책임을 오랫동안 담당하였다. 쪽복음 (0.5센트), 찬송가(8센트), 신약성경(10센트), 천로역정(22.5센트)가 가장 많이 팔리는 도서들이었다. 이에 대해, Talmage, "Selling Books in Chosen(Korea)," The Missionary Survey (July 1920), p.402 참조.

30) "Report of Institutional Committee Recommendations," *Minutes of the Twentieth Annual Meeting* (Chunju, 1911), p.53.

관심과 노력을 기울였고, 타마자의 역량을 신뢰하였기 때문이다. 1914년과 1915년 보고서에 따르면, 타마자는 윌슨의 안식년(1913년 6월 1일 이후) 동안 한센인 병원 책임자(Superintendent)의 역할을 맡았다. 타마자는 책임감과 부담감을 느끼면서도 "훌륭하게 진행된 일을 맡는 것은 영광스러운 일이고 스테이션이 그만큼 나를 신뢰하고 있다"고 여겼다.[31] 연례회의록에는 한센인병원 관련 업무가 기록되지 않았는데,[32] 그것은 타마자의 언급대로 광주 스테이션 차원의 결정이라고 사료된다. 이후 1915년 연례회의록에는 타마자가 다른 사역(숭일학교 교장 및 담양지역 전도사역)과 함께 한센인병원 목회와 전도사업 업무가 기록되어 있다.[33] 그는 한센인들이 병원에 들어와 몸을 씻고, 치료받고, 음식을 제공받고, 복음을 듣고, 한글을 배우고, 성경을 읽고, 사경회에 참석하며 새로운 삶으로 변화되는 전인치유의 과정을 "김씨"(Mr. Kim)의 사례를 들어 기술하면서, "우리 선교지에서 가장 뛰어난 성경학교 학생들은 한센인 병원이 있다"고 말하였다.[34] 그는 광주 한센인병원 교회에서 28명의 한센인에게 세례주고, 성찬을 집례하며 보람과 감사를 느꼈고, 한센인 사역은 단순히 구제와 치료에 있지 않고, 몸과 마음과 영혼의 치유에 있으며, 한센인들이 "하나님을 알고, 그리스도의 사랑을 깨닫고, 영생의 소망을 간직하고, 내면의 평화"를 누리며 영적으로 변화되는 것이 가장 중요하다고 강조했다.[35] 타마자는 교육과 의료선교는 전도와 연결될 때 가장 효율적이라고 믿었고, 그래서 의료와 교

31) J. V. N. Talmage, "Part of A Year's Work," *The Missionary Survey* (October 1914), p.744.

32) *Minutes of the Twenty Second Annual Meeting* (Chunju, 1913), 34; *Minutes of the Twenty Third Annual Meeting* (Mokpo, 1914), p.38.

33) *Minutes of the Twenty Fourth Annual Meeting* (Kwangju, 1915), p.35.

34) J. V. N. Talmage, "A Year with the Lepers in Kwangju," *Korea Mission Field* 11-11 (November 1915), p.320.

35) Ibid., p.320.

육사업은 언제나 전도활동으로 이어졌다.

1911년에 타마자가 "규정 및 세칙"(Rules and By-laws) 위원으로 레이놀즈(William D. Reynolds, 이눌서), 클라크(William M. Clark, 강운림)와 함께 선임된 사실은 주목할 만하다.[36] 타마자와 1년 먼저 내한한 강운림 같은 신임 선교사가 선교회 규정과 세칙을 개정하는 책임을 맡았다는 사실은 그들의 유능함은 물론, 선교회가 신임 선교사들을 지도자로 세워나가는 과정을 엿보게 한다. 강운림은 타마자의 사우스웨스턴장로회대학교(1897~1900)와 프린스턴신학교(1907) 선배였다.[37] 1912년 연례회의에서 타마자가 규정과 세칙 개정안을 보고하였고,[38] 그의 노력으로 남장로회 규정과 세칙이 새롭게 정비되었다.[39]

1912년에 유진 벨이 미국에 머물 때, 타마자가 그의 구역(나주와 순창지역)을 맡았다.[40] 남장로회는 신임 선교사가 2년 후부터 선임 선교사의 지도아래 사역을 맡는 것이 원칙이었지만 사역의 긴급성 때문에 단독으로 전도사역에 투입되었다. 타마자는 언어와 경험의 부족으로 유진 벨이 담당하던 35개의 교회를 맡는 일에 어려움을 느꼈지만,[41] 빠르게 적응하며 중량감 있게 감당하였다. 당시 이 지역은 선교사에 반발하며 장로교회를 이탈한 분파운동으로 혼란을 겪고 있었다. 타마자는 1910년에 남장로회 선교구역에서 발생한 최중진 목사의 자유교회 분파와 일본에서 건너온 유

---

36) *Minutes of the Twentieth Annual Meeting* (Chunju, 1911), p.7.

37) "Biographical Information: Clark, William Monroe".

38) *Minutes of the Twenty First Annual Meeting* (Kwangju, 1912), p.22.

39) "Korea Mission: Presbyterian Church in the United States. Rules and By-Laws," ibid., pp.60~77. 선교회의 규정과 세칙 개정은 수시로 이루어졌으나, 1912년에 대폭 정비되었다. 이후에도 규정과 세칙은 상시적으로 수정 및 보완되었고, 타마자는 지속적으로 개정에 관여하였다.

40) *Minutes of the Twenty First Annual Meeting* (Kwangju, 1912), p.27.

41) J. V. N. Talmage, "Notes from Kwangju," *The Missionary Survey* (May 1912), p.524.

니테리언 계열의 종파로 인한 교회의 혼란상을 언급하면서, 교회의 역사를 볼 때 하나님의 섭리 가운데 이단들의 등장에도 불구하고 정의가 승리한다는 확신을 표했다.[42] 현지인 중심의 토착적 선교를 깊이 인식하고 있었던 타마자였으나 진리를 왜곡하는 이단과 교회의 일치를 해치는 분파에 대해서는 부정적일 수밖에 없었다. 그는 언어와 경험부족으로 선교사역에 장애가 없기를 염려하면서도 현지인 사역자들의 노력으로 교회가 성장하는 모습에 깊은 인상을 받았다. 아직 세례를 받지 않은 여인이 몇 달 월급에 해당하는 20엔을 헌금한 사례는 지역사회에서 현지인 사역자들과 기독교인들의 커다란 영향력을 보여주는 것이라고 언급했다.[43] 이러한 인식은 교회의 건강한 독립과 토착적 선교의 중요성을 각인시켰다.

타마자의 초기 선교활동에서 눈여겨 보아야 할 부분은 1913년 연례회의에서 타마자가 광주 스테이션의 재산관리자 책임을 맡은 사실이다.[44] 이것은 타마자가 1922년 10월 10일 임시위원회에서 선교회 재단법인 설립 책임을 맡으면서,[45] 1924년에 법인설립 위원회(Committee on Formation of Juridical Person)를 주도하는 계기가 되었다.[46] 법인설립과 운영은 타마자의 중요한 공헌이었고, 다른 재한선교회와 한국교회 유지재단 설립에도 영향을 끼쳤다.

---

42) Ibid. 전라대리회 보고에 따르면, 1910년에 최중진의 자유교회 주창에 따라 "부안, 정읍, 흥덕, 임실, 태인 各郡敎會가 大墮落"하였으나, "선교사와 교역자들이 誠心祈禱하며 協力供職함"으로써 발전하게 되었다고 기록한다. 차재명 편, 『조선예수교장로회사기 (상)』 (경성: 조선기독교창문사, 1928), 279쪽.

43) J. V. N. Talmage, "A Korean Illustration," *The Missionary Survey* (July 1912), p.680.

44) *Minutes of the Twenty Second Annual Meeting* (Chunju, 1913), p.34.

45) "Ad Interim Committee Meeting Minutes, Kwangju, Korea. Oct. 10 & 11, 1922," *Minutes of the Thirty Second Annual Meeting* (Kunsan, 1923), p.68.

46) *Minutes of the Thirty Third Annual Meeting* (Chunju, 1924), 8. 1924년에 타마자와 법인 설립 위원회에 참여한 인사는 모두 광주 스테이션 소속의 유진 벨과 남대리(LeRoy T. Newland)였다.

타마자는 1913년에 광주 남학교(숭일학교)를 맡으며 교육선교를 담당했다.[47] 그는 전도자의 소명을 품고 선교사로 헌신했으나, 선교회는 학교사역을 맡겼고, 그렇지만 학교사역이 전도자의 원래 소명에서 자신을 떼어내지는 못했다고 이후 회고한 바 있다.[48] 그는 1914년 보고서에서 숭일학교(The School of the High One)가 처음에는 임시건물을 사용하다가 1910년에 새 교사(校舍)로 이전하였으며 1912년에 2천 달러를 들여서 12개 방을 가진 한옥식 기숙사를 건립하였고, 10학년까지 갖춘 학교로 성장하였다고 설명하였다. 타마자는 실업교육과 신앙교육을 강조했다. 숭일학교의 실업교육은 전임자 노라복(Robert Knox)이 실업과를 만들어 교육과정으로 편성하였고, 우월손이 더욱 발전시켰다. 타마자는 실업교육의 중요성이 자립에 있다는 점을 강조했다. 실업교육은 가난한 학생을 구제하는 것이 목적이 아니라, 노동의 존엄을 가르치고, 스스로 일해서 생계를 이어갈 능력을 길러서, 가족을 돌보고, 교회를 섬기고, 공동체를 경제적으로 자립하도록 이끄는 지도자를 기르는 것이 목적이었다.[49] 그는 숭일학교에서 다양한 근로활동(농사, 제초, 우물파기, 도로와 다리 보수, 식목, 추수, 타작, 재봉, 목공, 비서업무, 성적매기기, 청소, 화단가꾸기 등)을 적극 장려하였다.[50]

교육선교에서 타마자는 무엇보다 신앙교육에 힘썼다. 그는 1916년 보고서에서 숭일학교의 재학생이 역대 최고치인 118명에 달하는 성공적인 한 해였다고 평하였다. 특히 1915년은 일제의 사립학교규칙 개정으로 미션스

---

47) *Minutes of the Twenty Second Annual Meeting* (Chunju, 1913), p.34.

48) J. V. N. Talmage, “Annual Report of J. V. N. Talmage” (1937년 4월 29일 수신).

49) J. V. N. Talmage, “Notes from Kwangju,” *Korea Mission Field* 10-8 (August 1914), pp.250~251.

50) J. V. N. Talmage, “Part of A Year’s Work,” p.745.

쿨의 성경교육과 신앙활동에 커다란 위기가 닥쳤던 시기였다.[51] 그러나 숭일학교는 상급반 2개 학년을 없애고 8학년 체제를 유지하면서 "집중적인 발전"을 도모하였고, 오히려 성경교육을 강화하였다. 타마자는 평양 장로회신학교에 재학 중인 성경교사를 확보하여 학생들의 신앙을 지도하였고, 학생들이 전도활동에 나서서 주일마다 먼 마을에서 주일학교 사역을 하였다고 보고하였다. 타마자는 가장 모범적인 학생으로 원창권을 꼽았는데, 가난한 시골 출신으로 부모의 반대에도 무릅쓰고 학교에 다니며 굶주리면서도 열심히 공부하여 리더십을 발휘하였다고 언급하였다.[52] 타마자에게 교육과 전도는 불가분의 관계였다. 완전히 독립적 한국교회를 지향하는 토착적 선교를 위해 역량있는 교회 지도자를 길러내는 교육선교는 필수적이었다. 이런 차원에서 그는 미션스쿨보다 성경학교를 더욱 강조했다.

III. 토착적 선교와 한국교회 관계

1. 현장 중심의 토착적 선교와 타마자의 선교신학

타마자는 1916년 보고서에서 언어훈련을 이수하여 한국어로 설교할 수 있다고 보고했다.[53] 타마자는 복음전도자로서 소명의식과 열망이 컸지

51) 이에 대하여, 최영근, "일제강점기 미국 남장로회 교육선교: 미션스쿨의 식민교육제도에 대한 순응과 저항의 변증법," 「대학과 선교」 58집 (2023), 221~262쪽.

52) "Report of Rev. J. V. N. Talmage to the Korean Mission," *The Missionary Survey* (October 1916), pp.741~742.

53) Ibid., 739. 타마자 부부는 이미 1913년에 3년 간의 모든 언어훈련 과정을 통과하였다. "Report of Language Committee," *Minutes of the Twenty Second Annual Meeting* (Chunju, 1913), pp.74~75.

만,[54] 1916년만 하더라도 재정위원회, 자산위원회, 언어위원회, 규정 및 세칙 위원회, 한센인병원위원회에 소속되어 다양한 역할을 했다.[55] 선교회가 12곳의 설교지역에서 5개를 경감해 주어서, 그는 7곳을 담당했다. 특히 담양지역은 1913년 이후로 타마자의 선교지가 되었고, 이후 토착적 선교의 근거지가 되었다. 그는 "담양에 교회가 없는 것을 늘 안타까워하던" 중에 1916년에 교회를 설립했다. 소수의 신자들이 여성교인의 집에서 예배를 드리던 중 타마자가 30달러를 헌금해서 교회를 개척했다. 그는 교회 건물에 선교사의 돈을 많이 투입하지 않아야 한다는 선교회의 원칙을 언급하면서도, 교회가 꼭 필요한 중심지라면 예외를 인정할 수 있다고 강조했다.[56] 타마자가 원칙주의자가 아니라 토착적 선교를 실현하기 위해서 매우 유연하고 실제적으로 노력했다는 점을 확인할 수 있다. 이렇게 하여 1916년에 담양읍교회가 설립되었다. 이곳은 배유지가 조사 노응표를 파송 전도하며 서다비다와 김사라 등 여성교인을 얻어 이들이 개동리교회를 왕래하며 예배를 드리다가 만성리에 예배당 3간을 매수하였고, 교인이 점차 증가하여 객사리에 초가집 8간을 매수하여 수리하여 사용하고 있었다. 이러한 토대 위에 타마자의 헌금으로 한옥과 서양식 절충의 반양제(半洋制) 2층 예배당을 건축하며 교회가 설립되었다.[57]

타마자의 토착적 선교는 1920년부터 구체화되었다. 그는 광주 스테이션을 떠나 과감히 담양에 따로 살면서 전도하는 "실험적 전도"를 감행했다. 선교초기 개척 상황을 제외하고, 또한 독립선교사가 아니고 교파선교의 맥락에서 스테이션을 떠나 현장에 살면서 전도하는 예는 드물었다. 타마자는

---

54) "Report of Rev. J. V. N. Talmage to the Korean Mission," p.741.

55) *Minutes of the Twenty Fifth Annual Meeting* (Chunju, 1916), pp.8~9.

56) "Report of Rev. J. V. N. Talmage to the Korean Mission," p.741.

57) 한국교회사학회 편,『조선예수교장로회사기 (하)』(서울: 연세대학교 출판부, 1968), 176쪽.

광주 스테이션에 사택을 두었기 때문에 완전한 이주는 아니었지만, 대부분 담양에 머물며 활동했다. 타마자는 1937년 "두 달을 제외하고는 광주 스테이션의 사택은 가구들을 두는 창고"에 지나지 않으며 "대부분을 담양 언덕에 지은 작은 집에서 지내며" 전도하였다.[58] 타마자 부인도 일곱 자녀 모두 평양 외국인학교와 미국 대학으로 공부하러 집을 떠나서, 두 부부가 "담양의 본부"에 머물며 30여 개의 시골교회를 돕고 있다고 말한 바 있다.[59]

타마자는 1937년 기고문에서 그의 토착적 선교 과정을 기술하였다. 1920년에 담양 중심부에 집 한 채를 매입하였고, 모임장소와 사무실로 사용하기 위해서 주택 3채가 포함된 무덤터 800평(tsubo)을 매입하였다. 그는 이곳으로 이사하여 한옥을 전원주택으로 개조하였고, 다른 한 채는 사무실로, 또 다른 한 채는 관리자 숙소로 사용하였다. 진입로가 없었기 때문에 이후 추가로 땅을 구매하여 총 4천평을 구입하였다. 그의 선교센터(이후 순담성경학교)는 더욱 확장하여 1937년 당시 2개 건물에서 70명이 함께 지내며 사역하였다. 선교회가 이 프로젝트를 승인하지 않았기 때문에 타마자 개인 비용으로 운영했다.[60]

타마자는 스테이션 중심의 선교와 현장 중심의 선교를 비교했다. 그는 스테이션을 떠나 살 때 단점으로 주택문제, 의료문제, 선교사 간의 친교의 부족, 자녀교육의 문제, 가족과 떨어져 사는 문제, 선교사 간 긴밀한 협력의 부족을 꼽았다. 첫째, 주택문제에 대하여 외지에서 서양식 주택을 기대하기 어렵기 때문에 한국 집을 임대하여 쓰거나 필요에 맞게 개조해서 사용하는 방법을 제안하였다. 둘째, 의료문제는 의사를 외진 곳으로 부르는 것이 어렵기 때문에 어느 정도 감수해야 한다고 보았다. 셋째, 선교사 간의 교제부족은 한국어 실력을 키워 한국인과 친밀히 지내며 업무로 인한 긴

58) J. V. N. Talmage, "Annual Report of J. V. N. Talmage" (1937년 4월 29일 수신).
59) Eliza E. Talmage, Tamyang, October 29, 1935.
60) Talmage, "An Evangelical Experiment," p.118.

장을 풀 것을 제안하였다. 또한 여름 휴양지나 스테이션 모임과 성경학원에서 선교사들이 만나 교제하는 것으로 충분하다고 보았다. 넷째, 자녀교육은 스테이션에 있더라도 따로 교사를 둘 수 없기 때문에 큰 차이는 없다고 말했다. 다섯째, 가족과 떨어져 사는 것은 누군가에게는 큰 문제라고 인정했다. 여섯째, 스테이션을 떠나면 선교사 간의 긴밀한 협력이 원활치 못하겠지만, 오히려 한국인들 동료들과 만남과 협력이 활발해지면서 전도활동을 위한 새로운 관점을 가지고 현지인 중심의 선교에 더욱 집중할 수 있다고 강조하였다.[61)]

타마자는 한국인 사역자들이 생각하는 현장 중심선교의 장점을 소개했다. 첫째, 물리적으로 더 적은 노력으로도 더 많은 사역을 감당할 수 있고, 둘째, 선교사가 지역에서 사람들과 친밀하게 지내며 그들을 더 깊이 이해할 수 있고, 셋째, 선교의 노력이 균등하게 배분되어 모두가 행복한 결과를 얻을 수 있고, 넷째, 사무실 운영과 순회전도에 훨씬 적은 비용이 들어 경제적 이점이 크다고 보았다. 타마자는 실제로 담양에 머물면서 한국인 동료들과 더 밀접한 관계를 가질 수 있었는데, 한국인 동료 사역자들은 분리된 선교구내 보다 담양의 사랑방을 더 편안하게 여긴다고 설명하였다. 또한 현장에 사무실을 두고 자전거를 타고 다니면서, 길거리에서 한국인들과 만나 사귀며 전도하는 것이 훨씬 효과적이라고 말했다.[62)]

타마자의 현장중심 선교에 대한 비교분석은 선교회 내부 논의과정에서 그의 토착적 선교활동을 설명하고, 선교정책의 변화를 이끌려는 의도로 보인다. 물론 그가 "스테이션에서 생활하는 계획을 완전히 접고 선교사들을 뿔뿔이 흩어지게 하자"고 주장한 것은 아니었다. 선교지 상황과 선교사들의 여건이 다르기 때문에 전면적으로 적용하기 어렵다는 점도 인정했다.

---

61) Ibid., pp.119~120. 여기서 언급하는 내용은 타마자의 글을 정리하여 간략하게 요약한 것이다.

62) Ibid., pp.120~121.

또한 "현지교회가 성장하면서 선교회와 교회 사이의 관계가 변화되면 오히려 스테이션 중심의 선교를 변화시킬 필요가 있을까"라는 질문도 제기될 수 있다고 보았다.[63] 한국교회가 성장하여 더 많은 책임을 맡으면 선교사들이 현장에 머물며 관여할 여지가 있겠는가라는 질문이었다.

기존의 남장로회 선교방법과 비교하면 타마자의 방안은 다소 혁신적이었다. 남장로회의 전도활동에 관한 정책은 1913년과 1914년 연례회의에서 정리된 바와 같이, 네비우스 선교정책의 "자립의 원리"를 기반으로 선교사들이 한국교회와 상의하여 조사와 전도자를 선택하고, 이들을 지도 및 감독하고, 교회가 스스로 사역을 감당하도록 한다는 내용이 핵심이었다.[64] 구체적인 내용을 살펴보면, (1) "신임 선교사의 사역착수"와 관련하여 주일학교와 기도모임에 대한 책임감을 가지면서, 모든 한국인 예배에 참석하고, 선임 선교사들이 현지인과 사역을 논의하는 회의에 참석하고, 오랜 기간 지역에서 사람들과 생활하라고 권면하였다. (2) "마을과 시골에서 사역을 시작하는 최선의 방법"에 대하여, 전략적 초점에 집중하면서, 처음에는 권서와 전도자를 활용하고, 이후 조사를 활용하여 사역을 조직하며, 체계적인 마을 전도 설교와 개인사역을 수립하고, 스테이션 차원에서는 주일학교를 개설하여 불신자에게 접근할 구체적인 노력이 필요하다고 정리하였다. (3) "지역 사경회에서 불신자들 가운데 사역공간"에 대하여 교인들이 오후에 가가호호 방문으로 개인사역을 하고, 저녁에는 전도집회를 하라고 제안하였다. (4) "선교지에서 사역을 조직하고 지도하는 방법"에 대하여 지역의 책임자나 지도자들과 교회를 조직하고, 세부구역을 정하여 조사가 담당하게 하고, 월별 또는 분기별로 조사들이 맡은 구역의 지도자들과 모임을 하고, 모든 구역의 지도자들과 6개월에 한 번 모임을 갖고, 지역 사람

63) Ibid., pp.118~119.

64) "Report of the Finding Committee of the Evangelistic Conference," *The Minutes of Twenty Third Annual Meeting* (1914), p.77.

들 모두에게 미칠 만큼 충분히 사경회 모임을 갖고, 기독교인을 강화하고 불신자들을 이끌도록 전도집회를 이끌고, 복음화되지 않은 지역에서 권서들을 제한적으로 구별해서 사용하고, 소책자를 광범위하게 활용하라고 권면하였다. (5) "조사를 임명하는 (재정적) 근거"에 대하여 선교회와 한국교회가 조사에게 지급하는 봉급액은 똑같아야 하고, 봉급액은 현지인 교회가 정해야 하며, 한국교회가 모든 사역자들을 지원하는 것을 최종목표로 설정했다. 그리고 선교회가 모든 선교지역에서 조사 1-2인, 권서 1인, 전도부인 1인만을 재정적으로 지원하는 것을 목표로 추진하는 것이 바람직하다고 보았다. 조사의 최대 봉급은 현지인 교회가 인상하기 전에는 12엔으로 정했다.[65] 기존의 남장로회의 선교방법은 자립의 원칙에 기초하여 선교회가 권서, 전도자, 조사를 감독하면서 선교를 수행하고, 점차적으로 한국교회에 책임을 이양하는 방향으로 추진되었다. 선교사들이 스테이션에 머물며 순회전도를 하면서 교회를 돌보는 방식이었고, 현지에서 오랜 기간 생활하는 것은 일반적이지 않았다.

그러나 타마자의 현장중심적 토착적 선교방식은 한국교회의 기관적 독립과 주도권 아래 선교회가 협력하는 방안이었다. 스테이션 중심에서 지역중심으로, 선교사 주도에서 현지인 주도로, 선교사가 관리자와 감독자의 위치에서 협력자와 돕는 자로, 선교회의 재정적 지원에서 한국교회의 재정적 독립으로 전환하는 것이었다. 1937년 당시 타마자는 한국교회가 성장하면서 선교회와 한국교회 관계도 재설정되어야 할 시점이라고 보았다. 선교사들이 스테이션에 머물면서 한국교회에 대한 지배적 영향력을 행사하거나, 정반대로 한국교회와 분리된 채 별개로 활동하는 방식에서 벗어나,

---

65) "Findings of Committee on Evangelistic Conference," *The Minutes of Twenty Second Annual Meeting* (1913), 67-9. 이러한 정책안을 결정한 전도위원회 위원은 강운림, 변요한(J. F. Preston), 유진 벨, 마로덕(L. O. McCutchen), 안채륜(C. H. Pratt)이었다.

선교사가 지역공동체 속으로 들어가 한국교회의 주도 아래 협력하는 역할로 전환해야 한다고 생각했다. 예를 들어, 타마자는 "한국교회가 힘있는 교회가 되었고 선교사들이 했던 것보다 역할을 더 잘 감당할 수 있게 된 것"은 감사한 일이고, 선교사의 역할이 점차 줄어드는 것은 하나님의 섭리라는 사실을 인정했다. 그러면서도 "담양 인근 지역만 해도 여전히 그리스도인들이 없는 수백 개의 마을이 있기 때문에" 선교사가 담당할 역할은 아직 많고, 또한 향후 공식적인 지도자의 자리에서 물러나서 비공식적인 방식으로 한국교회와 협력할 수 있다고 역설했다. 특히 성경학교와 성경교육은 한국교회를 위해 선교사의 공헌이 필요한 부분이라고 보았다.[66] 선교회가 한국교회와 독립적, 수평적 관계를 유지하며, 복음전파를 위해 상호협력할 수 있다는 판단이었다. 타마자는 선교회가 스테이션의 높은 탑과 분리된 섬에서 벗어나, 전도활동을 위해 한국교회(노회)의 지도를 따르면서 한국인 사역자들과 수평적으로 협력하고, 한국교회에 꼭 필요한 책임을 담당하는 역할로 전환해야 한다고 주장했다.

타마자의 토착적 선교는 교회와 선교에 대한 하나님의 주권을 인정하며, 선교사의 권위주의와 기득권을 내려놓고, 복음전파를 위해 한국교회에 봉사하고 협력하는 신학적 이해에서 가능했다. 타마자 부인은 안식년을 마친 후 1932년 서신에서 "주말에 타마자 목사와 여러 교회들을 방문하였는데, 가는 곳마다 환영을 받으면서 우리가 없는 동안 교회가 아무런 어려움이 없었고, 오히려 우리 없이도 놀라운 방식으로 성장했다"는 사실을 언급하면서, 이것은 "하나님나라를 이루는 책임은 선교사가 아니라 성령님이 담당한다"라는 것을 입증한다고 말했다.[67] 타마자도 1934년 서신에서 한국교회의 자립을 강조하면서 한국교회가 앞서고 선교사는 뒤에 서야한다

66) J. V. N. Talmage, "Three Questions in Reply," *Korea Mission Field* 31-11 (November 1936), p.234.

67) Eliza E. Talmage, Kwangju, October 16, 1932.

는 입장을 밝혔다. 자신은 "노회의 규칙에 철저히 따르며 교회에서 주목받는 자리를 피해 뒤로 물러나서 한국인들을 사역의 지도자가 되게 하려고 노력하고 있다"고 말하였다. 그는 "교회의 위대한 지도자가 이 교회를 직접 다스리는 지도자가 되셨다"고 확신하였다.[68)]

타마자는 담양의 토착적인 학교(광덕학교)의 설립을 한국교회의 자립과 완전한 독립에 대한 사례로 들었다. 부자집 출신의 여성이 결혼생활의 고난 중에서 신앙의 위로를 얻고 교회에 1천엔을 헌금하여 학교건물의 기반을 마련하였다. 이후 지역교회 목회자가 1천엔을 모금하였고, 타마자가 목재기부와 헌금을 하여서 학교건물이 세워졌고, 지역교회 목회자가 학교의 교장을 맡으며 2백 명의 학생이 공부하고 있다고 전하였다. 이 학교는 선교회의 지원과 감독없이 교회가 스스로 운영하는 학교라는 점에서 특별하다고 말했다.[69)] 광덕학교는 1922년에 담양읍교회가 설립하여 운영하던 학교였다.[70)] 타마자의 기부에 대하여 동아일보는 "타마자 목사는 전남 담양군 읍내 사립 광덕학교에 헌금 천원과 운동장 토지 8백평(시가 8백여원)을 하사하엿는데 자기는 고무신을 신으며 조밥과 백반을 먹으면서라도 무산아동의 교육을 위하여 이같이 하사한다"고 보도하였다.[71)] 타마자의 헌신에 대한 지역사회의 반응은 컸다. 타마자가 1935년 8월 20일에 선교 25주년 기념식에서 "조선 민족을 위해 몸을 받치고 조선에서 일생동안 지나겠다"고 말한 것이 화재가 되기도 했다.[72)]

---

68) J. V. N. Talmage, Tamyang, November 2, 1934.

69) Ibid.

70) 한국교회사학회 편, 『조선예수교장로회사기 (하)』, 324쪽.

71) "토지 八百坪과 천원을 喜捨: 담양 광덕학교에 기부, 타마자씨의 美擧," 『동아일보』, 1934년 12월 14일.

72) "타마자 박사 25주년 記念式 盛況," 『동아일보』, 1935년 8월 25일.

2. 신사참배 이후 변화된 선교회와 한국교회 관계에 대한 타마자의 이해

남장로회의 선교활동은 일제와 신사참배 문제로 갈등하며 제약을 받았다. 1936년 서신에서 타마자는 일본에는 종교의 자유가 있지만 경찰이 여러 가지 방법으로 전도집회를 금지할 수 있다고 비판했다. 당시 경찰은 신사참배 문제에 대하여 민감하게 감시하며 전도집회를 예의주시하고 있었다. 그러나 엄혹한 시기에도 타마자는 복음이 "억압과 국가주의와 다른 모든 죄악에도 불구하고 힘을 잃지 않고 퍼져나가고 있다"고 말했다.[73] 정치적으로나 교회 내적으로 어려운 시기에도 전도활동이 지속될 수 있었던 것은, 무엇보다 한국인 사역자들의 헌신적 활동에 힘입은 바가 컸다. 1937년 타마자는 담양 사택에 별도의 건물을 마련하고 사무실과 기숙사로 활용하여 사역자 모임을 하였고, 성경반을 운영하였다. 타마자의 선교센터는 지역 성경학교(순담성경학교)로 발전하였는데, 이 학교는 선교회의 지원 없이 타마자가 지역 목회자들과 독립적으로 운영하면서 지역교회를 섬길 사역자와 전도자를 양성했다. 낮에는 학생들이 일과 성경공부를 병행하고, 밤에는 여러 악기를 연습하였다.[74] 초창기 순담성경학교 강사진은 타마자 선교사 내외, 원창권 목사, 허화준 목사, 양동혁 목사, 유기섭 목사, 박동환 장로였고, 1회 졸업생은 배길수, 노덕양, 양동석 3인이었고, 2회 졸업생은 박요한, 김재구, 김만제 3인이었다.[75] 타마자의 지역 성경학교는 그의 토착적 선교와 독립적 한국교회를 위한 발판이었다. 타마자는 당시 10명이 공부하는 성경학교가 재학생 100명의 미션스쿨보다 복음의 영향력이 클 것

73) J. V. N. Talmage, Kwangju, October 1936 (Received, November 6, 1936).

74) J. V. N. Talmage, "Annual Report of J. V. N. Talmage" (Received , April 29, 1937).

75) 박요한, "순담청년성경학원 시절(상)" (2008년 3월 6일), 한국섬선교회 홈페이지, [숨쉬는 바다];http://ksum.org/g4/bbs/board.php?bo_table=column_pyh&wr_id=23 (2024년 7월 1일 접속).

이라고 여겼다.[76)]

타마자는 복음이 미치지 않은 지역에서 선교하려면 현지인 목회자들의 역할이 필수적이라고 보았다. 이를 위해 목회자 협의회를 조직하였고 네 명의 목사와 한 명의 신학생이 참석하였다. 이 회의에서 "(현지인)목회자들이 모든 회의를 주도"해야 한다는 결론이 도출되었고, 타마자는 "그들이 사역을 전적으로 이끌어야 한다"고 역설했다. 현지인 사역자들이 주도하고 선교사가 참여하는 협의체였다. 특히 타마자는 전도에만 집중하고, 누구에게도 세례를 주지 않기로 결정하였다. 현지인 사역자가 이끌어가는 독립적 교회를 목표했기 때문이다. 그는 자신의 결정이 처음에는 오해와 비판을 받았지만, 이제는 모두가 동의하고 있다고 말했다.[77)] 타마자는 모든 책임과 권한을 한국인 목회자와 사역자들에게 위임하고, 자신은 전도에 전념하면서 뒤에서 협력하겠다는 의지를 표명했다. 그는 또 다른 서신에서 담양의 교회가 운영하는 매일학교는 법적으로는 그가 설립자이지만 지역교회 목사가 교장을 맡아 학교를 전적으로 운영하고 있다고 말했다. 그러면서 "현지인 기독교인들을 앞세우고 나 자신은 가능한 그림의 뒷면으로 숨는 것이 최선의 정책이라고 생각한다"고 다시 한번 강조했다.[78)]

1937년 6월 3일 서신에서 타마자는 일본 경찰의 감시 속에서 전도집회가 진행되어 "3일 전도집회"가 70개 마을에서 진행되어, 마을에 따라 30명에서 300명까지 참석하였다고 언급했다.[79)] 그러나 남장로회가 일제의 신사참배 강요에 반대하여 학교폐교를 결의하고, 1937년 9월 이후 교육선교를 중단하면서 남장로회 한국선교는 큰 축이 붕괴되었다. 특히 1938

76) J. V. N. Talmage, "Annual Report of J. V. N. Talmage" (Received, April 29, 1937).

77) Ibid.

78) J. V. N. Talmage, Tamyang, September 30, 1937.

79) J. V. N. Talmage, Box #5, Zennan Tanyo, June 3, 1937.

년 제27회 조선예수교장로회 총회가 신사참배를 결의하면서 남장로회는 1938년 9월 27일 임시위원회에서 한국교회와 기관적 연결을 끊고 선교사들이 소속노회에서 탈퇴하기로 결의하면서 한국교회 관계와 전도활동에 중대한 변화가 생겼다.[80] 임시위원회는 "현재 상황에서 노회에서 행정적 업무를 감당할 수 없다고 생각하여 노회의 회원권을 사임하기"로 결정했다. 이러한 결정을 노회에 알리면서 "한국교회를 지속적으로 돕고 사역에 깊은 관심을 표하기를 원한다"는 뜻도 전달하기로 했다. 노회 탈퇴는 "하나님을 향한 깊은 사명감"의 발로이며, "교회의 영적 유익"을 위한 결정이지만, "한국교회를 향한 사랑과 영적인 번영에 대한 변치않는 관심"을 가지고 본연의 전도활동을 위해 노회와 교회와 협의하여 설교, 심방, 개인 사역, 성경교육, 전도집회는 지속하고 싶다는 뜻을 명확히 했다.[81] 임시위원회의 결정과 뜻을 한국어로 번역하여 각 노회에 전달할 책임을 타마자가 맡았다.[82]

남장로회는 한국교회의 신사참배 수용에 따라 교회와 공식적인 관계는 단절하되, 한국교회와 전도활동을 위해 계속 협력하겠다는 뜻을 밝혔다. 이에 따라 한국교회와 선교회 관계는 새로운 국면으로 접어들었고, 선교회의 선교방법도 변화되었다. 결국 타마자가 이전부터 주장했던, 완전히 독립적이고, 상호협력적인 관계 속에서, 한국교회의 주도 아래 선교사들이 전도활동에 참여하는 단계로 이행하게 되었다. 이와 같은 변화와 취지를 한국교회에 가장 잘 전달할 적임자는 타마자였다.

---

80) "Minutes of Ad Interim Committee, Kwangju, Korea, September 27, 1938," *Minutes of the Forty Eighth Annual Meeting* (Kwangju, May 25-30th, 1939), pp.38~43.

81) Ibid., pp.39~40.

82) Ibid., p.40.

3. 일제의 기독교 탄압과 한국교회에 대한 인식과 비전

타마자는 1938년 8월 서신에서 당시 한국교회의 상황을 심각하게 인식하고 있었다. 그는 일제의 교회에 대한 통제는 단순히 신사참배 강요에 그치지 않고, 기독교 신앙의 전면적인 변화를 압박하고 있다고 비판했다. 그는 일제 경찰이 "기독교를 정부의 시책에 맞게 수정하지 못할 이유가 무엇인가"라고 말한 것을 언급하며 일본정부는 "영적으로 죽은 사람들"이며 기독교를 그들에게 복종시키려고 한다고 비판했다.[83] 타마자는 일제당국의 의도가 선교사와 한국교회를 분리시키고, 선교사들을 뒷전으로 내모는 것인데, 그들의 계획이 오히려 한국교회를 "좀 더 독립적인 교회"로 만드는 역할을 했다고 평가했다. 타마자는 그동안 선교사들이 한국교회에서 많은 권위와 영향력을 행사해 온 문제에 대한 비판과 성찰이 내부에 있었고, 이를 해결하기 위해서, 한국인 목회자들에게 노회와 당회의 모든 권한을 가져가라고 요청했지만 큰 성과가 없었다고 말했다. 그 이유는 목회자 숫자가 적고, 이미 많은 일을 담당하고 있고, 이들에게 사례하는 한국교회가 한국인 목사들이 더 많은 책임을 갖는 것에 재정적 부담을 느꼈기 때문이라고 분석했다. 또한 교회가 필요한 도움을 받으려고 선교사를 선호하기 때문이라고 보았다. 한국교회가 독립에 대한 요청을 불편하게 여겼기 때문에 이 문제를 덮어두었으나 일제가 "끼어들어 우리들이 하지 못했던 일을 하고 있다"고 꼬집었다.[84] 일제의 간섭이 결과적으로 선교회로부터 한국교회의 완전한 독립을 가져왔다고 보았다. 그러나 그것은 "진정한 독립적 교회가 아니라 국가교회가 아닌가"라고 지적하는 사람들에게 타마자는 "전능하신 주 하나님은 누구도 그분의 교회를 실제로 통치하지 못하게 하신

---

83) J. V. N. Talmage, Kwangju, August 25, 1938.

84) Ibid.

다”라고 말했다.[85] 타마자는 일제의 억압 아래 굴절된 한국교회에 대하여 현실과 동떨어진, 지나치게 낙관적인 인식을 보였지만, 하나님의 주권과 섭리에 대한 확신과 교회의 거룩함에 대한 신념이 밑바탕에 있었다.

타마자의 신념은 일제의 반기독교적 행위에 대한 하나님의 심판과 교회의 회복에 대한 성서적, 종말론적 확신에 의해 강화되었다. 그는 일제의 지배아래 이교도주의가 권력을 행사하고, 기독교적인 모든 가치가 뒷전으로 밀려나는 현실을 직시하였다. 특히 모든 종교를 국가제의에 굴복시키는 일제의 불의한 권력은 요한계시록 11장과 일치한다고 보았다. “성전의 바깥 마당은 측량하지 말고” 이방인들에게 짓밟히도록 “그냥 두라”는 본문처럼 가시적 교회는 일제에 의해 짓밟히더라도 “하나님의 성전과 제단과 그 안에서 경배하는 자들”,[86] 곧 “비가시적 참된 교회는 주님의 손안에서 안전하다”고 확신하였다.[87] 그는 신사참배를 강요하는 일제의 우상화된 권력 앞에 굴복한 한국교회에 대하여 가시적 교회와 비가시적 교회를 구별함으로써 교회의 거룩함과 온전함을 강변하였다. 한국교회에 대한 애정과 신뢰는 여기에 있었다.

물론 타마자는 신사참배를 수용한 한국교회의 문제점을 날카롭게 비판하였다. 제27회 장로회 총회가 오랫동안 노회를 좇아다니며 사전에 발기인과 재청자를 정해놓고 반대표결을 금지하여 불법적으로 신사참배를 결정한 문제를 지적했다. 이에 따라 “선교사들은 더 이상 노회의 소속을 유지하면서 우리가 승인하지 않은 일들에 대하여 암묵적으로 동의하는 것” 처럼 보이지 않기 위해 사임서를 제출하였고, “비공식적으로는 교회를 계속 돕기를 바랬지만 동의할 수 없는 일까지 책임을 지겠다는 의미는 아니었다”라는 점을 분명히 했다. 그러나 교회와 지속적인 협력을 원하는 선교

85) Ibid.

86) 요한계시록 11:1-2 (개역개정판).

87) J. V. N. Talmage, Kwangju, November 27, 1938.

회의 제안은 신사참배 세력들에 의해 거부되었다고 밝혔다.[88] 타마자는 일본 경찰의 사주와 협박을 받아 교회 지도자들이 선교사들에게 교회 방문을 금지하는 편지를 발송한 사례를 언급하면서 선교사들의 도움에 전적으로 의지했던 교회들이 갑자기 멀어지는 것을 안타깝게 여겼다. 그러나 "선교지를 재정적 지원없이 현지인 목회자에게 완전히 넘겨주는 단계"로 진행함으로써, "오랜 시간 가져온 나의 목표"가 일제의 억압과 "반대로 인하여 갑자기 실현"된 측면은 긍정적으로 받아 들였다. 그는 "우리에게 일어난 이 모든 일들은 복음의 발전을 위한 것"이며, 이러한 변화를 항구적인 결과로 인정해야 한다고 보았다. 한편으로는 섭섭하지만, 다른 차원에서 "궁극적 목표"가 성취된 것, 곧 "자치, 자전, 자립의 교회가 현실이 된 것"은 기쁘게 여겼다.[89]

타마자는 일제의 검열 때문에 노골적인 언급은 삼갔지만, 이사야 10:5-27을 상기시키며, 이스라엘을 치는 앗수르에 대해 경고하고, 이스라엘을 구원하고 회복하는 하나님의 약속을 암시했다. 일제의 강요로 한국교회가 선교회와 단절되었지만, 하나님이 일제를 심판하고, 한국교회를 회복시킬 것이라는 확신을 가졌다. 타마자는 선교회의 "모든 과업이 다 끝났다"고 낙담하는 사람들을 향해 "오랜 시간 동안의 성경교육, 많은 회의의 기록들과 권면, 수천 밤의 시골전도, 수십 년의 씨 뿌리기와 지칠 줄 모르는 돌봄은 주님의 축복으로 풍성한 수확을 얻었다"라고 과거를 상기시키면서, 선교회와 분리되어 있는 독립적인 한국교회가 사랑의 손길이 필요한 영역에서 많은 수확을 맺게 될 희망찬 미래를 믿음으로 예견하였다. 그러면서 성경으로 훈련된 지도자들을 양성하는 일을 게을리하면 한국교회는 타락의 시간을 지나야 한다고 경고하였다.[90] 그는 신사참배로 무너지고 일제의 강

88) Ibid.

89) Ibid.

90) Ibid.

압으로 선교회로부터 멀어진 한국교회를 비난하지 않았고, 교회가 추구해야 할 사명에 주의를 환기시켰다. 또한 타마자는 한국교회의 각성을 촉구했다. 그는 도처에서 발견되는 “하나님과 백성들을 가로막는 영적인 무감각의 징조들”을 경계했다. “물질적으로는 독립하였으나 영적으로는 실패하고 있는 많은 징조들”을 우려하였다. 그는 “목사들의 믿음이 무너지면 복음적 신앙을 설교할 수 없고, 이전에 지켜왔던 기준들이 선교사들과 함께 뒷전으로 내동댕이쳐지는” 현실을 염려했다. 신사참배에 무너지고 타락한 “목사들이 자신의 양심을 변명하기에 급급하면” 교회와 성도들의 영적인 문제를 바르게 이끌 수 없다고 경고했다. 그는 다가올 고난의 시간 속에서 “교회가 선교사들이 아니라 하나님 앞에 무릎을 꿇고 기도하라”고 권면했다.[91)]

중일전쟁 이후 총동원 체제 아래 일제의 통제가 심해지면서 남장로회는 더 이상 선교의 수행이 불가능하다고 판단하고, 필수인원을 제외한 모든 선교사들의 귀국을 결정했다. 1940년 11월에는 7인이 남았으나, 1941년에 우월손 부부와 구례인(John C. Crane)이 떠난 후, 타마자 부부와 두 명의 여성선교사(유화례, 도마리아)가 1942년 6월에 추방될 때까지 남았다.[92)] 타마자는 1941년 5월 서신에서 일제의 침탈과 기독교 신앙의 훼절 앞에서도 교권과 이권을 놓고 다투는 한국교회를 안타깝게 여겼다. 광주에서 모인 전남노회에서 선교회의 본을 따른 기존의 예산 시스템이 폐기되고, 노회가 기금을 장악하여 사용하고, 일천 엔 이상의 빚 문제로 파당을 지어 남북 간 다툼을 벌인 문제를 지적했다.[93)] 또한 노회가 협의회를 구성하여 선

91) Ibid.

92) 남장로회 선교사 철수에 대한 배경과 논의에 대하여, 최영근, “일제강점기 유화례(Florence E. Root)의 전도활동, 1927-1942,” 「한국교회사학회지」 63집 (2022), 331~333쪽 참조.

93) 남북간 갈등은 전남노회와 군산노회 분립 과정의 갈등을 언급하는 것으로 보인다.

교회 건물을 사용하는 문제를 논의하는 과정에서 시련과 인내의 시간을 보냈다고 말하였다. 당시 전남노회는 선교회가 운영하던 "사경회와 성경학교 전부를 노회에서 경영하기로"[94] 결정했기 때문에 선교회 재산을 관리하고 있던 타마자와 협의를 해야했다. 당시 전남노회의 훼절은 심각했다. 다른 노회들보다 적극적으로 "전시체제 실천"에 앞장서며 교회 지도자에게 "시국인식에 철저케하야 전도보국의 정신"을 갖게 하고, 신도들에게 적성헌금 2,263원을 모금하여 중기관총 한 대를 헌납했다.[95] 타마자는 이러한 노회에 대해 비난보다 연민을 느꼈다. 로마서 7:25의 "마음으로는 하나님의 법을 섬기나 육신으로는 죄의 법을 섬기는" 문제가 "오늘 노회의 모습"이라고 지적했다. 이어 로마서 8:1을 재해석하며, "그리스도와 교제하는 사람들은 그들이 원치 않는 것을 행하는 노예상태에 예속되지 않고", "하나님의 말씀과 뜻을 따를 수 있다"고 권면하며 한국교회가 그리스도와 교제하며 하나님의 말씀에 순종하기를 촉구했다.[96]

타마자는 많은 문제와 결함에도 불구하고 한국교회를 향한 기대와 사랑을 잃지 않았다. 1941년 6월 서신에서 그는 한국에서 철수한 동료 선교사들에게 "한국교회가 죽지 않고 살아 있으며 더 좋은 흐름으로 변화되고 있다"고 말했다. 한국교회에 심각한 결함이 있을지라도 "하나님의 숨결이 교회 안에 있다"고 강조하면서, 한국 기독교인들이 성경을 공부하고, 전도부인들이 성경을 가르치고, 사람들의 삶에 영향을 끼치고 있다고 덧붙였다.[97]

타마자는 선교회 법인대표로서 선교회 자산 증여와 임대를 지속적으로

---

94) "각노회 상황보고: 13. 전남노회,"『조선예수교장로회총회 제29회 회록』(1940년), 108쪽.

95) "각노회 상황보고: 6. 전남노회,"『조선예수교장로회총회 제30회 회록』(1941년), 80쪽.

96) J. V. N. Talmage, Kwangju, May 18, 1941.

97) J. V. N. Talmage, Kwangju, June 1, 1941.

요구하는 일제의 회유와 협박에도 불구하고 선교회 자산을 안전하게 지켰고, 그 과정에서 간첩혐의로 121일간(1941년 12월 8일부터 1942년 4월 9일) 투옥되는 고초를 겪었다.[98] 그는 일제에 의한 억압과 감옥에서 겪었던 일들을 증언하는 서신과 보고서를 작성하였다.[99] 그는 선교회 자산이 당시 100만 달러의 가치가 있고, 이 모든 재산을 안전하게 지키려고 하나님이 그를 한국에 남기셨고, 그것은 이후에 하나님의 일을 위해 값지게 사용하시려는 섭리라고 믿었다.[100] 또한 옥중에서 겪은 고난이 고통당하는 한국인들과 동일시되어, 그들의 지지를 얻고, 또한 감옥에서 한국인들의 진정한 사랑을 배우는 계기가 되었다고 말하였다.[101] 한국인들은 신사참배를 거부하는 선교사들에게 그들은 감옥에 갈 위험이 없기 때문이라고 비판했지만, 타마자의 수난이 한국교회에 많은 위로와 용기를 주고, 한국교인들과 더욱 가깝게 만드는 계기가 되었다.[102] 고난 중에 한국교회와 일체감을 형성함으로써 타마자의 토착적 선교가 더욱 심화될 수 있었다.

타마자는 1942년 6월 1일에 적성국 민간인 상호교환의 형식으로 일제에 의해 추방되었다. 타마자는 1943년 "기독교와 독립된 한국"이라는 글에서 한국에서 선교를 재개할 때는 "독립된 한국에서 진행"되기를 원했고, "기독교가 독립된 한국에서 커다란 영향을 끼치기"를 희망했다. 그는 과거에 기독교가 복음을 전하며 사람들의 인격과 정신을 형성하는 방식으로 한국에 영향을 끼친 것처럼 토착적 기독교가 한국사회에서 지도자들의 정

98) 타마자의 옥중수기는 John Van Neste Talmage, *A Prisoner of Jesus Christ in Korea: The First Step of Early Christian Mission in Korea* (Daejeon: Hannam University Press, 1998); 타마자, 『한국 땅에서 예수의 종이 된 사람』 (서울: 한국장로교출판사, 1998) 참조.

99) 대표적으로 J. V. N. Talmage, "Report on Treatment by Japanese While in Korea" (n.d.).

100) J. V. N. Talmage, August 31, 1942; October 14, 1942.

101) J. V. N. Talmage, October 14, 1942.

102) 타마자, 『한국 땅에서 예수의 종이 된 사람』, 217~218쪽.

신과 삶에 영향을 끼친다면 독립된 한국에서 중요한 역할을 할 것이라고 믿었다. 일제가 물러간 이후 사회가 새롭게 조직될 때 "교회와 목회자들이 새로운 질서에 적응하면서 지도자들에게 영적인 용기와 조언을 주어야 한다"고 말했고, 사경회 인도, 성경의 인쇄와 배포, 병원의 재개와 확충, 교회 지도자들의 훈련을 위해서 선교회가 한국교회를 도울 수 있을 것이라고 기대했다. 그는 도시마다 마을마다 자립적인 강력한 조직교회가 있겠지만, 한국교회와 협력할 "선교사는 여전히 필요하다"고 역설하며, 남장로회가 한국선교의 재개를 미리 준비해야 한다고 강조했다.[103)]

그의 소망대로 해방 후 1947년에 남장로회는 독립된 한국에서 한국선교를 재개하였고, 타마자는 선교회 법인대표로 마지막 사명을 다하고 1957년에 은퇴하였다.[104)] 남장로회는 1957년에 "선교회-교회 관계"를 새롭게 규정하였는데, 타마자의 토착적 선교의 비전이 스며있다. 남장로회는 "한국교회가 완전히 자율적인 교회조직으로 영광스런 역사를 가진 것"을 자랑스럽게 여기며 "한국교회와 계속 협력하기를 소망"하였다. 선교회와 한국교회는 "한국에 있는 두 개의 구분된 자율적인 기관으로 복음을 전파하라는 그리스도의 대위임에 복종하기 위해 협력한다"는 원칙을 정하였다. "교회적 기능(설교, 성례, 목회자 훈련과 안수, 권징, 자선활동)은 선교회가 한국교회의 지도와 통제를 따르고", 교회적 기능이 아닌 기독교 활동(교육, 의료, 기타 특별 훈련 프로그램)에 참여할 때 "한국교회의 주권을 침해

---

103) J. V. N. Talmage, "Christianity and Independent Korea" (December 21, 1943); [서의필 하우스 자료 모음], Box 4, Talmage, J. V. N., 한남대학교 인돈학술원. 이 기고문은 잡지에 기고한 원고로서, 서의필 선교사 부부가 수집한 자료 중 타마자와 관련한 문서의 일부이다.

104) 1955년 연례회의에서 선교회는 법인업무 마무리를 위해 선교본부에 타마자의 체류 연장을 신청하였다. "Minutes of the 1955 Annual Meeting of Korea Mission of the Presbyterian Church U. S.," *Minutes of Korea Mission Presbyterian Church, U.S.* (1955), p.42. 공식 은퇴는 1957년이다. "Biographical Information: Talmage, John Van Neste".

하지 않고, 사람들을 그리스도께로 인도하는 공동의 목적에 기여"하는 것을 원칙으로 하였다. 선교회는 "마침내 한국교회 리더십이 완전히 책임을 감당하게 될 것이며, 그때 선교회는 교회를 섬기는 모든 영역에서 물러날 것"이라고 규정하였다.[105] 이로 보건대, 타마자의 토착적 선교의 비전과 노력은 남장로회의 한국교회 관계의 밑거름과 나아갈 방향이 되었다.

Ⅳ. 결론

타마자는 공학도의 꿈을 접고 전도자의 소명을 품고 한국에 들어와 현장 중심적 토착적 선교에 헌신하였다. 남장로회의 자립, 자전, 자치의 선교 방법에서 한 단계 발전하여 완전히 독립적인 한국교회를 중심으로 한국인이 주도하는 토착적 선교를 지향했다. 스테이션 중심에서 지역 중심으로, 선교사 주도에서 현지인 주도로, 선교사가 관리자와 감독자의 위치에서 협력자와 돕는 자로, 선교회의 재정적 지원에서 한국교회의 재정적 독립으로 방향을 전환하는 것이었다. 그는 선교사가 스테이션을 떠나 현장에 머물며 한국교회와 동역하면서, 한국교회가 독립적으로 모든 선교적 책임을 감당할 수 있도록 뒤에서 돕는 역할을 해야 한다고 생각했다. 타마자의 토착적 선교는 교회와 선교에 대한 하나님의 주권을 인정하며 선교사의 권위주의와 기득권을 내려놓고, 하나님나라의 추구와 복음전파를 위해 한국교회에 봉사하고 협력해야 한다는 신학적 이해에서 가능했다.

1938년 일제의 강요에 의해 한국교회가 신사참배를 수용하면서, 선교회와 한국교회는 완전히 새로운 관계로 전환하였다. 남장로회는 한국교회와

---

105) "Korea Mission, Presbyterian Church U.S. - Principles," *The Minutes of the 1957 Annual Meeting* (Chunju, May 24 - June 1, 1957), pp.20~22.

기관적 연결은 단절하되, 복음의 진전을 위해 전도활동에 계속 협력하겠다는 뜻을 밝혔다. 타마자는 비록 외세(外勢)의 요인으로 한국교회와 기관적 연결관계가 단절되었지만, 완전히 독립적이면서, 상호협력적인 관계 속에서, 한국교회의 주도 아래 선교사들이 전도활동에 참여하는 토착적 선교의 단계로 이행하였다고 평가하였다. 그는 성서적, 종말론적 비전을 가지고 우상화된 불의한 제국을 하나님이 심판하고, 한국교회를 회복시킬 것이라는 확신을 가졌다. 그는 불의한 권력 앞에 굴복한 한국교회를 긍휼히 여기면서도 비가시적 교회의 거룩함과 온전함을 확신하였고, 한국교회를 향한 변함없는 신뢰와 사랑을 가지고 교회가 추구해야 할 사명에 주의를 환기시켰다.

타마자는 남장로회 법인대표로서 일제의 핍박 앞에 굴복하지 않고 선교회 재산을 안전하게 지킴으로써 하나님이 독립된 한국에서 이루실 선교의 사명을 기대하였고, 그의 옥중고난이 고통당하는 한국교회와 일체감을 높이고, 교회에 위로와 용기를 준 것을 유익으로 여겼다. 타마자의 토착적 선교는 해방 이후 남장로회가 한국선교를 재개하면서 1957년에 재설정한 선교회-교회관계에 녹아 있었다. 타마자는 선교회로부터 독립한 완전히 자율적인, 능력있는 한국교회의 비전을 품으며, 한국사회에서 하나님나라의 구현과 복음전파를 위해 교회와 협력하는 선교회의 역할을 앞장서서 실현해 나갔다. 타마자의 토착적 선교는 남장로회의 한국선교의 방향과 의미를 분명하게 제시하고 있다.

참고문헌

1. 국내문헌

강민수, 『호남지역 장로교회사: 1938~1954년의 전남노회 사역을 중심으로』(한국학술정보, 2009).

광주서현교회90년사편찬위원회 편, 『서현 90년사: 1908~1998』, 대한예수교장로회 서현교회, 1998,)

광주제일교회100년사편찬위원회, 『광주제일교회 100년사: 1904~2004』(광주제일교회, 2005).

광주제일교회90년사편찬위원회, 『광주제일교회 90년사: 1904~1994』(광주제일교회, 1994);

김경미, "「완산도형」에 구현된 초기 개신교 전주스테이션 공간 연구," 「전북학연구」 13 (2024.12): 27-69.

김광수·안광국, 『장로회 신학대학 70년사』. 서울: 장로회신학대학, 1971.

김남순·이기석, 『서의필 목사의 한국선교』, 서울: 동연, 2023.

김빛나, 「미국남장로교선교회 광주지역 선교 연구: 의료, 교육, 교회개척 사역을 중심으로」(장로교신학대학교 석사학위논문, 2011).

김수진 저, 총회교육자원부 편, 『광주·전남지방의 기독교 역사』(한국장로교출판사, 2013).

김수진, 『호남선교 100년과 그 사역자들』(고려글방, 1992).

김수진·한인수, 『한국기독교회사: 호남편』(범론사, 1980)이 학술적 연구로는 최초로 짐작된다.

김승태, 『한말·일제강점기 선교사 연구』. 서울: 한국기독교역사연구소, 2006.

김용복, 『한국기독교사상사의 전개』, 전주: 한일장신대학교출판부, 2024.

김용복, 「호남기독교의 역사적·사회적 성격」, 대한예수교장로회총회 미국남장로교한국선교100주년기념대회 대회장 정복량 편, 『미국남장로교 한국선교 100주년 기념대회 보고서』, 한국장로교출판사, 1993, 119-135.

김용복·나의선·서광선·서의필, 「<좌담> 주한 미국선교사 활동 100년을 평가하다」, 『기독교사상』, 284호 (1982).

김종철, 「유진벨 선교사의 목포·광주 선교활동 연구」(전주대학교 박사학위논문, 2008).

김지운, 「유진벨 선교사의 호남선교 연구」(총신대학교 석사학위논문, 2017).

김태웅, "제3장. 군산부 주민의 이동사정과 계층분화." 『새만금도시 군산의 역사와 삶』. 서울: 선인, 2012.

김혜정, "서서평의 여전도회 활동과 영향에 관한 고찰." 『서서평연구논문8집 (2021)』.

김호욱, "광주지역 최초 개신교 교회 설립에 관한 연구," 「광신논단」 25 (2015.12): 181-200.

김호욱, 「광주지역 최초 개신교 교회 설립에 관한 연구」, 『광신논단』 25(광신대학교, 2015).

김호욱, 「광주지역 최초 근대화 교육기관 설립 연구: 도듬교회 설립 역사와 주간학교 운영을 중심으로」, 『역사신학논총』 36(한국복음주의역사신학회 2020).

김흥수, 「기독교연합봉사회: 1950년대의 기독교 연합사업 연구」,『한국기독교와 역사』 33호(한국기독교역사학회, 2010).

내한선교사사전편찬위원회. 『내한선교사사전』. 서울: 한국기독교역사연구소, 2022.

대창교회 역사관 자료 "최학삼 장로와 매국노 이완용의 막전막후." (2024년 6월 탐방 조사)

대한예수교장로회대전노회, 「대전노회록」(1회-33회)

대한예수교장로회전북노회, 『전북노회 회의록 제1권: 1-36회』.

대한예수교장로회전북노회, 『전북노회 회의록 제2권: 37-69회』.

로즈, 해리, 『미국 북장로교 한국 선교회사 I(1884-1934)』. 서울: 연세대학교 출판부, 2009.

로티 벨 지음, 고영자·이은상 옮김, 『로티 벨 선교 편지 1895~1897』(보고사, 2022);

류대영, 『새로 쓴 미국종교사』, 서울: 푸른역사, 2024.

류대영, 『한국 기독교 역사의 재검토』, 서울: 한국기독교역사연구소, 2019.

류대영, 『개화기 조선과 미국선교사: 제국주의 침략, 개화자강, 그리고 미국선교사』, 서울: 한국기독교역사연구소, 2004.

류대영, 『초기 미국 선교사 연구, 1884-1910: 선교사들의 중산층적 성격을 중심으로』. 서울: 한국기독교역사연구소, 2001.

문백란, 「세브란스 병원 건립을 둘러싼 선교사들의 갈등과 선교정책 수정」, 『동방학지』, 165 (2014), 129-166.

미카엘 뢰비(김항섭 역), 『신들의 전쟁, 라틴아메리카의 종교와 정치』, 서울: 그린비, 2012.

민경배, 「선교정책 결정과정에서의 선교본부 영향력의 문제-연희전문학교 설립을 중심으로」, 『동방학지』, 48 (1985): 555-583.

박노욱·안종성, 『충남노회50년사』(기독교문화사, 1999).

박용규, 「조선예수교장로회사기 해제」(『신학지남』 81-3, 신학지남사, 2014)

브라운, 조지 톰슨 지음, 천사무엘·김균태·오승재 옮김. 『미국남장로교한국선교역사(1892-1962): 한국선교이야기』. 서울: 동연, 2010.

서의필(John N. Somerville). "타마자 박사의 생애와 사역," 323-6, 타마자. 『한국 땅에서 예수의 종이 된 사람』.

송현강, 『미국남장로교의 한국선교』(한국기독교역사연구소, 2018).

송현강, "미국 남장로교의 전북지역 의료선교(1896-1940)," 「한국기독교와 역사」 35 (2011.9): 47-77.

송현강, 『미국 남장로교의 한국 선교』. 서울: 한국기독교역사연구소, 2018.

스와인하트 부인 지음, 임수지 번역, "엘리제 요한나 쉐핑: 선교사 드보라." 서서평연구회. 『서서평연구논문8집(2021): '주를 공경하는 자'(잠 14:31)로서 서서평 선교사의 삶과 사역』.

안종철, 『미국 선교사와 한미관계: 1931-1948』. 서울: 한국기독교역사연구소, 2010.

애너벨 니스벳 저, 한인수 역, 『호남선교 초기역사』(경건, 1998).

양국주, 『살아있는 성자 포사이드』, 서울: 서빙더피플, 2018.
양국주, 『하나님의 나팔수: 여전도회-전남노회 여전도회 연합회』. 서울: Serving the People, 2015.
양창삼, 『조선을 섬김 행복, 서서평의 사랑과 인생』, 서울: 서빙더피플, 2012.
양전백, 함태영, 김영훈 저, 박용규 편, 이교남 역. 『조선예수교장로회사기 하 개정판』. 서울: 한국기독교사연구소, 2017.
에두아르도 갈레아노(박광순 역), 『수탈된 대지, 라틴아메리카 5백년사』, 서울: 범우사, 1988.
오르란도 코스타스(진희근 역), 『통합적 선교신학』, 서울: 대한예수교장로회총회교육부, 1982.
오방기념사업회 엮음, 『오방 최흥종 연구: 생애·신앙·참여』(태학사, 2022)
옥성득, 「미국남장로회 한국선교의 시작 재구성, 1891~1894」
옥성득, "미국 남장로회 한국선교의 시작 재구성, 1891-1894년," 「한국기독교와 역사」 61 (2024.9): 81-124.
옥성득, 「한국장로교의 초기 선교정책(1884~1903)」, 『한국기독교와 역사』, 9호 (1998,9).
유영렬·윤정란, 『19세기말 서양선교사와 한국교회-*The Korean Repositiry*를 중심으로』, 서울: 경인문화사, 2004.
윤경로, 『한국근대사의 기독교사적 이해』, 서울: 역민사, 1992.
유진 벨 지음, 고영자·이은상 옮김, 『유진 벨 선교 편지 1895~1897』(보고사, 2022).
이가연, 「호주장로교의 부산지역 의료선교: 맥켄지의 부산나병원 운영과 부산부의 나환자 대책을 중심으로」, 『역사와경계』 121, 부산경남사학회, 2021
이남섭, 「민중신학자, 시골에서 세계적 수준의 기독교 민족대학을 꿈꾸다 - 민중신학의 제도권 대학개혁 실천과 그 의미」, 『민중과 생명』, 서울: 동연, 2018.
이남섭, 「서서평과 김용복-한일장신대학교의 설립 정신과 한국 교회사에서의 사회신학사적 의미」, 『서서평 선교사의 사회선교와 영성』, 2018, 95-145.
이남섭, 「라틴아메리카의 불평등과 역사적 개신교의 역할」, 『종교와 불평등』, 서울:알렙,2024.
이남섭, 「라틴아메리카의 불평등과 보수적 개신교의 역할」, 『종교와 불평등』, 서울:알렙,2024.

이만열, 「한말 구미제국의 대한 선교정책에 관한 연구」, 『동방학지』, 69 (1994): 1-59.

이순례, 『한일신학대학 70년사』, 전주한일신학대학출판부, 완주: 1994.

이성전, 『미국선교사와 한국근대교육』, 서울: 한국기독교역사연구소, 2007.

이시악(이은자 옮김), 「근대중국의 반기독교운동」, 고려대학교 중국학총서, 서울: 고려원, 1992.

이영식, 「유진 벨과 남장로 선교사들의 초기 광주지역 방문전도와 잉계교회」, 『ACTS 신학저널』 50(아세아연합신학대학교 신학연구소, 2021).

이재근, 「고립에서 협력으로: 미국남장로교의 해외선교 정책변화, 1837~1940」, 『교회사학』 13 (2014): 189-220.

이재근, 「미국남장로회 하퍼 선교사 가문의 한국 선교사역」(『한국기독교와역사』 61, 한국기독교역사연구소, 2024)

이재근, “남장로교의 전주 신흥학교·기전여학교 설립과 발전(1901-1937),” 「한국기독교와 역사」 42 (2015.3): 45-83.

이재근, “미국 남장로회 한국선교회 전주선교지부 연구 현황과 과제,” 「인문학술」 13 (2024.12): 47-91.

이재근, “추강(秋岡) 김필수(金弼秀)의 생애와 유산: 목회자, 기독 사회운동가, 문필가,” 「한국기독교와 역사」 51 (2019.9): 75-112.

이재근, “호남 기독교의 ‘7인의 개척자들’(1): 미국 남장로회 윌리엄 레널즈 가문의 한국 선교,” 「광신논단」 30 (2020.12): 113-140.

이재근, “호남 첫 목사 최중진(崔重珍, 1871-1932)의 다면적 생애와 활동,” 「한국기독교와 역사」 60 (2024.3): 83-141.

임희모, “마요셉빈(Mrs. J. H. McCutchen) 선교사의 사역.” 「장신논단」 50-3(2019.9): 235-262.

임희모, “미국 남장로교 한국선교회의 성경학원 정책(1946-1961).” 「선교신학」 72(2023): 243-273.

임희모, “미국 남장로교 한국선교회의 전도부인 양성과 교육정책 연구(1902-1925).” 「선교신학」 71(2023): 267-276.

임희모, “미국 남장로교의 첫 한국 입국 선교사 리니 데이비스 해리슨 부인 (Mrs. Linnie F. Davis Harrison)의 선교 활동 연구.” 「선교와 신학」 55(2021년 가을): 255-287.

임희모,『미국 남장로교 한국선교회의 여성·의료 선교사 연구』. 서울: 동연, 2022.

임희모,『아프리카 독립교회와 토착화 선교』, 파주: 한국학술정보, 2007.

장로회신학대학교 100년사 편찬위원회(집필자 김인수).『장로회신학대학교 100년사』. 서울: 장로회신학대학교, 2002.

전병윤,「조준현 장로」,『전북교회 이야기』, 19 (2016).

전북노회 역사편찬위원회,『복음이 일한 시간: 전북노회 110년사, 1911-2021』. 완주: 도서출판 흔적, 2021.

전주서문교회 100년사 편찬위원회,『전주서문교회 100년사(1893-1993)』. 전주: 전주서문교회, 1999

정인과 편,『조선장로교연감』(조선야소교장로회 종교교육부, 1940),

조선예수교장로회군산로회「조선예수교장로회군산로회 제1회 회의록」, 3-5.

조선예수교장로회총회,『조선예수교장로회총회 회록』, 1940-1941.

조현범,『문명과 야만-타자의 시선으로 본 19세기 조선』, 서울: 책세상, 2002.

존 피츠미어 (한성진 옮김),『미국장로교회사』, 서울: 기독교문서선교회, 2004.

차재명 저, 박용규 편, 이교남 역.『조선예수교장로회사기 상』. 서울: 한국기독교사연구소, 2014.

차재명 편,『조선예수교장로회사기』(조선기독교창문사, 1928);

차재명 편,『조선예수교장로회사기 (상)』. 경성: 조선기독교창문사, 1928.

차재명(편저자),『조선예수교장로회 사기 상』. 서울: 한국기독교사연구소, 2018: 2쇄.

차종순,「광주지역 최초의 교회에 관한 연구」,『신학이해』 20(호남신학대학교, 2000).

차종순,「미국 남장로교 한국선교사 연구(1)」,『신학이해』 35(호남신학대학교, 2009).

차종순,「미국남장로교회의 호남지방 선교활동」,『기독교사상연구』 5(고신대학교 기독교사상연구소, 1998).

차종순,『양림교회 100년사』, 양림교회 역사편찬위원회, 2003

차종순,『양림교회 90년사: 1904~1994』,(광주양림교회, 1994); 차종순,『양림교회 100년사(1)·(2)·(3)』(양림교회역사편찬위원회, 2003).

최병택, 「남장로회선교부 한센병 환자 수용정책의 성격(1909~1950): 여수 애양원을 중심으로」(『한국기독교와역사』 32, 한국기독교역사연구소, 2010)

최영근, 「미국 남장로교 선교사 유진 벨(Eugene Bell)의 선교와 신학」, 『장신논단』 46-2(장로회신학대학교 기독교사상과문화연구원, 2014).

최영근, "일제강점기 미국 남장로회 교육선교: 미션스쿨의 식민교육제도에 대한 순응과 저항의 변증법." 「대학과 선교」 58집 (2023), 221-62.

최영근, "일제강점기 미국 남장로회 교육선교에 관한 연구: 군산과 전주스테이션의 인돈(William A. Linton)을 중심으로, 1912-1940," 「대학과 선교」 50 (2021): 93-129.

최영근, "일제강점기 유화례(Florence E. Root)의 전도활동, 1927-1942." 「한국교회사학회지」 63집 (2022), 315-47.

"타마자 박사 25주년 記念式 盛況." 『동아일보』, 1935년 8월 25일.

"토지 八百坪과 천원을 喜捨: 담양 광덕학교에 기부, 타마자씨의 美擧." 『동아일보』, 1934년 12월 14일.

한국교회사학회 편, 『조선예수교장로회사기』(연세대학교 출판부, 1968).

한국교회사학회 편, 『조선예수교장로회사기 (하)』. 서울: 연세대학교 출판부, 1968.

한국기독교역사연구소, 『한국기독교의 역사 I』. 서울: 기독교문사, 1989.

한규무, 「광주·전남 기독교인들의; 3.1운동 참여와 동향」. 『한국기독교와역사』 13(한국기독교역사연구소, 2000), 77쪽.

한남대학교40년사편찬위원회,『한남대학교 40년사』(한남대학교출판부, 1996).

한인수, 『호남교회 형성인물』. 서울: 경건, 2000.

한미경, 「미국 소재 남장로교 한국선교 자료의 현황과 특징」, 『2025 국립순천대 인문학술원·연세대 한국기독교문화연구소 공동학술대회 자료집』, 2025, 29-44.

2. 해외자료

Alvarez, Carmelo, "Del Protestantismo liberal al Protestantismo liberador", *Protestantismo y liberalismo en America Latina*, San José: DEI, 1983.

"Annual Meeting of the Southern Presbyterian Mission." The Korean Repository (Oct. 1898): 393-94.

Annual Report of the Executive Committee 1895-1910.

Assmann, Hugo, *La Iglesia electrónica y su impacto en América Latina*, San José: DEI, 1988.

Bastian, Jean Pierre, *Protestantismos y modernidad latinoamericana*, México: FCE, 1994.

_______, *Historia del Protestantismo en América Latina*, México: CUPSA, 1990.

_______, *Los disidentes. Sociedades protestantes y revolución en México, 1872-1911*, México: FCE, 1989.

_______, *Protestantismo y Sociedad en México*, México: CUPSA, 1983.

Bear, James E, *Mission to Brazil.* Nashville: Board of World Missions PCUS, 1961.

Beyerhaus, Peter. Die Selbständigkeit der Jungen Kirchen als missionarisches Problem. Wuppertal-Barmen: Verlag der Rheinischen Missions-Gesellschaft, 1956.

"Biographical Information: Talmage, Eliza Day Emerson".

"Biographical Information: Talmage, John Van Neste." *In Annual Reports of Presbyterian Church U. S. in Korea Missionary.* Vol. 1-2. 서울: 한국교회사문헌연구원, 1993.

Brown, G.Thompson, "Overseas Mission Program and Policies of the Presbyterian Church in the U.S., 1861~1983," *American Presbyterians*, 65:2, 1987.

Brown, G.Thompson, *Presbyterians in World Mission*, CTS Press, 1995.

Brown, G. T. *Mission to Korea*. (Board of World Missions, Presbyterian

Church, U.S., 1962).
Brown, George Thompson. "A History of the Korea Mission, Presbyterian Church, U. S. From 1892 to 1962," Ph.D. Thesis, Union Theological Seminary, Richmond, Virginia, 1963.
Bull, W. F. "Interesting Meeting in Korea." The Missionary (Feb. 1900): 78-79.
Cepeda, Rafael(ed.), *La herencia misionera en Cuba*, DEI, 1988.
Cepeda, Rafael, "Las Iglesias protestantes norteamericanas en la política expansionista de 1898, su reflejo en Cuba", *Cristianismo y sociedad*, No.86, 1987.
_______, "Un Congreso en la Habana: 1929", *Taller de Teología, Núm.9*, 1981.
Chester, Samuel H. Lights and Shadows of Mission Work in the Far East. Richmond(VA): The Presbyterian Committee of Publication, 1899.
Clark, Charles Allen. The Korean Church and the Nevius Methods. New York, Fleming H. Revell, 1930.
Congress on Christian Work in Latin America(Panama), New York, 1916.
Congress on Christian Work in Latin America(Montevideo), N.Y. 1926.
Congress on Christian Work in Latin America(Habana), N.Y. 1929.
Crane, Sophie Montgomery, *A Legacy Remembered. A Century of Medical Missions*, Tennessee: Providence House Publishers, 1998.
Damborirena, Prudencio, *El Protestantismo en América Latina Tomo I, Etapas y métodos del Protestantismo Latinoamericano*, Friburg y Bogotá: FERES, 1962.
Davis, [Linnie F.]. The Missionary (Dec. 1897): 541.
Dodson, Mary L. Letter: Dear Friends, Austin, Texas, December 14, 1942. (Received at Nashville Tennessee, December 18, 1942).
Dupuy, Lavalette. Letter: My Dear Friends, Kunsan, Korea, Oct. 7, 1940.
Eugene Bell, "Personal Report of Eugene Bell," in Report of The Southern Presbyterian Mission in Korea, 1903

Eugene Bell, "Personal Report of Eugene Bell," Reports of Thirteenth Annual Meeting, Seoul, Sept. 1904

Eugene Bell, "Station Report of the Southern Presbyterian Mission" in Station Report of the Southern Presbyterian Mission(1908.06.30.~1909.06.30.).

Eugene Bell's Letter to Sister, Nov. 8, 1896:

George T. Brown, 천사무엘·김균태·오승재(역), 『한국 선교 이야기(Mission to Korea)』(동연, 2010).

Gobat, Michael, *Empire by Invitation: William Walker and Manifest Destiny in Central America*, Havard University Press, 2018.

Gonzalez, Ondina E. y Gonzalez, Just L, *Christianity in Latin America*, New York: Cambridge University Press, 2008.

Gotay, Samuel Silva, "Historia social de las Iglesias en Puerto Rico", *Historia general de la Iglesia en América Latina*, IV. Caribe, Salamanca: Ed. Sígueme, 1995.

Gotay, Samuel Silva, "La Iglesia Protestante como Agente de Americanización en Puerto Rico: 1898-1917", *Taller de Teología*, Núm.14, 1984.

Greene, Willie Burnace. Letter: Miss W. B. Greene to her Mother, Kunsan, Korea, Asia. Sept. 9th., 1940.

Gutierrez, Benjamin, "Valoracion del movimiento misionero en las iglesias cubanas desde la perspectiva de la Iglesia Presbiteriana de EE.UU.", *La herencia misionera en Cuba*, San José: DEI, 1986.

Harrison, W. B. "The Opening of Kunsan Station, Korea." *The Missionary Survey* (Jan. 1918): 9.

Harrison, W. B. Journal (July 18, 1897).

Ingold, Mattie (Mrs. Ingold Tate). "Bible School.' (PHS소장 자료)

Junkin, Mary Leyburn. Letter: My Precious Mother. Jan. 4, 1902, Kunsan, Korea.

Junkin, W. M. "A Korean Thelogical Seminary." The Missionary (Oct. 1899): 453-54.

Junkin, W. M. "A Sabbath at KunSan." The Missionary (July 1897): 313-314.

Junkin, W. M. "A Visit to Our New Station." The Missionary (July 1894): 284-287.

Junkin, W. M. "Korea." The Missionary (March 1893): 117.

Junkin, W. M. "Letter from Mr. Junkin." The Missionary (1898): 467.

Knox, Maie Borden. "Women's Work on the Presbyteries of North and South Chulla, Soonchun, and Cheiju." The Presbyterian Survey (Oct. 1936): 593-595.

Kunsan Station." Reports of the Southern Presbyterian Mission in Korea, 1903 (Seoul: Press of the Methodist Publishing House, 1903): 06-50.

L. T. Newland, "The City of Kwangju," The *Korea Mission Field* 1923.02.,

Li, Tin Nok. "The Chasm between Aspiration and Reality - Problems of the Nevius Methods Examined through Korean Bible Women's Lives (1890s-1930s)." 「선교신학」 72집(2023): 53-96.

McCllelland, Alice J, *Mission to Mexico*, Nashville: PCUS, 1960.

McCutchen, Josephine Hounshell. Letter. "Korean Graduates Great Help in Work." The Presbyterian Survey (Nov. 1926): 681-82.

McCutchen, Josephine Hounshell. Letter. "Woman's Bible Institute." The Missionary (July 1910): 354-55.

McCutchen, Josephine Hounshell. Letter. Mrs. L. O. "Mary and Ruth Chung. The First Graduates of Our Mission's Bible School for Women. Located at Chunju. Chosen." *The Missionary Survey* (Jan. 1921): 29-30.

McCutchen, Josephine Hounshell. Letter: My Dear Friends, Chunju, Chosen, Asia. October 10, 1921.

Meyer, Jean, *Historia de los cristianos en América Latina siglos xix y xx*, México: Vuelta, 1989.

Míguez Bonino, José, "Historia y Mision", *Protestantismo y Liberalismo en América Latina*, San José: DEI/Seminario Bíblico Latinoamericano, 1983.

Míguez Bonino, José, *Doing theology in a Revolutionary Situation*,

Philadelphia: Fortress Press, 1975.

Miller, Eric, Morgan, Ronald(eds), *Brazilian Evangelicalism in the Twenty-First Century. An Inside and Outside Look*, Switerland: Palgrave Macmillan, 2019.

Minutes of the Annual Meetings of Southern Presbyterian Mission in Korea from 1907 to 1923.

Minutes of the Annual Meetings of the Southern Presbyterian Mission in Korea. 1904-1940.

Minutes of the Southern Presbyterian Mission in Korea(미국남장로교한국선교부 회의록)

Miss Fradrica E. Straeffer, "The Work at Mokp," in The Missionary, 6, 1904.

Nelson, Wilton, "En busca de un protestantismo latinoamericano". De Montevideo 1925 a La Habana 1929", *Unidad y Mision en América Latna*, Ed. CLAI: Costa Rica, 1980.

Owen, [Clement C.]. "Ninth[Tenth] Annual Meeting of the Korean Mission." The Missionary (April 1902): 193.

Pagan, Luis Rivera, *Senderos Teológicos: El pensamiento Evangélico Puertoriqueño*, Puerto Rico: Ed. La Reforma, 1989.

Pietoza, Pedro, "Historical Trajectories of protestantism in Brazil, 1810-1960", *Brazilian Evangelicalism in the Twenty-First Century*, Palgrave Macmillian, 2019.

"Policy Regarding Schools in Korea." Minutes of the Forty-Sixth Annual Meeting of the SPMK. 1937.

Prien, Hans Jürgen, *La Historia del Cristianismo en América Latina*, Salamanca, Ed. Sígueme, 1985.

Preston, Rev. J. Fairman. "The Sah Kyeng Hoi," The Missionary (November 1904), 546f.

Reports of the Annual Meetings of Korea Mission of the Presbyterian Church in the Unites States (Southern) from 1903 to 1906.

Reynolds, W. D. "Prospecting for Stations in Chulla-Do." The Missionary

(Oct. 1894): 437.

Reynolds, W. D. "The Native Ministry." The Korean Repository (May 1896): 199-202. Smith, Egbert W. Essential Facts about Our Mission Work in Korea. Nashville (TN): Executive Committee of Foreign Missions. PCUS. 1923.

Roy, Andrew T., "Overseas Mission Policies-an Historical Overview", *Journal of Presbyterian History*, Vol. 57, No. 3, (Fall, 1979): 186-228.

Smith, Peter, *Talons of the Eagle: Latin America, the United States, and the World*, Oxford University Press, 1996.

Southern Presbyterian Mission in Korea. The Constitution, Rules and By-Laws of the Southern Presbyterian Mission in Korea. Shanghai: American Presbyterian Mission Press. 1898).

"Special Committee on Kunsan East-Side Church Report." Minutes of the 46th Annual Meeting SPMK. 1937.

Stam, Juan, "La Misión Latinoamericana y el Imperialismo Norteamericano, 1926-1928", *Taller de Teología*, Núm.9, 1981.

Stuart, J. L. "Korea." The Missionary (Aug. 1893): 315.

Swinehart, M. L. "Sunday School Work on the Southern Presbyterian Mission." The Korea Mission Field (서울: 1913): 15-16.

Swinehart, M. L. Mrs. M. L. "Missionary Deborah Elisabeth J. Shepping." Hallie Paxson Winsborough. compiled. Glorious Living. Atlanta(GA): Committee on Women's Work Presbyterian Church. U.S. 1937.

"Table of Statistics." Minutes of the Annual Meetings of the SPMK. 1912-1940.

Talmage, J. V. N. "A Korean Illustration." *The Missionary Survey* (July 1912), 680.

Talmage, J. V. N. "A Year with the Lepers in Kwangju." *Korea Mission Field* 11-11 (November 1915), 319-21.

Talmage, J. V. N. "An Evangelical Experiment." *Korea Mission Field* 33-6 (June 1937), 118-21.

Talmage, J. V. N. "Annual Report of J. V. N. Talmage" (1937년 4월 29일 수신).

Talmage, J. V. N. "Christianity and Independent Korea" (December 21, 1943); [서의필 하우스 자료 모음], Box 4, Talmage, J. V. N. 한남대학교 인돈학술원.

Talmage, J. V. N. "Experiences of a New Missionary in Korea." The Missionary (December 1910), 605-6.

Talmage, J. V. N. "Notes from Kwangju." *Korea Mission Field* 10-8 (August 1914), 250-52.

Talmage, J. V. N. "Notes from Kwangju." *The Missionary Survey* (May 1912), 524.

Talmage, J. V. N. "Part of A Year's Work." *The Missionary Survey* (October 1914), 744-5.

Talmage, J. V. N. "Report of Rev. J. V. N. Talmage to the Korean Mission." *The Missionary Survey* (October 1916), 739-42.

Talmage, J. V. N. "Report on Treatment by Japanese While in Korea". n.d.

Talmage, J. V. N. "Three Questions in Reply." *Korea Mission Field* 31-11 (November 1936), 233-4.

Talmage, J. V. N. *A Prisoner of Jesus Christ in Korea: The First Step of Early Christian Mission in Korea*. Daejeon: Hannam University Press, 1998; 『한국 땅에서 예수의 종이 된 사람』. 마성식, 채진홍, 유희경 옮김. 서울: 한국장로교출판사, 1998.

Talmage, J. V. N. Letters, 1932-1947. In *Annual Reports of Presbyrterian* Church U. S. in Korea Missionary. Vol. 1-18. 한국교회사문헌연구원 편. 서울: 한국교회사문헌연구원, 1993.

Talmage, J. V. N.[타마자 조부]. "Ecclesiastical Relations of Presbyterian Missionaries, specially of the Presbyterian Missionaries at Amoy, China," 295-301, in *Forty Years in South China: A Biography of the Rev. John Van Nest Talmage.* By John G. Fagg. New York: The Board of Publication of the Reformed Church in America, 1894.

Talmage, John V. N./ John E. Talmage 지음. 정경미 옮김. 『오정골에 밀알을 뿌린 타마자 타요한』. 대전: 한남대학교 인돈학술원, 2015.

Talmage. By John G. Fagg. New York: The Board of Publication of the Reformed Church in America, 1894.

Tate, Mattie B. "A Bible Conference." The Missionary (Oct. 1902): 482-84.

"The Annual Meeting of the Presbyterian Church. South." Korea Repository (Nov. 1896): 457.

The Minutes of the Annual Meeting of the Southern Presbyterian Mission in Korea, 1910-1957.

Tschuy, Theo, "El protestantismo en Cuba", *Historia general de la Iglesia en América Latina*, IV. Caribe, Salamanca: Ed. Sígueme, 1995.

3. 온라인 자료

https://www.newspapers.com/article/the-clarksburg-telegram-john-sandeman-ta/16436616 (2024년 6월 25일 접속).

https://www.rhodes.edu/about-rhodes/college-history (2024년 6월 25일 접속).

http://ksum.org/g4/bbs/board.php?bo_table=column_pyh&wr_id=23 (2024년 7월 1일 접속).

https://en wikipedia.org>wiki>2024.Puerto_Rican_g (2025년 7월 28일 접속)

광산구청 홈페이지(https://www.gwangsan.go.kr) 「연혁」.

정재영, 「광주 삼도교회 역사사적지 심사」, 『기독신문』 2018.08.27.https://www.kidok.com/news/articleView.html?idxno=111070

조영호, 「"잉계교회 역사를 아십니까" 광주 최초 교회 복원작업 필요성 대두」, 『데일리 굿뉴스』 2017.11.14.https://www.goodnews1.com/news/articleView.html?idxno=77759.

디지털광주문화대전: https://www.grandculture.net/gwangju/seogu/toc/GC60005037

찾아보기

【ㅅ】

【ㅇ】

【ㅈ】

【ㅊ】

▣ 필자소개

강성호

순천대 지리산권문화연구원장, 박물관장, 대학원장, 호남사학화 이사장, 한국서양사학회장, 한국연구재단학술지발전위원장을 역임했고 현재 순천대 인문학술원장과 한국인문사회연구소협의회 회장으로 활동하고 있다. 주요 저서로는 『대세지체제론의 역사적 이해』(1996), 『유럽중심주의 세계사를 넘어 세계사들로』, 『발전의 시정하과 기적: 한국, 일본, 타이완, 독일, 푸에르토리코』(2010), 『탈서구중심주의는 가능한가』(2016), 『지리산과 이상향』(2015), 『전남동부지역 기독교 선교와 한국사회』(2019), 『제도와 문화현상』(2020), 『전남동부 기독교기관과 지역사회』(2021), 『전남동부 기독교 인물과 지역사회』(2021), 『메가 체인지 시대 메가학문정책』(2023), 『시민과 함께 읽는 여순사전』(2023) 등이 있다.

송현강

한남대 인돈학술원 연구위원. 한남대(문학사, 문학석사)와 전주대(문학박사)에서 한국 근대사와 교회사를 전공했다. 한남대 탈메이지교양대학 교수이며, 저서로 『대전충남 지역 교회사 연구』(2004, 한국기독교역사연구소), 『미국남장로교의 한국 선교』(2018, 한국기독교역사연구소) 등이 있다.

이남섭

연세대학교 신학과와 연합신학대학원을 졸업하고 멕시코 이베로아메리카대학원(UIA)에서 사회학석사, 멕시코국립자치대학교(UNAM)에서 라틴아메리카 지역학 사회과학 박사학위를 받았다. 한국라틴아메리카학회 부회장, 21세기기독교사회문화아카데미 학회장 등을 지냈다. 현재 한일장신대학교 교양학과 명예교수이다. 주요 저서로는 『제3세계 신학에 나타난 생명 사상의 비교연구(공저)』 (2002), 『라틴아메리카의 역사와 문화(공저)』(2003), 『신자유주의 시대 라틴아메리카 시민사회의 대응과 문화변동(공저)』(2005),『21세기 사회변동과 한국교회의 혁신(공저)』(2019), 『종교와 불평등(공저)』(2022), 단독저서로는『라틴아메리카 시민사회 비교연구 서론(2013)』, *Iglesia Protestante y Poltíca en Corea del Sur, 1972-1979*, (2022),『포스트 신자유주의 시대 중미와 카리브지역의 종교와 정치』(2024) 등이 있다.

이재근

광신대학교 신학과 교회사 교수, 한국기독교역사학회 회장(2021-2024)을 역임했다. 아신대학교, 합동신학대학원대학교, 미국 보스턴대학교, 영국 에든버러대학교에서 신학과 기독교 역사를 공부했다. 교회사 전반을 연구하지만, 특히 세계기독교와 한국기독교의 상호 관계, 미국 남장로회의 한국 및 동아시아 선교역사 및 호남지역 기독교 역사에 연구를 집중한다.『세계 복음주의 지형도』(복 있는 사람, 2015),『종교개혁과 정치』(SFC 2016),『20세기, 세계, 기독교』(복 있는 사람, 2022),『전라도 기독교의 아버지 유진 벨』(한국교회총연합, 2022) 등을 썼다.

임희모

서울대학교(B.A). 장로회신학대학교 대학원(M.Div;, M.Th.), 미국 루이빌신학대학원 (M.A.R.), 독일 에어랑엔대학교(Dr.Ihcol.: 선교학), 한일장신대학교 선교학 주임교수, 한일장신대학교 명예교수, 한국선교신학회 회장, 예장(통합)선교연구위원장. 단독저서 Unity Lost-Unity To Be Regained in Korean Presbyterianism,『한반도 평화와 통일 선교』,『아프리카 독립교회와 토착화 선교』,『서서평, 예수를 살다』,『서서평 선교사의 통전적 영혼구원 선교』,『미국 남장로교 한국선교회의 여성·의료선교사(1892-1940)』등 13권을 출판했다. 2014년부터 서서평(Miss Elisabeth J. Sheping, R.N.)연구회의 회장으로 매년 학술대회를 열고『서서평연구논문1-10집』(2014-2023)을 생산하였고, 자발적 가난의 삼을 산 기독인을 선정하여 서서평 상(Shepping Award)을 현재 5회에 이르도록 시상하고 있다.

김선필

서강대학교 신학연구소 선임연구원이다. 한국 사회와 종교가 써 내려가는 역동적인 이야기를 사회학적으로 풀어내는 데 관심을 두고 공부를 이어가고 있다. 대표 논저로는 "그리스도교 종말론과 한국 사회의 변동: 종교사회학적 관점"(2023), "사회변동에 따른 제주지역 개신교회의 변화와 딜레마"(2017, 공저) 등이 있다.

최영근

장로회신학대학교 신학과(Th.B.)와 동 대학교 신학대학원(M.Div.)을 졸업한 후, 연세대학교 연합신학대학원(Th.M.)과 미국 에모리대학교(Emory University, Th.M.), 미국 버클리에 위치한 Graduate Theological Union(GTU)에서 박사학위(Ph.D.)를 취득하였다. 한남대학교 기독교학과 교수와 인돈학술원장, 기독교문화연구소장, 대학교회 담임목사 등을 역임했으며, 미국장로교 한국선교법인(UPJP) 이사로도 활동하였다. 현재는 장로회신학대학교에서 순교자 손양원 목사 석좌교수로 재직 중이며, 한국교회사를 연구하고 가르치고 있다. 저서로는 『기독교 민족주의 재해석』(대한기독교서회, 2021), 『교회와 역사: 초대부터 중세절정기까지』(동연, 2019), 『인돈의 생애와 기독교사상』(한교총, 2022), 『한국에 뿌리내린 유화례의 선교와 삶』(한교총, 2023) 등이 있으며, 공저로는 『개혁교회 전통: 역사, 신학, 실천』(장로회신학대학교 출판부, 2025), 『미국 남장로교 선교사 열전』(동연, 2016), 『미국 남장로회 교육선교 연구』(동연, 2022) 등이 있다. 역서로는 『스콜라신학 선집』(공역, 두란노아카데미, 2011), 『인돈·인사례 자료집』(공역, 동연, 2024)이 있으며, 주요 논문으로는 "이일선의 하나님나라 신학과 통전적 선교연구"(2024), "남궁혁의 신학사상과 한국교회의 역사적 책임에 대한 인식"(2025), "미국 남장로회 선교사 타마자의 한국선교 연구"(2024), "고영근 목사의 사회적 영성과 기독교 민족주의 연구"(2024), "일제강점기 미국 남장로회 교육선교"(2023), "일제강점기 유화례의 전도활동"(2022) 외 다수가 있다.

한규무

광주대학교 호텔관광경영학부 교수. 한국근대사 및 기독교사 전공. 서강대학교에서 박사학위를 받았다. 서강대·수원대·한성대 강사, 한국기독교역사연구소 상임연구원, 한국기독교역사학회장 등을 지냈다. 현재 한국기독교역사연구소장으로 활동하고 있다. 지은 책으로 『일제하 한국기독교 농촌운동』(한국기독교역사연구소, 1998), 『기독교민족운동의 영원한 지도자 이승훈』(역사공간, 2008) 『광주학생운동』(독립기념관, 2009) 등이 있다.